HISTOIRE ÉCONOMIQUE DE L'ÎLE DE LA RÉUNION (1849-1881)

ISBN : 2-7475-6666-8
EAN : 9782747566667

HO Hai Quang

HISTOIRE ÉCONOMIQUE DE L'ÎLE DE LA RÉUNION (1849-1881)

Engagisme, croissance et crise

L'Harmattan
5-7, rue de l'École-Polytechnique
75005 Paris
FRANCE

L'Harmattan Hongrie
Hargita u. 3
1026 Budapest
HONGRIE

L'Harmattan Italia
Via Bava, 37
10214 Torino
ITALIE

Autres ouvrages de l'auteur

- Contribution à l'histoire économique de l'Ile de La Réunion (1642-1848) ; L'Harmattan ; 1998.

- 38 chefs d'entreprises de La Réunion témoignent ; Azalées éditions ; 2001.

En collaboration :

- Economic development and change ; South Asia and the Third World (Editors : R. N. Ghosh ; Y. M. Melotte ; M. A. B. Siddique) ; New Age International Publishers ; 1996.

- Madagascar ; Gallimard ; 1999.

- L'économie de l'esclavage colonial ; (Dir. André Legris et Fred Célimène) ; C.N.R.S. éditions ; 2002.

À Marie-René,
qui a toute mon affection

Hélène, Viêt,
Christine Jaeger, Jean-Pierre Dumasy,
Alain Cournanel, Armel Jacques, et Pierre Maurice
ont relu la version initiale de cette étude.
Je les remercie pour leurs critiques
et suggestions qui ont permis
d'améliorer le texte sur bien des points.

INTRODUCTION GÉNÉRALE

Les années 1849 à 1881 forment une époque à part entière dans l'histoire économique de La Réunion (I). Les analyses des faits économiques s'y rapportant, telles qu'elles sont présentées dans les diverses études publiées jusqu'à ce jour, sont discutables sur bien des points et il a semblé important de les présenter d'entrée de jeu (II et III). Le travail de réinterprétation auquel nous nous sommes livrés s'est heurté à un certain nombre de difficultés statistiques (IV).

I - LE TEMPS DE L'ENGAGISME

Si l'abolition effective de l'esclavage (20 décembre 1848) marque une rupture fondamentale dans l'histoire économique de La Réunion, la dénonciation en 1882, par l'Angleterre, de la convention franco-britannique de 1861 constitue, elle aussi, un tournant majeur. Jusqu'à cette date en effet, les planteurs avaient pu importer des travailleurs contractuels recrutés dans les territoires indiens sous domination britannique, de sorte qu'entre 1849 et 1882, l'organisation sociale de la production reposa presque entièrement sur le système de l'engagisme ou *salariat contraint*. C'est ce qui donne à cette période son unité.

Certes, après 1882 des engagés continuent à travailler dans les plantations et les usines sucrières, mais leur nombre décline très rapidement et l'engagisme se trouve progressivement marginalisé. Devant l'impossibilité de trouver un bassin de recrutement capable de remplacer le réservoir indien, les planteurs de La Réunion sont alors obligés de transformer toute l'organisation socio-économique de la production. À partir de 1882 s'ouvre donc une nouvelle période historique au cours de laquelle se développent colonat partiaire et salariat libre, formes d'organisation du travail qui deviennent progressivement dominantes malgré la résurgence de l'engagisme à partir des années 1920.

L'évolution économique et sociale de La Réunion au cours des années 1849-1881 a fait l'objet d'un certain nombre d'études qui suscitent interrogations et remarques. Elles concernent la dynamique conjoncturelle et l'évolution des structures économiques.

II - LA CONJONCTURE ÉCONOMIQUE

Les analyses portant sur l'évolution de la conjoncture économique durant les années 1849-1881 aboutissent à des interprétations et appréciations discordantes. Certes, toutes reconnaissent qu'au cours de la période considérée La Réunion connaît d'abord une phase de croissance à laquelle succède une profonde crise. Cependant des divergences d'opinion apparaissent déjà dès qu'il faut préciser la nature de la prospérité économique. "Réelle" et particulièrement "brillante"[1] aux yeux de certains, elle apparaît au contraire à d'autres comme complètement "factice"[2], "illusoire"[3], ou "apparente"[4].

Et lorsqu'il s'agit de dater le début de la crise, on assiste alors à une véritable cacophonie. Certains ont proposé l'année 1859, d'autres ont retenu 1861 ou encore 1867 et même 1870. Pour la plupart cependant, ce serait l'année 1863 qui ouvrirait le début de la grande dépression[5].

---

[1] Pour André Schérer : "Entre 1850 et 1860, la Réunion présente tous les aspects d'une colonie en pleine expansion ; elle jouit d'une réelle prospérité... La Réunion faisait vraiment figure de grande colonie, elle était une des gloires de la France du Second Empire" Cf. *La Réunion* ; P.U.F ; 1990 ; p. 65-66. Selon R. Chaudenson : "Le Second Empire est sans doute, surtout dans sa première moitié, la période la plus brillante de l'histoire réunionnaise". Robert Chaudenson : *Encyclopédie de La Réunion* ; tome 1 ; Livres Réunion ; 1980 ; p. 74.

[2] J. Defos du Rau ; *L'île de La Réunion* ; Thèse de doctorat ; Bordeaux 1960 ; 716 pages ; p. 168.

[3] S. Fuma ; *Une colonie île à sucre ; l'économie de La Réunion au 19ème siècle* ; 1989 ; 413 pages ; p. 130.

[4] S. Fuma ; *De l'Inde du Sud à l'Ile de La Réunion* ; 1999 ; 222 pages ; p. 47.

[5] Cf. G. Gérard ; *Évolution du commerce et du négoce à La Réunion des origines à la départementalisation* ; p. 71. D. Lefèvre ; *L'organisation de l'espace à Maurice et à La Réunion* ; thèse 1985 ; 3 695 pages ; p. 148. Sudel Fuma ; *Une colonie île à sucre* ; p. 153. Defos du Rau ; *L'Ile de La Réunion* ; p. 168. A. Schérer ; *La Réunion* ; Q. S. J. ; 1990 ; p. 67-68. J. Weber ; *Les conventions de 1860 et 1861 sur l'émigration indienne* ; Cahiers des Anneaux de la Mémoire ; n° 2 ; Nantes 2000 ; p. 164. D. Vaxelaire ; *L'Histoire de La Réunion* ; tome 2 ; p. 447. J. P. Coevoet, P. Eve, A. Jauze, C. Wanquet ; *Histoire de La Réunion* ; Hachette ; 2001 ; p. 68 et 78. La datation devient quelque peu complexe chez Y. Combeau et E. Maestri, pour qui à partir de 1863, l'île est plongée "dans un profond marasme économique qui va se prolonger jusqu'en 1914". Cependant, pour eux la crise "s'installe à partir de 1870" ; cf. *Histoire de La Réunion* ; Nathan ; 2002 ; 160 pages ; p. 70. Chez Guy Dupont tout devient très flou car pour lui : "*Les années 1870* vont alors constituer pour

Enfin les analyses des causes de la crise nous ont semblé insuffisantes non seulement parce que certains facteurs fondamentaux ont été omis mais aussi parce que leur enchaînement n'est pas démontré. La plupart du temps, les auteurs se contentent d'énumérer pêle-mêle les événements de tous ordres (cyclones, insectes, maladies, percement du canal de Suez, conquête de Madagascar...) responsables selon eux du marasme économique de l'île[6]. Une impression générale de flou et de confusion se dégage de l'ensemble des travaux.

III - L'ÉVOLUTION DE L'ORGANISATION SOCIALE DE LA PRODUCTION

L'analyse traditionnelle des transformations socio-économiques qui intervinrent à La Réunion après l'Abolition est construite autour de deux thèmes principaux : celui de la désertion massive des affranchis ; celui du remplacement de l'esclavagisme par l'engagisme, système économique considéré comme une variante de l'esclavage. Les autres thèmes sont secondaires ou dérivent de ces deux thèmes principaux dont le contenu sera d'abord présenté, puis discuté.

Le thème de la désertion-remplacement

Dans sa version la plus courante, le thème de la désertion-remplacement peut être résumé ainsi. Les esclaves, qui avaient été contraints par le gouvernement à prendre auprès des maîtres des engagements de travail avant le 20 décembre 1848 (abolition effective de l'esclavage à La Réunion), désertèrent en masse les plantations dès les premiers mois de 1849. Trois raisons principales auraient été à l'origine de ce comportement : le refus du type de travail imposé dans les plantations et les sucreries, la paresse naturelle des "Noirs"[7], enfin leur besoin "irrésistible" de liberté[8].

---

l'ensemble de l'île le *début* d'une grave dépression économique...". Cf. *St-Denis de La Réunion* ; 1990 ; 759 pages ; p. 39.

[6] Cf. par exemple J. Defos du Rau ; *L'île de La Réunion* ... op. cit. ; p. 168 - 169. Seul S. Fuma tente de présenter les mécanismes de la crise. Cf. *Une colonie île à sucre*...op. cit..

[7] Patu de Rosemont écrit : "la population affranchie est malheureusement douée d'une répulsion instinctive, constitutionnelle pour toute occupation, tout travail qui exige de la fatigue, de la persévérance et une discipline quelconque..." *Rapport au Comice agricole de Sainte Suzanne sur la question concernant le travail des affranchis* ; St Denis ; Lahuppe ; 1854 ; p. 34-35.

[8] Sudel Fuma expose cette thèse dans les termes suivants : "Après la proclamation de l'acte d'émancipation, un grand nombre d'affranchis éprouvèrent un besoin irrésistible de quitter leurs anciens maîtres et de s'installer dans une autre région de

Le mouvement de désertion étant massif, les planteurs auraient alors été obligés de se tourner vers l'Afrique et l'Inde pour recruter des engagés. Ce serait de cette manière que le système esclavagiste fut remplacé par celui de l'engagisme après l'Abolition. Dans le "Mémorial de La Réunion", cette thèse est exposée ainsi :

> "L'ancien esclave, décrété donc, a priori, paresseux et inutile, va souvent justifier le portrait qu'on a fait de lui en abandonnant les plantations pour se livrer au "farniente"... L'ancien maître refusant de changer de mentalité et de méthode de culture, est bien obligé, devant cette désertion, de chercher ailleurs les travailleurs indispensables à la conservation de la prospérité et du système colonial"[9].

Dans cette présentation des faits, les anciens esclaves sont réputés seuls fauteurs de désordre. Mais pour quelques historiens les maîtres ont aussi leur part de responsabilité. Defos du Rau écrit par exemple :

> "Quoi qu'on en ait dit, ils (les affranchis) auraient probablement accepté - au moins un grand nombre - de travailler comme salariés à condition que le salaire leur permît une vie indépendante décente, ou comme colons partiaires vivant d'une part de récolte. Mais aucun employeur n'envisageait de donner des salaires correspondant à la promotion sociale des libérés, à plus forte raison de partager le bénéfice de ses récoltes. La solution s'imposait d'elle même : il fallait donner une extension considérable à la venue d'"engagés"... Ainsi les créoles Blancs de l'île, qui ne se consolent pas de n'avoir plus d'esclaves, vont pendant 85 ans conjurer l'État de leur permettre de recruter,

---

la colonie." Cf. Sudel Fuma : *Esclaves et citoyens, le destin de 62 000 Réunionnais ; histoire de l'insertion des affranchis de 1848 dans la société réunionnaise* ; Fondation pour la Recherche et le Développement dans l'océan Indien ; 1979 ; 174 pages ; p. 18. Cf. également S. Fuma : *L'esclavagisme à La Réunion 1794-1848* ; L'Harmattan / Université de La Réunion ; 1992 ; 191 pages ; p. 160. S. Fuma ; *Histoire d'un peuple ; La Réunion (1848-1900)* ; Éditions CNH-Université de La Réunion ; 1994 ; 273 pages ; p. 19.

[9] *Le mémorial de La Réunion* ; tome 3 ; p. 131. Cette thèse est unanimement acceptée. Defos du Rau écrit ainsi : "Certes les 62 000 esclaves libérés devaient en principe demeurer comme salariés libres sur les terres de leurs employeurs. Cela ne dura pas. L'affranchi avait horreur de la tâche régulière imposée, signe de servitude... des milliers d'esclaves désertent les ateliers... il était donc nécessaire de trouver une nouvelle source de main-d'œuvre..." ; cf. J. Defos du Rau ; *L'île de La Réunion* ... op. cit. p. 154. De Lanessan écrit de son côté :"À peine l'esclavage fut-il aboli que la colonie se trouva privée de ses travailleurs. Tous ou presque tous avaient abandonné leurs anciens propriétaires. On fut donc dans l'obligation de se procurer des bras par l'immigration libre". Cf. De Lanessan *L'expansion coloniale de la France ;* Paris ; Alcan ; 1886 ; 1016 pages ; p. 816.

partout où il sera possible, des gens qui viennent travailler... et suppliant de par le monde qu'on vienne travailler chez eux pour pas cher, afin qu'eux puissent bien vivre sans beaucoup travailler"[10].

Dans cette interprétation, l'attitude négative des anciens esclaves envers le travail se serait donc combinée avec l'égoïsme des planteurs pour entraîner, après 1848, le développement de l'engagisme.

L'économie post-esclavagiste

La thèse traditionnelle de la désertion-remplacement débouche sur une conception de l'économie post-esclavagiste présentant deux caractéristiques. Tout d'abord, cette économie n'est pas conçue comme un complexe de structures ni une combinaison de systèmes obéissant à des logiques de fonctionnement différentes. En fait tout se passe comme si l'économie reposait entièrement, ou presque, sur l'engagisme. Très peu d'études s'intéressent aux autres formes sociales de la production, et absolument aucune à leur articulation avec le système économique dominant.

En second lieu, l'engagisme n'est pas vu comme un nouveau rapport social de production succédant à l'esclavage, mais comme une simple variante de celui-ci : il s'agirait d'un esclavage déguisé, d'un esclavage à temps, d'un "nouvel esclavagisme"[11]. Et Auguste Toussaint a même pu parler de "crypto-esclavage" indiquant par là qu'à ses yeux, les différences entre les deux systèmes économiques seraient complètement formelles. Au fond, après 1848, l'esclavage aurait persisté sous une autre forme[12].

La thèse traditionnelle des transformations de l'économie post-esclavagiste est discutable et on peut lui opposer des arguments logiques et théoriques. Elle est de plus démentie par les faits historiques.

Un raisonnement défectueux

Pour montrer le caractère massif des désertions, les historiens rapprochent deux chiffres : celui des esclaves (45 698) employés dans les grandes et moyennes plantations en 1848 et celui des affranchis

---

[10] Defos du Rau : *L'île de La Réunion* op. cit. p. 154-155. Ce thème est repris par M. Leguen : *Histoire de La Réunion* ; L'Harmattan 1989 ; p. 139.

[11] E. Wong-Hee-Kam ; *L'engagisme chinois ; révolte contre un nouvel esclavagisme* ; 1999 ; 72 pages.

[12] A. Toussaint affirme que : "l'abolition, en effet, ne mit fin à l'esclavage que sur le papier". Cf. *Histoire des îles Mascareignes* ; 1972 ; 351 pages ; p. 210.

(15 483) engagés dans ces mêmes plantations en 1852. De là, ils tirent la conclusion que

> "*Donc*, 30 215 individus ont *abandonné* le travail et il est certain que des milliers d'esclaves *désertent* les ateliers..." [13].

Mais ce raisonnement est inacceptable car du simple rapprochement de deux chiffres, il est impossible de déduire les *causes* de leur différence.

L'analyse du comportement des affranchis et des planteurs

L'analyse traditionnelle des stratégies déployées par les affranchis et les planteurs après l'Abolition a ceci de particulier qu'elle présente les comportements individuels comme uniquement guidés par des mobiles affectifs et psychologiques.

Certes, il n'est pas contestable que ces mobiles aient pesé de tout leur poids dans les prises de décision des affranchis. Mais ce qui est discutable dans la vision traditionnelle, c'est qu'elle néglige totalement le jeu des facteurs sociaux et démographiques ainsi que les nouvelles structures économiques qui furent créées par l'État pour organiser le cadre dans lequel se déploie l'activité des individus.

À l'égard des affranchis, le but de ce cadre, extrêmement contraignant, était de les maintenir solidement sous la domination de leurs anciens maîtres.

Cela étant, il est fort possible que la paresse, la soif de liberté et le dégoût des conditions de travail et de vie dans les exploitations agricoles aient pu être suffisamment forts pour décider des affranchis à déserter malgré tout. Mais il est bien difficile de croire que ce comportement ait pu être adopté par la grande masse. Admettre que les *deux-tiers* des affranchis aient choisi l'illégalité et volontairement abandonné les plantations pour partir à l'aventure les mains vides, sans se soucier de savoir de quoi l'avenir serait fait, c'est retenir une hypothèse de travail peu plausible.

Il paraît plus vraisemblable de penser que des considérations matérielles aussi fondamentales que la survie quotidienne, la sécurité alimentaire, constituaient autant de puissantes raisons susceptibles de retenir les affranchis auprès de leurs anciens maîtres. Ces facteurs, totalement évacués de l'analyse traditionnelle, doivent être réintroduits comme hypothèses de raisonnement.

Dès lors, l'effondrement du nombre des travailleurs dans les plantations ne peut plus être simplement expliqué par les désertions

---

[13] Cf. Jean Defos du Rau : *L'île de La Réunion* ; Thèse de doctorat ; Bordeaux ;1960 ; 716 pages ; p. 154. C'est nous, H. H. Q. qui soulignons.

volontaires. Des causes complémentaires ont dû jouer, qu'il importera de déterminer.

L'analyse du comportement des planteurs est également très contestable. Dans l'étude de Defos du Rau, ce comportement a été imaginé en partant de l'hypothèse du primat absolu des facteurs psychologiques de court terme (âpreté au gain, égoïsme de classe). Cette explication, même si elle n'est pas dénuée de valeur, reste cependant incomplète. En effet, un ensemble de facteurs, liés à l'interdiction de la traite d'esclaves (officielle en 1815 et quasi-effective à La Réunion à partir de 1830), à la structure démographique de la population servile en 1848 et à la concurrence sur le marché du sucre sont aussi intervenus pour orienter les choix des planteurs en matière de politique de main-d'œuvre.

Mais la thèse traditionnelle de la désertion-remplacement est faible non seulement parce qu'elle repose sur des hypothèses de comportement économique insuffisamment réalistes, mais aussi parce qu'elle n'est pas conforme à certains faits d'observation.

Les faits historiques

Tout d'abord, l'hypothèse des désertions massives cadre mal avec le fait qu'à la veille de l'Abolition les esclaves avaient facilement accepté de contracter des engagements auprès de leur maître. Il n'y avait, de leur part, aucun refus général et viscéral de continuer à travailler. S'adressant aux esclaves, Sarda Garriga (Commissaire de la République envoyé en 1848 par Paris pour abolir l'esclavage à La Réunion et gouverner l'île) les avait d'ailleurs félicités :

> "Jusqu'ici, mes amis, vous avez suivi mes conseils... Vous avez tous pris des engagements de travail... Je vous ai trouvés bons et obéissants..." [14].

Par ailleurs, la thèse traditionnelle serait crédible s'il était prouvé que les désertions ont historiquement *précédé* les recrutements d'immigrants. Mais les faits montrent que ce ne fut pas le cas. En effet, avant même la parution de l'arrêté abolissant l'esclavage, des planteurs avaient déjà pris contact avec les comptoirs de l'Inde pour obtenir des engagés. Et le jour même où cet arrêté était promulgué à La Réunion,

> "le trois-mâts le *Mahé de la Bourdonnais* y débarque 500 *coolies* indiens. Le 8 avril 1849, La *Julie* ramène 433 émigrants indiens et un mois après, le *Mazagran* dépose 448 émigrants"[15].

---

[14] Proclamation du 20 décembre 1848 abolissant l'esclavage à La Réunion.

[15] Sully-Santa Govindin : *Les engagés indiens ; Ile de La Réunion 19ème siècle* Azalées Éditions ; 1994 ; 192 pages ; p. 53.

Ces faits sont incontournables. Le rapport de Patu de Rosemont indique d'ailleurs que le nombre de travailleurs étrangers introduits au cours de l'année 1848 s'élève à 1 621 Indiens et 15 Africains[16].

Ainsi, alors que l'affranchissement des esclaves n'était pas encore intervenu, les planteurs, qui avaient obtenu en juillet 1848 l'autorisation de reprendre les recrutements d'engagés indiens, suspendue depuis 1839, avaient commencé immédiatement à procéder au drainage de la main-d'œuvre étrangère vers leurs exploitations. Il apparaît en définitive que le recours à l'immigration, loin d'être une simple conséquence de la désertion des affranchis, a au contraire *précédé* ce mouvement.

À partir de 1849, diminution du nombre d'affranchis dans les plantations et augmentation du nombre d'engagés vont de pair. L'amplitude de ces mouvements est assez similaire, mais rien ne permet d'affirmer que le premier est causé par les désertions et qu'il se trouve à l'origine du second.

Au total, les faits sont en réalité beaucoup plus complexes à interpréter qu'il n'y paraît au premier abord. Il est indispensable de réexaminer la question de la transition au salariat contraint.

Une image déformée de la société post-esclavagiste

Les thèses de la désertion-remplacement et de l'égoïsme de classe des planteurs forment un tout dans la mesure où elles s'épaulent l'une l'autre pour présenter la transition économico-sociale après l'Abolition comme un processus se résumant au simple remplacement de l'économie esclavagiste d'avant 1848 par une nouvelle économie tournant avec des engagés.

Mais cette vision de la société post-esclavagiste est excessivement simplificatrice. En effet, on admet généralement qu'un tiers seulement des 60 000 anciens esclaves a continué après 1848 à travailler dans les plantations comme engagés. Mais alors que sont devenus les deux autres tiers ? Ils se sont évidemment réorganisés en dehors de la société de plantation pour survivre en créant divers systèmes économiques formels ou informels qui restent à définir.

En définitive, la recomposition économico-sociale qui s'opéra à partir de 1849 ne consista pas en une simple substitution de l'engagisme à l'esclavagisme. Elle donna en fait naissance à une économie globalement plus diversifiée, combinant l'engagisme avec d'autres systèmes économiques, certes rudimentaires et d'importance

---

[16] Patu de Rosemont : *Rapport au Comice agricole de Sainte Suzanne sur la question concernant le travail des affranchis* pièce justificative n° 34 ; St Denis ; Lahuppe ; 1854.

moindre, mais qui ne peuvent pas être négligés puisqu'ils concernèrent plus de 40 000 affranchis, représentant pas moins du tiers de la population totale de l'île (121 000 habitants en 1849).

Une approche contestable de l'engagisme

Les diverses études de l'engagisme publiées jusqu'ici visent à montrer que ce système n'est en fait qu'un esclavage déguisé. L'argument présenté à l'appui de cette thèse est que les conditions de vie et de travail étaient à peu près les mêmes pour les esclaves et les engagés, ce qui est absolument incontestable[17].

Mais il n'en demeure pas moins que cette interprétation ne peut en aucune manière être acceptée, parce que ce ne sont pas les conditions immédiates d'existence et de travail, pas plus que l'intensité de l'exploitation, qui permettent, à elles seules, de caractériser scientifiquement un système économique. Pour s'en convaincre, il suffit de remarquer que les ouvriers français, anglais... du milieu du 19ème siècle vivaient une existence au moins *aussi dure* que celle des esclaves et engagés de La Réunion[18]. Faut-il rappeler que jusqu'en 1848, il n'existait aucune limitation légale de la durée du travail ? Avant cette date,

> "... on considère, en général, la journée de 13 heures comme courte, celle de 14 heures comme normale, et celle de 15 heures comme non exceptionnelle"[19].

Certes, après la Révolution de 1848, un décret du 2 mars a fixé la durée légale du travail à 10 heures par jour pour Paris et 11 heures pour la province. Mais le 9 septembre 1848 ce décret est abrogé et la journée de travail est portée à 12 heures.

Or, qu'en était-il à Bourbon vers la même époque ? Avant l'abolition de l'esclavage, une loi du 18 juillet 1845 avait décidé que la journée de travail commencerait à 6 h pour se terminer à 18 h avec 2 heures et demie de repos. La durée effective du travail était donc de 9 heures et demie. Par la suite, la convention franco-britannique de

---

[17] Le livre de H. Tinker constitue un exemple typique de cette approche. Cf. H. Tinker ; *A new system of slavery , the export of indian labour overseas 1830 - 1920* ; 1974 ; 432 pages.

[18] Voir à ce sujet les descriptions données par Villermé, Engels, ou Zola sur la condition ouvrière en Europe au 19ème siècle ou encore F. Braudel et E. Labrousse ; *Histoire économique et sociale de la France* ; tome 3 (1789- années 1880) ; p. 779 à 793 puis comparer par exemple avec le rapport du procureur Massot sur la vie des esclaves de Bourbon en 1847. Cf. F. Lacpatia ; *Ces chaînes dans la nuit.*

[19] Jean Bruhat, in F. Braudel et E. Labrousse ; *Histoire économique et sociale de la France* ; tome 3 (1789- années 1880) ; p. 782.

1861, qui a régi pendant deux décennies la vie des engagés à La Réunion, a conservé cette même durée du travail (art. 10). Et qu'en est-il à présent des conditions de travail ? Il est certain que, comparées à celles qui existaient dans les plantations de Bourbon, elles étaient souvent bien pires dans les filatures de Manchester et les mines de charbon du pays de Galles où au risque des coups de grisou s'ajoutait la quasi-certitude de contracter la silicose[20]. Pour autant, personne ne prétend que les ouvriers anglais étaient des esclaves.

Il va sans dire que l'enjeu du débat sur la nature de l'engagisme n'est pas d'ordre sémantique. Ce qui est en cause, c'est la compréhension même de la structure et du fonctionnement de l'économie post-esclavagiste. Ainsi, et sans vouloir anticiper sur les développements qui vont suivre, on peut affirmer qu'il est par exemple rigoureusement *impossible* de comprendre la formation de la petite propriété foncière indienne autour des années 1870, l'extension du marché intérieur et le démarrage du petit commerce de détail... si l'on confond engagisme et esclavagisme.

Les insuffisances de la thèse traditionnelle concernant les transformations socio économiques de La Réunion après 1848 et les désaccords criants sur l'analyse de la conjoncture sucrière nous ont conduits à entreprendre ce travail de réinterprétation.

IV - PÉRIODISATION ET DIFFICULTÉS STATISTIQUES

L'époque du salariat contraint peut être subdivisée en deux grandes phases.

Mise en place du salariat contraint, résurgence esclavagiste et croissance (1849 - 1859)

À la veille de l'abolition de l'esclavage, la structure interne de l'économie de La Réunion combinait deux modes de production, l'esclavagisme et le capitalisme.

- l'esclavagisme, régissant la vie de plus de 60 300 esclaves, était très largement dominant ;

[20] Parlant du travail dans les mines, un ingénieur écrit en 1852 : "La durée du poste n'excède point 10 heures (entrée et sorties comprises) mais sans repos ou presque sans repos... (dans les mines) les ouvriers descendent et remontent par des échelles qui occasionnent pour eux une fatigue extrême dans les puits profonds (ces puits vont à 400 et 500 mètres" cité par Jean Bruhat in F. Braudel et E. Labrousse ; *Histoire économique et sociale de la France* ; tome 3 (1789- années 1880) ; p. 782.

• le capitalisme, qui avait fait son apparition en 1828 avec l'introduction d'immigrés engagés sous le régime du salariat contraint, était à l'état embryonnaire[21].

Mais à partir de décembre 1848, tout est bouleversé. L'esclavage est aboli et pour réorganiser la production le gouvernement s'efforce de maintenir les affranchis au travail en instaurant pour eux le salariat obligatoire. En même temps, les planteurs font massivement appel au salariat contraint et celui-ci s'étend rapidement à la faveur de l'immigration indienne.

Cette extension est cependant contrariée car, dans les territoires indiens qu'ils contrôlent, les Britanniques ont interdit les recrutements de *coolies* destinés aux colonies françaises. Les planteurs se tournent alors vers l'Afrique et des pratiques rappelant celles de la traite esclavagiste sont employées pour drainer de la main-d'œuvre vers La Réunion.

Au cours de cette période, deux phases conjoncturelles se succèdent. Les années qui suivent immédiatement l'Abolition voient un effondrement de la production. Mais dès 1852, la crise est surmontée et l'économie sucrière entre dans une période de croissance sans précédent. Dans toute l'île la canne s'étend au détriment des cultures vivrières. Mais comme, dans le même temps, la population ne cesse d'augmenter avec les arrivées d'immigrants, une crise alimentaire devient inévitable à partir du milieu des années 1850.

Stabilisation du salariat contraint et crise (1860 à 1881)

La résurgence de l'esclavage ne manqua pas de soulever l'indignation des abolitionnistes qui organisèrent des campagnes de protestation. En 1859, sous la pression de l'opinion publique, le gouvernement finit par interdire aux recruteurs d'opérer en Afrique.

Cette décision permit d'aboutir, au début des années 1860, à un accord avec les Britanniques qui autorisèrent les recrutements d'Indiens au bénéfice des colonies françaises. Dès lors, il devint possible d'établir une circulation fluide d'engagés entre La Réunion et l'Inde pour assurer la reproduction régulière du salariat contraint dont le fonctionnement fut stabilisé.

Cette période fut en même temps celle pendant laquelle s'ouvrit à La Réunion la première crise du nouveau régime économique. Celle-ci démarra au milieu de la décennie 1860 par une dépression longue qui toucha le secteur sucrier. À partir des années 1870, une crise

[21] En 1847 il n'y avait que 2 797 engagés étrangers auxquels venaient s'ajouter les quelques milliers d'esclaves affranchis qui, depuis 1845, étaient contraints de s'engager comme salariés après leur émancipation (loi du 18 juin 1845).

monétaire vint se surajouter à la crise sucrière, contraignant les pouvoirs publics à démonétiser toutes les pièces étrangères en 1879.

Avant d'entrer dans les détails de chacune des deux phases (1849-1859) et (1860-1881), il reste encore à dire quelques mots des difficultés statistiques que nous avons rencontrées. Les chiffres officiels comportent erreurs et insuffisances manifestes.

Erreurs statistiques

Les erreurs matérielles viennent des procédés mis en œuvre pour élaborer les statistiques. Schématiquement, le cheminement des données était le suivant. Concernant les productions agricoles, les informations initiales étaient réunies par les maires des différentes communes de l'île d'après les déclarations des propriétaires. Mises en ordre sous forme de tableaux, elles remontaient ensuite vers les services centraux de St-Denis qui construisaient des documents de synthèse pour La Réunion dans son ensemble. Ces documents étaient ensuite envoyés au Ministère des colonies pour servir à l'élaboration des statistiques présentant une vue globale des colonies françaises. Ces statistiques faisaient l'objet d'une publication annuelle intitulée *Tableau de population, de cultures, de commerce et de navigation* pour l'année 18... Les chiffres y sont toujours présentés de la même manière, ce qui facilite leur exploitation.

Cependant à chaque stade d'élaboration, et à chaque passage d'un stade à l'autre, des erreurs peuvent se produire. Les chiffres étant recopiés à la main, des 2 deviennent parfois des 5, certains 1 sont transformés en 7 et, plus grave, des zéros sont omis ou encore ajoutés à la fin des nombres, ce qui évidemment change tout. On remarquera également que certaines additions sont fausses. Il est parfois possible de corriger l'erreur mais pas toujours. Il n'y a donc aucune illusion à se faire : il reste un lourd travail de vérification et de critique statistique à réaliser. Certaines conclusions de cette étude devront peut-être être révisées en raison des nouvelles données qui seront éventuellement produites.

Concernant la période 1849 à 1859, nous avons surtout utilisé les documents élaborés par les communes de La Réunion afin de limiter au maximum les risques d'erreurs. Pour la période 1860 à 1881, les Archives de La Réunion ne disposent que de documents incomplets (il manque 5 années) et parfois en assez mauvais état. C'est pourquoi nous avons puisé nos statistiques surtout dans les *Tableaux de population, de cultures, de commerce et de navigation* pour l'année 18...

Les données officielles sont entachées d'erreurs. Mais même si cela n'avait pas été le cas, la description quantitative de l'évolution économique aurait tout de même continué à buter sur un ensemble de difficultés statistiques qu'il est impossible de surmonter.

Insuffisances statistiques

Pour étudier la croissance, il faudrait pouvoir suivre l'évolution dans le temps d'indicateurs synthétiques tels que le Produit Intérieur Brut (P. I. B.), ou mieux, le P. I. B. par habitant[22]. Mais ces agrégats ne sont pas construits avant la mise en place de la comptabilité nationale dans l'île[23], et il ne paraît pas possible de les reconstituer.

En effet, concernant tout d'abord l'économie de plantation, les statistiques officielles sont insuffisamment détaillées. Il n'existe aucune évaluation des consommations intermédiaires, des revenus, des composantes de la demande finale.... En fait, seules les productions destinées à l'exportation (sucre, café, vanille, girofle) donnaient lieu à un recensement suivi. Les productions vivrières, réalisées dans le cadre de l'économie de plantation, faisaient l'objet d'estimations très grossières[24].

À côté de l'économie de plantation existait également une "économie de survie" (ensemble des activités économiques auxquelles se livraient les exclus de l'économie de plantation), qui échappait en très grande partie au contrôle de l'administration. Il existe très peu

---

[22] Le P. I. B. est égal à la somme des valeurs ajoutées. Celles-ci correspondent à la différence entre les valeurs des productions et celles des consommations intermédiaires (matières premières, énergie...) qui ont été utilisées. Il y a croissance si au cours d'une période longue le P. I. B. augmente d'année en année. Inversement, il y a récession ou crise selon que le P. I. B. stagne ou diminue plus ou moins fortement. Le contenu du concept de croissance fait l'objet de deux grandes définitions. D'après la première, la croissance économique correspondrait à "l'augmentation soutenue pendant une ou plusieurs périodes longues (...) d'un indicateur de dimension : pour une nation, le produit global net en termes réels" (Cf. F. Perroux : *L'économie du 20ème siècle* ; P. U. F. ; 1969). Selon une définition plus étroite, "la croissance économique désigne l'augmentation durable du revenu national *supérieure à l'accroissement de la population d'un pays ou d'un groupe de pays*" (Cf. A. Silem : *Encyclopédie de l'économie et de la gestion* ; Hachette ; 1991 ; p. 291). D'après cette dernière conception, il n'y aurait croissance que si le revenu *par tête* augmente. Au contraire d'après la première définition, il y a croissance même si le revenu par tête stagne : augmentation du produit et augmentation de la population s'effectuent au même rythme.

[23] La Comptabilité Nationale est créée en France au lendemain de la Seconde Guerre Mondiale. À La Réunion, elle est mise en œuvre au début des années 1960.

[24] Les statistiques les plus complètes concernant les diverses productions de La Réunion se trouvent aux Archives Départementales sous les cotes 6 M 1313 et 6 M 1314. Les documents ne sont pas en bon état.

d'estimations sur les quantités physiques produites et celles qui ont été réalisées sont incertaines. On ne connaît guère les prix car les produits n'étaient pas, pour l'essentiel, commercialisés mais directement consommés par les producteurs. La mesure de leur valeur est aléatoire.

Enfin, pour calculer le P. I. B. par habitant, il faudrait connaître l'effectif de la population. Mais ici une grande incertitude existe et les écarts entre les diverses évaluations démographiques sont importants[25].

Faut-il alors renoncer à étudier la croissance économique ? Si l'on s'attache à la précision des chiffres, la recherche n'aboutira qu'à des conclusions décevantes. En revanche, si l'objectif est de mettre à jour les grandes tendances de l'évolution et les ressorts de la dynamique économique, en acceptant une marge d'incertitude, alors l'étude devient possible.

---

[25] Defos du Rau remarque : " En 1850, alors que le gouverneur parle de 100 071 habitants, Textor parle de 110 891 et Maillard de 129 700... En 1860, l'Administration publie l'effectif de 179 189 ; Rambosson n'ose que 166 000, Mais Maillard ne craint pas d'avancer 200 000". Cf. L. Maillard ; *Note sur l'île de La Réunion* ; 2 tomes; 1862; p. 269.

PREMIÈRE PARTIE

TRANSITION AU SALARIAT CONTRAINT, RÉSURGENCE DE L'ESCLAVAGE ET CROISSANCE ÉCONOMIQUE (1849 - 1859)

La décennie qui suivit l'abolition de l'esclavage constitua pour La Réunion une période de mutation sociale décisive. Pour rendre compte de l'évolution économique, il est commode de commencer par présenter les nouvelles structures institutionnelles mises en place à partir de 1849 car elles tracent le cadre socio-économique dans lequel les acteurs privés prennent leurs décisions (chapitre 1).

Concernant les planteurs, ces décisions visaient essentiellement à résoudre des problèmes de main-d'œuvre et diverses politiques furent déployées à l'égard des affranchis et des immigrants contractuels (chapitre 2).

Par ailleurs, les années 1849-1859 furent celles d'une croissance économique rapide. On en analysera les facteurs, les modalités et les conséquences (chapitre 3). Enfin, à la périphérie de l'économie sucrière s'était constituée une économie de survie. On tentera de décrire successivement celle organisée par les affranchis puis par les Blancs paupérisés (chapitre 4).

ILE DE LA RÉUNION

CHAPITRE 1

LA RÉORGANISATION DES INSTITUTIONS POLITIQUES JURIDIQUES ET ÉCONOMIQUES

À partir de 1848, les problèmes fondamentaux qui se posaient aux autorités publiques étaient :

- de mettre en place une nouvelle organisation du pouvoir d'État ;
- d'assurer la continuité de la production en procurant de la main-d'œuvre aux planteurs ;
- de codifier juridiquement le rapport salarial pour clarifier les relations entre capital et travail ;
- de faciliter la circulation des marchandises et des capitaux ;
- d'apporter une solution économique et sociale à la paupérisation accélérée d'une partie de la population blanche.

SECTION 1

LA RÉORGANISATION DU CADRE POLITICO-JURIDIQUE

1.1. - La situation à la veille de l'Abolition

À la veille de la Révolution de 1848, le pouvoir d'État à La Réunion combinait quatre éléments : le Gouverneur, le Conseil Privé, le Conseil Colonial et le Contrôleur Colonial.

Nommé par la métropole, le Gouverneur concentrait entre ses mains l'essentiel des prérogatives de la puissance publique. Il était chargé de faire appliquer dans la colonie les lois, ordonnances et décrets émanant des autorités centrales ; il pouvait également prendre en matière d'administration locale et de police toute décision qu'il jugeait nécessaire. Il était aidé dans cette tâche par un Conseil privé composé de deux notables désignés par le roi, et des trois chefs de service chargés de la justice, de la fiscalité, et des forces armées nommés par le roi ou le ministre.

Quant au Conseil Colonial (30 membres), il était censé représenter la population locale et défendre ses intérêts. En réalité, il était l'émanation de la seule bourgeoisie, car ses membres étaient élus par un collège électoral censitaire. Les pouvoirs de cette chambre étaient très limités, surtout après l'adoption de la loi du 25 juin 1841 qui restreignit considérablement ses attributions en matière budgétaires. Toute cette structure politico-administrative fonctionnait sous la surveillance d'un représentant du pouvoir royal, le Contrôleur Colonial.

Au fond, de par son organisation d'ensemble, l'État local se présentait comme un simple prolongement du pouvoir central installé dans la colonie. Son rôle essentiel était d'assurer la bonne marche de l'économie dont le fonctionnement reposait sur deux piliers : d'une part le Code Noir qui régissait les rapports entre maîtres et esclaves, et d'autre part, le Pacte Colonial qui encadrait les relations d'échange entre la métropole et sa colonie. La révolution de 1848 bouleversa toute cette organisation.

1.2 - Les transformations politiques et administratives sous la Seconde République (1848 - 1852)

Le Gouverneur fut remplacé par un Commissaire Général de la République (Sarda Garriga) doté des pleins pouvoirs et un décret du 27 avril 1848 supprima le Conseil Colonial, ce qui était logique puisque cette assemblée ne comprenait que des maîtres, tous partisans du maintien de l'esclavage.

Les révolutionnaires décidèrent aussi la réintégration des colonies "purifiées de la servitude" dans la communauté nationale, et leur accordèrent le droit d'être représentées en France par deux députés. Les affranchis eurent la possibilité de participer aux élections car le décret d'Abolition, en transformant les esclaves en individus libres, leur donnait par là même tous leurs droits civiques et politiques[26]. Voulant aller encore plus loin dans le sens de l'assimilation, Victor Schoelcher souhaitait même étendre aux colonies l'application

[26] Les élections législatives eurent lieu en 1849 et, comme on pouvait s'y attendre, le taux de participation fut très faible, les affranchis ayant très peu voté.

intégrale de la Constitution de 1848, mais il n'obtint pas gain de cause lors de la discussion de cette Constitution à l'Assemblée Nationale. Les colonies restèrent donc sous le régime des lois particulières.

1.3 - Les transformations politiques et administratives sous le Second Empire

La Seconde République fut éphémère. Après le coup d'État du 2 décembre 1851 et l'instauration du Second Empire (1852), les nouvelles autorités centrales réorganisèrent l'appareil administratif des colonies et révisèrent les rapports politiques entre la métropole et l'outre-mer.

1.3.1 - La place des colonies au sein de l'empire

À l'égard des colonies, la Seconde République avait mené une politique à tendance assimilatrice en les intégrant dans la République Française et en leur accordant le droit d'être représentées à l'Assemblée Nationale. C'est une politique diamétralement opposée qui fut appliquée sous le Second Empire.

Dès le coup d'État, les colonies ne furent plus considérées comme faisant partie de la République et elles ne furent pas consultées lors du plébiscite du 20 décembre. Par ailleurs, la Constitution de 1852 ne fait pas mention des colonies sauf pour déclarer que le Sénat élaborerait plus tard, et par sénatus-consulte, une constitution coloniale spécifique. En d'autres termes, métropole et colonies devaient être régies par des lois fondamentales différentes.

1.3.2 - L'organisation interne des colonies

C'est en 1854 que parut le sénatus-consulte sur la Constitution Coloniale. Ce texte fixait le cadre général de l'organisation économique, politique et administrative des colonies en distinguant parmi elles deux groupes, d'une part la Martinique, la Guadeloupe et La Réunion, et d'autre part les autres possessions françaises dont le cas ne sera pas présenté ici.

A - L'organisation politique et administrative

Les rouages politiques et administratifs qui existaient avant 1848 furent réinstallés avec quelques retouches. Au sommet de l'État on remit un Gouverneur représentant l'Empereur et dépositaire de son autorité. Chargé du commandement de la haute administration, il avait pour mission de faire exécuter les lois et décrets venant de métropole.

Il était aidé dans cette tâche par un commandant militaire[27], un ordonnateur pour les questions budgétaires, un directeur de l'intérieur et un procureur général. Ces fonctionnaires participaient au Conseil Privé.

La représentation locale était assurée par un Conseil Général de 24 membres, tous à la dévotion du Gouverneur. En effet, aucun n'était élu : la moitié était nommée par le Gouverneur et l'autre par les conseillers municipaux, eux-mêmes désignés par le Gouverneur. Cette assemblée, qui était donc fort loin de représenter la population, n'avait pas grand pouvoir. Certes, elle votait les dépenses d'intérêt local et les taxes nécessaires à l'acquittement de ces dépenses, mais pour devenir exécutoires, ces votes devaient avoir l'approbation du Gouverneur qui pouvait à son gré modifier le budget.

Enfin, comme les colonies ne faisaient plus partie de la République, elles ne pouvaient plus avoir de députés à l'Assemblée Nationale. C'est seulement au sein d'un Comité *Consultatif* du Ministère de la Marine qu'elles furent admises à faire entendre leur voix par l'intermédiaire de délégués (un par colonie) désignés par le Conseil Général.

Il apparaît en définitive que, dans les colonies, le pouvoir d'État était un simple relais de celui de la métropole, une courroie de transmission des directives venant de Paris. Certes, une petite place avait été réservée à la population locale. Mais ses représentants, tous choisis directement ou indirectement par le Gouverneur au sein de la bourgeoisie, étaient ses alliés. Leurs préoccupations n'étaient pas celles de la masse du peuple.

B - Le cadre économique et fiscal

Concernant tout d'abord l'organisation sociale de la production, la Constitution Coloniale confirma le caractère définitif de l'Abolition en déclarant dans son article 1 que :

> "L'esclavage ne peut jamais être rétabli dans les colonies françaises".

Quant au commerce extérieur des colonies, il fut entièrement placé sous le contrôle de la métropole par l'article 4 du sénatus-consulte qui déclarait que

> "Les lois concernant le régime commercial des colonies sont votées et promulguées dans les formes et par la Constitution de l'Empire".

Revenant sur cette question, l'article 12 précisait d'ailleurs que les droits de douane sont établis par les autorités centrales.

---

[27] Cet emploi fut supprimé en 1855.

Par ailleurs, la Constitution décida que le régime monétaire des colonies et le taux de l'intérêt étaient du ressort de l'Empereur. Et comme la Banque de La Réunion était aussi sous la surveillance de l'État, on peut dire que la métropole contrôlait les leviers essentiels de l'activité économique locale.

Enfin, pour faire fonctionner l'administration et financer les dépenses publiques il fallait des ressources budgétaires. L'abolition de l'esclavage ayant entraîné de profondes perturbations dans le système fiscal, une réorganisation fut nécessaire. Avant 1848, le budget local était alimenté essentiellement par des impôts directs assis sur les immeubles et la main-d'œuvre servile (capitation des esclaves). Après l'Abolition, il fallait trouver de nouvelles ressources qui devaient être d'autant plus abondantes que le recours à l'immigration contractuelle entraînait des dépenses supplémentaires pour le budget[28].

La réforme de la fiscalité directe ne posait guère de problème[29] : puisque dans les exploitations agricoles les esclaves étaient remplacés par des engagés, il suffisait de transférer l'impôt sur ces derniers. C'est ce que le gouvernement fit en créant un droit d'enregistrement sur l'engagement des immigrants, des taxes sur les salaires et les contrats d'engagements. Ces impôts, à la charge des employeurs, devaient permettre de financer les dépenses liées à l'immigration contractuelle (paiement des visites médicales, rapatriement des engagés en fin de contrat etc.).

On remplaça aussi la capitation par l'impôt personnel, mais celui-ci rendit très peu dans les années qui suivirent immédiatement l'Abolition car "une foule d'individus (qui) ne fournissaient pas de recensements pour échapper à l'impôt"[30].

---

[28] Par exemple, l'engagé qui signait un nouveau contrat d'engagement avait droit à une prime d'un montant équivalent aux frais de son rapatriement. Cette dépense, à la charge de la colonie, était comprise dans son budget parmi les dépenses obligatoires. Il fallait également financer la construction ou l'agrandissement des lazarets destinés à accueillir les immigrants à leur arrivée à La Réunion, etc.

[29] Au cours de la période sous étude, les impôts directs comprennent 1) la contribution personnelle, due par toutes les personnes de plus de 16 ans. La contribution personnelle des engagés est payée par les engagistes ; 2) le droit sur les maisons ; 3) les patentes ; 4) la taxe sur les voitures destinées au transport des personnes ; 5) le droit de sortie qui est perçu par les Douanes. Ce droit, qui remplace l'impôt foncier, est appliqué aux productions exportées. Il est calculé *ad valorem* d'après des mercuriales établies par l'administration. Les mercuriales étaient en principe établies, sur les cours du jour. Mais comme ceux-ci varient d'un jour sur l'autre et d'un producteur à l'autre, l'administration établit un cours moyen, valable pendant une certaine période réglementaire.

[30] de Chateauvieux ; *Histoire de St-Leu* ; 1865 ; 122 pages ; p. 37.

C'est dans le domaine de la fiscalité indirecte que le gouvernement, par la création d'un "octroi de mer", introduisit la réforme qui, à long terme, s'avéra la plus importante[31]. De manière générale, l'octroi est un impôt établi sur la consommation, perçu au profit des communes dont les revenus sont insuffisants pour financer leurs dépenses. Et de fait, c'est bien l'insuffisance des ressources municipales qui motiva la création de l'octroi de mer à La Réunion[32]. Pour des raisons d'organisation pratique et de frais de perception, l'octroi ne pouvait pas être prélevé au moment où les marchandises pénétraient dans chaque territoire communal. C'est pourquoi on décida de l'asseoir sur toutes les importations qui arrivaient dans l'île et de répartir ensuite le produit entre les communes. Malgré les attaques dont il fut l'objet dès son instauration, l'octroi de mer fut maintenu[33].

SECTION 2

POLITIQUES DE MAIN-D'ŒUVRE ET RÉGIMES DE TRAVAIL

Pendant la décennie qui suivit l'Abolition, l'augmentation de la demande de sucre et la flambée des cours donnèrent un coup de fouet à l'économie de plantation. Stimulés par les perspectives de profit, les planteurs réclamèrent davantage de bras afin d'accroître la production. Pour les satisfaire, le gouvernement organisa une politique de main-d'œuvre qui visait

- à contraindre les affranchis au travail ;
- à renforcer les courants de l'immigration contractuelle ;
- par ailleurs le Code Noir ayant été supprimé et le salariat contraint devenant le rapport social dominant, il était

---

[31] L'octroi de mer existait déjà à la Martinique depuis 1819 et à la Guadeloupe depuis 1825.

[32] L'arrêté du 13 décembre 1850 qui institua l'octroi de mer déclare en effet dans ses considérants que l'objet de cet impôt était "de faire sortir les communes de l'Ile de l'état de pénurie où elles se trouvent".

[33] Les adversaires de l'octroi de mer (surtout les fournisseurs métropolitains) qui voyaient dans cette taxe un droit de douane déguisé destiné à empêcher les produits français de pénétrer sur le marché local attaquèrent devant les tribunaux. Selon eux, les autorités de La Réunion n'avaient pas pouvoir d'établir une telle taxe. Une très longue bataille juridique s'ensuivit. Cf. Delabarre de Nanteuil ; op. cit. tome 4 ; p. 2.

indispensable d'élaborer une nouvelle codification juridique des rapports de production pour définir les droits et devoirs des engagistes et des engagés. En d'autres termes il fallait créer un code du travail.

2. 1 - Le salariat obligatoire des affranchis

2.1.1 - L'instauration du système

Pour éviter que l'Abolition n'entraîne une rupture dans la production dès le 24 octobre 1848 un arrêté fit obligation à tous les esclaves, à l'exception des femmes mariées, de prendre avant le 20 décembre (date de l'Abolition effective), un engagement de travail pour une durée d'un ou de deux ans. On a jusqu'ici utilisé l'expression de "travail obligatoire" pour caractériser la situation ainsi créée. Il est préférable de lui substituer celle plus précise de "salariat obligatoire des affranchis" qui présente l'avantage d'insister sur les trois caractéristiques essentielles de la nouvelle organisation du travail à savoir :

- qu'elle s'applique seulement aux *anciens esclaves* ;
- qu'elle institue un régime *salarial* (car le pouvoir de l'employeur ne porte que sur la force de travail de l'engagé et non toute sa personne) ;
- qu'elle est *imposée* aux affranchis au moyen de la force d'État.

Dans les mois qui précédèrent l'Abolition, les contrats de travail furent conclus sans difficulté. Mais dès les premières semaines de 1849, les désertions se multiplièrent. Pour réduire l'insubordination des affranchis et stabiliser le rapport salarial, le gouvernement prit le 17 février 1849 un arrêté qui punit

> "tous les individus appartenant à la classe des gens de travail ou de la domesticité qui, sans motif légitime, se refuseraient à l'exécution partielle ou complète des engagements par eux contractés ou qui se rendraient coupables de manquements au régime et à la discipline des ateliers ou maisons auxquels ils sont attachés".

Les peines prévues étaient, selon la gravité des cas, le paiement d'une amende, 15 jours d'atelier de discipline, l'emprisonnement. Cette législation est une législation d'exception car elle prévoit des sanctions pénales pour des infractions liées à un contrat civil. Par ailleurs, l'article 2 de l'arrêté prévoit que les peines seraient prononcées par les juges de paix et "*par les maires ou leurs adjoints* dans les communes où il n'existe pas de justice de paix". Il y a donc confusion entre pouvoirs administratif et judiciaire. Au total, le droit fonctionne ici comme instrument de répression de la "classe des gens de travail ou de la domesticité".

Dans l'esprit du gouvernement, le salariat obligatoire des affranchis ne devait pas, initialement, excéder deux ans. En fait, il fut maintenu au-delà de cette période.

2.1.2 - Le renouvellement du salariat obligatoire

En 1848, très peu d'affranchis avaient signé des contrats de travail de deux ans et la plupart des engagements devaient expirer le 30 décembre 1849[34]. Par ailleurs, pendant toute l'année 1849, les désertions se multiplièrent et il était prévisible que beaucoup d'affranchis ne renouvelleraient pas leur contrat. Devant la menace de pénurie de main-d'œuvre, Sarda Garriga prit deux arrêtés[35] qui décidèrent d'une part que toutes les femmes qui avaient été esclaves devraient souscrire un engagement de travail ; d'autre part que tous les engagés en fin de contrat devraient obligatoirement le reconduire. Et le texte précisait que "pour les cultivateurs et personnes attachés à la manipulation du sucre" ces nouveaux contrats étaient d'un an minimum et de deux ans maximum. Au total, le salariat obligatoire des affranchis, prévu au départ pour deux ans au maximum, fonctionna pendant trois ans, jusqu'à la fin de 1851.

Mais, pour des raisons politiques, il était difficile d'imposer une nouvelle prolongation au-delà de cette date. Comme il fallait pourtant garantir la poursuite de la production, les autorités publiques organisèrent un nouveau régime de travail. Il fut institué par le décret du 13 février 1852 et l'arrêté local le 31 décembre 1852 dont l'objectif était d'obliger les affranchis à travailler en réprimant le vagabondage et les engagements fictifs.

2.1 3 - Du salariat obligatoire au travail obligatoire

A - Le décret du 13 février 1852

Ce texte de portée générale, applicable aux colonies de Martinique, Guadeloupe, Guyane et de La Réunion, organisait un régime de travail qui différait du salariat obligatoire des années précédentes sur trois points. Désormais, l'obligation de travailler ne concernait plus seulement les affranchis, mais s'étendait à tous ceux qui ne possédaient pas de moyens d'existence propres. En second lieu, le

---

[34] Delabarre de Nanteuil ; *Législation de l'île de La Réunion* ; op. cit. tome 5 ; p. 308.

[35] Arrêtés des 6 et 9 décembre 1849.

décret n'imposait pas le salariat comme seule forme d'organisation du travail. Enfin il mettait en place tout un dispositif permettant à l'administration et à la police de contrôler les travailleurs mais aussi les employeurs.

Ces derniers étaient tenus, sous peine d'amende, de déclarer leurs travailleurs à l'administration[36]. Le but de cette obligation était multiple : permettre l'établissement de l'impôt, la répression du vagabondage, la lutte contre les engagements fictifs ou illégaux etc.

Quant aux travailleurs, ils étaient classés en deux catégories.

- Ceux qui étaient engagés dans les exploitations agricoles ou industrielles pour une durée d'un an ou plus. Employés de façon constante et régulière, ces travailleurs avaient un contrat d'engagement écrit.
- Ceux qui travaillaient pour autrui de façon épisodique (labeur à la tâche ou à la journée) ou bien en vertu d'un engagement de moins d'une année, ou bien encore comme domestiques. Ces travailleurs devaient obligatoirement être munis d'un livret.

Si le décret de février 1852 avait rendu le port du livret obligatoire, il laissait aussi au gouvernement de chaque colonie le soin d'en définir la forme et les règles à suivre pour sa délivrance. Le 31 décembre 1852 un arrêté fut pris à cet effet pour La Réunion.

B - L'arrêté du 31 décembre 1852

Cet arrêté précisait que l'obligation de se munir d'un livret s'appliquait absolument à tous les travailleurs *sans distinction d'âge ni de sexe*, et y compris ceux qui avaient un contrat d'engagement de longue durée[37]. Son but était de faciliter la chasse aux sans-travail : les

---

[36] Le décret du 13 février 1852 précisait dans son article 13 que : "Toute personne ayant conclu avec des ouvriers ou travailleurs un contrat d'apprentissage ou de louage, d'association, de fermage ou de colonage, d'une durée d'un an au moins, est tenue de faire à la mairie de la commune, dans les dix jours, une déclaration faisant connaître la date et la durée de la convention, et portant état nominatif des ouvriers ou travailleurs... Lorsque le contrat d'engagement a été passé hors de la colonie, il doit être déclaré au maire dans les 10 jours de l'arrivée de l'immigrant... Toute mutation dans le personnel des ouvriers ou travailleurs, tout renouvellement, toute résiliation de contrat, donnera lieu à une pareille déclaration dans le même délai de 10 jours".

[37] La circulaire du Directeur de l'Intérieur aux maires est sans ambiguïté sur ce point : "... l'article 12 du décret du 13 février (sur le livret - H. H. Q.) s'oppose -t-il à ce que le travailleur engagé pour plus d'une année soit astreint à être constamment porteur d'une feuille indiquant son nom, son âge, sa profession, son domicile et les conditions de son engagement ? Non. Eh bien ! cette feuille, ... ne sera autre chose que ce que l'on appelle improprement ici le livret". Pour le texte complet de la

individus démunis de moyens d'existence propres et de livret étaient présumés vagabonds et punis comme tels.

Par ailleurs, l'article 10 déclarait que :

> "Le livret étant la justification d'un travail *habituel* pour autrui, n'est valable que pour autant que le porteur *continue de travailler effectivement* pour la personne y désignée. En cas de cessation de travail sans nouveau remplacement, et sans déclaration de la mutation à la mairie, la délivrance du livret est réputée de nul effet".

Cet article établissait pour La Réunion un type de livret complètement différent de celui qui existait à la même époque en métropole. En effet, ce qui était exigé des ouvriers et domestiques de métropole, c'était un livret *professionnel,* document qui consistait en une déclaration du travailleur indiquant son métier ou sa profession. Mais il ne constatait pas l'exercice effectif de ce métier ou de cette profession. Bien différent était le livret institué à La Réunion qui était un document permettant aux autorités publiques de vérifier que ceux qui étaient astreints au travail pour autrui travaillaient effectivement. C'était donc un livret de *travail* et non pas un livret professionnel comme en métropole.

L'analyse des textes du 13 février et du 31 décembre 1852 montre donc qu'ils instituaient bien à La Réunion, le travail obligatoire pour tous ceux qui ne possédaient pas de moyens d'existence. L'application de ce régime impliquait comme corollaire l'intensification de la lutte contre l'inactivité, et plus concrètement, le renforcement de la répression du vagabondage et de la lutte contre les engagements fictifs.

2.1.4 - La répression du vagabondage

À l'époque esclavagiste étaient considérés comme vagabonds les individus de moins de 60 ans qui, ne pouvant justifier de moyens suffisants d'existence ou bien d'un engagement de travail, refusaient de travailler dans un atelier colonial[38]. Le contrôle de la population et la répression du vagabondage s'exerçaient par l'intermédiaire des livrets et des ateliers coloniaux.

Après l'Abolition, le gouvernement améliora l'efficacité du dispositif répressif en créant d'abord un corps de "gardes-champêtres"

---

circulaire, cf. Delabarre de Nanteuil ; *Législation de l'île de La Réunion...* op. cit. ; tome 6 ; p. 352 et suivantes.

[38] Art. 16 de la loi du 18 juillet 1845. Cf. *Nouveau Code Noir ou répertoire des lois, ordonnances, décrets et arrêtés concernant le régime des esclaves* ; Saint Denis ; 1846 ; p. 13.

spécialement chargés de rechercher les sans-travail, de les arrêter et de les conduire devant la police et la justice[39]. En même temps, il durcit les peines contre ceux qui rompaient leur contrat ou ne l'exécutaient pas pleinement[40]. Enfin, en 1852 il donna pour les colonies une définition du vagabondage bien plus large que celle qui existait en métropole. Alors que dans le droit pénal métropolitain la notion de vagabond était définie par trois critères (le vagabond est une personne qui n'a "ni domicile certain, ni moyens de subsistance et qui n'exerce habituellement ni métier ni profession"), le décret du 13 février 1852 déclare que :

> "Les vagabonds ou gens sans aveu sont ceux qui, n'ayant pas de moyens de subsistance et n'exerçant habituellement ni métier ni profession, ne justifient pas d'un travail habituel *par un engagement d'une année au moins ou par leur livret*"[41].

On voit que, dans la définition applicable aux colonies, la référence au domicile a disparu et que tous ceux qui n'avaient pas de moyens de subsistance devaient travailler effectivement et être en mesure de le prouver, en ayant toujours avec eux leur contrat d'engagement ou leur livret. Les personnes qui n'étaient pas en mesure de présenter ces documents à la police étaient considérées comme vagabonds et passibles d'un emprisonnement de 3 à 6 mois.

La possession d'un contrat d'engagement permettant d'échapper au délit de vagabondage, ceux qui ne voulaient pas se plier au travail régulier contractaient des engagements fictifs. Le gouvernement s'efforça de lutter contre ces pratiques.

---

[39] Arrêté du 7 février 1849.

[40] Arrêté du 17 février 1849.

[41] On remarquera que cette définition est plus étendue que celle de l'article 16 de la loi du 18 juillet 1845.

2.1.5 - La répression des engagements fictifs

Les engagements fictifs étaient des engagements sans application réelle en ce sens qu'ils n'impliquaient ni travail ni salaire. Ils étaient conclus uniquement pour permettre aux affranchis d'échapper au travail obligatoire. Les propriétaires qui accordaient ces engagements étaient

> "...le plus souvent des individus ne possédant que peu ou point de terres et qui trouvent leur avantage à donner des livrets d'engagement à des affranchis auxquels ils laissent toute liberté d'action, et qui, en retour, leur rendent quelques services... ou bien leur servent même une petite rente mensuelle convenue d'avance"[42].

L'importance des engagements fictifs n'est pas connue mais devait être très grande si on en juge par le nombre de textes officiels qui furent pris pour les réprimer et par la sévérité des peines prévues à l'égard de ceux qui y recouraient[43].

Si l'analyse de la législation du travail est intéressante en ce qu'elle permet de révéler le rôle que l'État s'efforce de jouer pour assurer la transition de l'esclavage au salariat, toute aussi importante est la question de savoir dans quelle mesure cette législation fut effectivement appliquée.

2.1.6 - L'application de la législation du travail

Il semble bien que les dispositions du décret de 1852 concernant le vagabondage des affranchis et les engagements fictifs tombèrent assez rapidement en désuétude. Leur application aurait nécessité un très grand nombre de policiers pour contrôler la population, et surtout de prisons pour enfermer les affranchis qui n'étaient pas en règle avec la législation du travail. Les autorités publiques locales ne disposaient pas de moyens humains et matériels suffisants. Et puis, plutôt que de s'acharner à vouloir mettre au travail les affranchis, n'était-il pas bien plus simple de faire venir des immigrés avec des contrats d'engagement ? Comme ils l'avaient fait depuis toujours, les planteurs se tournèrent de nouveau vers l'Afrique, Madagascar et l'Inde.

---

[42] Cf. Patu de Rosemont : *Rapport au Comice agricole de Sainte Suzanne...* op. cit. ; p. 15.

[43] Le décret du 13 février 1852 prévoit, pour les contractants d'un engagement fictif, un emprisonnement d'un mois à un an et une amende de 101 à 500F.

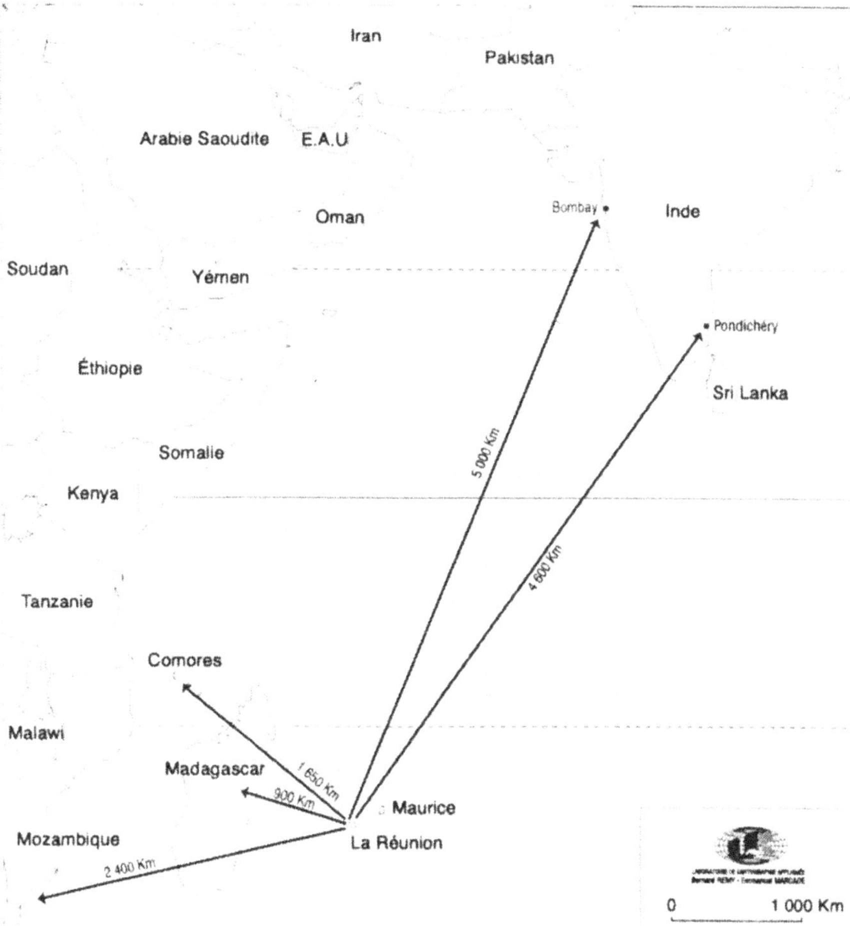

Iran
Pakistan
Arabie Saoudite
E.A.U.
Oman
Bombay
Inde
Soudan
Yémen
Pondichéry
Éthiopie
Sri Lanka
5 000 Km
Somalie
Kenya
4 600 Km
Tanzanie
Comores
Malawi
Madagascar
1 650 Km
900 Km
Maurice
La Réunion
Mozambique
2 400 Km
0
1 000 Km

2.2 - L'immigration contractuelle et le salariat contraint

2.2.1 - Un marché segmenté

A - Les raisons

Dans un marché national ou local, employeurs et salariés sont ressortissants d'un même État, parlent la même langue et partagent un fonds culturel commun. Il n'y a pas d'obstacle majeur qui les empêche de prendre directement contact pour établir un contrat de travail.

Les choses se présentent autrement quand la main-d'œuvre est d'origine étrangère, qu'elle doit être recrutée dans son propre pays et que celui-ci est très éloigné. La mise en contact direct de l'employeur et du salarié devient *impossible* car à la distance géographique s'ajoute le gouffre culturel (différences de langues, de mœurs, de religions...). Dès lors, le marché de la force de travail articule nécessairement deux segments :

- un segment du recrutement, implanté à l'étranger, et dont le rôle est d'acheter des forces de travail et de les rassembler dans les ports d'embarquement ;
- un segment de la revente, dont le rôle est de transporter les engagés jusqu'à La Réunion et de les remettre aux planteurs.

B - Différences de fonctionnement

Pour les recrutements à effectuer en Afrique et à Madagascar, le gouvernement laissa une totale liberté d'action aux opérateurs, se contentant simplement de poser quelques principes généraux : d'abord interdiction des recrutements ; puis possibilité d'engager des "Noirs en état de liberté préalable" ; enfin autorisation des engagements "par rachat préalable d'esclave". En dehors de ces directives, rien ne fut fait pour éviter la résurgence de pratiques esclavagistes. Le gouvernement fermait les yeux car La Réunion avait trop besoin de main-d'œuvre et parce que, du côté de l'Afrique, il n'y avait aucune menace de suspension de la traite.

Pour les recrutements à réaliser en Inde, le problème se posait en termes très différents. Suspendus depuis 1839, il fallait d'abord les rétablir, ce qui ne pouvait se faire que si des garanties officielles étaient données pour éviter la répétition de certains abus. C'est en juillet 1848 qu'à la demande du Ministère des Colonies, les autorités de Pondichéry acceptèrent de rouvrir leur territoire à l'émigration contractuelle en faveur de La Réunion[44]. Les opérations de recrutement ayant "un caractère essentiellement *commercial*"[45], c'est-à-dire lucratif, des entreprises capitalistes s'établirent sur chacun des segments du marché du travail pour organiser le drainage de la main-d'œuvre. Une législation fut créée pour encadrer et contrôler le recrutement des engagés indiens et leur acheminement vers La Réunion[46].

2.2.2 - Le recrutement

La réglementation des opérations de recrutement visait quatre objectifs.

- Contrôler l'importance des flux d'immigration pour les adapter aux besoins de l'économie locale. Le préambule de l'arrêté du 11 juin 1849 déclare en effet qu'il "importe de procéder avec prudence" et de ne permettre l'introduction de travailleurs "que dans les proportions indispensables". En conséquence, "l'administration fixera, tous les ans, le nombre de travailleurs indiens qui pourront être introduits à La Réunion". De toute évidence, le gouvernement voulait contrôler l'importance des flux d'immigration parce qu'il craignait que les planteurs ne profitent de la situation pour chasser certains de leurs anciens esclaves et les remplacer par les travailleurs immigrés.
- Éviter les engagements forcés. Le gouvernement imposa à cet effet la présence d'agents de l'administration chargés de vérifier sur place que les émigrants s'engageaient de leur plein gré et connaissaient les clauses de leur contrat de travail.
- Sélectionner les travailleurs. Le décret du 27 mars 1852 avait d'ailleurs spécifié que "l'enrôlement des individus infirmes ou âgés de plus de quarante ans est formellement interdit".
- Éviter des recrutements exclusivement masculins. Les planteurs, intéressés surtout par la productivité, étaient poussés à ne recruter que des hommes jeunes et robustes. Il était indispensable, pour des raisons de stabilité sociale générale, que les flux d'engagés comportent aussi un certain pourcentage d'éléments féminins[47].

---

[44] Un arrêté du 6 mars 1839 avait jusque là interdit d'opérer des recrutements pour l'étranger.

[45] Paul Dislère ; *Traité de législation coloniale* ; tome 1 ; 1897 ; 920 pages ; p. 863.

[46] La législation sur la main-d'œuvre contractuelle commence à être mise en place à partir de 1829. On trouvera une présentation d'ensemble dans Delabarre de Nanteuil ; *Législation de La Réunion* ; op. cit. ; tome 5 ; p. 321 et suivantes.

[47] L'arrêté du 11 juin 1849 décide que "Le nombre d'Indiens introduits par chaque navire devra toujours comprendre des femmes dans une proportion qui sera, autant

2.2.3 - Transport et débarquement des immigrants contractuels

• Pour le transport des émigrants, le gouvernement imposa le respect de certaines normes de sécurité, d'hygiène, d'espace, et d'alimentation[48]. Les raisons de cette réglementation sont autant humanitaires qu'économiques car en assurant un confort minimum aux émigrants, on préservait en même temps leur force de travail.
• À leur arrivée dans l'île, les immigrants étaient isolés pendant une période de dix jours au moins au cours de laquelle l'administration vérifiait leur état de santé, les faisait vacciner... Toutes ces précautions avaient pour but de réduire les risques de propagation d'éventuelles maladies contagieuses dans l'île et de fournir aux planteurs des engagés en état de travailler.

2.2.4 - Répartition des immigrants entre les engagistes

Dans l'immense majorité des cas, les contrats de travail établis au moment de l'engagement ne précisaient ni l'identité des employeurs que les immigrants devraient servir à leur arrivée à La Réunion ni le type de travail que ceux-ci auraient à effectuer. En fait, les immigrants étaient tenus de travailler pour le compte de celui qui achèterait leur contrat d'engagement et cette particularité constituait une des grandes différences entre le salariat contraint et le salariat libre dans lequel l'ouvrier ne peut être obligé de se mettre au service d'un employeur qu'il n'aurait pas "choisi" ou bien d'effectuer un travail qu'il refuserait.

Jusqu'en 1853, la répartition des engagés entre les employeurs s'opéra par le jeu de l'offre et de la demande de bras ou bien au moyen d'ententes personnelles entre employeurs et importateurs de main-d'œuvre. En raison de la pénurie de travailleurs, de l'organisation monopolistique du marché du recrutement[49] et des différences de richesse entre les employeurs, ce mode de répartition ne pouvait aboutir qu'à aggraver les distorsions économiques de toutes sortes, à faire flamber le prix des contrats et à priver les petits planteurs de travailleurs. De fait, les prix de cession des contrats d'engagement passèrent de 165 F. en 1849 à plus de 400 F. en 1852.

À partir de 1853, les choses changèrent. S'estimant lésés, les sucriers de l'île ripostèrent en s'associant pour fonder une compagnie dont l'objet était de stimuler les flux d'immigration et d'abaisser les

---

que possible, d'un tiers, et ne pourra jamais être moindre d'un dixième". Un arrêté du 7 juillet 1852 accorda une prime pour chaque femme de 12 à 40 ans introduite dans la colonie en excédent du dixième prescrit.

[48] Cf. arrêté du 11 juin 1849, alinéas 8 à 14 ; décret du 27 mars 1852 art. 14 à 33.

[49] Cf. Chapitre 2 ; paragraphe 132 (B).

prix des contrats. Cette initiative reçut l'appui total du gouvernement local. Un arrêté du 18 janvier 1853 créa officiellement la "*Compagnie d'Immigration de La Réunion*"[50], et lui accorda pour une durée de cinq ans le monopole de l'introduction des engagés indiens dans l'île. En même temps, et pour la première fois, les pouvoirs publics mirent en place un système de répartition des travailleurs fondé sur trois règles :

- celle des quotas : il fut décidé que 75% des immigrés iraient aux producteurs de sucre et 25% aux autres employeurs (petits planteurs, artisans, batellerie ...) ;
- celle du contrôle partiel des prix : un tiers du quota réservé aux sucriers serait livré à la concurrence du marché qui déterminerait les prix des contrats ;
- les autres immigrés seraient regroupés par "lots" destinés à être attribués aux divers engagistes, à prix fixe et après tirage au sort.

Ce mode de répartition de la main-d'œuvre entre les demandeurs appelle trois remarques.

Tout d'abord, dans une société où presque toutes les activités économiques dépendaient du sucre, il était logique d'assurer à ceux qui le produisaient une priorité dans l'accès à la main-d'œuvre. Ainsi, s'explique la règle des quotas. Certes, le pourcentage attribué aux sucriers peut être discuté, mais non le principe même de la priorité qui leur était réservée.

La règle concernant la formation des "lots" de travailleurs à attribuer à prix fixe et après tirage au sort visait deux objectifs. En premier lieu, les engagés étant par nature tous différents les uns des autres (force physique, âge, sexe, caractère...) ; en formant des lots d'une dizaine de personnes, il était possible de constituer des groupes relativement équivalents en qualité. Les lots étant ensuite affectés de manière aléatoire, tout favoritisme était impossible ce qui tendait à assurer une répartition équitable de la main-d'œuvre entre les engagistes. En second lieu, le prix des lots étant déterminé par le coût global du recrutement et du transport des engagés, cela permettait de le fixer au plus bas niveau possible. De cette manière, l'éviction des petits planteurs disposant de peu de moyens était réduite au maximum.

Enfin, les pouvoirs publics s'étaient interdit de réglementer entièrement la répartition de la main-d'œuvre et laissaient donc les mécanismes du marché jouer partiellement. En raison de la pénurie de bras, le prix des contrats résultant du jeu de l'offre et de la demande s'établissait bien au-dessus de celui des contrats cédés par tirage au

[50] Le capital de 100 000 F. de cette société était divisé en actions vendues aux négociants et planteurs de La Réunion.

sort[51]. Les engagistes les plus fortunés, et dont les besoins en main d'œuvre étaient urgents, pouvaient ainsi se procurer des bras supplémentaires à condition de consentir à y mettre le prix.

Par son action, la Société d'immigration réussit à abaisser le prix des contrats d'engagement et à fournir aux engagistes les moins fortunés les immigrés dont ils auraient été privés si le marché de la main-d'œuvre avait été soumis à la seule loi de l'offre et de la demande.

Le salariat contraint devenant à La Réunion le rapport social de production dominant, il devint indispensable d'en donner une traduction juridique générale.

2.3 - La codification juridique de l'engagisme

Une codification officielle des rapports de production est indispensable au bon fonctionnement de tout système économique car elle permet, pour une période donnée, de circonscrire les luttes de classes dans certaines limites, de prévenir et dénouer les conflits du travail. Par là, elle constitue un élément indispensable de régulation sociale.

Plusieurs textes furent publiés pour organiser le droit du travail, dont le plus important fut le décret du 13 février 1852[52]. L'analyse de ces textes va permettre de préciser la nature économique de l'engagisme en montrant qu'il n'est pas un esclavage (3.1) mais un rapport salarial de type particulier (3.2).

2.3.1 - L'engagisme n'est pas un esclavage

Dans les diverses études consacrées jusqu'ici aux engagés de La Réunion, ceux-ci ont été présentés comme des travailleurs dont la condition sociale ne se distinguait pas (ou guère) de celle des esclaves. Afin de se former une opinion justifiée, il est utile de commencer par comparer *point par point* l'esclavage et l'engagisme tels qu'ils furent *juridiquement* organisés dans l'île.

---

[51] En 1854, le prix des contrats cédés par tirage au sort s'établissait à 206,97 F et celui des contrats soumis au marché était de 396,82. Cf. *Le Moniteur de La Réunion* ; 14 janvier 1854, cité par S. Fuma in *Histoire d'un peuple ; La Réunion (1848 - 1900)* ; Éditions C. N. H. - Université de La Réunion ; 1994 ; 273 pages ; p. 74.

[52] Ce décret ne s'appliquait pas seulement à La Réunion mais aussi à la Martinique, à la Guadeloupe, et en Guyane. Il reprend et synthétise les textes officiels pris antérieurement. Concernant La Réunion, un arrêté du 31 décembre 1852 vint préciser le régime du livret de travail.

A - La mise en relation de l'employeur et du travailleur et le prix des contrats

Dans le système esclavagiste comme dans l'engagisme, la mise en relation de l'employeur effectif et du travailleur passe par l'intermédiaire d'un marché, mais il ne s'agit pas du même. Sur un marché aux esclaves, ce qui s'achète et se vend ce sont des *personnes* et pour l'acheteur, le prix versé correspond à l'investissement d'un capital *fixe* destiné à rapporter un certain profit. Au contraire, dans le cas de l'engagisme, ce qui se négocie sur le marché, ce sont des *contrats d'engagement* qui permettent à ceux qui les acquièrent de disposer de la *force de travail* des engagés, mais non pas de leur personne. Le commerce des contrats d'engagement n'est pas un artifice juridique destiné à masquer des pratiques esclavagistes. Il s'agit d'un autre commerce que celui des esclaves.

Cela étant, il reste à souligner que le marché des contrats d'engagement ne peut pas être identifié au "marché du travail" tel qu'il fonctionne dans le capitalisme. La première différence fondamentale tient au fait que, contrairement à l'ouvrier libre, l'engagé n'a pas le choix de son employeur : il est contraint de suivre celui qui a acheté son contrat. La seconde différence réside dans le fait que ce qui se négocie sur le marché classique du travail capitaliste, c'est le prix de la force de travail, c'est-à-dire le salaire. Au contraire, dans le système de l'engagisme, le salaire est prédéterminé par des normes institutionnelles et ce qui se fixe sur le marché, c'est le prix des contrats d'engagement qui dépend de trois facteurs :

- les frais de recrutement ;
- le coût du transport jusqu'à La Réunion ;
- le pouvoir de marché des sociétés qui organisent l'immigration.

Comparons à présent la situation des engagés et des esclaves du point de vue des libertés individuelles puis des conditions économiques.

B - Libertés et droits personnels

Ce qui caractérise l'esclavage, c'est la propriété de l'homme sur l'homme, d'où il découle que le maître peut pratiquement disposer à sa guise de la personne de son esclave. C'est bien pourquoi le Code Noir de 1723 fait de ce dernier un simple objet, un "meuble". Au contraire, dans le système salarial, le travailleur est un homme libre qui vend sa force de travail pour un temps déterminé. Le pouvoir de son employeur ne porte que sur les facultés physiques et intellectuelles qui sont mobilisées dans le cadre de l'activité de travail. Quand il se trouve en dehors du champ de la production, le travailleur jouit de tous les droits (personnels, civils, politiques...) reconnus par la société. Le tableau ci-après, qui compare la situation juridique de l'esclave avec celle des engagés, met en évidence les principales différences concernant les droits personnels et montre que les rapports maître / esclave sont bien différents des rapports engagiste / engagé.

Tableau 1 : Situation juridique de l'esclave et de l'engagé

Libertés et droits individuels	Esclave	Engagé
Religion	Adhésion obligatoire à la religion catholique apostolique et romaine.	Liberté religieuse.
Mariage	Nécessité d'obtenir la permission du maître. Sauf exception, les mariages interaciaux et ceux entre libres et esclaves sont interdits.	Liberté de mariage.
Réunion	Interdiction de réunion avec des esclaves d'autres propriétés.	Liberté limitée de réunion.
Commerce	Interdiction de vendre et d'acheter des marchandises sans permission du maître.	L'engagé peut dépenser son salaire comme il veut.
Propriété	Les esclaves ne peuvent rien posséder.	Droit de propriété.
Déplacement	Les esclaves ne peuvent sortir des domaines sans la permission du maître.	Déplacements contrôlés (livrets d'ouvrier...).
Mener des actions en justice et témoigner	Incapacité juridique. Le témoignage de l'esclave contre son maître est sans valeur.	Oui, y compris contre l'employeur (art 9, décret du 13 février 1852).

Il ressort du tableau qui précède que dans le domaine des droits personnels, la situation juridique de l'engagé n'a strictement rien à voir avec celle de l'esclave.

En définitive, le simple fait que l'esclave soit un "meuble", c'est-à-dire un objet, et l'engagé une personne humaine permet d'établir une différence essentielle entre leur situation. En effet, dans le cas de l'esclavage, le contenu du rapport social de production ne peut pas évoluer (même si le sort matériel de l'esclave peut s'améliorer) et cela parce que le travailleur a le statut d'une chose, fiction juridique construite pour lui enlever toute personnalité humaine et le soumettre totalement à la volonté du maître. Dans le cas du salariat contraint, la marge de manœuvre des travailleurs est potentiellement beaucoup plus grande. Il en est ainsi parce que l'engagé a le statut d'une personne humaine ce qui oblige à lui reconnaître un certain nombre de droits fondamentaux. À partir de là, le contenu des rapports de production peut varier entre des limites beaucoup plus larges.

Que prévoient à présent les textes juridiques quand l'engagé est impliqué dans la sphère économique ?

C - Durée du travail et rémunération

Dans le système esclavagiste, ni la quantité de travail à fournir par l'esclave, ni sa rétribution ne dépendent des mécanismes du marché. Le maître fixe librement les conditions de travail et d'entretien de la force de travail sous réserve de respecter le Code Noir[53].

Dans le capitalisme au contraire, rémunération et conditions de travail sont en principe librement négociées entre salariés et employeurs. C'est exactement ce qui fut institué à La Réunion dans les années qui suivirent l'abolition de l'esclavage. L'arrêté du 11 juin 1849, réglementant l'introduction d'engagés indiens à La Réunion, déclarait en effet :

> "La durée de l'engagement ne pourra excéder 5 ans. Les contrats d'engagement porteront principalement sur : 1° la durée ; 2° la quantité, l'espèce et la qualité de la nourriture ; 3° sur les vêtements à délivrer chaque année à l'engagé; 4° sur le logement qui doit lui être fourni ; 5° sur les soins médicaux ; 6° sur la durée du travail par jour et sur les heures de repos ; 7° sur les corvées et les autres obligations imposées les dimanches et les jours de fête ; 8° sur la quotité et le mode de paiement des salaires ; 9° sur les rapatriements. Toutes les stipulations qui réduiraient la nourriture au-dessous des quantités prescrites par les règlements et usages de la Colonie seront considérées comme nulles et non avenues".

Six mois plus tard, un arrêté du 6 décembre 1849 venait préciser que le salaire en monnaie "qui sera stipulé de gré à gré, en sus de ces prestations en nature, devra être franc et quitte de toute retenue". Cette législation appelle deux remarques :

- Si les éléments du contrat de travail étaient à négocier entre engagistes et engagés, les clauses devaient néanmoins respecter deux principes. Tout d'abord, le salaire total, prix de la force de travail, devait comprendre une partie en nature et une partie en monnaie. Ensuite, si le salaire en monnaie pouvait être négocié "de gré à gré" (loi du marché) en revanche le salaire en nature, dont la fonction économique était d'assurer l'entretien de base de la force de travail de l'engagé, ne pouvait être inférieur à un minimum de subsistance défini par les autorités publiques.

---

[53] Dans le Code Noir de 1723, le pouvoir économique du maître n'est limité que par deux obligations à respecter : ne pas faire travailler les esclaves les dimanches et jours fériés pour leur permettre d'aller à l'église ; nourrir, habiller, loger les esclaves.

• La rémunération de l'engagé était supérieure à celle de l'esclave qui ne recevait qu'un salaire en nature[54]. Le salaire en monnaie représentait une somme que l'engagé pouvait accumuler (à condition d'accepter de vivre comme un esclave) en vue de son retour au pays. Le passage de l'esclavage au salariat se traduisit donc pour les employeurs par une augmentation du coût d'*entretien* des travailleurs.

D - La reproduction de la condition sociale

L'esclave, sauf circonstances exceptionnelles, ne peut s'évader de sa condition sociale. Plus encore, ses enfants sont de droit des esclaves : légalement, la reproduction de la condition servile s'étend donc de génération en génération.

Complètement différente est la situation de l'engagé. Il est lié à son engagiste seulement pour un temps déterminé et sa position sociale ne détermine pas juridiquement celle de sa descendance : ses enfants ne sont pas juridiquement tenus de devenir des engagés. J. F. Dupon rappelle avec raison que :

> "depuis le premier décret organisant l'immigration, celui de 1852, les parents, en l'absence de sanctions, ont souvent refusé de faire contracter des engagements à leurs enfants de plus de 10 ans. Ces derniers pouvaient ainsi, si leurs parents subvenaient à leurs besoins, atteindre la majorité sans travailler et sans pour cela être considérés comme vagabonds. Au besoin, ils pouvaient exercer d'autres métiers que celui d'agriculteurs".

En définitive, la situation matérielle de l'engagé était moins mauvaise que celle de l'esclave. Il était mieux rétribué et bénéficiait en outre d'un ensemble de droits personnels et économiques qui faisaient de lui un salarié. Ce salariat présentait toutefois des particularités qu'il faut maintenant préciser.

2.3.2 - Particularités du salariat contraint

Si l'engagisme s'analyse, au point de vue juridique, comme un rapport salarial, celui-ci est cependant bien différent du salariat libre.

---

[54] Pour une illustration numérique, cf. p. 70-71.

A - L'engagisme crée un rapport capital / travail de longue durée et insécable : c'est un salariat *contraint*

Dans le salariat libre, le salarié peut à tout moment rompre le contrat de travail qui le lie à son employeur. Mais ce n'est pas le cas dans l'engagisme où l'on a affaire à un contrat de longue durée et *non résiliable par le salarié*, sauf en cas de force majeure. Y. Moulier Boutang a raison de considérer qu'il s'agit là d'une caractéristique essentielle de l'engagisme[55]. Elle institue un rapport salarial particulier qu'on peut désigner par le terme de *salariat contraint*. Comment expliquer le recours à cette forme de salariat ?

a - Les raisons

Pour pouvoir embaucher de la main-d'œuvre, le planteur doit nécessairement, dès le départ, avancer une certaine somme d'argent pour couvrir les coûts du recrutement et du transport des travailleurs jusqu'à La Réunion. Il doit aussi prévoir les frais pour un éventuel rapatriement à la fin de la période d'engagement. Ces sommes représentent le *capital* à débourser pour disposer de la force de travail[56]. Or, le montant de celui-ci dépasse largement le profit que l'ouvrier peut rapporter à brève échéance, en un mois ou même en un an de travail.

Pour le planteur, l'opération d'embauche ne peut donc être rentable que s'il a la garantie que le travailleur restera sous sa dépendance pendant un nombre d'années suffisant pour lui permettre au moins d'amortir son investissement de départ. Seul un contrat de travail insécable et de longue durée, donc un contrat d'*engagement*, peut lui

---

[55] "En fait, écrit Moulier Boutang, l'indentured-labour, celui des "travailleurs engagés" dans les colonies anglaises ou françaises contient une notion d'assujettissement, de service ... L'individu y aliène les droits de propriété sur son auto-mobilité, donc sur sa personne, car la prestation de travail est inséparable concrètement de la personne. Il ne met donc pas seulement sa capacité de travail à la disposition de l'employeur, mais il renonce au droit de rupture unilatérale du contrat". Cf. Moulier Boutang Y. ; *De l'esclavage au salariat, économie historique du salariat bridé* ; 1998 ; 765 ; p. 90-91.

[56] Au début des années 1860, l'investissement de départ à avancer par travailleur s'élève à près de 400 francs et se décompose ainsi :

Prix à payer à la Cie d'immigration	247 francs
Dépenses de débarquement (lazaret...)...	35 francs
Prix du rapatriement...........................	100 francs
Total	**382** francs

Cf. Govindin S-S. ; *Les engagés indiens* ; 1994 ; 192 pages ; p. 90. On peut aussi se reporter à Marimoutou M. ; *Les engagés du sucre* ; op. cit. ; p. 28-29.

donner cette garantie. Et encore, celle-ci n'est pas totale car l'ouvrier peut décéder ou bien s'enfuir etc., avant la fin du contrat.

Quelle doit être à présent la durée de l'engagement pour que le recrutement soit rentable ? On peut la calculer théoriquement. Pendant son engagement, le travailleur rapporte chaque année un certain profit. Pour que le recrutement devienne rentable, il faut que le nombre d'années (n) soit tel que la somme des profits annuels actualisés ***égalise au moins*** le montant du capital nécessaire au recrutement et éventuellement au rapatriement de l'engagé.

En se donnant le montant du capital à avancer au départ pour disposer de la force de travail, la recette annuelle résultant de la vente du sucre, le salaire (en nature et en monnaie) annuel à verser à l'engagé et enfin le taux d'actualisation, il est possible de calculer le nombre d'années (n) que doit durer, *au minimum*, l'engagement de l'ouvrier pour que l'opération de recrutement devienne financièrement rentable pour le planteur.

Examinons à présent la situation du candidat à l'émigration contractuelle. Pourquoi une personne accepterait-elle d'aliéner son autonomie en signant un contrat de longue durée, et insécable ? D'abord parce qu'il se peut qu'elle n'ait guère d'autre choix : pour échapper à la ruine, à la disette, à la famine ou aux risques d'une condamnation pénale, ... l'expatriation peut être conçue comme la meilleure (ou la moins mauvaise) des solutions. Mais la décision de prendre un engagement de travail peut aussi être renforcée par le désir de sortir de la misère quotidienne. L'émigrant espère amasser suffisamment d'argent pendant sa période d'engagement, pour acquérir des terres cultivables à son retour au pays. Dans ce cas, il acceptera de s'engager pour un nombre d'années (m) tel que la somme actualisée des économies réalisées pendant ces années égalise au moins le coût d'acquisition des terres souhaitées.

En se donnant le prix d'acquisition de la terre convoitée dans le pays d'origine, la somme économisée chaque année et le taux d'actualisation, il est possible de calculer le nombre théorique d'années (m) que l'engagé accepterait de travailler à La Réunion.

Un contrat d'engagement pourra être conclu si la valeur de (m) est égale ou supérieure à (n). On n'a tenu compte ici que des facteurs d'ordre économique[57]. Mais d'autres circonstances peuvent intervenir pour modifier les décisions des agents concernés.

Le contrat de travail une fois signé, il est nécessaire de le faire exécuter. Quelles mesures sont-elles prévues à cet effet ?

---

[57] Pour une formulation mathématique de ce raisonnement cf. annexe 1.

b - La législation contre les ruptures d'engagement

L'arrêté du 31 décembre 1855, destiné à réprimer la "désertion des travailleurs engagés" déclare :

> "article 1 : Tout propriétaire de l'atelier ou de l'Habitation duquel un engagé se sera évadé sera tenu d'en faire la déclaration dans les trois jours de l'évasion...
> article 2 : Une prime de 2 fr. 50 sera allouée au capteur de tout engagé déclaré ou reconnu déserteur. Elle sera avancée par l'engagiste et retenue par lui sur les gages de l'engagé".

Le vocabulaire utilisé ("désertion", "évadé", "évasion") est, on ne peut plus expressif de la nature du salariat contraint : il s'agit ni plus ni moins que d'un régime de travail forcé. Les sanctions prévues à l'encontre des fugitifs sont très lourdes. L'article 6 du décret du 13 février 1852 décide :

> "... l'engagé subira, pour chaque jour d'absence ou de cessation de travail sans motif légitime, indépendamment de la privation de salaire pour cette journée, la retenue d'une seconde journée de salaire à titre de dommages-intérêts...".

S'il y a récidive, aux pénalités de salaire, s'ajoute une amende. Et en cas de récidives répétées, "l'emprisonnement pourra être prononcé..." ! Il s'agit évidemment d'une législation d'exception[58].

En définitive, l'engagé ne peut mettre un terme au contrat qui le lie à son employeur ; en revanche, celui-ci a toute latitude pour se séparer de son ouvrier en revendant le contrat d'engagement[59].

B - Subordination et protection de l'engagé

En établissant pour toute la durée du contrat un lien en principe insécable entre l'engagé et son employeur, le salariat contraint donne à ce dernier des pouvoirs bien plus importants que ceux qui lui sont reconnus dans le salariat libre. L'engagiste bénéficie ainsi de conditions particulièrement favorables pour organiser l'exploitation de salariés qui ne peuvent lui échapper.

Cette situation de très grande subordination dans laquelle les engagés étaient placés explique la nécessité, pour les pouvoir publics, de créer dans les colonies des garde-fous afin d'éviter que les engagistes n'abusent de leur position de force. Dès le début de

---

[58] En cas de non exécution d'un contrat civil, la sanction est normalement la condamnation au paiement de dommages-intérêts et non pas des sanctions pénales.

[59] Toutefois, l'article 5 du décret du 13 février 1852 précise que "A l'égard des immigrants, le contrat d'engagement de travail ne pourra, pendant les 6 premiers mois de leur arrivée, être transféré à un tiers sans l'approbation de l'administration".

l'engagisme un service fut donc institué pour assurer la protection des immigrés, les représenter et les défendre dans les conflits de travail[60]. Mais ce service ne fit pas correctement son travail et les engagés furent victimes de tels abus que l'immigration fut suspendue.

En 1849, pour éviter la répétition de cette situation on institua dans chaque commune un syndicat spécialement chargé de veiller au paiement intégral des salaires[61]. Puis, au cours des années 1850, les juges de paix et les maires furent chargés, concurremment avec les syndics, d'assurer l'exécution fidèle des contrats de travail et pour accomplir cette mission, ils devaient effectuer des visites mensuelles des lieux de travail (1857). La mission des syndics fut aussi élargie : désormais, leur rôle fut de "servir d'intermédiaire auprès de l'administration, et d'ester pour eux (les immigrants) en justice à fin d'exercice de leurs droits envers leurs engagistes, et de recouvrement de leurs salaires ou de leurs parts dans les produits"[62].

Par la suite, l'organisation du syndicat fut encore transformée à plusieurs reprises avant de devenir finalement le *Service de l'Immigration*, institution dirigée par un *Protecteur des Immigrants* assisté de syndics[63]. Leur travail consistait à effectuer des visites dans les plantations pour vérifier la paye, les horaires de travail, recevoir les plaintes des engagés etc.

Deux remarques s'imposent. Tout d'abord, les ouvriers n'étaient pas admis à se défendre eux-mêmes, par l'intermédiaire d'organisations qu'ils auraient pu créer. Cela ne saurait surprendre : le syndicalisme, étant interdit en France, il ne pouvait naturellement pas être admis dans les colonies. Ensuite, en faisant respecter les règles du compromis social par les parties en présence, le Service de l'Immigration avait en fait fondamentalement pour rôle de limiter les

---

[60] L'arrêté du 3 juillet 1829 "relatif aux gens de travail Indiens, Chinois ou autres individus de la population libre de l'Asie" créa une commission chargée du "maintien des règlements". L'arrêté précise que : "la commission vérifiera si le contrat est passé conformément aux lois et si l'habitant qui a contracté a par devers lui la possibilité de remplir ses obligation...S'il s'élève des contestations entre les habitants contractants et les gens de travail, chaque partie pourra les soumettre à la commission qui les examinera...". Mais qui étaient les membres de cette commission ? L'article 3 déclare qu'elle "sera composée de 4 propriétaires ou négocians désignés par nous (le gouverneur H. H. Q.) et du notaire du Gouvernement". Son impartialité n'était donc pas garantie. Cf. *Bulletin des actes administratifs de l'île Bourbon* ; juillet 1829 ; p. 121-125.

[61] Arrêté du 24 mai 1849.

[62] Décret du 27 mars 1852.

[63] Pour l'historique des transformations de ce service, voir R. Legras ; *Note sur l'immigration à La Réunion* ; in Recueil de documents et travaux inédits pour servir à l'histoire de La Réunion ; nouvelle série n° 1 ; 1954.

conflits de classes et, par là même, d'assurer la reproduction régulière du rapport social de production lié à l'engagisme.

C - La discipline du travail

De ce point de vue, rien ne distinguait le salariat libre, tel qu'il existait en France à la même époque, de l'engagisme en vigueur dans les colonies. Pour empêcher les "meneurs" d'organiser des actions collectives, l'article 15 dispose que :

> "Quiconque, par dons, promesses, menaces ou mauvais conseils, aura déterminé ou excité des gens de travail à abandonner, pendant le cours de leur engagement, l'exploitation ou l'atelier auquel ils étaient attachés, sera puni d'un emprisonnement d'un an au moins et de cinq ans au plus, et pourra en outre être condamné à une amende de 101 F. à 500 F.".

Par ailleurs, il était essentiel d'assurer la discipline du travail sur les lieux de la production, et c'est pourquoi l'article 19 décide que :

> "Tout fait tendant à troubler l'ordre ou le travail dans les ateliers, chantiers, fabriques, ou magasins ; tout manquement grave des ouvriers ou travailleurs envers le propriétaire ou chef d'industrie, ou de ce dernier envers ceux qu'il emploie, sera puni d'une amende de 5 à 100 F., sans préjudice des peines plus fortes qui auraient été encourues à raison des circonstances du délit".

Les amendes étaient très élevées, puisque le salaire mensuel variait entre 10 F. et 12 F. 50. Que se passait-il si l'engagé ne pouvait pas payer ? L'article 23 décide que les amendes seront de droit converties en journées de travail pour le compte de la colonie ou des communes[64].

L'analyse du droit du travail montre que l'État n'était pas un arbitre neutre. La répression était immédiate et dure contre l'ouvrier coupable d'entraver la bonne marche de l'exploitation. Les sanctions étaient au contraire légères contre les employeurs qui ne respectaient pas leurs engagements[65].

---

[64] Voir le décret du 16 août 1854 et l'arrêté du 14 février 1856. B. O. R..

[65] Si la loi prévoit des sanctions sévères contre les travailleurs récalcitrants, elle organise en revanche une justice lente et des punitions incertaines et peu dissuasives contre les employeurs qui ne paient pas les salaires. L'article 7, déclare en effet : "Quiconque ne fournira pas exactement aux travailleurs engagés par lui soit les prestations en nature, soit les salaires promis par le contrat d'engagement, *pourra*, après deux condamnations au civil encourues pour ce fait dans la même année, être puni d'une amende de police...".

D - Salaire et coût du travail

Dans le salariat libre, le coût occasionné par l'emploi d'un travailleur comprend seulement le salaire (au sens large) qui, dans la pratique, est fonction du temps et/ou de l'intensité du travail. Versé en monnaie, il varie selon les branches, les entreprises, les qualifications.

Dans l'engagisme, l'employeur supporte d'une part le prix du contrat d'engagement (à verser à la société d'immigration), et d'autre part le salaire (en nature et en monnaie) de l'engagé. Ces deux éléments ne sont pas théoriquement indépendants. En effet, pour réduire le coût total du travail, l'employeur cherchera à "amortir" le prix du contrat d'engagement en comprimant autant que faire se peut le salaire de l'engagé. Mais sa marge de manœuvre est étroite car le salaire en nature est fixé par l'administration et s'il veut attirer à lui des engagés, il doit en même temps leur proposer des salaires en monnaie suffisamment élevés.

Quoiqu'il en soit, le salaire mensuel, fixé une fois pour toutes au moment de la signature du contrat, n'est pas révisable ensuite.

E - La reproduction de l'engagisme

Dans le système capitaliste développé, le travailleur est un homme juridiquement libre et démuni de tous moyens de production. Cette situation l'oblige à se porter sur le marché pour y vendre sa force de travail contre un salaire. Celui-ci est déterminé par le coût de reproduction des capacités physiques et intellectuelles du salarié et de sa famille. Le rôle du salaire est double ; il assure la reproduction continue

- d'une part de la *vie* des travailleurs et de leur descendance ;
- d'autre part du *rapport salarial* : tendanciellement le salaire ne permet pas l'acquisition de moyens de production qui ouvriraient aux salariés la possibilité de sortir de leur condition sociale.

Grâce à cette double fonction du salaire, les capitalistes pourront toujours trouver de la main-d'œuvre disponible.

Dans le salariat contraint appliqué à la main-d'œuvre immigrée, le salaire n'assure pas ces rôles. Fixé dans le contrat de travail, il ne représente que les frais de reproduction de la force de travail de l'engagé *pendant son séjour dans la plantation.* En effet, à la fin de leur engagement, les travailleurs sont rapatriés et remplacés par de nouveaux immigrants. Cela signifie

- d'une part que le système de l'engagisme est reproduit grâce à une rotation de la main-d'œuvre entre les plantations et les aires de recrutement ;

- d'autre part, que le financement du renouvellement de la force de travail est supporté non par les planteurs et l'économie de plantation, mais par *l'économie domestique* qui produit et élève les travailleurs jusqu'au moment où ils émigrent. C'est aussi elle qui pourvoit à leur subsistance après leur rapatriement définitif.

Concluons. Au plan *juridique*, l'engagisme est bien un salariat, quoique organisé différemment du salariat libre. Les différences entre ces deux régimes de travail s'expliquent notamment par la discontinuité et la distance géographique, et socio-économique qui sépare le lieu de recrutement (Afrique, Inde...) et celui où le travail doit effectivement être déployé (les plantations de La Réunion). C'est donc une erreur théorique de croire que l'engagisme était un esclavage. Il suffit de comparer point par point le Code Noir et le décret de 1852 qui codifient respectivement les rapports de production esclavagistes et ceux de l'engagisme pour s'en convaincre.

Certes, on pourra répondre qu'un texte juridique est une chose et son application une autre ; que le sort des engagés était très proche de celui des esclaves, ce qui est la vérité. L'analyse de l'engagisme ne peut donc se limiter à ses aspects juridiques : il importera, dans la suite de cette étude, de s'interroger sur les raisons de la similitude des conditions matérielles de vie et de travail ; alors seulement il sera possible de préciser la vraie nature économique de l'engagisme comme rapport social de production.

SECTION 3

LA CIRCULATION DES MARCHANDISES ET DES CAPITAUX

On présentera d'abord le cadre juridique des relations commerciales entre l'île et le reste du monde avant d'étudier les mesures qui furent adoptées dans les domaines du crédit et de la monnaie.

3.1 - Le commerce extérieur et le pacte colonial

3.1.1 - Le principe

Jusqu'au milieu du 19ème siècle, le régime appliqué par tous les pays européens en matière de commerce extérieur était le protectionnisme : partout, les produits nationaux étaient protégés par des droits de douane prohibitifs frappant les marchandises importées.

En outre, les pays qui possédaient des colonies avaient organisé un "Pacte Colonial" qui obligeait celles-ci à n'entretenir de relations commerciales qu'avec la métropole ; en retour, l'écoulement des produits coloniaux était garanti sur le marché métropolitain ; enfin, le transport devait être assuré par des navires également métropolitains.

En France, ce dispositif avait été instauré à une époque (le colbertisme) où la métropole voulait se réserver et l'exclusivité des produits venant de ses colonies et le monopole de leur marché intérieur pour assurer des débouchés à ses industries naissantes.

Dans les faits cependant, et pas plus que dans les autres colonies, le pacte colonial ne pouvait être rigoureusement appliqué à La Réunion.

3.1.2 - Les adaptations

En effet, du fait de son éloignement de la métropole, de son insertion dans l'espace régional indo-océanique et des caractéristiques de son économie, La Réunion devait nécessairement commercer avec l'Inde, Maurice et Madagascar pour assurer ses approvisionnements. Divers textes législatifs avaient donc progressivement assoupli le pacte colonial et à la veille de l'Abolition, une ordonnance du 18 octobre 1846 vint même libéraliser encore davantage son commerce extérieur. Toutefois, l'article 5 restait formel sur un point décisif : si toutes les productions secondaires pouvaient être exportées vers l'étranger, en revanche, "sucres, cafés, cotons ne peuvent être exportés que vers la métropole". La raison de cette prohibition résidait dans le fait que la France, produisant trop peu de sucre de betterave pour assurer sa consommation, voulait se réserver l'exclusivité du sucre de ses colonies.

3.2 - Monnaie et crédit

3.2.1- La nécessité des réformes dans le domaine de la monnaie et du crédit

L'un des rôles fondamentaux de la monnaie dans une économie est de fluidifier les échanges de marchandises. Pour que ce rôle soit correctement assuré, une correspondance doit exister entre la quantité de monnaie et le volume des transactions marchandes à réaliser[66].

---

[66] La vitesse de circulation de la monnaie et le niveau général des prix étant supposés constants.

Sous le régime esclavagiste, le volume du commerce local était faible car les esclaves n'étaient pas payés en monnaie mais en nature. Aliments, logement... étaient produits dans les plantations et directement consommés par les esclaves sans passer par l'intermédiaire du commerce. Le volume des transactions locales étant faible, la quantité de monnaie nécessaire au fonctionnement de l'économie était réduite. En fait, avant 1848, la monnaie servait principalement à payer les importations d'instruments de production destinés aux exploitations ainsi que certains biens "de luxe" venant surtout de métropole.

Après l'Abolition, toutes les données monétaires furent bouleversées. Pour financer l'importation massive de travailleurs contractuels, il fallait des capitaux élevés, une masse de monnaie accrue. Pour rétribuer les engagés, les planteurs devaient encore disposer de numéraire. L'emploi par les ouvriers d'une partie de leurs salaires dans l'achat de produits locaux entraînait aussi un développement de l'économie marchande. Par ailleurs, les nouveaux engagés n'ayant pas les mêmes habitudes alimentaires que les esclaves, pour les nourrir les planteurs durent augmenter les importations de riz qu'il fallait bien payer avec de la monnaie. Enfin, pour soutenir la concurrence du sucre de betterave, il importait de moderniser les sucreries. Les planteurs avaient besoin de capitaux pour financer tous ces achats.

Au total, le passage au capitalisme entraînait une diversification des transactions et un gonflement de leur volume. Pour assurer le bon déroulement des opérations marchandes, l'économie locale devait disposer d'une quantité appropriée de numéraire. Or qu'en était-il dans ce domaine ?

En 1848, comme la métropole, La Réunion vivait sous le régime du bimétallisme or et argent[67]. Toutefois sa situation monétaire présentait deux particularités. Tout d'abord, La Réunion souffrait

---

[67] Le bimétallisme or et argent a été institué en France par la loi des 6 et 17 germinal an XI (avril 1803). Ce qui caractérise ce régime monétaire, c'est que 1) les deux métaux sont utilisés comme monnaies et servent d'encaisse métallique pour garantir l'émission de billets ; 2) les particuliers jouissent de la frappe libre : ils peuvent sans restriction faire confectionner des pièces d'or ou d'argent en apportant des lingots à l'Hôtel des Monnaies ; 3) les deux métaux possèdent un pouvoir libératoire illimité : un débiteur peut se libérer en payant, à son gré, en or ou en argent. Son créancier ne peut exiger d'être réglé dans l'une des monnaies ; 4) la loi définit un certain rapport de valeur entre les deux métaux et ce rapport *légal* ne peut pas être modifié au gré du gouvernement. Il était de 1 à 15,5, autrement dit, la valeur de 1 kilo d'or était égale à celle de 15,5 kilo d'argent. Mais à côté du rapport légal existe un rapport *commercial* qui lui, est déterminé sur le marché libre et varie donc avec l'offre et de la demande des métaux précieux.

d'une pénurie de monnaie car les pièces tendaient en permanence à sortir de l'île. En second lieu, son système monétaire était d'une complexité extrême puisque à côté des pièces françaises, plus de trente espèces métalliques, provenant de divers pays du monde (Inde, Espagne, Brésil...), circulaient comme monnaies légales[68]. Du fait de son insertion dans l'espace indo-océanique, La Réunion entretenait en effet des relations commerciales avec l'Inde, les colonies anglaises, portugaises, hollandaises... d'où provenaient ces diverses monnaies. Le passage de l'esclavage au capitalisme exigeait une amélioration du système monétaire.

Par ailleurs, le développement de l'économie sucrière nécessitait aussi l'existence d'un système de crédit capable de fournir aux planteurs des fonds pour leur trésorerie et pour l'accumulation du capital (acquisition de terres, modernisation des équipements). Or, en 1848 La Réunion ne disposait d'aucune banque[69]. Pour trouver des capitaux, les planteurs devaient s'adresser à des agents de change, des notaires, parfois à des particuliers fortunés. Dans ces conditions, la masse de crédits que ceux-ci étaient à même de consentir était forcément insuffisante tandis que les taux d'intérêts étaient usuraires[70].

Pour pouvoir s'effectuer dans des conditions satisfaisantes, la transition vers l'économie capitaliste nécessitait une réorganisation globale de la monnaie et du crédit. Or, le décret du 27 avril 1848

---

[68] Cf. L. Ozoux : *Le crédit à l'île de La Réunion* ; Bordeaux ; Imprimerie du midi ; 1902 ; 144 pages ; p. 40-41.

[69] La Caisse d'Escompte, première institution de crédit créée dans l'île en 1821, avait dû cesser ses activités dès 1834. Cf. Ozoux (L.) : "Le crédit à l'île de La Réunion" ; op. cit. ; Ricaud (N.) : *Un siècle de banque coloniale ; la Banque de La Réunion 1851-1951* ; mémoire de maîtrise d'histoire ; 1996 ; Université de La Réunion ; 171 pages + annexes ; p. 16.

[70] Selon L. Ozoux, les taux d'intérêts étaient de 12 à 18% cf. *Le crédit à l'île de La Réunion* ; op. cit. p. 13. Mais Paul Dislère indique des taux de 15 et 16%. Cf. *Traité de législation coloniale ;* Paris ; 1897 ; 920 pages ; p. 768. Voici comment, d'après L. Ozoux, le crédit était organisé à La Réunion avant 1848. L'habitant qui avait besoin de capitaux "s'adressait à un intermédiaire, l'agent de change. Ce dernier en relation avec les commerçants de la métropole, principalement ceux des ports : Nantes, Bordeaux, Marseille, se chargeait de leur vendre les récoltes des planteurs coloniaux, moyennant commission. Généralement aussi, il plaçait ses capitaux sur ces derniers, et quand il n'en disposait pas, il servait d'intermédiaire dans la négociation des emprunts en France, ce qui lui rapportait encore une commission. Le taux des commissions diverses n'était point fixe et dépendait de l'arbitraire des agents de change. Lorsqu'un commerçant français prêtait au planteur, il prenait toujours une hypothèque sur sa terre et le plus souvent, en outre, se faisait expédier en consignataire le produit de ses récoltes. Il se remboursait dès lors sur le montant de la vente et touchait aussi sa commission." Cf. *Le crédit à l'île de La Réunion* ; op. cit. p. 1.

abolissant l'esclavage dans les colonies était totalement muet sur les questions monétaires et financières. Pour combler ce vide et permettre à l'économie de redémarrer, Sarda Garriga prit l'initiative de créer par arrêté du 16 avril 1849 un établissement financier, le Comptoir d'Escompte et de Prêts.

3.2.2 - Le Comptoir d'Escompte et de Prêts

Cet établissement avait la forme juridique d'une société anonyme. Doté d'un capital d'un million de francs, il était habilité à faire du crédit à court terme, à emprunter des capitaux, à émettre (dans la limite du triple de sa réserve métallique) des bons de caisse remboursables à vue en monnaie d'or et d'argent. Pendant les 4 ans de son existence, le Comptoir d'Escompte et de Prêts joua un rôle très utile, se signalant

> "... par des négociations heureuses, des services précieux rendus au commerce. Ses effets escomptés furent exactement payés, ses prêts sur dépôts, toujours remboursés à terme. Grâce à ces heureux résultats, il lui avait été possible de réduire l'intérêt commercial au taux inespéré de 5%..." [71].

Mais les jours du Comptoir d'Escompte étaient comptés. En effet, une loi du 30 avril 1849 avait décidé de créer, dans chaque colonie, une banque coloniale d'émission, de prêt et d'escompte. En 1853 celle-ci était prête à entrer en fonction et le Comptoir d'Escompte dut lui céder la place. Comment la Banque de La Réunion fut-elle fondée et quel était son rôle ?

3.2.3 - L'indemnité coloniale et la création de la Banque de La Réunion (B. R.)

Pour créer une banque, il faut des capitaux. En raison de la situation économique et du climat politico-social liés à l'abolition de l'esclavage, il ne pouvait pas être question de compter sur les souscriptions volontaires. Pour trouver les fonds, la loi de 1849 ordonna qu'une partie de l'indemnité due aux anciens propriétaires d'esclaves serait employée à la constitution du capital de la Banque[72].

---

[71] Dr. Azéma ; *Histoire de la ville de St-Denis* ; p. 94-95.

[72] Pour la Réunion, l'indemnité était calculée ainsi :

Total numéraire	2 055 200
Total capital rente 5%	41 104 000
Total de l'indemnité (1)	43 159 200
Nombre d'esclaves (2)	60 651
Indemnité par esclave (1) / (2)	711,59

Le rôle de l'indemnité coloniale fut donc double. D'une part, comme capital privé, elle devait permettre aux anciens propriétaires de payer leurs ouvriers. D'autre part, comme capital social elle était destinée à créer une banque dont le rôle était d'alimenter l'économie en monnaie et en crédits.

La Banque de La Réunion fut instituée par la loi du 11 juillet 1851. Son capital, fixé à 3 000 000 francs, provenait pour les deux-tiers du prélèvement sur l'indemnité. Quant au tiers restant, il devait être fourni par des actionnaires volontaires[73]. Bien qu'aucun chiffre précis ne puisse être cité, il est cependant certain que la fondation de la B. R. fut l'occasion pour les planteurs fortunés de s'enrichir rapidement et de concentrer du capital[74]. C'est en juillet 1853 que la B. R. ouvrit ses portes à St-Denis[75]. Quelles opérations était-elle habilitée à effectuer ?

3.2.4 - La B. R., banque commerciale

L'activité essentielle des banques commerciales consiste à faire le commerce de l'argent : recevoir des dépôts, emprunter et prêter des capitaux. Leur profit provient de la différence entre le taux d'intérêt

---

Pour chaque esclave, l'ancien maître avait donc droit à une indemnité de 711,59 francs. Il ne touchait cependant que 33,88 francs en numéraire (2 055 200 / 60 651). Le reste de l'indemnité se présentait sous la forme d'un titre représentant un capital donnant droit à un intérêt annuel (rente) de 5%. Pour créer la Banque de La Réunion, la loi décida que le huitième de la rente serait prélevé pour constituer le capital, ce prélèvement n'étant toutefois opéré que sur ceux qui bénéficiaient d'une indemnité supérieure à 1 000 francs. Concrètement, cela se traduisit par le fait que tous les anciens propriétaires de plus de six esclaves devenaient d'office actionnaires de la banque. Des conditions spéciales étaient prévues pour ceux qui en possédaient moins.

[73] Le capital était divisé en actions nominatives de 500 francs. La souscription volontaire fut ouverte pour une durée d'un an à partir de décembre 1851. À l'issue de ce délai, aucun souscripteur ne s'était présenté !

[74] C'est ainsi que Kervéguen détenait 2 000 actions en 1859, alors que le nombre d'esclaves qu'il possédait en 1848 ne lui donnait droit qu'à 254 actions. Commentant ces chiffres, Nadine Ricaud explique : "Même si la fortune des Kervéguen doit être considérée comme atypique pour La Réunion, c'est en tout cas la preuve que l'indemnité coloniale, et donc les actions qui s'y rattachent ont changé de mains, parfois dans des proportions considérables. Les actions ont été rassemblées sous le nom de ceux qui, dans les années de mutation sociale, disposent de moyens financiers suffisants pour racheter d'une manière ou d'une autre les droits d'anciens propriétaires d'esclaves incapables d'attendre le résultat effectif de l'indemnisation". Nadine Ricaud ; *La création de la Banque de La Réunion* ; Revue historique des Mascareignes ; n° 1 ; juin 1998 ; A. H. I. O. I ; p. 161-162.

[75] Un second établissement de crédit s'installe la même année : la *Société Bourbonnaise de Crédit*.

auquel elles prêtent l'argent et le taux auquel elles se le procurent. Dans certains cas, leurs ressources ne leur coûtent rien[76].

La description technique des opérations commerciales de la B. R. sort du cadre de la présente étude[77]. Il suffira de souligner que la B. R. ne pouvait consentir que les crédits à *court terme* habituels ainsi que des "prêts sur récoltes pendantes" aux agriculteurs[78]. En revanche, elle n'était pas habilitée à consentir des crédits à long terme. Les planteurs ne pouvaient donc pas obtenir auprès de la B. R. de prêts pour financer leurs investissements (achat de machines, et de terres). La création de la B. R. ne résolvait donc en rien la question de l'accumulation du capital. L'interdiction des crédits à long terme s'explique par le rôle imparti à la B. R. de fonctionner aussi comme banque d'émission.

3.2.5 - La B. R., banque d'émission

A - Le monopole de l'émission de la monnaie de papier

Pour permettre le développement des échanges il fallait augmenter la masse monétaire en circulation. Le moyen le plus rapide et le moins onéreux était d'introduire dans l'île la monnaie de papier[79]. Le gouvernement accorda à la B. R. l'autorisation d'émettre, à l'exclusion de tout autre établissement, des billets de banque[80]. La monnaie émise par la B. R. ne se substituait pas aux pièces de toutes sortes qui circulaient dans l'économie mais venait s'ajouter à elles.

---

[76] Les banques peuvent, dans certaines limites, consentir des crédits à leurs clients sans utiliser pour cela des ressources qu'elles possèdent déjà. Il y a alors "création de monnaie".

[77] On se reportera pour cela à L. Ozoux ; *Le crédit à l'île de La Réunion* ; Bordeaux ; Imprimerie du midi ; 1902 ; 144 pages.

[78] Le "prêt sur récolte pendante" est un crédit à court terme gagé sur la valeur de la récolte "pendante" c'est-à-dire qui est sur le point d'être effectuée. Il n'est donc autorisé que pendant les 4 mois qui précèdent la récolte. À ce moment en effet, les travaux agricoles sont suffisamment avancés pour que l'on puisse considérer la récolte comme certaine. Elle peut donc servir de garantie. Le montant du prêt ne peut dépasser le tiers de la valeur estimative de la récolte. Les prêts sur récolte pendante, qui devaient constituer une partie essentielle de l'activité de la B. R. puisque celle-ci avait notamment pour mission d'aider les planteurs en difficulté de trésorerie, ne commencèrent qu'en 1857. Cf. L. Ozoux ; *Le crédit à l'île de La Réunion* ; op. cit. p. 81.

[79] Jusque là, La Réunion fonctionnait sous le régime de la monnaie métallique.

[80] La valeur des billets était de 500 F., 100 F., et 25 F.. Les billets de 5 F. ne furent créés qu'en 1874.

Le monopole de l'émission constituait pour la B. R. un avantage considérable puisqu'il lui permettait de se créer, sans autres frais que ceux du papier et de l'impression des billets, les ressources monétaires, qu'elle pouvait ensuite utiliser dans ses activités commerciales.

B - Le cours légal et la diffusion de la monnaie de papier

Le tout n'était pas d'autoriser la B. R. à émettre des billets de banque. Pour que ceux-ci puissent véritablement fonctionner comme monnaie, il fallait encore que le public les accepte comme telle. Or, rien n'était moins sûr car la population était habituée depuis toujours à utiliser de la monnaie métallique.

De plus, le climat général d'instabilité politique qui régnait dans l'île après l'Abolition n'encourageait guère ses habitants à recevoir de la monnaie de papier comme moyen de règlement. Pour résoudre ces difficultés, le gouvernement décida que les billets de banque auraient *cours légal* ce qui signifie que tous les créanciers, publics comme privés, seraient obligés de les accepter comme moyens de paiement. Par ce moyen, le billet de banque devient une véritable monnaie et comme telle peut se diffuser dans toute la circulation commerciale et générale.

Par ailleurs, pour créer le climat général de confiance indispensable à une circulation monétaire fluide, le gouvernement décida que les détenteurs de billets pourraient à tout moment en obtenir auprès de la B. R. l'échange contre du métal précieux. Cette libre convertibilité du billet pouvait cependant être source de danger pour la B. R.. Si d'aventure ses clients venaient en masse échanger leurs billets en pièces métalliques, elle pouvait fort bien se trouver dans l'incapacité de faire face à toutes leurs demandes. Il fallait parer à ce danger éventuel.

C - Le *currency principle* et la monétarisation de l'économie

Pour réduire au maximum le risque de banqueroute, le gouvernement limita de manière stricte le pouvoir d'émission de la B. R. en lui interdisant d'émettre des billets au-delà du triple de son encaisse métallique. Le rapport de 1 à 3 entre cette encaisse et l'émission avait été déterminé de manière totalement empirique, en se fondant sur "les probabilités de remboursement les plus communément révélées par l'expérience"[81].

---

[81] L. Ozoux ; *Le crédit à l'île de La Réunion* ; op. cit. p. 39.

La politique d'émission ainsi définie obéissait à la règle dite du "*currency principle*"[82]. L'avantage était de préserver la B. R. du risque de banqueroute. Le défaut était que l'émission de monnaie n'était pas réglée sur les besoins de l'économie, mais d'après les réserves de métaux précieux. Un désajustement peut donc se produire entre les besoins de l'économie en monnaie et la masse de monnaie mise en circulation : une crise monétaire, due à l'insuffisance de monnaie, est ainsi toujours possible.

D - L'interdiction des crédits à long terme

Les statuts de la B. R. ne l'autorisaient à consentir que des crédits à court terme. L'interdiction des crédits à long terme s'explique : les billets de banque étant librement convertibles en métal précieux, la B. R. avait besoin de rentrer rapidement dans ses prêts afin d'être en mesure de faire face aux éventuelles demandes de remboursement. Les prêts à long terme étaient interdits car ils immobilisaient durablement les capitaux et diminuaient donc la capacité de la banque de garantir la libre convertibilité du billet.

E - Le change des monnaies

Les développements précédents montrent que le système monétaire de La Réunion présentait des différences avec celui de la métropole non seulement parce que les espèces métalliques qui circulaient dans les deux territoires n'étaient pas les mêmes mais aussi parce que la Banque de France et la B. R. n'émettaient pas la même monnaie de papier. Les billets de la Banque de France n'avaient pas cours à La Réunion et ceux de la B. R. ne circulaient pas en France. Dès lors, les relations économiques et commerciales entre la colonie et la métropole impliquaient le change de leurs monnaies, même si le franc était défini de manière identique.

En effet, si la valeur *légale* du franc de La Réunion était bien la même que celle du franc métropolitain, en revanche sa valeur *commerciale* pouvait s'en écarter en raison des frais de transport des espèces métalliques entre la métropole et la colonie, ainsi que de la situation de la balance commerciale de celle-ci[83]. Dès lors, le taux de change entre le franc métropolitain et celui de La Réunion variait au gré des circonstances économiques.

---

[82] Par opposition au principe dit du *banking principle*. Les différences entre les deux régimes sont expliquées dans n'importe quel manuel d'économie monétaire.

[83] Cf. infra.

F - Les liaisons avec le système bancaire métropolitain

La B. R., comme n'importe quelle grande entreprise privée, était dirigée par un conseil d'administration et une assemblée générale des actionnaires. Cependant, comme elle avait été investie de pouvoirs monétaires et économiques de première importance, l'État avait placé plusieurs de ses représentants au conseil d'administration[84]. De ce fait, celui-ci avait une vision plus large des intérêts à long terme de la colonie que l'assemblée des actionnaires qui était davantage préoccupée par la rentabilité financière des opérations de la B. R.

À l'échelon central, et comme les autres banques coloniales, la B. R. était sous le contrôle d'une Commission de Surveillance dont la mission était d'analyser ses activités. Par ailleurs, une Agence centrale des Banques Coloniales avait aussi été instituée pour servir d'intermédiaire avec le gouvernement et les établissements financiers métropolitains.

Les opérations monétaires et cambiaires entre la B. R. et la métropole passaient par l'intermédiaire de la Caisse des Dépôts et Consignations et de la Banque de France. En 1860, la Banque de France céda son rôle de correspondant avec les banques coloniales au Comptoir d'Escompte qui, à son tour fut remplacé par le Comptoir National d'Escompte en 1889.

Au total, la création de la B. R. améliorait la situation monétaire et financière de la colonie en laissant toutefois trois points de faiblesse.

- La B. R. ne consentait pas de crédit à long terme, ce qui constituait une entrave à l'accumulation du capital.
- La politique d'émission était restrictive, ce qui pouvait être source de pénurie de monnaie.
- Des crises de change étaient toujours possibles.

Pour faciliter la transition au capitalisme, le gouvernement local ne se contenta pas de promouvoir une nouvelle politique de main-d'œuvre et de créer un appareil bancaire. Un plan général de développement économique de l'île fut également élaboré qui envisageait la colonisation de la Plaine des Cafres et de la Plaine des Palmistes.

---

[84] Cf. N. Ricaud ; *La création de la banque coloniale à La Réunion* ; Revue Historique des Mascareignes ; n° 1 ; 1998 ; p. 162 à 166.

SECTION 4

LA COLONISATION DES HAUTES PLAINES

On exposera d'abord les raisons de cette tentative de colonisation (4.1) avant de présenter le contenu du plan de développement (4.2).

4.1 - Les raisons

En 1850, seule la zone côtière de l'île était mise en valeur. La plaine des Palmistes et la plaine des Cafres, situées en altitude et d'accès difficile, étaient pratiquement inhabitées. Certes, depuis le milieu du 18ème siècle, le gouvernement y avait bien accordé quelques concessions de terres et commandé un certain nombre d'études pour connaître leurs possibilités économiques. Mais sur le terrain, les réalisations se réduisaient à très peu de choses[85] et en 1850, la plaine des Palmistes n'était encore qu'une "forêt épaisse", et celle des Cafres, "une vaste savane"[86].

Après l'abolition de l'esclavage, le gouvernement chargea une commission d'étudier les conditions concrètes de leur mise en valeur. Les raisons étaient à la fois économiques et sociales. D'une part, le processus de paupérisation des Petits-Blancs avait atteint un point très grave et il était urgent de le freiner. D'autre part, il était prévisible que le nombre de travailleurs immigrés augmenterait rapidement. Il fallait penser à les nourrir. Le contenu du plan traduit ce double objectif.

4.2 - Le plan de colonisation

La commission proposa un plan de colonisation agricole qui tournait autour de quatre idées-forces :

- Les plaines devraient produire des vivres. Celle des Palmistes serait convertie en centre de cultures vivrières tandis que celle des Cafres serait spécialisée dans l'élevage. Grâce à cette complémentarité, l'île pourrait obtenir une production

---

[85] En 1847 il n'y a qu'une vingtaine de concessionnaires à la plaine des Palmistes et deux à la plaine des Cafres. Presque aucun ne résidait sur place et les terres étaient en friche. Quant à la présence des autorités publiques, elle se limitait à un petit poste militaire à la plaine des Palmistes.

[86] Textor de Ravisy : *Études sur les deux plaines des Palmistes et des Cafres de l'île de La Réunion* ; St Denis ; Lahuppe ; 1850 ; 106 pages + annexes.

agricole équilibrée et diminuer les importations de grains et de bétail coûteuses en devises[87].

• Cette colonisation agricole ne devrait cependant pas porter préjudice à l'économie sucrière en raréfiant la main-d'œuvre. La commission conseillait donc de ne pas accorder, sauf exception, de terres aux affranchis[88].

• Les concessions devraient être réservées aux Petits-Blancs qui formaient une population nombreuse et dont l'intégration à l'économie sucrière n'était pas envisageable.

• Les concessions seraient gratuites mais provisoires. Les bénéficiaires disposeraient d'un délai de 4 ans pour les mettre en valeur. Si au bout de cette période les terres étaient exploitées, les colons en deviendraient définitivement propriétaires, sinon elles retourneraient au domaine.

En définitive, ce plan de développement visait à organiser une économie bipolaire combinant de manière complémentaire une zone littorale consacrée au sucre et dominée par les grands Blancs avec une zone d'altitude consacrée aux vivres et réservée aux Petits-Blancs. Quant aux affranchis, privés de terres, ils n'auraient pas eu d'autre choix que de continuer à travailler dans les exploitations sucrières ; et pour ceux d'entre eux qui avaient déserté, d'y revenir[89].

Toutes ces idées furent reprises par le gouvernement qui lança avec l'arrêté du 4 novembre 1851 la colonisation des hautes plaines[90].

---

87 Selon des estimations de Textor, elle permettrait de diminuer au moins d'un quart l'importation en grains et racines alimentaires et de la totalité l'importation en animaux de travail et de boucherie. Cf. Textor de Ravisy ; *Études sur les deux plaines* ; op. cit. p. 9.

88 Seuls les affranchis qui étaient mariés et exempts d'engagement pouvaient avoir une petite chance d'obtenir une concession.

89 Poursuivant dans la même logique, Textor de Ravisy recommandait même aux Blancs de ne pas donner de terre en fermage ni en colonage aux affranchis. Cf. Textor de Ravisy : *Études*... op. cit. p. 9.

90 Il est donc impossible de suivre A. Bourquin lorsqu'il écrit qu'après l'Abolition les pouvoirs publics ont "négligé de prendre en considération la paupérisation d'une partie socialement importante de la colonie. Comment avoir oublié, ainsi, de régler le sort de ceux qui vont bientôt former une deuxième vague de Petits-Blancs ?... Un modèle économique et social (l'esclavagisme) a implosé sans qu'il n'ait été envisagé - quoi que ce fût - aucune mesure ou structure d'accompagnement pour ses membres"; Cf. Alexandre Bourquin ; *Les Petits-Blancs de l'Ile de La Réunion (1815-1914)* ; Thèse de doctorat ; Lyon III ; 1994 ; p. 472-473.

CHAPITRE 2

LES PLANTEURS : LES POLITIQUES DE MAIN-D'ŒUVRE ET LEURS CONSÉQUENCES

On commencera par examiner les politiques destinées à développer l'immigration contractuelle à La Réunion en présentant les contraintes auxquelles elles se sont heurtées, les flux d'immigration qu'elles ont suscités ainsi que les conséquences économiques (transformation du potentiel de travail à la disposition de l'économie locale) et sociales (formation d'un excédent relatif de population) qu'elles ont entraînées.

Les planteurs formant un ensemble hétérogène, il est ensuite intéressant, en partant des statistiques officielles, d'avancer quelques hypothèses pour interpréter les stratégies conduites par les différents groupes de planteurs.

SECTION 1

L'IMMIGRATION CONTRACTUELLE ET LA REPRODUCTION DU SALARIAT CONTRAINT

Après l'Abolition de l'esclavage, les planteurs recrutèrent un nombre considérable de travailleurs étrangers. On exposera successivement :

- les raisons de ce recours intensif à l'immigration contractuelle (1.1) ;
- les principes de la politique d'attraction de la main-d'œuvre étrangère (1.2) ;

- les phases de l'immigration contractuelle (1.3) ;
- les mécanismes de la reproduction de l'engagisme (1.4).

1.1 - Les raisons du recours à l'immigration contractuelle

1.1.1 - L'exemple de l'île Maurice

À l'île Maurice, l'esclavage avait été aboli en 1835. Pour remplacer la main-d'œuvre servile, les sucriers avaient largement puisé dans le réservoir indien, ce qui leur permit d'obtenir une augmentation très rapide de la production de sucre[91]. Les planteurs de La Réunion, impressionnés par cet exemple, ne pouvaient qu'avoir tendance à suivre la même politique de main-d'œuvre.

Mais deux autres motifs les poussaient aussi à attirer des travailleurs immigrés : la diminution du potentiel de travail de la main-d'œuvre locale et la concurrence des betteraviers.

1.1.2 - La diminution du potentiel de travail

A - La pénurie de main-d'œuvre

Durant les deux décennies précédant l'émancipation des esclaves, la question de la main-d'œuvre fut au centre des préoccupations des planteurs. L'interdiction de la traite en 1815 et le ralentissement brutal du trafic clandestin après 1830 avait en effet fait chuter le nombre d'esclaves de 71 000 en 1830 à 60 260 en 1847. Les planteurs se mirent alors à recruter des engagés indiens et chinois. Mais ces opérations furent à leur tour interdites en 1839 et 1846, de sorte que la pénurie de travailleurs ne cessa de s'aggraver au fil des années.

À cela venait s'ajouter une baisse d'efficacité au travail de la main-d'œuvre locale en raison de facteurs sociaux et démographiques.

B - L'efficacité de la force de travail

Tout d'abord, la destruction des rapports de production esclavagiste, avec la suppression du Code Noir, avait considérablement réduit les pouvoirs du planteur qui ne pouvait plus utiliser certains moyens coercitifs pour contraindre ses ouvriers au travail. Les affranchis tendaient donc à relâcher leur effort. Patu de

---

[91] Entre 1843 et 1863, ils avaient fait venir près de 306 000 travailleurs. La production passa de 34 000 tonnes en 1834-1838, à 129 200 tonnes 1859-1863. Cf. A. North-Coombes ; *A history of sugar production in Mauritius* ; 1993 ; 173 pages ; p.146.

Rosemont estimait à 40% la baisse de l'efficacité du travail dû à la suppression des rapports esclavagistes. Décrivant la vie dans les plantations, il écrivait :

> "Parmi ceux ayant contracté des engagements réels, la presque totalité refuse de faire les corvées du matin et du soir, qui consistent à donner des soins aux animaux des établissements et à leur fournir du fourrage... Ces hommes, que tout travail continu rebute maintenant... cherchent toutes sortes de prétextes pour esquiver de temps à autres, le travail de la terre... Quant à ceux qui veulent bien aller à l'ouvrage, si on les fait travailler à la journée, ils ne font presque rien... ils bâclent si vite et si mal leur besogne que souvent il faut la leur faire recommencer... De ce qui précède, il faut conclure que le travail des 10 237 hommes affranchis peut être compté comme équivalent à celui de 6 000 anciens esclaves..."[92].

À cela venait s'ajouter le fait que depuis 1830 la population laborieuse avait beaucoup vieilli parce que la traite clandestine étant devenue très difficile, il n'avait pas été possible de la renouveler. Patu de Rosemont remarquait ainsi qu'à cause de

> " la disproportion des sexes et de l'infériorité des naissances par rapport aux décès la majeure partie des hommes jeunes et valides en 1830, se compose aujourd'hui de vieillards et d'invalides : on ne peut pas évaluer à moins de 8 000 le nombre des hommes devenus ainsi impropres au travail, compensation faite des enfants mâles parvenus à la virilité..."[93].

Enfin, à la veille de l'Abolition, la population servile comportait aussi un grand nombre d'enfants qui tous n'étaient pas utilisables, à brève échéance, comme travailleurs. L'intérêt des maîtres était de s'en séparer.

C - Synthèse

Le tableau ci-après donne une vue d'ensemble de la population servile en 1847.

---

[92] Cf. Patu de Rosemont : *Rapport au Comice agricole de Sainte Suzanne*...op. cit.; p. 25-26.

[93] Patu de Rosemont : *Rapport au Comice agricole de Sainte Suzanne* ; St Denis ; Lahuppe ; 1854 ; p. 54.

Tableau 2 : La population servile à la veille de l'Abolition

Année	Sexe	moins de 14 ans	14 ans à 60 ans	plus de 60 ans	Total
1847	Masculin	7 006	28 123 (*65,3%*)	2 007	37 136
	Féminin	6 792	14 932 (*34,7%*)	1 400	23 124
	Total	**13 798**	**43 055 (*100%*)**	**3 407**	**60 260**

Sources : *Tableau de population, de culture, de commerce et de navigation sur les colonies françaises* ; 1848.

Les sucriers, en tant que capitalistes, devaient forcément intégrer des considérations de profit, de rentabilité à long terme et de coûts de production. À supposer que le taux de salaire soit uniforme, la "rationalité économique" commanderait aux planteurs de licencier les 3 407 affranchis de plus de 60 ans. Une bonne partie des enfants de moins de 14 ans (au moins ceux dont l'âge était inférieur à 10 ans) leur étaient également inutiles. On peut raisonnablement évaluer leur nombre à 12 000 environ. Par ailleurs, les femmes mariées n'étaient pas tenues de s'engager. Une bonne partie des 14 932 a pu choisir la liberté en toute légalité. Enfin, pour les travaux des champs, les planteurs avaient intérêt à remplacer les femmes par des hommes. Au total, il apparaît que sur les 60 260 esclaves de 1847 tous n'étaient pas également intéressants pour les planteurs. Leur intérêt (maximisation du profit) était de se débarrasser des affranchis peu productifs pour les remplacer par de la main-d'œuvre importée.

1.1.3 - La concurrence sur le marché sucrier

Pour pouvoir se maintenir sur le marché, le sucre de La Réunion devait être compétitif. Or, il était en concurrence avec celui des Antilles et celui des betteraviers de métropole[94].

A - La concurrence des Antilles

Globalement, l'économie sucrière de La Réunion était moins efficace que celle des Antilles. Il suffit de comparer les rendements en sucre à l'hectare pour s'en convaincre. Sur l'ensemble de la période 1835-1847, les rendements étaient de 1,5 tonne de sucre à l'hectare à la Martinique et 1,4 en Guadeloupe[95]. Or, concernant sensiblement la même période (1836-1847), la production annuelle moyenne de sucre à la Réunion s'établissait à 25 126 tonnes pour une superficie

[94] En raison de la politique protectionniste, la concurrence des sucres étrangers n'était pas à redouter.

[95] Cf. C. Schnackenbourg : *Histoire de l'industrie...* op. cit. p. 44.

moyenne de 20 353 hectares plantés en canne. Le rendement était donc seulement de 1,23 tonne de sucre à l'hectare[96]. D'où venait cette infériorité ?

Pas d'un retard dans le domaine des techniques industrielles. Bien au contraire, La Réunion était en avance puisqu'en 1830 près de la moitié de ses sucreries était équipée de moulins à vapeur contre 1,6% seulement en Guadeloupe. Et en Martinique, il n'y avait que 13 moulins à vapeur en 1834[97].

Tableau 3 : Énergie employée dans l'industrie sucrière

	Vapeur	Eau	Vent	Animaux	Bras	Total
La Réunion (1830)	84	41	8	52	4	189
Guadeloupe (1829)	10	143	252	189		594

Sources : C. Schnackenbourg : *Histoire de l'industrie sucrière en Guadeloupe (19ème-20ème siècle) : La crise du système esclavagiste 1835-1847* ; L'Harmattan 1980 ; 254 pages ; p. 32 ; S. Fuma ; *Une Colonie île à sucre*; p. 34.

L'infériorité de l'économie sucrière de La Réunion tenait à des facteurs naturels et économiques. Le relief très accidenté de l'île rend la culture et le transport de la canne plus difficiles qu'aux Antilles. L'extrême morcellement des propriétés empêchait une exploitation rationnelle du sol. À cela il fallait encore ajouter le handicap de distance : moins éloignés du marché métropolitain, les sucres antillais supportaient des coûts de transport plus faibles que ceux de La Réunion. Si bien qu'à la veille de l'Abolition, les Antilles vendaient à la France plus du double de sucre que ne le faisait La Réunion (environ 47 000 tonnes de sucre contre 22 000).

Mais la concurrence des betteraviers de métropole était bien plus redoutable encore que celle des Antilles.

B - La concurrence de la betterave

En 1747 Marggraf avait réussi pour la première fois à fabriquer du sucre à partir de la betterave. Mais pendant longtemps le passage à la production industrielle fut impossible car non rentable. À poids égal, la betterave contient en effet environ deux fois moins de sucre que la canne. De plus, le jus de betterave renferme davantage d'impuretés que le jus de canne et nécessite un traitement plus complexe et donc plus onéreux. Pour ces raisons, le sucre de betterave ne put trouver place sur le marché métropolitain qu'aux époques où les guerres (de la

---

[96] Le rendement est plus élevé si on le calcule par rapport aux superficies réellement *coupées*.

[97] C. Schnackenbourg : *Histoire de l'industrie*... op. cit. p. 177.

Révolution, de l'époque napoléonienne...) empêchaient le sucre des colonies d'arriver en France.

À partir de 1820 cependant, profitant tout à la fois d'une politique fiscale et douanière particulièrement favorable et des progrès techniques issus de la Révolution Industrielle, les betteraviers parvinrent à combler progressivement leurs handicaps[98]. Leur production de sucre se mit à augmenter en flèche ainsi qu'en témoigne le tableau ci-après.

Tableau 4 : Production de sucre de betterave (en tonnes)

Années	1829	1830	1831	1832	1833	1834	1835	1836
Prod.	4 400	6 000	9 000	12 000	19 000	26 000	38 000	49 000

Sources : Sudel Fuma ; *Une île à sucre...* ; p. 93.

Mais bien plus grave encore pour les colonies sucrières, était le fait que les betteraviers devenaient en même temps concurrentiels au niveau des prix. Les progrès techniques réalisés par les betteraviers furent en effet si rapides qu'à la veille de l'Abolition, le prix "nu-usine" du sucre de betterave était devenu *égal* à celui du sucre de canne de La Réunion[99].

Par ailleurs, les sucres de betterave avaient aussi gagné en qualité et pouvaient désormais rivaliser avec ceux issus de la canne. Un grand planteur-sucrier de La Réunion constatait avec effroi :

> "... de 1847 à 1853, un progrès s'était accompli dans l'art de la fabrication, par l'introduction de la double-carbonatation. Aussi, peu de temps après cette date, la sucrerie indigène (c'est-à-dire de betterave) était-elle en mesure de produire des poudres blanches comestibles pouvant être présentées en concurrence avec les produits épurés de la canne"[100].

Pour résister à cette nouvelle concurrence, les planteurs de l'île devaient tenir les coûts de production. Pour cela, il leur fallait à la fois développer les techniques industrielles et disposer d'une main-d'œuvre à bon marché et efficace. Seule une importation massive de travailleurs pouvait permettre de contenir la hausse des salaires locaux dans des limites acceptables.

De manière synthétique, on peut affirmer que si les planteurs recoururent à une importation massive de travailleurs, c'est bien

---

[98] Le coût de production du quintal descend de 500 francs en 1811 à 80 francs en 1828 et à 60 francs en 1841. Cf. C. Schnackenbourg : *Histoire de l'industrie...* op. cit. p. 151.

[99] Defos Du Rau : *L'Ile De La Réunion* ; op. cit. ; p. 521.

[100] Sicre de Fontbrune : La question des sucres en France et dans les colonies in *Société des études coloniales et maritimes* ; sans date; p. 3.

entendu à cause de la désertion des affranchis mais aussi parce que cette importation devait leur permettre

- de relever la productivité du travail en remplaçant les affranchis inefficaces par une main-d'œuvre productive ;
- d'augmenter la quantité de travail disponible dans l'île pour parer à la pénurie croissante de main-d'œuvre liée au déclin drastique de la traite esclavagiste à partir de 1830 ;
- de limiter la hausse des salaires : ceux-ci sont en effet fixés à l'étranger, au moment du recrutement, et non pas sur le marché local, après le débarquement des immigrés[101]. Les salaires effectivement versés à La Réunion sont donc déterminés sur deux marchés distincts. L'un règle les salaires des ouvriers *locaux*, et l'autre celui des engagés étrangers.

En définitive, ce ne sont *pas seulement* la soif de liberté des esclaves et l'égoïsme de classe des planteurs qui furent à l'origine de l'importation massive d'engagés. Les impératifs de la rentabilité et de la lutte à mener contre les betteraviers ont aussi poussé les sucriers de l'île à recruter massivement des immigrés, alors même que les trois-quarts de la population blanche était sans emploi et que plus de 60 000 esclaves venaient d'être affranchis ! La conséquence fut un brutal gonflement de l'"excédent relatif de population"[102].

1.2 - La politique d'attraction de la main-d'œuvre extérieure : salaire et coût de la migration

Les autorités publiques locales comme les planteurs n'étaient guère favorables au recrutement d'ouvriers européens. Ils estimaient que ceux-ci n'étaient pas capables de fournir un travail suffisant sous un climat tropical. Par ailleurs, ils craignaient aussi leurs exigences salariales ainsi que l'introduction à La Réunion d'idées révolutionnaires venues d'Europe[103]. C'est pourquoi le nombre d'ouvriers métropolitains recrutés pour La Réunion resta tout à fait négligeable[104].

---

[101] Pour l'évolution des salaires, cf. la note de bas de page n°154.

[102] Le contenu de cette expression est développé et illustré dans le chapitre 4.

[103] Rapport du gouverneur Barolet ; mars 1850 ; cité in "Le mémorial de La Réunion" ; tome 3 ; p. 133. Pour les Antilles, cf. Jacques Weber ; Les Conventions de 1860 et 1861 sur l'émigration indienne ; *Cahiers des Anneaux de la Mémoire* ; n° 2 ; Nantes 2000 ; pp. 132-133.

[104] On peut ici noter la différence avec les Antilles : de 1849 à 1852, les planteurs Antillais introduisirent environ 1 200 engagés venant de France et d'Allemagne à la Guadeloupe et à la Martinique. Ces ouvriers ne donnèrent pas satisfaction aux engagistes. Cf. Notes sur l'immigration indienne dans les colonies françaises ; *Revue Maritime et coloniale ;* mars 1856 ; p. 238.

C'est vers l'Afrique et surtout l'Inde que les planteurs se tournèrent pour se procurer des travailleurs[105]. Pour attirer les Indiens à La Réunion, les planteurs utilisaient une stratégie salariale qu'il est commode d'exposer en partant de l'exemple numérique fictif suivant[106]. Supposons

- qu'avant l'Abolition, le coût de reproduction de la force de travail de l'esclave, supporté par le maître, s'établisse à 50 unités monétaires ;
- qu'après l'Abolition, la pénurie croissante de bras tende à pousser les salaires à la hausse de sorte que ceux-ci grimpent jusqu'à 60 unités monétaires ;
- que dans les bassins de main-d'œuvre, les salaires sont plus faibles et atteignent par exemple 45 unités monétaires.

Dès lors, en proposant des salaires compris entre 46 et 59 unités monétaires, les planteurs pourront recruter des engagés tout en limitant la hausse des coûts salariaux. Mais en réalité, il faut encore tenir compte de trois éléments supplémentaires. Tout d'abord, le salaire de l'engagé ne peut pas être inférieur à 50 unités monétaires car cette somme représente le strict minimum nécessaire pour garantir la reproduction normale de la force de travail dans les plantations de l'île. Du reste, la loi oblige le planteur à verser ce minimum en nature (logement, aliments...). Elle l'oblige aussi à payer *en plus* un salaire monétaire à débattre "de gré à gré". Enfin, il faut tenir compte des coûts de migration. Il est clair en effet que les travailleurs contractuels n'ont avantage à quitter leur pays que si l'employeur prend aussi en charge tous les frais liés à la migration[107]. Supposons que ces frais s'élèvent de 5 unités monétaires. Dans ces conditions, le salaire que le

---

[105]Comparant les qualités de ses engagés Kervéguen déclare :"Les meilleurs travailleurs sont les Indiens. Les Malgaches sont intelligents mais entêtés. Les Cafres sont très durs à l'ouvrage mais lents ; les affranchis saisissent la moindre occasion pour ne rien faire". Cf. P. Pluchon ; p. 186.

[106] Cette stratégie de main-d'œuvre ne correspond pas exactement à celle présentée par A. Lewis qui expose comment le secteur moderne, manquant de main-d'œuvre, attire les travailleurs ruraux en leur proposant des salaires supérieurs à ceux qu'ils gagnent dans le secteur traditionnel. À La Réunion, les planteurs ont recruté des immigrés parce qu'ils manquaient de main-d'œuvre, mais *aussi* pour remplacer les affranchis qu'ils voulaient chasser.

[107] Ces frais se composent 1) Des frais d'immigration comprenant les coûts du recrutement (rémunération des *mestrys* et *couty-mestrys*) et du transport jusqu'à La Réunion, auxquels s'ajoutent les profits des sociétés d'immigration. L'ensemble correspond au prix des contrats d'engagement à la charge des engagistes. 2) Des frais de rapatriement des engagés en fin de contrat. Au total, le coût de la main-d'œuvre comprend trois éléments : le salaire des engagés, les frais d'immigration (prix des contrats), les frais de rapatriement.

planteur peut proposer pourra être compris entre un minimum de 51 et un maximum de 54 unités monétaires ; le contrat d'engagement pourra être signé car il est avantageux pour les deux parties.

Quels furent les résultats de cette politique d'attraction de la main-d'œuvre étrangère ?

1.3 - Les phases de l'immigration contractuelle

1.3.1 - Profil général de l'immigration

Globalement, entre 1848 et 1860, l'immigration contractuelle apporta à La Réunion 82 575 engagés. Le flux fut extrêmement irrégulier comme en témoigne le graphique ci-après.

Graphique 1 : L'immigration contractuelle (1848 -1860)

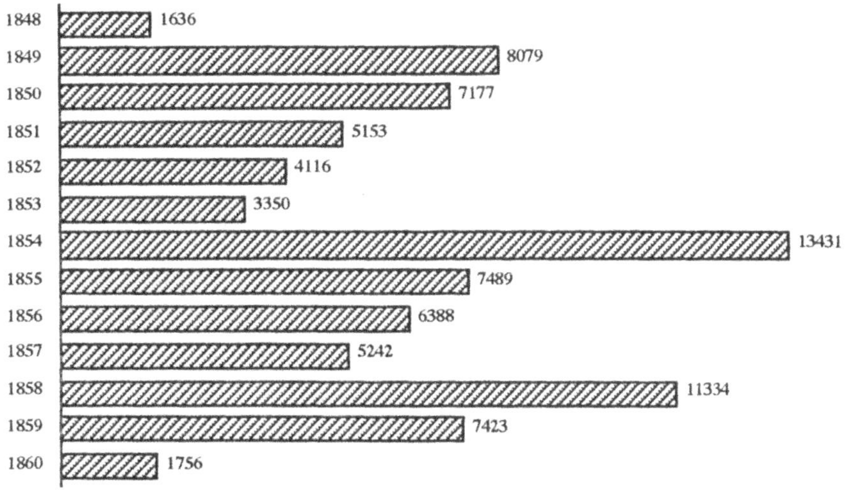

Sources : Delabarre de Nanteuil ; op. cit. ; tome 5 ; p. 388.

Il faut remarquer qu'en 1848, alors que l'esclavage n'était pas encore aboli, les planteurs firent venir 1 636 engagés dont presque tous étaient indiens. À partir de 1849, le mouvement en dents de scie de l'immigration traduit non pas les fluctuations de la demande de bras mais les difficultés que rencontrèrent les planteurs dans leur quête de main-d'œuvre. Pour faciliter l'exposé des questions du recrutement, il est utile de décomposer les flux d'immigration d'après leur origine géographique.

Graphique 2 :
Répartition de l'immigration contractuelle (1849 -1860)

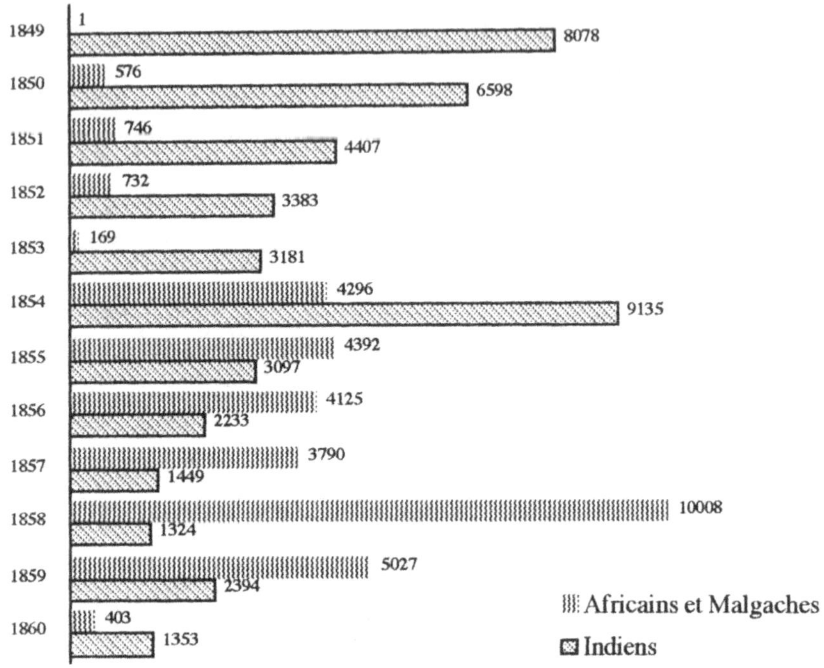

Sources : Delabarre de Nanteuil ; op. cit. ; tome 5 ; p. 388.

Immigration contractuelle chinoise (1849 -1860)

1849	-	**1855**	-
1850	3	**1856**	30
1851	-	**1857**	3
1852	1	**1858**	2
1853	-	**1859**	2
1854	-	**1860**	-

Sources : Delabarre de Nanteuil ; op. cit. ; tome 5 ; p. 388.

LES SOURCES DE L'IMMIGRATION NON-EUROPEENNE A LA REUNION

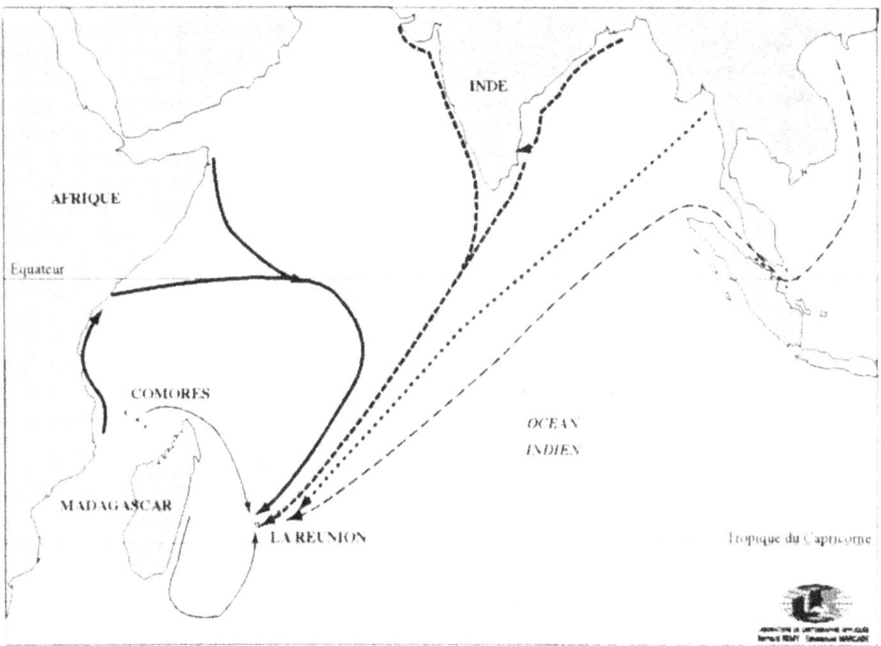

Les statistiques montrent que l'immigration contractuelle chinoise fut négligeable et que les engagés venaient essentiellement d'Inde et d'Afrique. Malgaches et Comoriens, comptés comme "Africains", furent peu nombreux.

La faiblesse de l'immigration chinoise s'explique par trois facteurs. En premier lieu, comparée à l'Inde, la Chine est plus éloignée de La Réunion, ce qui élève les frais de transport. Ensuite, la France possédait en Inde des comptoirs ce qui y facilitait les opérations de recrutement. Enfin, les planteurs avaient gardé un mauvais souvenir des premières introductions d'engagés chinois effectuées entre 1844 et 1846. Jugeant ces travailleurs paresseux, insolents, joueurs, raisonneurs, violents[108]..., ils leur préféraient les Africains et Indiens.

Le nombre d'Indiens recrutés s'élève à près de 47 000 et celui des "Africains" à un peu plus de 34 000. Si presque tous ces derniers furent amenés de force à La Réunion, la plupart des Indiens vinrent librement s'engager. Quels facteurs les poussèrent-ils à s'expatrier ?

L'importance des facteurs démographiques est pratiquement impossible à apprécier tant les estimations de populations sont vagues et parfois contradictoires. Selon H. Tinker, entre 1800 et 1870, la population indienne aurait connu une augmentation prodigieuse, bondissant de 100 à 250 millions d'habitants[109]. Mais J. Pouchepadass dément cette opinion :

> "Les estimations récentes de la population du sous-continent indien en 1800 varient selon les démographes entre 160 et 214 millions d'habitants... en 1871, cette population était vraisemblablement voisine de 255 millions d'habitants. L'Inde connut donc, pendant les deux premiers tiers du 19ème siècle une croissance démographique incontestable mais modeste... Croissance d'ailleurs très inégalement répartie dans l'espace, toujours très accidentée dans le temps et dont la chronologie variait considérablement d'une région à l'autre"[110].

---

[108] Le Conseil de Bourbon du 2 juillet 1846 constate que "des plaintes s'élèvent de tous côtés au sujet des Chinois. Ils sont généralement mauvais travailleurs. Ils peuplent les geôles et les ateliers de discipline." En conséquence, un arrêté du 2 juillet 1846 suspend l'immigration contractuelle chinoise. Selon E. Wong-Hee-Kam, cette image négative des Chinois résulte d'"un immense malentendu entre les employeurs et les Chinois". Cf. *La diaspora chinoise aux Mascareignes : le cas de La Réunion* ; 1996 ; 496 ; p. 59.

[109] H. Tinker ; *Continuity between slavery and indian immigration* ; 1984 ; p. 6. Cité par M. Marimoutou ; *Les engagés du sucre* ; 1989 ; p. 230.

[110] Cf. Pouchepadass J. in C. Markovits ; *Histoire de l'Inde Moderne 1480-1950* ; 1974 ; 727 pages ; p.365.

S'il est impossible de se faire une opinion fondée sur le poids des facteurs démographiques, en revanche le jeu des causes économiques est bien connu. Au début du 19ème siècle, l'Inde est le premier producteur mondial de tissus et une enquête de terrain, portant sur 6 districts de l'Inde du Nord, montre que presque une femme sur deux est fileuse. À partir de 1810-1820, la dégradation des conditions de vie fut constante pour la grande masse des Indiens[111]. Parmi les causes économiques, l'une des plus importantes fut certainement la ruine de l'artisanat du coton et du jute. N'utilisant pour le filage et le tissage qu'un matériel rudimentaire, les producteurs indiens ne pouvaient lutter contre l'industrie textile anglaise qui, bénéficiant des innovations techniques de la Révolution Industrielle, s'empara de leurs marchés européens et inonda le marché local de tissus[112]. Mais les artisans des villes ne furent pas les seules victimes. Dans les campagnes, l'économie domestique fonctionnait en effet sur la base d'un couplage agriculture / artisanat dans lequel filage et tissage occupaient une population nombreuse et procuraient de substantielles ressources aux familles

> "Chaque métier à tisser ... emploie trois personnes, et le rendement moyen du métier est de 100 roupies ou 10 livres par an... il faudrait sans doute répéter les mêmes chiffres pour d'autres régions, la côte du Coromandel et la région de Masulipatam, la région de Bombay, le sud-ouest du Dekkan avec la côte de Malabar, le pays de Madras ou le district de Mysore..."[113].

La ruine de l'artisanat rural entraîna donc une paupérisation rapide des masses paysannes.

À certaines époques, des calamités naturelles (sécheresse, inondation...) vinrent s'ajouter aux facteurs économiques et démographiques, pour aggraver encore la situation des campagnards. Beaucoup tentèrent d'échapper à la misère en s'expatriant.

Le graphique 2 montre la succession de trois périodes : 1849-1853 ; 1854-1858 ; 1859-1860.

---

[111] Pour une courte présentation synthétique, voir S. Ewenczyck et P. Weibel ; *L'Inde et le non-développement* ; 1982 ; 80 pages ; p. 7 à 33.

[112] En 1830, la productivité d'un ouvrier anglais était de 200 à 300 fois supérieure à celle d'un artisan indien. Cf. P. Bairoch ; *Mythes et paradoxes de l'histoire économique* ; 1994 ; 287 pages ; p. 125.

[113] M. Garden ; *L'Inde, le commencement d'un déclin* ; in P. Léon ; *Histoire économique et sociale du monde* ; tome 3 ; 1978 ; 620 pages ; p. 238.

1.3.2 - La période 1849 - 1853

Elle se caractérise par un très faible recours à la main-d'œuvre africaine et par un déclin progressif de recrutements d'Indiens. Comment ces évolutions s'expliquent-elles ?

A - Les recrutements en Afrique

Avant l'Abolition, c'est presque toujours comme esclaves que les Africains furent amenés à La Réunion au moyen de la traite légale d'abord, puis illégale à partir de 1815. C'est seulement à partir de 1847, après l'interdiction de l'immigration contractuelle indienne et chinoise, que les premiers engagés africains furent introduits dans l'île. Ils ne sont que 66 en décembre 1847, et 80 (dont 2 femmes) en 1848[114].

Jusqu'en 1851, le nombre d'Africains recrutés resta très faible (6% du total des engagés). Pourtant, Africains et Malgaches avaient la préférence des planteurs comme des autorités publiques locales[115]. Ce paradoxe provient de ce que jusqu'en 1850 les recrutements en Afrique furent interdits par les autorités publiques métropolitaines. L'esclavage étant une pratique répandue en Afrique et à Madagascar, il aurait été facile d'aller y acheter des esclaves pour les ramener comme engagés à La Réunion. Le gouvernement de 1848, qui venait d'abolir l'esclavage, ne pouvait que s'opposer à cette traite déguisée[116].

Cette interdiction ne fut pas maintenue après le retour des Conservateurs au pouvoir[117]. Un arrêté du 28 juin 1850 autorisa les recrutements dans les parties du territoire malgache occupées par les Français (l'île de Ste-Marie, l'île de Nossi-Bé et ses dépendances c'est-à-dire Nossi-Comba, Nossi-Faly, Nossi-Mitsiou). Mais ces petites îles peu peuplées ne pouvaient alimenter un courant d'immigration suffisant. Les recruteurs tentèrent donc d'étendre leurs opérations à la Grande Ile mais sans succès à cause de l'hostilité du souverain

---

[114] Patu de Rosemont ; *Rapport au comice agricole... op. cit.* ; pièce justificative n° 34.

[115] Cf. les propos du gouverneur Graeb cités in "Le mémorial de La Réunion" ; tome 3 ; p. 132. Cf. également le rapport d'H. Gallos cité par Delabarre de Nanteuil *Législation de l'île de La Réunion,...* tome 5 ; p. 313.

[116] C'est pourquoi le gouvernement décida que "L'immigration des populations africaines à l'île de La Réunion ne pourra être autorisée que lorsqu'il aura été statué par un règlement sur les garanties que ces enrôlements devraient offrir...". Cité in *Le mémorial de La Réunion* ; tome 3 ; p. 133.

[117] Victoire de Louis Napoléon aux élections présidentielles de décembre 1848 puis des forces de droite aux élections législatives de mai 1849.

malgache[118]. Ils se rendirent alors à Zanzibar, mais se heurtèrent au refus des autorités locales de les laisser opérer.

Dès lors, les seuls bassins de main-d'œuvre qui leur restaient étaient les possessions portugaises en Afrique orientale. Les recrutements y furent autorisés, mais le gouvernement français précisa que seuls les "Noirs en état de *liberté préalable*" pourraient être engagés. Cela signifiait que les recrutements ne pouvaient porter que sur

> "des nègres nés libres ou libres depuis assez longtemps et non pas au moment du recrutement"[119].

En d'autres termes, il était interdit aux recruteurs d'acheter des esclaves et de les affranchir pour les engager. Les divers obstacles qui viennent d'être énumérés expliquent que les efforts déployés de 1849 à 1851 pour tirer de la main-d'œuvre de Madagascar, des Comores, et de l'Afrique furent peu fructueux. Au cours de ces années, 1 338 travailleurs seulement purent être recrutés, ce qui était très en deçà des besoins des planteurs. Les planteurs se tournèrent alors vers la main-d'œuvre indienne.

B - Les recrutements en Inde

a - L'organisation

Le marché du recrutement, concurrentiel en 1848, fut rapidement monopolisé par la *Société d'Émigration de Pondichéry*. Créée en 1850 par regroupement des principales maisons de commerce de Pondichéry et de Karikal, cette société put occuper une position dominante, aussi bien face aux transporteurs maritimes qu'aux recruteurs indiens (*mestrys* et *couty-mestrys*) qu'elle employait pour aller dans les villages rechercher des engagés. Ceux-ci étaient ensuite remis à des transporteurs, tous Nantais[120], qui les amenaient jusqu'à La Réunion.

Cette organisation du recrutement, qui plaçait la *Société d'Émigration* et les armateurs dans une position de force face à des planteurs désunis, ne pouvait aboutir qu'à surélever le prix des contrats d'engagement. L'affaire était extrêmement lucrative pour les armateurs et encore davantage pour la *Société d'Émigration* car elle

---

[118] L'immigration malgache fut en effet "sans cesse entravée par la reine des Hovas". Cf. Delabarre de Nanteuil ; op. cit. ; tome 5 ; p. 314.

[119] Delabarre de Nanteuil ; op. cit. ; tome 5 ; p. 315.

[120] Cf. Jacques Weber ; *L'émigration indienne à La Réunion : "contraire à la morale" ou "utile à l'humanité" ? (1829-1860)* ; in E. Maestri ; *Esclavage et abolitions dans l'océan Indien (1723-1860)* ; 2002 ; p. 314 et suivantes.

travaillait uniquement avec les capitaux avancés par les transporteurs sans avoir à engager de fonds propres[121].

S'estimant lésés, les planteurs réagirent en formant la *Compagnie d'Immigration de La Réunion* qui demanda et obtint le monopole du transport en 1853[122]. À partir de ce moment, le marché du recrutement devint duopolistique et l'acheminement des engagés fut réorganisé :

> "Désormais, seuls les navires consignés à des maisons de commerce membres de la *Société d'Immigration de La Réunion* et astreints à un tour de rôle à Pondichéry ou Karikal peuvent profiter des opérations lucratives d'émigration[123]".

En créant la *Compagnie*, le but des planteurs n'était pas de faire du profit mais de réduire le prix des contrats d'engagement. Il fut atteint puisque celui-ci redescendit autour de 200 à 225 F.[124] après être monté jusqu'à 400 F. en 1852. Il est intéressant de remarquer que cette baisse fut obtenue non par une diminution du prix de cession du travailleur livré à bord des navires (il resta fixé, comme avant, à 40 roupies par engagé), mais grâce à une réduction du coût du transport des engagés et à une meilleure organisation du marché de la revente des contrats[125].

b - Les difficultés du recrutement

La sphère d'action des *mestrys* et *couty-mestrys* devait en principe se limiter aux seules possessions françaises. Mais pour des raisons autant pratiques que politiques, il était très difficile de recruter dans les régions de Mahé, Chandernagor et Yanaon[126]. En fait, c'est des ports de Pondichéry et Karikal que partaient les navires pour La

---

121 Cf. Jacques Weber ; *L'émigration indienne à La Réunion* ... op. cit. ; p.319 à 322.

122 Selon J. Weber, la Société d'Immigration de La Réunion, qui avait obtenu le monopole du transport des engagés indiens à La Réunion "essaya en vain d'obtenir également le monopole du recrutement en Inde. Celui-ci resta aux mains d'une *Société d'Émigration de Pondichéry.* Cf. *L'émigration indienne des comptoirs (1828-1861)* ; Institut d'Histoire des Pays Outre-mer ; Université de Provence ; Migrations, minorités et échanges en océan Indien, 19ème- 20ème siècle ; Table ronde 1978 ; Études et Documents n° 11 ; 272 pages ; p. 137.

123 Cf. Jacques Weber ; *Les Conventions de 1860 et 1861 sur l'émigration indienne* ; Cahiers des Anneaux de la Mémoire n° 2 ; 2000 ; p. 136.

124 Cf. J. Weber ; *L'émigration indienne des comptoirs (1828-1861)* ; Institut d'Histoire des Pays Outre-mer ; Institut d'Histoire des Pays Outre-mer ; Université de Provence ; Migrations, minorités et échanges en océan Indien, 19ème- 20ème siècle ; Table ronde 1978 ; Études et Documents n° 11 ; 272 pages ; p. 137.

125 Cf. Chapitre 1 ; paragraphe 2.2.4.

126 Cf. Sully-Santa Govindin ; *Les engagés indiens* ; op. cit. ; p. 80-81.

Réunion, et c'est donc dans ces régions qu'il fallait trouver de la main-d'œuvre. Mais ces deux comptoirs français étaient peu peuplés et ne possédaient pas d'arrière-pays propres. Aussi, pour opérer leurs recrutements, *mestrys* et *couty-mestrys* se rendaient-ils dans les villages de la côte de Coromandel sous contrôle britannique[127]. Ces opérations clandestines, qui ne pouvaient manquer de provoquer des incidents diplomatiques, donnaient des résultats aléatoires.

Trois raisons ont été avancées pour expliquer l'opposition britannique à l'émigration de la main-d'œuvre indienne.

D'après Wickers, l'Angleterre cherchait à priver les colonies françaises de travailleurs pour les conduire à la ruine "et de cette ruine faire profiter ses propres colonies"[128]. Cet argument économico-politique est peu satisfaisant car il n'explique pas pourquoi l'Angleterre changea brutalement d'attitude quelques années seulement plus tard, en acceptant de signer, en 1860 et 1861, des conventions qui ouvrirent aux colonies françaises l'autorisation de recruter des *coolies* dans les territoires indiens qu'elle contrôlait.

Selon J. Weber, l'hostilité anglaise reposait en réalité sur des raisons démographiques. Pour lui, l'abondance de bras était seulement une apparence. Les autorités publiques indiennes, qui avaient besoin d'un très grand nombre de travailleurs pour leurs chantiers (chemins de fer, routes...) et les plantations de Maurice ne voulaient pas les partager avec les Français.

> "L'émigration vers les colonies françaises concurrençait celle que les Anglais entendaient développer en direction de Maurice... D'autre part, l'Inde était encore, au milieu du 19ème siècle, un continent sous-peuplé dont certaines régions restaient incultes faute de bras. De grands travaux furent entrepris, dans les années 1850, qui exigeaient une main-d'œuvre nombreuse : la construction de la ligne ferroviaire Bombay Madras, de lignes télégraphiques, de canalisations etc.. Les autorités de Madras ne pouvaient voir qu'avec mécontentement les travailleurs dont elles avaient tant besoin aller mettre en valeur des colonies étrangères"[129].

---

[127] La côte de Malabar et celle de l'Orissa ont, dans l'ensemble, fourni très peu d'émigrants. Il en résulte que l'immigration contractuelle indienne présente une grande homogénéité au point de vue des caractères physiques, des croyances religieuses et des langues. Sur ce point cf. Firmin Lacpatia ; *Les Indiens de La Réunion : origine et recrutement* ; 1982 ; 104 pages ; p. 13.

[128] Wickers : *L'immigration réglementée ...* p. 37.

[129] Cf. L'émigration Indienne des Comptoirs (1828-1861) in *Migrations, minorités et échanges en Océan Indien, XIXe et XXe siècle* ; Institut d'Histoire des pays Outre-mer ; Université de Provence, Études et documents, n° 11 ; 1978 ; 272 pages ; p.

Cet argument du manque de bras est fragile ne serait-ce que parce que les estimations portant sur la population indienne du 19ème siècle sont des plus incertaines. Mais même en admettant qu'il existait en Inde une pénurie de travailleurs au milieu des années 1850 la thèse de J. Weber resterait difficilement soutenable parce que dans le domaine démographique, les évolutions sont extrêmement lentes. La situation ne pouvait donc pas, en quelques années seulement, avoir changé au point de pousser les autorités anglaises à autoriser en 1860 l'émigration indienne vers les colonies françaises.

Mais J. Weber a aussi avancé une autre explication[130] : les planteurs de La Réunion se livraient en Afrique à une traite esclavagiste déguisée. L'hostilité britannique aux recrutements d'Indiens à destination des colonies françaises s'interprète comme une mesure de représailles contre ces pratiques esclavagistes. L'explication est ici pertinente et les preuves apportées par J. Weber sont solides. Il est d'ailleurs symptomatique de constater que l'autorisation d'ouvrir les territoires britanniques aux recrutements coïncide exactement avec l'interdiction prononcée par Napoléon III d'interdire les recrutements en Afrique[131].

1.3.3 - Les recrutements de 1854 à 1859

Le phénomène majeur durant ces années est le fait que le nombre d'Africains introduits à La Réunion dépasse nettement celui des indiens. Comment ce retournement s'explique-t-il ?

---

154. J. Weber reprend la même idée in *L'émigration indienne à La Réunion...* Cf. E. Maestri ; *Esclavage et abolitions dans l'océan Indien (1723-1860)* ; 2002 ; p. 322. L'île Maurice fut d'abord hollandaise (1638-1710), puis française (1721-1810), puis anglaise (1810-1968) avant de devenir indépendante.

[130] J. Weber ; *Les conventions de 1860 et 1861 sur l'émigration indienne* ; Cahiers des Anneaux de la Mémoire ; n° 2 ; Nantes 2000 ; pp. 154 - 157.

[131] Le lien entre ces deux décisions est souligné avec force dans les considérants de la convention franco-anglaise de 1861 qui déclarent : "Sa Majesté des Français ayant fait connaître par une déclaration en date de ce jour (1er juillet 1861) sa volonté de mettre fin au recrutement sur la côte d'Afrique, de travailleurs noirs par voie de rachat, et *en conséquence*, Sa Majesté la reine du Royaume-Uni de la Grande Bretagne et d'Irlande désirant faciliter l'immigration des travailleurs libres dans les colonies françaises, leurs dites Majestés ont résolu de conclure une convention destinée à régler le recrutement sur les territoires britanniques dans l'Inde".

A - La concurrence des colonies d'Amérique

Durant toute cette période, les chiffres de l'immigration indienne vers La Réunion ne cessent de baisser d'abord parce que les autorités britanniques continuèrent de s'opposer aux recrutements dans leurs possessions. À ce premier facteur vint bientôt s'ajouter un second : la concurrence des "colonies d'Amérique".

Comme à La Réunion, l'émancipation des esclaves avait en effet privé les planteurs de la Martinique, de la Guadeloupe et de la Guyane d'une partie de leur main-d'œuvre. Pour leur permettre de relancer la production le gouvernement métropolitain les autorisa en 1852 à recruter des engagés en Inde[132]. En même temps, il passa des accords avec des sociétés commerciales pour organiser l'émigration outre-Atlantique[133]. Dès 1853, 327 Indiens furent dirigés vers la Martinique et le mouvement s'intensifia encore dans les années suivantes.

Or, les recrutements de main-d'œuvre indienne ne suffisaient déjà pas aux besoins des planteurs de La Réunion. Avec la demande des "colonies d'Amérique" qui venait maintenant s'ajouter, le déséquilibre augmenta encore et fit flamber les prix. En 1855-1856 le gouvernement français décida d'intervenir pour :

- stabiliser et garantir les prix qui furent fixés pour La Réunion à 39 roupies par *coolie* amené à bord des navires - soit 94 F - et à 42 roupies pour ceux destinés aux Antilles ;
- fixer les quotas de main-d'œuvre : il fut décidé qu'un tiers des engagés serait dirigé vers La Réunion et deux tiers vers les Antilles. En fait, cette proportion ne fut pas respectée. Le déficit de main-d'œuvre apparaissant plus important aux Antilles, le gouvernement suspendit à deux reprises les recrutements vers la Réunion (d'août 1856 à janvier 1857 et d'août 1857 à janvier 1859) pour accorder aux planteurs antillais tous les émigrants indiens ;
- signer en 1855 une convention avec la *Compagnie Générale Maritime* qui fut chargée de transporter les *coolies* vers les colonies françaises.

Après cette série de mesures, le monopole d'introduction des *coolies*, dont jouissait jusque-là la Société d'Immigration de La Réunion, n'avait plus de raison d'être. Il fut supprimé en décembre 1855[134].

---

132 Décret du 27 mars 1852.

133 Ces accords portaient sur le nombre de travailleurs qu'il était possible de recruter ainsi que sur les tarifs du recrutement.

134 Selon J. Weber, après la suppression du monopole de la Sté d'Immigration de La Réunion, la libre concurrence entre les navires eut pour effet de "faire baisser le prix

Le tableau ci-après résume les résultats de cette politique de répartition de la main-d'œuvre indienne entre les colonies françaises.

Tableau 5 : Émigration contractuelle indienne

Années	La Réunion	Martinique	Guadeloupe	Guyane	Total
1853	3 181	327	-	-	3 508
1854	9 135	878	314	-	10 327
1855	3 097	381	437	-	3 915
1856	2 233	1 546	1 071	786	5 636
1857	1 449	1 227	1 358	-	4 034
1858	1 324	1 534	1 411	-	4 269
1859	2 394	1 891	1 733	-	6 018
1860	1 150	1 078	808	534	3 570
Total	23 963	8 862	7 132	1 320	41 277

Sources : J. Weber ; *Les Conventions de 1860 et 1861 sur l'émigration indienne* ; in Cahiers des Anneaux de la Mémoire ; n° 2 ; Nantes ; 2000 ; p. 138.

Sur l'ensemble de la période La Réunion reçoit davantage d'engagés indiens que toutes les autres colonies réunies. Mais le tableau montre aussi la succession de deux périodes. Si jusqu'en 1855 la part des colonies d'Amérique est dérisoire, le mouvement se renverse ensuite en leur faveur en 1856, date à partir de laquelle elles bénéficient de la majeure partie des engagés indiens. En conséquence, il n'y a plus en moyenne que 1 710 *coolies* introduits par an à La Réunion, ce qui suffit à peine pour assurer le simple remplacement des Indiens décédés, et rapatriés.

Tableau 6
Engagés indiens décédés, renvoyés et rapatriés

	Total des décédés, renvoyés et rapatriés
1856	1 527
1857	1 550
1858	1 326
1859	1 611

Sources : Delabarre de Nanteuil ; op. cit., tome 5 ; p. 388.

Pour alimenter leurs exploitations en main-d'œuvre, les planteurs de La Réunion se tournèrent alors vers l'Afrique et réclamèrent l'assouplissement des règles organisant les recrutements. Les pouvoirs publics leur donnèrent satisfaction.

de revient du coolie livré au planteur à 200 F ou moins alors qu'il atteint 300 F à cause du monopole" ; Cf. *Les Conventions de 1860* ... op cit. p. 137.

B - La résurgence de l'esclavage

Alors que jusque-là seuls les Africains "en état de liberté préalable" pouvaient être engagés, le gouvernement métropolitain se mit d'accord avec les autorités de Lisbonne et du Mozambique pour autoriser les recrutements "par rachat préalable d'esclaves"[135]. Concrètement, cela signifie que désormais les recruteurs pouvaient acheter des esclaves, puis les affranchir pour leur faire "signer" dans la foulée des contrats d'engagement. Ce nouveau procédé reçut l'aval de l'Empereur Napoléon III lui-même qui le justifiait ainsi :

> " Ce mode de recrutement, il faut le reconnaître, diffère complètement de la traite ; en effet, tandis que celle-ci avait pour origine et pour but l'esclavage, celui-là au contraire, conduit à la liberté. Le nègre esclave, une fois engagé comme travailleur, est libre, et n'est tenu à d'autres obligations que celles qui résultent de son contrat"[136].

Ce raisonnement est un peu spécieux. Tout d'abord, l'affranchissement n'avait pas ici pour but ultime de transformer l'esclave en une personne libre, disposant pleinement et définitivement de sa personne. C'était seulement un moyen pour s'emparer de sa force de travail. En effet, les deux opérations d'affranchissement et d'engagement étaient toujours *couplées*, et la première était *conditionnée* par la seconde. L'engagement ne résultait donc pas de l'acte volontaire d'une personne libre, venant de son plein gré vendre sa force de travail, mais d'une obligation que le recruteur imposait à l'esclave qu'il avait acheté. L'affranchissement s'analyse ici comme une fiction juridique destinée à masquer le fait que des moyens de coercition extra économiques sont employés pour placer de force le travailleur sous la domination de son engagiste et le conduire à La Réunion dans le cadre d'une traite esclavagiste qui ne dit pas son nom. Rien ne le prouve mieux que les révoltes à bord des navires négriers[137].

---

[135] Cf. Delabarre de Nanteuil ; ...; tome 5 ; p. 315.

[136] Lettre de Napoléon III au Ministre de la Marine et des Colonies ; cité par J. Tabuteau ; *Histoire de la justice dans les Mascareignes ;* p. 245. Récemment encore, certains historiens ont estimé que le procédé du rachat fut "un véritable acte d'humanité et un succès complet".

[137] C'est ainsi qu'en 1853, tous les "engagés" de *L'Aimable créole* profitaient d'une relâche pour s'enfuir à la nage. C'est ainsi encore qu'en 1855 les immigrants transportés par le *Happy* massacraient tout l'équipage. Cf. S. Wickers : op. cit. p. 49. Cf. également les exemples cités par J. Weber ; *Les conventions de 1860 et 1861 sur l'émigration indienne* ; Cahiers des Anneaux de la Mémoire ; n° 2 ; Nantes 2000 ; pp. 153-154.

En second lieu, contrairement à ce qu'affirme l'Empereur, le type d'engagisme imposé aux Africains ne conduisait nullement à la liberté. En effet, les contrats de travail ne précisaient pas la durée des engagements et les Africains pouvaient donc être retenus indéfiniment sous l'autorité des engagistes. Il faut attendre 1858 pour voir la publication d'un texte limitant à *10 ans* la durée maximum des engagements. Il ne fait donc absolument aucun doute que l'engagisme africain ne correspond pas à un salariat mais à un esclavage. Pour qu'il y ait salariat, il faut en effet que trois conditions soient simultanément réunies.

- que le travailleur soit au départ une personne *libre* ;
- qu'il cède *par contrat* la disposition *temporaire* de sa *force de travail* à l'employeur ;
- qu'il perçoive en retour une rémunération qui correspond au coût de reproduction de sa force de travail.

Dans le cas de l'engagisme africain, les deux premières conditions n'étaient pas réunies et c'est pourquoi il correspond non à un salariat contraint mais à un esclavage déguisé.

Il s'agit cependant d'un esclavage tempéré. En effet, une fois inséré dans le processus de production, le travailleur africain avait un statut économique identique à celui d'un salarié contraint ordinaire. Un "droit du travail" était en train d'émerger qui limitait les pouvoirs des patrons[138]. Certes, cette législation était très contraignante pour les engagés, mais ce n'était tout de même pas le Code Noir. Trois grandes différences distinguaient l'esclavage tel qu'il existait avant 1848, de celui imposé aux Africains recrutés par "rachat préalable".

- ceux-ci bénéficiaient de droits personnels en matière de mariage, propriété, religion ... ;
- ils percevaient un salaire monétaire (de 10 à 12 F. par mois[139]) ;
- leurs enfants étaient de condition libre.

Ces différences tempèrent la condition servile et placent les Africains amenés de force à La Réunion dans une position sociale intermédiaire entre l'esclavage pur et simple et le salariat contraint.

1.3.4 - L'interdiction du recrutement par "rachat préalable d'esclaves" (1859)

Les statistiques officielles montrent un effondrement des recrutements d'Africains à partir de 1860. Il est le résultat de la lutte menée par les courants humaniste et abolitionniste depuis le milieu des années 1850.

---

138 Cf. paragraphe 1.2.1 de ce chapitre.

139 J. Weber ; *Les conventions de 1860 et 1861* ; op. cit. ; p. 155.

Pour eux, le recrutement par rachat préalable d'esclave n'était qu'une traite déguisée qui, bien plus grave encore, poussait au développement des conflits tribaux et de l'esclavage en Afrique : le commerce d'esclaves étant source de profit, les roitelets africains étaient en effet incités à se faire la guerre pour "razzier" des prisonniers qu'ils vendaient ensuite aux négriers.

Les révoltes à bord des navires et les campagnes anti-esclavagistes aboutirent à une première suspension de la traite en 1855[140]. Mais, sous la pression des sucriers qui manquaient de bras, cette mesure fut levée fin 1856 et la traite recommença[141]. Les abolitionnistes redoublèrent leurs attaques et finirent par obtenir satisfaction. Le Prince Jérôme Napoléon, alors ministre chargé de l'Algérie et des colonies, ordonna en 1859 au Gouverneur de La Réunion d'

> "interdire tout recrutement de travailleurs, soit à la côte orientale d'Afrique, soit de Madagascar, soit aux Comores, comme toute introduction à La Réunion d'immigrants *de ces provenances*, ou de Ste-Marie, Mayotte et Nossi-Bé"[142].

L'examen des statistiques d'immigration montre que cette prohibition ne fut pas totalement respectée et qu'un petit nombre d'engagés africains continua d'arriver à La Réunion[143]. C'est que la traite, interdite par les autorités centrales, avait été légalisée par le gouvernement local à l'aide d'un arrêté (18 mars 1859) qui, tout en faisant mine d'appliquer l'ordre ministériel, le dénaturait totalement. Voici en effet ce que dit le texte :

> "À partir du 15 mars, date de la réception de la dépêche du 6 janvier précitée, tout *recrutement* d'émigrants est interdit sur toute la côte d'Afrique, à Madagascar et aux Comores (article 1).

---

[140] Décision du Conseil Privé du 29 mars 1855.

[141] Une instruction du 27 novembre 1858 décida que les navires négriers ne pourraient plus opérer qu'à partir de quatre points : Quiloa (Afrique), Nossi-Bé, la Baie de St Augustin (Madagascar), et la Grande Comores. (Cf. Delabarre de Nanteuil ; op. cit. tome 5 ; p. 317). Les engagés qui provenaient de ces différentes zones de recrutement étaient tous comptés comme "Africains" dans les statistiques officielles, ce qui est évidemment une erreur.

[142] Cf. dépêche du 6 janvier 1859. Cependant, cette interdiction ne s'appliquait pas aux colonies d'Amérique, qui purent continuer à recruter en Afrique occidentale jusqu'en 1861, date à laquelle une déclaration de l'Empereur, du 1er juillet, interdit tous les recrutements en Afrique. Cf. J. Tabuteau *: Histoire de la justice dans les Mascareignes* ; p. 246.

[143] On note, par exemple, l'arrivée de 403 engagés africains en 1860, et de 23 autres en 1861. Cf. Delabarre de Nanteuil ; tome 5 ; p. 388 et tome 6 ; p. 339.

Toute *introduction* d'émigrants provenant de Ste-Marie, de Madagascar, de Mayotte et de Nossi-Bé est interdite à La Réunion (article 2)" [144].

Comme on peut s'en rendre compte en comparant les deux textes précités, la dépêche de Napoléon, qui contient l'expression "*de ces provenances*", a été dénaturée par l'arrêté du 18 mars 1858 où cette expression ne figure plus. Dès lors, il devient parfaitement possible d'*introduire*, en toute légalité, des travailleurs africains à La Réunion. Il suffisait pour cela aux Réunionnais, qui n'avaient plus le droit de *recruter* en Afrique, de demander à des intermédiaires habitant par exemple à Mayotte ou Nossi-Bé, de le faire à leur place [145]. Rien ne s'y opposait puisque ces îles n'étaient pas régies par le droit réunionnais. Les engagés africains pouvaient ensuite être amenés en toute légalité à La Réunion puisque l'arrêté du 18 mars 1858 interdisait l'introduction d'émigrants venant de Ste-Marie, de Mayotte et de Nossi-Bé... mais pas d'Afrique ! La traite esclavagiste se poursuivit donc jusqu'en 1860 malgré l'interdiction officielle.

L'importation de la main-d'œuvre étrangère à La Réunion permettait la mise en place du salariat contraint. Mais pour que la production puisse continuer encore et toujours, il est nécessaire que ce régime de travail soit perpétué, c'est-à-dire "reproduit". Comment cette reproduction se déroulait-elle ?

1.4 - Auto-reproduction de l'engagisme et rotation de la main-d'œuvre

Les ouvriers contractuels étaient engagés pour une certaine durée à l'issue de laquelle ils avaient le choix entre un nouvel engagement et le rapatriement. La première solution correspond à ce que l'on pourrait appeler une auto-reproduction de l'engagisme. La seconde solution conduit à la mise en place d'une reproduction par rotation de main-d'œuvre, car les planteurs doivent recruter de nouveaux engagés pour remplacer les rapatriés. Quelle a été l'importance respective de ces deux modalités de la reproduction de l'engagisme ? On envisagera successivement le cas des Chinois, des Indiens et des Africains.

---

144 C'est moi qui souligne.

145 Comme le note P. Dislère, après l'interdiction prononcée par la dépêche ministérielle du 6 janvier 1859, "ces deux petites colonies purent continuer leurs opérations soit à la Grande Terre de Madagascar, soit aux Comores" ; *Traité de Législation Coloniale* ; première partie ; 1897 ; 920 pages ; p. 863.

1.4.1 - Les engagés chinois

Tableau 7 : Les engagés chinois : flux démographiques

	Arrivées	Naissances	Renvoyés	Rapatriés	Décès	Effectif au 31 décembre	*dont femmes*
1849	-	-	-	71	13	**644**	-
1850	3	-	-	72	13	**562**	-
1851	-	-	-	72	13	**522**	-
1852	1	-	-	8	12	**503**	-
1853	-	-	1	23	4	**475**	-
1854	-	-	-	6	9	**460**	-
1855	-	-	-	7	5	**448**	-
1856	30	-	-	8	15	**455**	-
1857	3	-	-	2	5	**451**	-
1858	2	-	-	4	4	**445**	-
1859	2	-	-	4	7	**436**	-

Sources : Delabare de Nanteuil ; tome 5 ; p. 388.

Les statistiques montrent que le nombre des engagés chinois à La Réunion régressa entre 1849 et 1859, passant de 644 à 436. Cette reproduction rétrécie du potentiel de travail s'explique d'abord par la faiblesse du flux d'immigration contractuelle. Par ailleurs, les très dures conditions de travail et le déséquilibre des sexes (il n'y avait aucune femme parmi les engagés chinois) n'incitaient guère les engagés en fin de contrat à signer pour une nouvelle période. Enfin les engagés chinois de La Réunion étaient fortement attirés par l'île Maurice où résidaient de nombreux compatriotes. Installés depuis plusieurs décennies dans la région de Port-Louis, ces derniers commençaient à prospérer dans le secteur commercial[146]. Cette communauté sino-mauricienne accueillait sans difficulté les Chinois venant de La Réunion. Ainsi, en 1848, 27 d'entre eux avaient pu s'intégrer comme employés dans les petites boutiques. Et pour la période 1848 - 1857, Ly-Tio-Fane a pu dénombrer 202 engagés de La Réunion qui ont rejoint Maurice[147].

---

[146] Sur les débuts de l'implantation des Chinois à Maurice, voir chapitre 7 ; paragraphe 2.2.2.

[147] Ly-Tio-Fane *; La diaspora chinoise dans l'océan Indien occidental* ; 1981; 408 pages ; p. 132.

1.4.2 - Les engagés indiens

Tableau 8 : Les engagés indiens : flux démographiques

	Arrivées	Naissances	Renvoyés	Rapatriés	Décès	Effectif au 31 décembre	*dont femmes*
1849	8 078	-	13	88	108	**10 525**	*658*
1850	6 598	-	17	90	275	**17 525**	*1288*
1851	4 407	-	40	96	306	**21 516**	*1679*
1852	3 383	-	22	126	251	**24 500**	*1 895*
1853	3 181	130	34	444	287	**27 046**	*2 124*
1854	9 135	135	17	1 379	459	**34 461**	*3 070*
1855	3 097	157	27	1 899	588	**35 201**	*3 236*
1856	2 233	164	14	1 043	470	**36 071**	*3 290*
1857	1 449	174	28	1 015	507	**36 144**	*3 336*
1858	1 324	109	12	785	529	**36 251**	*3 347*
1859	2 394	72	9	1 067	535	**37 206**	*3 655*

Sources : Delabare de Nanteuil ; *Législation...* op. cit. ; tome 5 ; p. 388.

Entre 1849 et 1859, les effectifs de la population indienne sont passés de 10 525 à 37 206, ce qui indique une reproduction élargie de très forte amplitude.

Celle-ci ne provient pas du mouvement démographique naturel, c'est-à-dire de l'excès des naissances sur les décès. En effet, malgré l'obligation légale de respecter un pourcentage minimum de 10% de femmes dans les convois d'émigrants et la création en 1852 d'une prime versée pour chaque femme recrutée au-delà de ce seuil, la proportion des éléments féminins demeura toujours ridiculement faible. Il en découle une structure démographique fortement déséquilibrée, avec une proportion de femmes inférieure à 10%. Dès lors, le nombre de naissances est très faible. En revanche, le nombre de décès est élevé (16,7‰ en 1855), surtout si l'on considère que les engagés étaient jeunes et bien portants à leur arrivée dans l'île. La tendance du mouvement naturel de population penche donc vers la diminution du nombre d'engagés indiens, surtout si l'on considère que les jeunes enfants ne peuvent compter comme travailleurs.

La reproduction élargie du potentiel indien de travail s'explique d'abord par l'importance des réengagements qui ont représenté, selon les années, entre 70% et 88% environ des contrats de travail[148]. Dans

[148] La durée des contrats étant de cinq ans, il suffit de comparer le nombre des arrivées d'une certaine année avec le nombre de départs cinq années plus tard pour s'en rendre compte. Le rapport des deux nombres indique le taux approximatif de non-réengagement. En le soustrayant de 100%, on obtient le taux d'auto-reproduction. Par exemple, le nombre d'arrivées en 1852 est de 3 383. Le nombre de

ces conditions, il n'a pas été très difficile pour les planteurs de compenser les rapatriements volontaires et les diminutions de main-d'œuvre résultant des renvois et des décès. En fait, cela est surtout vrai jusqu'en 1854 ; car au cours de la période 1855-1859, la différence entre le nombre d'arrivées (10 497) et celui des départs (8 528) devient faible.

1.4.3 - Les engagés africains

Tableau 9 : Les engagés africains : flux démographiques[149]

	Arrivées	Naissances	Renvoyés	Rapatriés	Décès	Effectif au 31 décembre	*dont femmes*
1849	4	-	-	1	1	**79**	*2*
1850	576	-	1	1	1	**652**	*92*
1851	746	-	4	4	19	**1 371**	*199*
1852	732	-	-	1	35	**2 067**	*248*
1853	169	-	-	8	26	**2 202**	*256*
1854	4 296	-	1	25	106	**6 366**	*1 002*
1855	4 392	8		103	398	**10 265**	*2 223*
1856	4 125	14	1	69	633	**13 701**	*2 750*
1857	3 790	18		97	842	**16 580**	*3 551*
1858	10 008	31		129	2 347	**24 143**	*5 224*
1859	5 027	40		77	1942	**27 191**	*5 689*

Sources : Delabare de Nanteuil ; tome 5 ; p. 388.

Le tableau fait apparaître une reproduction élargie de la main-d'œuvre africaine extrêmement rapide puisque l'effectif total est multiplié par 13 en l'espace de sept ans ! Cette évolution ne s'explique pas par le mouvement naturel de population (on remarquera la mortalité effroyable - due à l'épidémie de choléra - qui frappe la population africaine en 1858 et 1859), mais par une immigration très forte doublée d'une massive auto-reproduction. Comparés aux arrivées, les rapatriements sont en effet presque inexistants. Les raisons ont déjà été exposées : jusqu'en 1858, les contrats d'engagement des Africains ne contenaient pas de clause relative à la durée et l'employeur pouvait donc leur imposer de rester au travail. On a donc affaire à une auto-reproduction *forcée*.

---

rapatriés en 1857 est de 1 015. Les taux de non-réengagement et de réengagement sont respectivement de 30,7% et de 69, 3%

[149] En comparant les tableaux concernant les Indiens et les Africains, il apparaît que les épidémies de choléra, à la fin de la période sous étude, ont frappé bien plus durement les Africains que les Indiens. Les uns et les autres vivant exactement dans les mêmes conditions, l'explication n'est probablement pas d'ordre économique.

La réouverture des bassins de recrutement élargissait pour les planteurs l'éventail des choix en matière de stratégie de main-d'œuvre Quelles furent les grandes orientations de celle-ci ?

SECTION 2

TRANSFORMATION DU POTENTIEL DE MAIN-D'ŒUVRE ET EXCÉDENT RELATIF DE POPULATION

L'abolition de l'esclavage et le recours à l'immigration contractuelle transformèrent totalement le potentiel de travail de l'île (2.1) et cette transformation fut à l'origine de la création d'un excédent relatif de population d'origine servile (2.2).

2.1 - La transformation du potentiel de main-d'œuvre

La politique de main-d'œuvre des planteurs consista à recourir à l'immigration pour augmenter le volume de travail disponible et à modifier la structure de la population au travail afin d'élever son efficacité. Les statistiques de l'enquête de Patu de Rosemont permettent d'en constater les résultats[150].

Tableau 10 : Structure de la population laborieuse (1848 et 1852)

	Hommes	Femmes	Enfants	Total
Esclaves au 1er janvier 1848	24 189 (53%)	11 791 (25,8%)	9 718 (21,2%)	45 698 (100%)
Travailleurs employés au 1er janvier 1852	25 629 (80%)	4 112 (12,8%)	2 327 (7,2%)	32 068 (100%)
- dont affranchis	*10 237 (66,1%)*	*3 268 (21,1%)*	*1 978 (12,8%)*	*15 483 (100%)*
- dont étrangers engagés	*15 392 (92,8%)*	*844 (5,1%)*	*349 (2,1%)*	*16 585 (100%)*

D'après Patu de Rosemont : Rapport au Comice agricole de Sainte Suzanne sur la question concernant le travail des affranchis; St-Denis; Lahuppe; 1854. Pièce justificative n° 19. Les statistiques concernent les propriétaires ayant possédé au moins 10 esclaves ou recensant au moins 10 engagés au moment de l'enquête.

---

150 Le champ de l'enquête de Patu de Rosemont ne couvre pas toutes les exploitations mais seulement 1706 d'entre elles. Cependant les statistiques sont significatives car les exploitations étudiées rassemblaient plus de 45 000 affranchis sur les 62 000 de 1848.

La comparaison des chiffres de 1848 avec ceux de 1852 montre plusieurs évolutions.

- Concernant le salariat d'origine servile, deux phénomènes apparaissent nettement. Le premier est l'effondrement des effectifs : à la veille de l'Abolition, 45 698 esclaves étaient employés dans les exploitations couvertes par l'enquête. Au 1er janvier 1852, il ne restait que 15 483 affranchis engagés, soit le tiers environ. Le second phénomène est le bouleversement de la structure par âge et par sexe : en 1848 les hommes représentaient un peu plus de la moitié de la population servile. Trois ans plus tard, leur proportion par rapport aux engagés d'origine servile atteignait les deux tiers. Ce sont essentiellement les femmes (moins 8 523) et les enfants (moins 7 740) qui ont quitté les plantations ou en ont été chassés par les planteurs.
- Concernant les travailleurs immigrés, leur nombre s'élevait à 2 797 en 1847. Il bondit à 16 585 en 1852. Il faut aussi remarquer que parmi les étrangers la proportion des hommes atteint 92,8%.
- Dès 1852, les planteurs avaient réussi à reconstituer complètement leur potentiel de main-d'œuvre dans sa partie la plus efficace. En effet, le nombre d'hommes esclaves était en 1848 de 24 189. En 1852, l'effectif global des hommes engagés (affranchis et immigrés) atteint déjà 25 629.

L'examen des chiffres montre que le gouvernement n'a pas tenu la ligne politique qu'il s'était fixée au départ, à savoir éviter que les planteurs ne chassent leurs anciens esclaves pour les remplacer par des travailleurs immigrés. Le tournant se situe en 1850 quand le gouvernement accorda "aux propriétaires la faculté d'introduire, pour leur compte personnel, tous les travailleurs nécessaires à leurs exploitations" [151]. À partir de ce moment, les planteurs eurent toute latitude pour gérer leur main-d'œuvre à leur guise.

2.2 - Apparition de l'excédent relatif de population d'origine servile

Les transformations structurelles qui viennent d'être décrites ne sont pas le fruit du hasard. Elles peuvent en partie s'expliquer par l'application d'une politique de main-d'œuvre qui a consisté pour les planteurs :

[151] Arrêté du 13 mars 1850.

• à ne retenir comme engagés que les esclaves affranchis efficaces (hommes jeunes)[152].
• à se débarrasser des esclaves affranchis peu productifs (enfants, femmes, vieillards). Le licenciement des femmes et des enfants esclaves affranchis ne put cependant pas être mené avec toute la rigueur souhaitée par les planteurs. Beaucoup d'affranchis ne consentaient en effet à s'engager comme salariés qu'à la condition que l'employeur embauche également leur épouse et leurs enfants[153].
• à remplacer les affranchis congédiés par des travailleurs immigrés de sexe masculin. Pour les planteurs, ce remplacement était économiquement très intéressant. Au moment de l'embauche des engagés, un tri était opéré parmi les candidats à l'émigration de façon à ne retenir que ceux qui convenaient. Par ailleurs, dans les premières années qui suivirent l'Abolition, il revenait moins cher d'employer des immigrés que des travailleurs locaux[154].

En définitive, l'Abolition ne présenta pas que des mauvais côtés pour les planteurs. Du temps de l'esclavage, ils étaient tenus d'assurer la subsistance de leurs esclaves infirmes et âgés[155]. Après le 20

---

[152] Patu de Rosemont observe que les planteurs tendent à ne garder "que des hommes valides parmi les affranchis". Cf. *Rapport au Comice agricole de Sainte Suzanne* ...op. cit. ; p.50.

[153] Patu de Rosemont écrit ; "Voici comment les choses se passent ordinairement : les bras manquant dans toute la colonie, ceux des affranchis qui veulent bien contracter des engagements font à peu près la loi aux propriétaires qui se les disputent. Lors donc qu'un affranchi se présente chez un propriétaire pour s'engager, la première condition qu'il lui impose c'est que ce propriétaire réponde de sa femme (...) c'est à dire lui donne un livret d'engagement mais ne la fasse nullement travailler." Cf. Patu de Rosemont : *Rapport au Comice agricole de Sainte Suzanne*...op. cit. ; p. 23.

[154] Le salaire des affranchis engagés variait en effet de 7 F 50 à 15 F par mois, auquel il fallait ajouter les frais de nourriture, logement, soins médicaux. (Cf. Patu de Rosemont : Rapport au Comice agricole de Sainte Suzanne...op. cit. ; p. 10.). Quant au salaire mensuel des immigrés il n'était, en 1848-1849, que de 7 F 50. Certes, il faut aussi tenir compte du fait que pour disposer des engagés, les planteurs devaient, en plus du salaire, payer les frais liés à leur recrutement et à leur transport jusqu'à La Réunion. Mais si on se limite aux années qui suivirent immédiatement l'abolition de l'esclavage ces frais, qui représentent le prix des contrats d'engagement, s'élevaient à 160 F par personne. (Cf. Patu de Rosemont : *Rapport au Comice agricole de Sainte Suzanne*...op. cit. ; p. 48-49.). Les engagés étant généralement recrutés pour cinq années consécutives, le coût du recrutement représentait donc 2 F 66 par mois. Le coût mensuel total pour l'utilisation d'un travailleur immigré ne dépassait donc pas 10 F 16.

[155] L'article 20 du Code Noir déclarait en effet : "Les esclaves infirmes par vieillesse, maladie ou autres, soit que la maladie soit incurable ou non, seront

décembre 1848 cette obligation n'existait plus et les planteurs purent donc librement licencier les affranchis qu'ils ne désiraient pas conserver. Le gouvernement révolutionnaire, qui avait prévu ce comportement, avait joint au décret d'Abolition un certain nombre de textes officiels obligeant les autorités des colonies à créer des établissements publics destinés à recueillir les anciens esclaves expulsés des plantations. Et quand le premier hospice de St-Denis ouvrit ses portes en 1850,

> "De toutes parts, des malades, des infirmes, des vieillards affluèrent vers la maison de santé"[156].

De même, dès la mise en service de la première "salle d'asile", on vit arriver

> "150 enfants depuis l'âge de 20 mois jusqu'à 7 ans... Cette salle d'asile se montra bientôt trop étroite pour abriter tous les petits malheureux qui venaient frapper à sa porte et dont le nombre allait chaque jour grossissant"[157].

C'est ainsi qu'au lendemain de l'Abolition un flot d'affranchis vint grossir les rangs de l'excédent relatif de population d'origine servile.

Les grandes tendances de la politique de la main-d'œuvre étant dégagées, il est intéressant de procéder maintenant à une analyse plus fine car les employeurs ne formaient pas une classe sociale homogène.

SECTION 3

LA DIVERSITÉ DES STRATÉGIES DE MAIN-D'ŒUVRE

Le groupe des propriétaires d'esclaves comprenait des sous-groupes (grands sucriers, moyens et petits planteurs, ...) dissemblables, tant au point de vue de leur situation économique que des capacités de réaction face au bouleversement social provoqué par l'affranchissement des esclaves. La suppression du Code Noir et la

---

nourris et entretenus par leurs maîtres et en cas qu'ils les eussent abandonnés, lesdits esclaves seront adjugés à l'hôpital le plus proche, auquel les maîtres seront condamnés à payer quatre sous par jour pour la nourriture et entretien de chacun esclave...".

[156] Dr Azéma ; *Histoire de la ville de St-Denis...* ; p. 102.

[157] Dr Azéma ; *Histoire de la ville de St-Denis...* ; p. 102.

possibilité d'importer des travailleurs permettait la mise en œuvre de diverses stratégies de main-d'œuvre adaptées aux ambitions et / ou moyens de chacun. L'étude de ces stratégies bute sur des difficultés statistiques.

3.1 - Difficultés statistiques

Les stratégies de main-d'œuvre déployées par les planteurs seraient faciles à analyser s'il existait des séries longues dans lesquelles les planteurs seraient regroupés en catégories socio-économiques homogènes (par exemple grands, moyens, petits planteurs...). Mais de telles données n'existent pas. Les seuls chiffres disponibles sont les évaluations faites par la commission d'enquête dirigée par Patu de Rosemont et reproduites ci-après.

Tableau 11 : Main-d'œuvre chez les moyens et grands propriétaires[158] (Plus de 10 travailleurs)

Catégories de propriétaires	Nbre de propriétaires	Nbre d'esclaves en 1848	Affranchis engagés en 1852	Étrangers engagés en 1852
1ère	985	23 719	0	0
2ème	383	0	4 918	4 007
3ème	73	1 777	2 762	1 454
4ème	142	15 528	5 619	9 536
5ème	205	4 674	2 184	1 588
Total	**1 788**	**45 698**	**15 483**	**16 585**

Sources : Patu de Rosemont : Rapport au Comice agricole de Sainte Suzanne ... ; St-Denis ; Lahuppe ; 1854. Pièces justificatives n° 14 à 17.

Ces évaluations ne conviennent pas parfaitement pour l'analyse des politiques de main-d'œuvre tout d'abord parce qu'elles concernent seulement les moyens et grands propriétaires. La situation des petits planteurs n'est pratiquement pas connue. Par ailleurs, Patu de Rosemont a classé les propriétaires en différentes "catégories" d'après l'impact (diminution, augmentation du nombre de salariés) qu'ils ont subi du fait de l'Abolition. Les "catégories" de planteurs ainsi construites ne représentent donc pas des groupes socio-économiques homogènes (petits planteurs, grands planteurs...).

---

[158] Le total des travailleurs étrangers que Patu donne dans ce tableau ne correspond pas à celui qui figure dans la pièce justificative n° 34. Aucune explication n'est fournie dans le rapport.

Enfin, les statistiques disponibles ne concernent que la période 1848-1852. Seules les stratégies de main-d'œuvre mises en œuvre au cours des années qui suivirent immédiatement l'Abolition peuvent donc être étudiées.

À condition de ne pas exiger une précision d'analyse qu'il est impossible d'atteindre, les évaluations fournies par Patu de Rosemont permettent néanmoins de proposer à la discussion un certain nombre d'hypothèses plausibles sur les politiques de main-d'œuvre appliquées par les planteurs. Il est possible, semble-t-il, de distinguer 5 stratégies différentes.

3.2 - La stratégie de la démobilisation pure

La pratique de la "démobilisation pure" consiste pour le propriétaire à ne pas reprendre comme engagés ses anciens esclaves ; et il n'embauche pas non plus de travailleurs immigrés : après l'Abolition, il n'emploie donc plus aucun travailleur. Ici, on n'a pas affaire à une véritable politique de main-d'œuvre mais plutôt à un comportement passif du propriétaire qui, subissant les événements extérieurs, décide de n'embaucher aucun engagé. Les anciens esclaves "démobilisés" se retrouvent du jour au lendemain sans maître donc sans emploi, ni toit ni couvert.

Ce processus de démobilisation pure est représenté à la première ligne du tableau où il apparaît que 985 propriétaires possédaient ensemble 23 719 esclaves en 1848. En 1852 ils avaient démobilisé tous leurs affranchis et n'avaient procédé à aucun recrutement d'immigrant. Les causes principales de la démobilisation furent au nombre de trois.

La première fut la fin des locations d'esclaves. Durant les vingt années qui précédèrent l'Abolition, en raison de la pénurie de main-d'œuvre qui sévissait dans l'île, les propriétaires qui n'employaient pas eux-mêmes leurs esclaves, les louaient à ceux qui en avaient besoin. Beaucoup de ces loueurs d'esclaves étaient des maîtres sans terre, des commerçants, des médecins, des notaires ... qui résidaient dans les villes, en particulier à St-Denis et St-Paul. La famille Leconte de Lisle possédait ainsi 42 esclaves qu'elle louait régulièrement[159].

Après 1848, ces propriétaires ne gardèrent pas leurs esclaves comme salariés car ils n'en avaient pas besoin pour leurs propres activités et parce qu'avec l'Abolition la location d'esclave était du même coup supprimée. A fortiori ces propriétaires n'avaient aucune raison de recruter des travailleurs étrangers puisqu'ils n'avaient pas d'exploitation agricole ou industrielle.

---

159 Cf. H. Foucque : "Pages réunionnaises" ; St Denis ; 1962 ; 231 pages ; p. 74-75.

Le décès de certains grands propriétaires d'esclaves constitua la seconde cause de la démobilisation des affranchis. Dans un certain nombre de cas, leurs héritiers préférèrent liquider les propriétés en raison de la situation économique et sociale incertaine qui régnait dans l'île. Les terres furent vendues et les anciens esclaves démobilisés.

Enfin un grand nombre de petits propriétaires se trouvèrent dans l'impossibilité de payer les salaires. Leurs travailleurs désertèrent. Les terres ne pouvant plus être exploitées furent revendues.

Au total, la démobilisation pure entraîna simultanément trois conséquences :

- la paupérisation des petits propriétaires qui furent dépossédés de leurs terres;
- la concentration foncière au profit des riches propriétaires ;
- le rejet des esclaves affranchis dans les rangs de l'excédent relatif de population ou vers les grandes exploitations.

3.3 - Les engagements fictifs et l'immigration contractuelle

Les planteurs de la seconde catégorie, qui n'avaient aucun esclave en 1848, disposaient en 1852 de plus de 4 918 affranchis engagés auxquels venaient s'ajouter plus de 4 000 travailleurs immigrés.

L'interprétation de ces chiffres est délicate[160] car il y a plusieurs raisons pour lesquelles des planteurs peuvent être sans esclave en 1848. La première est évidemment l'extrême pauvreté. Mais la non-possession d'esclave peut aussi fort bien s'expliquer par le choix délibéré, fait par des planteurs riches, de ne pas détenir d'esclave à un moment où l'Abolition était "dans l'air du temps". Le fait que les planteurs de la seconde catégorie aient été en mesure de recruter une partie des 4 000 immigrés en 1852, à un moment où le prix des contrats d'engagement dépassait 400 F., indique sans aucune ambiguïté que certains étaient très aisés.

Compte tenu de ces remarques, il est possible de proposer l'interprétation suivante. Avant l'Abolition, la seconde catégorie de propriétaires était en fait constituée de deux sortes de planteurs. Les

---

[160] A. Bourquin a donné une autre interprétation des chiffres du tableau. Pour lui, les 383 propriétaires de la seconde catégorie étaient des Blancs très pauvres car ne possédant aucun esclave en 1848. Son hypothèse est que les 4 918 affranchis engagés en 1852 seraient des engagés *fictifs*. Mais cette explication est incomplète car on ne voit pas très bien comment des Blancs très pauvres auraient été en mesure de faire venir 4 007 immigrés qui figurent dans la dernière colonne... et que Bourquin oublie de citer dans sa thèse. Cf. A. Bourquin ; *Les Petits-Blancs de l'Ile de La Réunion 1815-1914* ; thèse 1994 pp. 443 et suivantes.

uns, très pauvres et pour cette raison même, démunis d'esclave. Les autres, (relativement) aisés, n'avaient pas d'esclave et faisaient tourner leurs exploitations avec des engagés étrangers (rappelons que La Réunion en comptait 4 248 à la fin de 1848) à titre de travailleurs permanents. Ces planteurs complétaient leur main-d'œuvre engagée en louant des esclaves, ce qui était beaucoup plus habile que d'en posséder eux-mêmes à un moment où l'Abolition était imminente et que personne ne savait si une indemnisation aurait lieu.

Après l'abolition de l'esclavage, les planteurs pauvres attirèrent à eux, au moyen d'engagements fictifs, un certain nombre d'affranchis venant d'autres plantations à la suite de désertions, ou de démobilisations. Quant aux planteurs aisés, ils purent recruter des engagés étrangers puisqu'il était maintenant possible de le faire. En même temps, ils embauchèrent comme engagés les esclaves qu'ils louaient auparavant.

3.4 - La politique d'attraction-recrutement de la main-d'œuvre

La politique d'attraction-recrutement consiste en ce que les planteurs attirent à eux des affranchis démobilisés et en même temps recrutent des travailleurs immigrés. Cette politique fut pratiquée par les propriétaires de la troisième catégorie du tableau précédent.

Ces 73 propriétaires disposaient en 1848 de 1 777 esclaves ce qui fait une moyenne de 24. Après l'Abolition, ils ont conservé les anciens esclaves, embauché 1 454 travailleurs étrangers et attiré à eux 985 (2 762 - 1 777) affranchis pour les engager comme salariés contraints. La situation économique de ces planteurs s'est fortement améliorée puisque, entre 1848 et 1852, le nombre de leurs travailleurs est passé de 1 777 à 4 216, c'est-à-dire qu'il a été multiplié par 2,4 environ.

Une telle politique de main-d'œuvre ne pouvait être mise en œuvre que par les moyens planteurs, relativement aisés, qui manquaient de travailleurs avant 1848. Après l'Abolition, ils purent embaucher comme salariés les esclaves qu'auparavant ils devaient prendre en location. Par ailleurs, la réouverture de l'Inde leur permit également de se fournir en travailleurs immigrés.

3.5 - La politique de démobilisation-recrutement

La démobilisation-recrutement correspond à la politique consistant à congédier les affranchis inefficaces pour les remplacer par des travailleurs immigrés. Il faut remarquer que jusqu'en 1851, la loi, qui d'un côté forçait les affranchis à s'engager, n'obligeait pas de l'autre les planteurs à garder les esclaves qui désiraient rester au service de leurs anciens maîtres. Ces derniers avaient donc toute latitude pour engager qui ils voulaient, se séparer des anciens esclaves qu'ils ne désiraient pas conserver pour les remplacer par des travailleurs immigrés. Cette politique, combinant démobilisation d'affranchis et recrutement d'engagés étrangers, fut appliquée par les 142 grands planteurs de la 4ème catégorie qui, en 1848, possédaient à la fois beaucoup d'esclaves (109 en moyenne) et des moyens financiers leur permettant de recruter des travailleurs immigrés (67 en moyenne par propriétaire).

Il est tout à fait frappant de constater que le nombre d'esclaves affranchis perdus (15 558 - 5 619 = 9 909) correspond à peu de chose près au nombre d'immigrés recrutés (9 536). Le rapprochement de ces deux chiffres suggère l'hypothèse, mais non la certitude, qu'une substitution a vraisemblablement été opérée entre les deux catégories de travailleurs : que des anciens esclaves démobilisés ont été remplacés par des immigrés en nombre quasiment égal[161]. Il faut enfin remarquer que les 142 propriétaires faisant partie de la 4ème catégorie employaient à eux seuls plus de 57% de l'ensemble des travailleurs immigrés.

3.6 - La compensation limitée

Les chiffres montrent que globalement, la situation des propriétaires de la 5ème catégorie s'est détériorée après l'abolition de l'esclavage. En effet, ils n'ont plus que 3 772 travailleurs (2 184 affranchis engagés + 1 588 étrangers) en 1852 contre 4 674 esclaves en 1848. La déperdition de main-d'œuvre d'origine servile est considérable (- 2 490, soit 53%). Elle n'est pas compensée par l'arrivée de travailleurs immigrés. Chaque planteur de cette catégorie n'a pu en moyenne recruter que moins de 8 engagés, ce qui est le plus faible niveau enregistré si l'on laisse de côté les propriétaires de la première catégorie.

L'hypothèse explicative la plus vraisemblable est que les propriétaires de la cinquième catégorie étaient des moyens planteurs

[161] Un exemple typique est fourni par les plantations de Kervéguen. En 1845, elles employaient 1 164 esclaves. En 1852 elles rassemblaient 1 500 engagés dont 10% seulement étaient d'anciens esclaves. Commentant ces chiffres P. Pluchon écrit : " Trois années, semble t-il, suffirent à Gabriel de Kervéguen pour reconstituer le quota de bras dont il disposait à la veille de l'abolition de l'esclavage. Cette mutation se fit au détriment des nouveaux affranchis, ces "paresseux qui saisissaient le moindre prétexte pour ne rien faire" et qui de plus devaient bénéficier d'un traitement de faveur sur la plantation". Cf. P. Pluchon : *Histoire d'une dynastie insulaire les K/Veguen avant de K/Veguen* ; Mémoire de maîtrise d'histoire contemporaine ; Université de La Réunion ; 1983-1984 ; 346 pages ; p. 188 et 192.

qui se trouvaient à la veille de l'Abolition dans une situation financière précaire. Victimes de nombreuses désertions, ils auraient dû compenser celles-ci en recrutant des travailleurs immigrés en nombre égal. Mais faute d'argent, ils ne l'ont pas pu. L'abolition de l'esclavage a provoqué une détérioration de leur situation économique.

3.7 - Les petits propriétaires

Le groupe des petits propriétaires (moins de 10 esclaves) comprenait surtout des Blancs mais pas uniquement. En 1847 il y avait en effet 11 211 "Libres de couleur" (dont 5 544 de sexe masculin et 5 667 de sexe féminin), c'est-à-dire d'anciens esclaves affranchis. Certains parmi eux avaient acheté des terres... et des esclaves. En 1836, ils possédaient ensemble 1/16 des terres cultivées et 8 750 esclaves (1/8 du total).

D'après la presse locale, à la veille de l'Abolition, le nombre de propriétaires de moins de 10 esclaves s'élevait à 4 000 environ[162]. Selon Defos du Rau, ils formaient 87% des propriétaires d'esclaves de St-Paul. À Ste-Suzanne et St-Philippe, la proportion était respectivement de 88% et 96,5%[163].

L'évolution de la situation de l'emploi chez les petits propriétaires n'est pratiquement pas connue. Il n'existe guère de statistiques les concernant. On sait seulement qu'ils possédaient environ 17 000 esclaves en 1848 et qu'en 1852, ils employaient environ 12 000 affranchis engagés. La déperdition se chiffre donc à 5 000 travailleurs (- 29,4%). Elle est apparemment moins importante que celle subie par les moyens et grands planteurs (- 66%). Mais en réalité, rien n'est moins sûr. En effet, sur les 12 000 engagés recensés, certains étaient des engagés fictifs, mais leur nombre est impossible à connaître.

Chez les petits propriétaires, la diminution du nombre de travailleurs ne s'explique pas par l'application d'une politique de démobilisation de la main-d'œuvre mais essentiellement par des désertions. Dans leur immense majorité, ces propriétaires n'avaient en effet pas les fonds nécessaires pour payer les salaires. Avant 1848, les esclaves étaient seulement nourris et logés. Mais après l'Abolition, pour disposer du travail des affranchis, il fallait en plus leur verser un salaire de 7 F. 50 à 15 F. par mois. Les petits planteurs ne pouvaient faire face à ces dépenses non pas principalement parce que le salaire avait augmenté, mais surtout parce que l'indemnité coloniale destinée à compenser la perte des esclaves ne leur fut pas versée à temps et sous une forme convenable. N'étant pas payés, les affranchis

162 *La Feuille hebdomadaire de l'Ile Bourbon* ; 25 / 10 / 1848.

163 Cf. Defos Du Rau ; *L'île de La Réunion ...* ; p. 152.

désertèrent les plantations. Il est certain que l'abolition de l'esclavage provoqua une paupérisation brutale des petits propriétaires.

CHAPITRE 3

LA CROISSANCE DE L'ÉCONOMIE DE PLANTATION

Les perturbations économico-sociales liées à l'abolition de l'esclavage se traduisirent par un effondrement des principales productions de l'île. Mais dès 1849 les exportations de sucre remontent et en 1852, la crise était surmontée[164].

À La Réunion, la sphère de l'économie de plantation ne se réduisait pas aux denrées d'exportation (sucre, café, girofle...) mais comprenait aussi un secteur de subsistances : pour nourrir engagés et bêtes de somme, les planteurs devaient en effet réserver une partie de leurs terres et de leur main-d'œuvre aux productions vivrières. On étudiera successivement le secteur d'exportation (section 1), puis le secteur vivrier (section 2).

164

Exportations de sucre et de café

Années	Sucre (en tonnes)	Café (en tonnes)
Moyenne annuelle 1840-1847	27 324	810
1848	18 618	205
1849	19 760	341
1850	21 421	289
1851	23 749	69
1852	29 495	210

Sources : Patu de Rosemont : Rapport au Comice agricole... op. cit. Pièce justificative n°26.

SECTION 1

LE SECTEUR D'EXPORTATION

Nous englobons dans ce secteur toutes les denrées que l'île produisait non pour la consommation locale mais pour la vente à l'extérieur (métropole, autres colonies françaises et pays étrangers). Il est commode d'avoir une vue d'ensemble de son évolution avant d'entrer dans les détails de l'analyse.

1.1 - Évolution générale

1.1.1 - Les produits vivriers d'exportation

Au 18ème siècle, Bourbon était le "grenier des Mascareignes" et fournissait des produits alimentaires aux navires qui venaient s'y ravitailler ainsi qu'à l'île Maurice. Entre 1840 et 1845, la moyenne des exportations s'élevait encore à 191 tonnes par an.

Au cours des années 1850-1860, le mouvement des exportations évolue en deux temps : croissance jusqu'au milieu de la décennie suivi d'un déclin. Cependant, sur l'ensemble de la période les exportations moyennes s'établissent à 185,5 tonnes par an soit un niveau légèrement inférieur à celui d'avant l'Abolition.

Les produits vivriers exportés n'étaient pas exactement les mêmes que ceux consommés dans l'île. Certes, on retrouve les légumes secs et les grains. Mais l'article principal était constitué par la pomme de terre que La Réunion produisait non principalement pour la consommation locale mais en vue de son exportation à l'île Maurice qui en offrait un prix rémunérateur[165].

---

[165] Selon L. Maillard, la pomme de terre "est peu appréciée par les créoles habitués à la patate douce, et on ne l'emploie généralement qu'à la nourriture des nombreux porcs que l'on élève et consomme dans la colonie. St Denis, St Pierre et surtout St Leu font une assez forte exportation de pommes de terre à l'île Maurice, où elles se vendent très cher à la population anglaise. La population européenne de Bourbon en fait aussi une certaine consommation, et tous les navires qui partent pour de longs voyages ne manquent pas d'en embarquer une ample provision." Cf. L. Maillard *Note*... op. cit. p. 201.

Graphique 3 : Exportations de légumes secs, grains, pommes de terre (en tonnes)

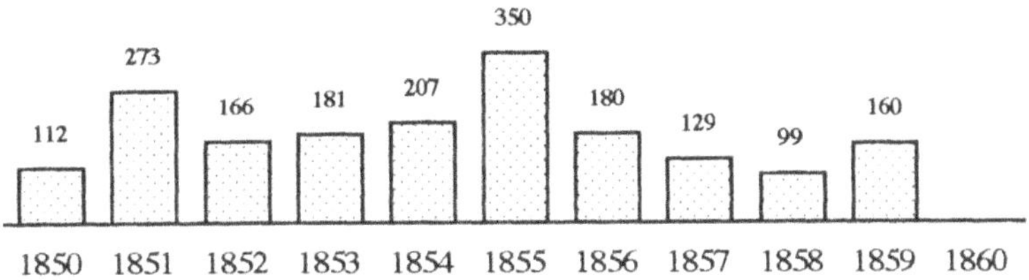

Sources : *Revue Maritime et Coloniale*; 1861 cité in *Mémorial de La Réunion* ; p. 464.

1.1.2 - Les denrées coloniales classiques

Les statistiques montrent qu'au cours des années 1850-1860, certaines denrées coloniales classiques, que La Réunion produisait encore en petite quantité avant l'Abolition, sont complètement éliminées (coton) ou réduites à presque rien (les exportations de cacao ne dépassent pas en moyenne 0,2 tonnes par an). Les exportations de vanille, qui ont commencé en 1850, n'atteignent encore que 6 tonnes en 1860. En réalité, les seuls produits coloniaux qui comptent sont le café, les clous de girofle et le sucre. Le graphique ci-après retrace le mouvement des exportations les concernant.

Graphique 4 : Exportations de café, girofle et sucre

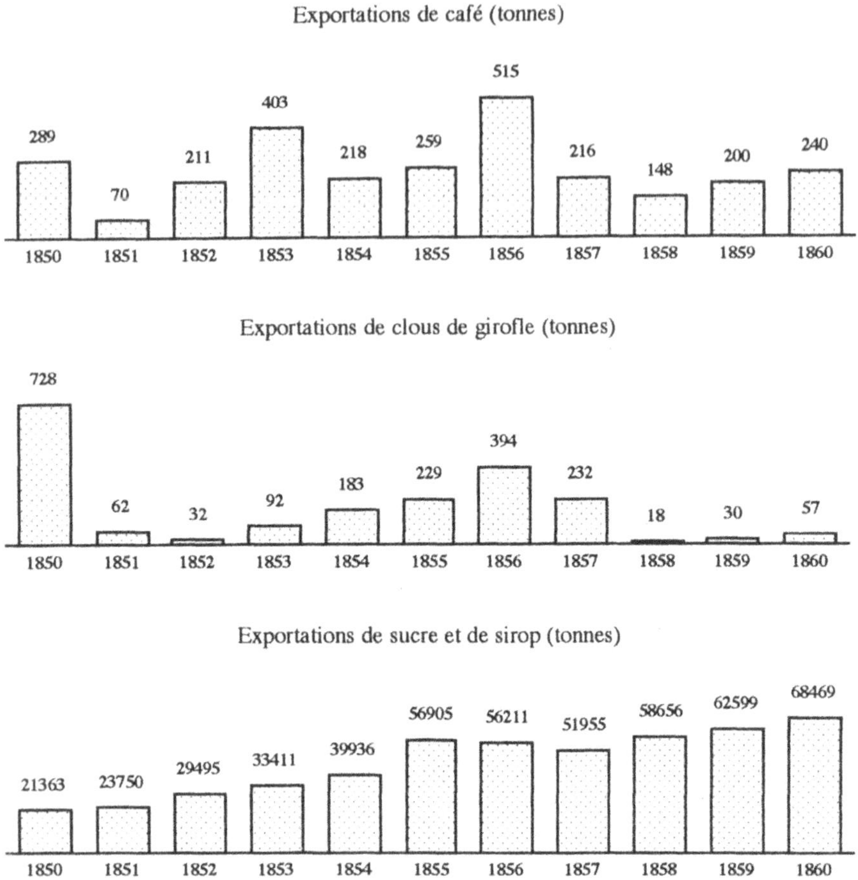

Sources : *Revue Maritime et Coloniale*; et *Bulletin de la Chambre d'Agriculture de l'Ile de La Réunion* ; 1875 ; p. 17.

• Le café connaît un déclin considérable. Les exportations, qui s'élevaient encore à 940,4 tonnes par an entre 1840 et 1845, sont pratiquement divisées par 4 dans les années 1850-1860 puisque la moyenne tombe à 251 tonnes par an.
• Les exportations annuelles de clous de girofle fluctuaient autour d'une moyenne de 732,5 tonnes au cours de la période 1840-1845. En 1850, elles atteignaient encore 728 tonnes. Mais à partir de 1851, leur chute est vertigineuse : pendant la décennie 1851-1860, les exportations ne dépassent pas en moyenne 133 tonnes par an,

c'est-à-dire qu'elles sont divisées par 5,5 par rapport aux années antérieures.

- À l'inverse de cette évolution, l'économie sucrière connaît une ascension fulgurante puisqu'en l'espace de 11 ans la quantité de sucre exportée est plus que triplée.

En définitive, la croissance de l'économie d'exportation correspond en fait à la croissance de la seule économie sucrière. Plus encore : la stagnation des produits vivriers d'exportation et la quasi-élimination des autres denrées coloniales classiques conduisent finalement à une situation où le secteur d'exportation se trouve pratiquement réduit à la seule branche sucrière. D'ailleurs, en 1860 le sucre représente à lui seul plus de 90% des recettes totales d'exportation .

Dans les développements qui vont suivre, nous allons donc nous intéresser uniquement à cette branche.

1.2 - La croissance de la branche sucrière : aspects quantitatifs

Globalement, en l'espace de dix ans les exportations ont triplé[166], et le graphique montre la succession de deux phases de croissance se situant de part et d'autre de 1855. Jusqu'ici, cette croissance a été expliquée par l'envolée des cours du sucre. En réalité, les choses sont moins simples. Nous étudierons la tendance générale du mouvement, avant de revenir plus en détail sur chacune des phases.

1.2.1 - La tendance générale : le rôle central de la demande

La croissance de la production de sucre s'explique fondamentalement par l'augmentation continue de la demande liée à l'action de trois causes.

La première est la réduction tendancielle, c'est-à-dire en longue période, du prix de vente du sucre. Ce mouvement est dû aux progrès techniques issus de la Révolution Industrielle qui ont permis aux betteraviers d'abaisser le coût de production et de le répercuter sur le prix de marché. Certes, celui-ci demeure très élevé et le sucre reste en

---

[166] L'indicateur dont il faudrait normalement se servir pour repérer la croissance est le produit (production - consommations intermédiaires). Mais celui-ci n'est pas calculé par les services officiels qui ne fournissent que les chiffres des exportations et des productions. On a choisi ici de ne pas retenir les statistiques de production car elles émanent des déclarations des sucriers. Les statistiques d'exportation semblent beaucoup plus fiables car elles sont dressées par les Douanes et servent de base à l'établissement des taxes. Dans la mesure où presque tout le sucre produit dans l'île était exporté, la différence entre production et exportations était très faible. Il est donc possible de retenir ces dernières comme indicateur de la croissance.

France un produit de luxe réservé à une petite minorité. Mais la baisse graduelle de son prix améliore peu à peu sa diffusion.

La transformation des habitudes alimentaires a aussi favorisé l'augmentation de la demande de sucre. En effet, dans la seconde moitié du 19ème siècle, la consommation de café, thé, cacao, chicorée..., boissons qui se boivent généralement sucrées, a commencé à se répandre au sein des classes moyennes[167].

Par ailleurs, le sucre n'est pas qu'une denrée de consommation finale. Il entre aussi, comme matière première, dans l'élaboration des confitures, biscuits, confiseries, bières, liqueurs... Or tout au long du 19ème siècle, de nouveaux procédés mécaniques sont inventés qui permettent la fabrication en grande série de ces produits et ouvrent de larges perspectives de croissance aux industries agro-alimentaires[168].

En dix ans, l'augmentation de la consommation de sucre est considérable comme le montre le tableau qui suit.

Tableau 12 : Consommation de sucre en France de 1849 à 1859
(en milliers de tonnes)

1849	1850	1851	1852	1853	1854	1855	1856	1857	1858	1859
119,6	116,0	117,6	136,6	143,8	148,3	162,6	165,0	172,1	205,0	194,7

Sources : B. Dureau ; *L'industrie du sucre depuis 1860 (1860-1890)* ; Paris 1894 ; 263 pages ; p. 257.

C'est ce mouvement général ascendant de la demande de sucre qui a "tiré" la production en avant. À côté de ce premier facteur, d'autres, d'origine locale, ont également joué qui ont impulsé une dynamique en deux phases.

1.2.2 - La première phase (1852-1854)

On examinera successivement le rôle des cours du sucre, de la fiscalité et des événements conjoncturels proprement locaux.

---

167 Dans les années 1830, Paris recevait 4,3 millions de kg de café par an. En 1855, le chiffre passe à 8 millions puis atteint 10 millions en 1865. Le chocolat venait du Mexique. L'invention vers 1850 de moteurs capables d'assurer un broyage efficace des fèves permit la fabrication industrielle du chocolat sous forme de poudre, tablette, pastille... dont la consommation se répandit progressivement. Cf. Henry-Melchior de Langle : *Le petit monde des cafés et débits parisiens au 19ème siècle*; P.U.F 1990 ; 288 pages, p. 154-156.

168 J. M. Multon : Le sucre, les sucres, les édulcorants et les glucides de charge dans les I. A. A" Tec. et Doc. Lavoisier Apria. 1992 ; 816 pages ; p. 552.

A - Les cours du sucre

Il est utile de commencer par présenter quelques éléments théoriques sur les déterminants du cours du sucre pour pouvoir les utiliser ensuite dans l'analyse.

a - Éléments théoriques

Sur un marché concurrentiel, les variations des cours du sucre dépendent surtout de cinq facteurs.

- 1) Les coûts de production. Ils varient en relation avec le progrès des techniques agricoles et industrielles.
- 2) La situation de l'offre et de la demande. Quand l'offre est égale à la demande, le prix d'équilibre du sucre est déterminé par le coût de production (matières premières, salaires, usure des bâtiments et des machines...) auquel s'ajoute le profit *moyen* du sucrier.

  Si l'offre surpasse la demande, le prix du sucre baisse et s'établit en dessous du prix d'équilibre, entraînant la diminution du profit qui peut devenir nul ou même négatif (déficit).

  Au contraire, si la demande dépasse l'offre, le prix du sucre devient supérieur au prix d'équilibre et un surprofit vient s'ajouter au profit moyen normal.

  Le désajustement de l'offre et de la demande pouvant être plus ou moins important, la question se pose de savoir de quelle manière réagit le prix. La réaction dépend du jeu de l'effet King.
- 3) L'effet King. Il s'agit d'une loi économique, établie de manière empirique et qui s'applique au marché des denrées agricoles dont la demande varie très peu en courte période (demande dite *rigide*), face à une offre irrégulière. D'après cette loi, des déséquilibres entre l'offre et la demande, provoquent des variations de prix *plus que proportionnelles* à celles des quantités excédentaires ou manquantes. Autrement dit, les variations de prix (à la hausse comme à la baisse) sont amplifiées[169].

---

[169] C'est en comparant l'évolution du prix des céréales avec les quantités qui en étaient offertes et demandées sur le marché, que Gregory King, mit en évidence au 18ème siècle un phénomène économique qui porte aujourd'hui son nom. On peut l'illustrer à l'aide du tableau suivant.

Situations	Offre	Demande	Prix unitaire	Recette du producteur
Offre = Demande	1 000	1 000	5,00	5 000
Offre > Demande	1 100	1 000	3,30	3 630
Offre > Demande	1 150	1 000	2,50	2 875
Offre > Demande	1 200	1 000	1,65	1 980

Mais l'effet King n'est pas seul à jouer quand des désajustements existent entre l'offre et la demande. La spéculation renforce encore l'instabilité des cours.

- 4) La spéculation. Supposons qu'à cause de certaines conditions climatiques (cyclones, sécheresse... ayant détruit les récoltes) on puisse prévoir avec certitude que la prochaine production de sucre sera faible. Anticipant la hausse des cours qui se produira à coup sûr, les spéculateurs peuvent à l'avance acheter tous les stocks disponibles pour les revendre plus tard, quand les cours seront élevés. Ce comportement amorcera la montée des prix *avant* que la pénurie ne s'installe effectivement et il les fera flamber ensuite. Les spéculateurs peuvent naturellement jouer à la hausse comme à la baisse des cours.
- 5) L'organisation du marché. Sur un marché concurrentiel, les prix ne s'établissent pas de la même manière que sur un marché où des oligopoles, cartels, syndicats organisés ... peuvent exercer leur influence.

Cela étant, de quelle manière les cours du sucre se sont-ils comportés au cours de la période considérée ?

b - Les prix observés

L'examen des mercuriales[170] indique que de 1852 à 1854, le prix du sucre s'est en moyenne établi entre 40 F. et 43 F. 50 les 100 kg. Or, à La Réunion, le coût moyen de production s'élevait à un peu moins de

---

Quand l'offre est de 1 000 et que la demande est aussi de 1 000 (première ligne du tableau), le prix unitaire s'établit à 5 unités monétaires et le producteur perçoit une recette de 5 000. Mais quand l'offre atteint 1 100 et dépasse donc la demande de 10% (seconde ligne du tableau), le prix ne baisse pas de 10% mais de 34% ! De plus, malgré l'augmentation de sa production, le producteur voit sa recette diminuer. Ce phénomène s'amplifie à mesure que la surproduction s'aggrave. Ainsi, plus l'offre est excédentaire et plus les prix et les recettes s'effondrent. C'est l'effet King. Il fonctionne dans les deux sens : en situation de surproduction, les prix chutent ; en cas de pénurie ils s'envolent. Il suffit d'observer le prix des tomates à La Réunion après un cyclone pour "voir" l'effet King à l'œuvre ! Il est cependant à remarquer que l'effet King ne joue pas de manière automatique et systématique. Pour une application au cas du sucre, se reporter à Pierre Villiers ; *Le marché français du sucre depuis la fin du 19ème siècle, une étude économétrique* ; Thèse de doctorat ; Faculté de Droit de Bordeaux ; 1949 ; p. 216 à 221.

170 Sur le marché local, les prix pouvant varier d'un endroit à l'autre et d'un jour à l'autre, l'administration établit des "mercuriales" qui sont des prix servant à calculer les "droits de sortie" (impôt sur les exportations remplaçant l'impôt foncier). Les mercuriales correspondent à des prix moyens et reflètent d'assez près ceux du marché.

40 F.. Il s'ensuit que les profits étaient faibles et parfois même très faibles.

Dans ces conditions, on peut affirmer que le cours du sucre ne peut pas avoir été la cause de la croissance de l'économie sucrière qui a donc résulté du jeu d'autres facteurs. Le premier fut la mise en place d'une fiscalité avantageuse.

B - Avantages fiscaux

À la veille de l'abolition de l'esclavage, l'application du Pacte Colonial avait été assouplie, mais sucres, cafés et cotons des colonies restaient réservés à la Métropole qui, de son côté, devait garantir l'écoulement des denrées coloniales sur le marché national. De lourdes taxes avaient donc été établies sur les importations de sucres étrangers afin de laisser la meilleure place à ceux venant des Antilles et de La Réunion.

En revanche, le gouvernement n'avait pas cédé à la demande des colonies d'interdire la fabrication de sucre de betterave en France. Bien au contraire, les betteraviers bénéficièrent même, pendant longtemps, d'une fiscalité allégée. Cependant, sous la pression des colonies, les pouvoirs publics avaient fini par poser le principe que les deux sortes de sucre devraient supporter la même charge fiscale (loi du 3 juillet 1843), et que la taxe sur le sucre de betterave serait progressivement augmentée jusqu'à rejoindre en 1847 celle qui frappait le sucre de canne.

Après l'Abolition, cette politique sucrière fut modifiée. En effet, l'économie des colonies ayant été durement frappée par l'Abolition, l'État décida de les aider en facilitant l'écoulement de leur sucre en métropole.

- Par rapport au sucre de betterave, celui de La Réunion était tout d'abord handicapé par les coûts de transport jusqu'en France. Pour compenser ce désavantage, l'État établit en 1851 une "détaxe de distance" qui correspondait au remboursement du fret.
- Par ailleurs, une fiscalité de faveur avantagea les sucres coloniaux par rapport aux autres sucres. La loi du 13 juin 1851 fixa les droits à 50 F. pour 100 kg de sucre pur indigène (c'est-à-dire de betterave). Le sucre colonial était taxé 6 F. de moins par 100 kg. Le sucre étranger acquittait 11 F. de plus par 100 kg que le sucre indigène[171]. La loi du 27 mars 1852 accroissait encore l'avantage fiscal dont bénéficiait le sucre colonial en le portant à 7 F. au lieu de 6.

---

171 Cf. Bulletin de l'Ile de La Réunion 1851 ; p. 288 et suiv.

Ces mesures protectionnistes, qui accroissaient très sensiblement la compétitivité des sucres coloniaux, élargirent leurs débouchés sur le marché métropolitain. Elles contribuèrent de manière importante à stimuler la croissance de l'économie sucrière de La Réunion.

Celle-ci profita aussi du déclin général des denrées coloniales classiques dont certaines furent quasiment éliminées.

C - Déclin et faillite des autres cultures spéculatives

Ce déclin s'explique par la pénurie de main-d'œuvre ainsi que par des causes spécifiques à chacune des spéculations.

a - Les causes locales

Tout d'abord les cyclones de 1850 abattirent la plupart de girofliers[172] et arrachèrent une bonne partie des plantations de café. D'un autre côté, pour prospérer, les caféiers ont besoin d'ombre et les planteurs les protégeaient avec des "bois noirs". Or, au début des années 1850, ces arbres

> "qui étaient regardés comme la seule protection efficace du caféier (furent) frappés presque partout de dépérissement et de mort, les planteurs découragés se sont abstenus pour la plupart de relever leurs caféiries abattues par le vent"[173].

Par la suite, le café fut encore attaqué par un champignon (l'*hemileya vastatrix*) à la suite de quoi sa culture fut à peu près complètement abandonnée pendant des années[174].

À ces circonstances naturelles ou accidentelles vinrent encore s'ajouter des causes économiques extérieures à l'île.

b - Les causes extérieures

Le renforcement de la concurrence des cafés étrangers sur le marché métropolitain réduisit les débouchés pour ceux de La Réunion.

Quant aux clous de girofle locaux, ils se trouvèrent concurrencés par ceux de Zanzibar et de Mascate. En même temps, l'industrie de la

---

172 "L'affreux coup de vent qui renouvela le 1er mars 1850 les désastres de 1829... détruisit la plupart des girofleries qu'il trouva debout, mais il frappa même de stérilité passagère celles qui échappèrent à sa fureur" ; G. Imhaus ; *Notice sur les principales productions naturelles* ... op. cit. p. 37.

173 G. Imhaus ; *Notice sur les principales productions naturelles* ... op. cit. p. 40.

174 Robert Chaudenson ; *Encyclopédie de La Réunion* ; tome 4 ; p. 40.

teinture cessa d'employer l'essence de giroflier. Enfin, pour couronner le tout, les cours se mirent à baisser à tel point qu'

> "On peut dire avec certitude que vu le prix de la main-d'œuvre, le girofle ne rend le prix des frais de récolte que dans des années très exceptionnelles"[175].

Les girofliers étaient donc condamnés, et à partir du milieu des années 1850 les propriétaires procédèrent à un abattage général de leurs plantations.

Au total, la croissance de l'économie sucrière au cours de la période 1852-1854 ne s'explique pas fondamentalement par les caractéristiques propres au secteur sucrier, c'est-à-dire par les profits que le sucre pouvait donner. En réalité, un certain nombre de circonstances naturelles, s'ajoutant à une conjoncture économique défavorable, éliminèrent les denrées coloniales concurrentes de la canne qui put alors progresser en prenant leur place.

1.2.3 - La seconde phase (1855-1859)[176]

Si en longue période, le prix du sucre tendait à baisser, au cours de la période 1855 - 1859, il se mit à remonter et les cours élevés intervinrent, à côté de l'augmentation de la demande, comme facteur fondamental de la croissance.

A - L'augmentation des cours

C'est à partir de la fin de l'année 1855 que le prix du sucre commença à augmenter. De 46 F. 50 les 100 kg en décembre, il passa à 53 F. en janvier 1856, puis à 58 F. en octobre 1856. Après une légère chute entre décembre 1856 et août 1857, il grimpa de nouveau pour atteindre 62 F. 50 en septembre 1857 et se maintenir à ce niveau jusqu'à la fin de l'année. À partir de 1858, les cours redescendirent mais demeurèrent rémunérateurs puisque de 52 F. les 100 kg en septembre 1860, ils montèrent jusqu'à 58 F. en mars et avril 1862, pour finalement se fixer à 55 F. en juin.

---

[175] L. Maillard ; *Notice...* op cit. p.197-198.

[176] Le choix de "découper" l'histoire en prenant comme critère fondamental l'organisation sociale de la production, et non pas la conjoncture économique, conduit à arrêter cette période à 1859 alors que la croissance se poursuit au-delà de cette année.

B - Les facteurs

Ce prix élevé s'explique par la pénurie de sucre dont l'origine était "accidentelle". Tout d'abord, il y eut la prolifération de l'*oïdium*, champignon parasite qui ravagea les vignes en France à cette époque. La conséquence immédiate fut l'envolée du prix des alcools industriels. La possibilité de réaliser des profits exceptionnels incita les betteraviers à réserver leurs betteraves aux distilleries. Il s'ensuivit par contrecoup une forte diminution de la production de sucre de betterave (45 000 tonnes au cours de la campagne 1854-1855 alors que la production annuelle moyenne des quatre années précédentes était de 74 250). La réduction de l'offre de sucre en fit monter les cours.

Si ceux-ci demeurèrent élevés au cours des années suivantes, c'est parce qu'en 1857-1858, les betteraves récoltées furent de très mauvaise qualité et que la fiscalité appliquée sur le sucre à cette époque, très pénalisante pour les fabricants, aggravait encore les difficultés de l'économie betteravière. La campagne 1857-1858 fut donc un désastre "légendaire"[177]. Ainsi s'expliquent

- l'envolée des cours du sucre, conséquence à la fois de la pénurie, de la spéculation et de l'effet King, qui se sont combinées pour amplifier et étaler le mouvement des prix dans le temps[178] ;
- l'augmentation de la production et des exportations des sucres de La Réunion, doublement stimulées par la hausse des cours et l'élargissement des débouchés.

En définitive, la croissance de l'économie sucrière de La Réunion était dopée par des facteurs purement conjoncturels dont certains étaient accidentels. Il est évident qu'un simple retour à une situation normale briserait net l'expansion.

Pour compléter l'analyse de la croissance, il reste à examiner les modalités selon lesquelles elle se déroula.

1.3 - Les modes de croissance

L'analyse des modes de croissance est très délicate pour des raisons qui tiennent aux statistiques officielles. Plusieurs séries, très divergentes, existent en effet dont l'interprétation n'aboutit pas aux mêmes résultats. Nous présentons et discutons ci-après deux

---

[177] Cf. B. Dureau ; *L'industrie du sucre depuis 1860* ; p. 15.

[178] Pour plus de détails sur la spéculation, cf. J. Fiérain ; *Nantes et La Réunion au temps du Second Empire* ; in *Enquêtes et documents* ; Université de Nantes ; 1971 ; 367 pages ; p. 291 et suivantes.

hypothèses possibles, élaborées à partir de sources statistiques différentes.

1.3.1 - Les statistiques de Dupeyrat, Maillard et Colson et l'hypothèse de la croissance extensive

Le graphique ci-après reproduit les statistiques fournies par L. Colson, reprenant les données de l'ingénieur Dupeyrat. Celles-ci recoupent à peu près les chiffres de L. Maillard.

Graphique 5 : L'évolution de l'économie sucrière selon Dupeyrat, Colson et Maillard

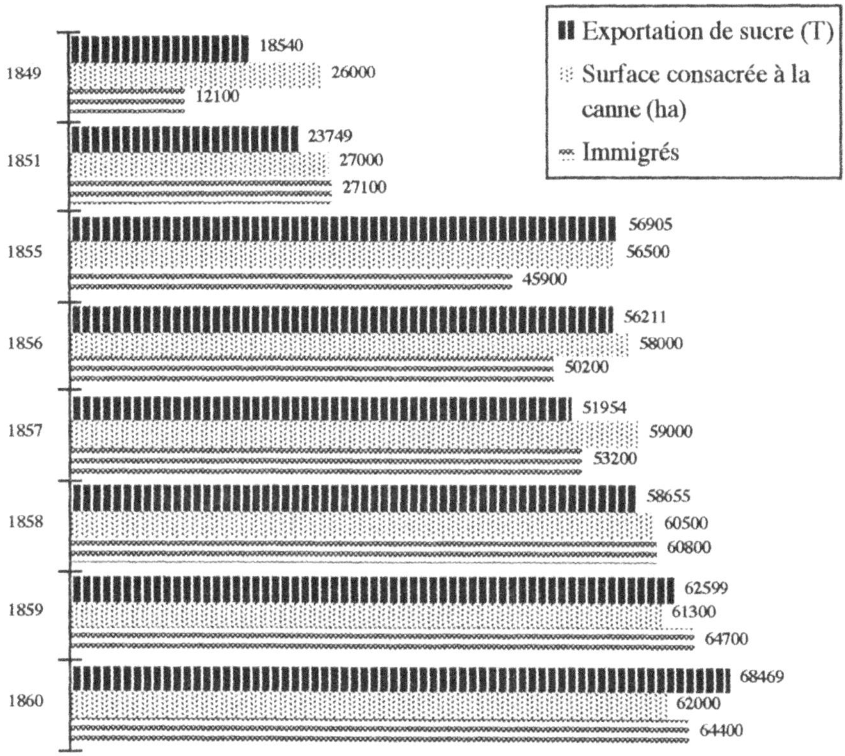

Sources : Léon Colson in *Culture et Industrie de la canne à sucre aux îles Hawaii et à La Réunion* ; p. 271. L. Maillard ; *L'île de La Réunion...* op. cit.

Le graphique présente, de manière synthétique, une dynamique de l'économie sucrière reposant sur une croissance extensive. On constate en effet que les exportations de sucre ont été multipliées par 3,7 en 12 ans, grâce au quintuplement du nombre d'immigrés dont le travail a permis d'étendre les superficies cultivées en canne qui sont passées de 26 000 à 62 000 ha.

Cette thèse, qui a été reprise par Defos du Rau, Schérer, Isnard et bien d'autres encore[179], est cependant assez contestable. Tout d'abord, les données concernant les superficies sous canne sont très douteuses. À cette époque, il n'existait pas de cadastre et les estimations relatives aux différentes espèces de culture étaient des plus aléatoires, ce que Colson reconnaît lui même[180]. Par ailleurs, il est discutable de mettre en parallèle le nombre d'immigrants et les superficies sous canne parce que tous les immigrants ne travaillaient pas dans l'économie sucrière et que celle-ci n'employait pas que des immigrants mais aussi beaucoup d'anciens esclaves.

Enfin, il existe une différence entre quantités produites et quantités exportées. Ces dernières, qui dépendent des cours du marché, du prix du fret, de la fréquence des navires... ne sont pas parfaitement expressives de la croissance. Mettre en parallèle les superficies cultivées en canne et les exportations de sucre n'est donc pas forcément très logique. Mieux vaut se référer aux quantités produites, mais L. Colson ne les donne pas. En revanche, il fournit l'évolution des rendements moyens en sucre par hectare. En effectuant les calculs, on obtient les chiffres suivants pour la production de sucre.

Tableau 13 : Production de sucre calculée

Années	Superficie "consacrée à la canne"	Rendement moyen à l'hectare (kg)	Production calculée (T)	Exportation (T)
1849	26 000	1 520	39 520	18 540
1851	27 000	1 755	47 385	23 749
1855	56 500	1 802	101 813	56 905
1856	58 000	1 934	112 172	56 211
1857	59 000	1 930	113 870	51 954
1858	60 500	1 939	117 309	58 655
1859	61 300	2 042	125 174	62 599
1860	62 000	2 208	136 896	68 469

Sources : Calculs d'après les chiffres de Léon Colson ;*Culture et Industrie de la canne à sucre aux îles Hawaii et à La Réunion* ; p. 271.

---

179 J. Defos du Rau ; *L'Ile de La Réunion...* op. cit. p. 162. A. Schérer ; *La Réunion* ; p. 65. Hildebert Isnard ; *La Réunion : aspects de la colonisation et du peuplement* ; in *Les Cahiers Outre-mer* ; avril-juin 1950 ; p. 105.

180 Colson écrit "les statistiques agricoles, pourtant nécessaires et indispensables partout, manquent actuellement dans le pays et nous n'avons pour nous guider que les renseignements de la Douane et des contributions indirectes." Cf. *Culture et Industrie de la canne à sucre aux îles Hawaii et à La Réunion* ; p. 271.

Les productions qui viennent d'être calculées sont manifestement aberrantes, ne serait-ce que parce que les écarts avec les exportations sont considérables. Les montants sont exagérément élevés parce qu'il a été considéré que toute la superficie "consacrée à la canne" (selon la terminologie de l'auteur) était *coupée*. Or, il n'en est rien : seule une partie l'est. Mais L. Colson ne fournit aucune indication pour la déterminer.

En fin de compte, les statistiques de Colson, Dupeyrat et Maillard sont très difficilement exploitables et il n'est pas logique de les combiner pour avancer l'hypothèse d'une croissance extensive au cours de la période étudiée.

1.3.2 - Les statistiques officielles et l'hypothèse des deux modes de croissance

Tableau 14 : L'évolution de l'économie sucrière (1850-1859)

Années (1)	Surface cultivée (ha) (2)	Prod. de sucre (T) (3)	Prod. de sucre (T) (4)	Travailleurs agricoles (5)	Nombre de sucreries (6)	Valeur moyenne des sucreries en francs (7)
1850	23 978	23 021	19 248	?	103	?
1851	25 779	31 196	29 620	?	104	115 840
1852	24 867	34 478	31 342	?	104	133 681
1853	32 775	39 922	37 794	45 675	108	137 027
1854	38 670	53 656	51 038	52 381	110	147 748
1855	55 189	51 563	46 498	45 357	116	153 448
1856	55 881	53 993	52 878	58 835	116	?
1857	41 654	64 199	56 576	63 821	116	243 645
1858	44 241	57 552	56 529	68 126	127	?
1859	44 339	64 207	61 978	70 457	125	?

Sources : Les chiffres des colonnes (2), (3), (5), (6) émanent de la Direction de l'Intérieur : A. D. R. 6M 1313 et 6M 1314. Le chiffre des "travailleurs agricoles" a été calculé par nos soins d'après des statistiques de la Direction de l'Intérieur. Il ne comprend pas les domestiques et les gardiens employés dans les exploitations. Colonne (4) : Banque de La Réunion : A. D. R. 6M 1364. Colonne (7) : S. Fuma : *Une colonie île à sucre* ; op. cit. p. 121.

Les chiffres pour la culture de la canne sont ici nettement et systématiquement inférieurs à ceux du tableau précédent. D'où viennent les écarts ? Peut-être le dernier tableau donne-t-il les superficies en canne "coupées", alors que dans le tableau précédent recense les superficies "plantées"[181] ? Mais il n'y a aucune certitude.

Quoiqu'il en soit, quelques valeurs ne sont pas acceptables. Manifestement, celles concernant les superficies sous canne en 1855 et 1856 sont aberrantes et il faut en faire abstraction[182]. Pour 1857, le tableau fait aussi apparaître un écart important entre les productions enregistrées par la B. R. et par la Direction de l'Intérieur. Le chiffre de la colonne 3 est probablement surestimé et il convient donc de retenir une production de 56 576 tonnes plutôt que de 64 199.

À supposer que les autres données reflètent correctement la réalité, le tableau indique la succession de deux modes de croissance, le moment du passage de l'un à l'autre étant cependant impossible à définir avec précision à cause des incertitudes statistiques qui planent sur les superficies cultivées. De manière grossière, on peut le situer entre 1854 et 1855.

A - La période 1852-1854

Durant ces années, la croissance a été extrêmement forte (+ 63%) si l'on retient la production comme indicateur pertinent. Cette croissance a été obtenue grâce à une augmentation des superficies cultivées (+ 55%) et des travailleurs. Par ailleurs, pour transformer davantage de canne, il a été nécessaire d'accroître les capacités industrielles. Mais le nombre de sucreries a peu varié et leur valeur moyenne ne s'est guère élevée (+11,3%), ce qui signifie que les perfectionnements techniques ont été limités.

---

181 Les cannes plantées pour la première fois en janvier d'une année ne sont coupées qu'en juillet de l'année suivante. Par la suite, elles seront exploitées pendant 8 à 10 ans avant d'être renouvelées. De ce fait, il existe une différence entre surface "plantée" et surface "coupée", ce qui pourrait peut-être expliquer les divergences entre les différentes statistiques officielles.

182 Elles sont aberrantes car elles ne sont pas concordantes avec celles des années antérieures et postérieures. Un examen détaillé des archives par commune montre que les valeurs déclarées pour St-Denis, Ste-Marie, St-André, St-Paul, St-Leu et St-Louis sont exagérées. Il semble bien que c'est à la Direction de l'Intérieur, au moment du recopiage des documents, que les erreurs ont été commises. Il est probable que certains 2 ont été transformés en 5 (St-Leu) tandis que des 1 sont devenus des 4 (Ste-Marie ; St-André ; St-Louis). Un seul exemple suffira : à St-André, les superficies cultivées en 1854 s'élevaient à 960 ha. En 1855 et 1856, elles bondissent à 4 224 et 4 230 pour retomber à 1 586 puis 1 610 et 1590 les trois années suivantes. Une telle évolution est manifestement impossible et il est plus vraisemblable que les chiffres pour les années 1855 et 1856 étaient de 1 224 et 1230 ha. Mais ce n'est qu'une supposition.

Les sucriers ont aussi pu jouer sur le facteur travail, mais de quelle manière ? Le Code Noir de 1846 avait fixé la journée de travail des esclaves de 6 à 18 heures, entrecoupée de deux heures et demie de repos[183]. Après 1848, selon les exploitations, les engagés travaillaient entre 13 à 16 heures par jour, avec une heure et demie à deux heures de repos en milieu de journée[184]. La durée du travail a donc été augmentée d'au moins une heure et demie par jour.

Enfin, dans le domaine de l'intensité du travail, le recours à l'engagisme fut bénéfique pour les planteurs dont la stratégie avait été de congédier leurs esclaves les moins productifs (femmes, enfants, vieillards) pour les remplacer par des immigrants jeunes et de sexe masculin[185]. Le "stock" de main-d'œuvre en activité fut donc amélioré et en mesure de fournir davantage d'effort dans le même temps.

En définitive, durant la période 1852-1854 la croissance de l'économie sucrière (colonnes 3 et 4) a été obtenue grâce à un accroissement des facteurs de production (colonnes 2 et 6), et une augmentation de la quantité de travail, par allongement et intensification de l'effort productif.

B - La période 1855 - 1859

Au cours de cette période, les superficies sous canne augmentent peu. La croissance de la production de sucre s'explique par les gains de productivité obtenus grâce

- au remplacement de la canne blanche de Java par la canne rouge d'Otahiti plus riche en sucre ;
- à l'utilisation du guano comme engrais dans un certain nombre de plantations, ce qui permit d'augmenter les rendements[186] ;
- à une large diffusion de nouvelles techniques industrielles qui permit de brasser davantage de canne et de tirer, d'une quantité de canne donnée, davantage de sucre. C'est probablement ce

---

183 Il est vrai que ces prescriptions étaient rarement respectées Cf. Firmin Lacpatia : "*Ces chaînes dans la nuit...* Rapport du Procureur Massot en 1847 ; sd.

184 P. Pluchon : "*Histoire d'une dynastie insulaire...*" op. cit. p. 186.

185 P. Pluchon : "*Histoire d'une dynastie insulaire...*" op. cit. p. 187-188

186 L'élévation des rendements est donnée dans le tableau 12. "Le guano a révélé à la colonie ses merveilleuses propriétés. Il a doublé les rendements..." écrit Imhaus ; *Notice...* ; p. 62. Le guano permit, explique encore Jules Duval, "la réduction de l'étendue et de la durée des soles réservées pour le repos et l'alternance des terres...". Cf. *Les colonies et la politique coloniale de la France* ; Paris ; 1864 ; 526 pages ; p. 267. Mais il reste que, dans l'ensemble, les méthodes culturales demeures archaïques : "On cultive encore la canne selon la méthode des premières années du siècle : le fossage de trous au pic et l'enfouissement sans plus". Cf. E. Durand ; *L'Ile de La Réunion...;* p. 13.

phénomène que traduit l'augmentation du rendement moyen en sucre par hectare et l'élévation brutale du prix moyen des sucreries enregistrée en 1857[187].

Aussi faut-il maintenant approfondir l'analyse du processus d'industrialisation.

1.4 - L'industrialisation autocentrée et le maintien de la petite industrie sucrière

1.4.1 - Constat statistique

Le tableau ci-après dresse le panorama des sucreries de La Réunion en 1856.

Tableau 15 : L'industrie sucrière en 1856

Nombre de sucreries	Capacités de production par an	Techniques de production
23	Moins de 250 tonnes.	- 5 sucreries marchent
32	Entre 250 tonnes et 450 tonnes.	à "feu nu".
26	500 tonnes.	- 103 utilisent les
27	Entre 500 tonnes et 750 tonnes.	techniques de Gimart
7	Entre 750 tonnes et 950 tonnes.	et Wetzell.
5	Entre 1 000 tonnes et 1 500 tonnes.	- 12 utilisent les techniques
		de Gimart et Howard.
120		

Sources : G. Imhaus : Notice sur les principales productions naturelles et fabriquées de l'Ile de La Réunion ; *La Revue Coloniale*, août 1857 et octobre-novembre 1858 ; p. 52-53. Le nombre total de sucreries (120) ne correspond pas à celui indiqué dans le tableau précédent (116). Ici, nous nous heurtons une nouvelle fois aux incertitudes statistiques évoquées dans l'introduction générale de ce livre.

On constate que la quasi-totalité des sucreries (115 sur 120) fonctionnent selon les techniques modernes[188]. Les procédés archaïques sont éliminés et la vapeur, comme source d'énergie, remplace le vent, les chevaux et l'énergie humaine.

En même temps, les procédés modernes de fabrication s'imposent partout, mais de manière très inégale. La technique de cuisson sous vide, dans les batteries Howard, bien que permettant d'obtenir un

---

[187] "Les hauts prix de 1857 ont favorisé le renouvellement du matériel, consolidant ainsi... le progrès industriel" constate Jules Duval ; *Les colonies et la politique coloniale de la France* ; Paris 1864 ; p. 266.

[188] Jules Duval, constate par exemple que les sucreries de La Réunion sont alors les plus modernes des colonies françaises ; cf. *Les colonies et la politique coloniale de la France* ; Paris ; 1864 ; 526 pages ; p. 266.

sucre de qualité supérieure[189], est très peu utilisée car elle présente le double inconvénient d'être de manipulation délicate et d'exiger des capitaux élevés tant pour les investissements que pour les frais courants d'exploitation[190]. En fait, les techniques qui se répandent reposent sur l'emploi des turbines (qui améliorent la qualité du sucre tout en réduisant le temps de production)[191], de la "batterie" de Gimart et des chaudières à "basse-température" inventées par Wetzell. En fait, la plupart (86%) des sucreries combinent les procédés mis au point par ces deux hommes. Comment expliquer ce succès et quelles sont les caractéristiques et implications de cette industrialisation ?

1.4.2 - Modalités de l'industrialisation[192]

Dans les sucreries qui combinaient les techniques de Gimart et Wetzell la production du sucre s'effectuait de la manière suivante. Le jus de canne (vesou) était d'abord soumis à évaporation dans une "batterie" de Gimart, longue chaudière pouvant dépasser 10 mètres et divisée en 6 à 8 compartiments. Le vesou passait de l'un à l'autre par

---

189 G. Imhaus expose :"Quant aux produits obtenus dans le vide, ils ont une telle supériorité sur tous les autres que pour ma part, je me sens humilié en (les) comparant aux miens... Sur le marché de La Réunion, les sucres cuits dans le vide... se vendent 5 F. par 50 kg de plus que tout ce que produit de mieux le système Wetzell". G. Imhaus : Notice sur les principales productions naturelles et fabriquées de l'Ile de La Réunion.; *La Revue Coloniale*, août 1857 et octobre-novembre 1858 ; p. 57.

190 Pour augmenter la production de sucre, l'un des moyens est de diminuer le résidu, la mélasse. Il faut pour cela chauffer le vesou pour faire évaporer toute l'eau, mais sans trop élever la température sinon le sirop caramélise. En 1813, E. C. Howard a eu l'idée d'abaisser la pression atmosphérique dans la chaudière de cuite, ce qui permet d'abaisser le point d'ébullition et donc d'évaporer en chauffant moins. Wetzell a mis en évidence les faiblesses du procédé de Howard lorsqu'il est appliqué à La Réunion. Sur ce point, cf. Géraud J.-F. ; *Joseph Martial Wetzell (1793-1857) une révolution sucrière oubliée à La Réunion* in Revue Historique des Mascareignes ; n°1 ; juin 1998 ; p. 132.

191 L. Maillard rapporte: "Avant 1854, le sucre fabriqué se mettait dans des formes où, par des claires et autres procédés, on séparait le sirop du sucre. À cette époque, M. Duboisé, sucrier à Ste-Marie, établit chez lui les premières turbines à force centrifuge. Ce procédé, qui permet de livrer le sucre au commerce presque aussitôt après sa cuisson, et avec lequel on obtient une bien plus belle nuance, se répandit très vite ; aussi presque toutes les sucreries sont munies de turbines". Cf. L. Maillard ; op. cit. p. 220.

192 Ce paragraphe utilise les travaux de J.-F. Géraud et tout particulièrement son article *Joseph Martial Wetzell (1793-1857) une révolution sucrière oubliée à La Réunion* in Revue Historique des Mascareignes ; n°1 ; juin 1998 ; p. 113 à 153.

simple débordement. Ce procédé de concentration du jus de canne permettait une économie de travail et de combustible considérable.

Le vesou allait ensuite dans des chaudières dites "à basse température" qui assuraient la cuisson. Le succès de cette technique s'explique par le fait qu'elle permettait d'augmenter les performances industrielles de 25 à 33%. Mais surtout, les chaudières de Wetzell étaient parfaitement adaptées à l'économie sucrière de l'île.

Arrivé en 1830 à La Réunion avec pour mission officielle d'augmenter l'efficacité des sucreries par incorporation des technologies industrielles importées de métropole, l'ingénieur Wetzell, polytechnicien de formation, orienta finalement son travail vers le perfectionnement des méthodes locales de production.

Schématiquement, les améliorations techniques portèrent d'abord sur le vesou que Wetzell chercha à purifier au maximum (par filtration, défécation, décantation, addition de produits chimiques)[193]. La concentration du vesou s'effectuait ensuite dans des appareils munis de plaques chauffantes et évaporantes qui permettaient d'éliminer l'eau sans avoir à élever la température au-delà de 63° ("basse-température"), évitant ainsi la caramélisation qui colore le sucre et, de ce fait, diminue le prix auquel il peut être vendu.

Cette technique de production était non seulement parfaitement adaptée aux conditions naturelles (climat, relief...) de l'île, mais elle présentait aussi des avantages économiques et financiers. Les appareils étaient bon marché, très économes en combustible et à technologie flexible, c'est-à-dire capables d'être adaptés à toute échelle de production. Ainsi, même les petits sucriers pouvaient les acquérir et avaient avantage à le faire. En outre, leur utilisation ne réclamant aucune compétence particulière de la part des travailleurs (esclaves d'abord, engagés ensuite), il n'y avait pas besoin de leur assurer une formation ni de faire venir des techniciens de métropole. Enfin, de fabrication aisée, les appareils de Wetzell étaient réalisés dans l'île même[194].

---

193 Avant l'adoption de ces procédés, les sucres de Bourbon étaient gris et gluants parce qu'ils étaient fabriqués à partir d'un vesou insuffisamment épuré et "c'est à ce vice radical, propagé de St-Domingue aux autres colonies françaises, que doit être attribuée d'abord... l'infériorité de leurs sucres relativement à ceux des colonies anglaises et espagnoles" écrit Wetzell ; cité par J.-F. Géraud ; *Joseh Martial Wetzell...* ; op. cit. p. 129.

194 Notamment par les ateliers Lory et Pitel à St-Denis ; cf. J.-F. Géraud ; *Joseph Martial Wetzell...* ; op. cit. p. 134.

1.4.3 - Conséquences de l'industrialisation autocentrée

La diffusion de cette technologie, adaptée à tous points de vue aux besoins locaux, et reposant sur des machines conçues et produites sur place, correspond à ce que l'on appelle aujourd'hui l'industrialisation autocentrée. La période de haute conjoncture de la seconde moitié des années 1850 donna aux petits et moyens sucriers les moyens d'acquérir des machines "basses-températures", et c'est ce qui explique leur diffusion dans toute l'île.

En d'autres termes, c'est la technologie de Wetzell qui permit le maintien des petites sucreries. On constate en effet que sur les 120 sucreries en activité en 1856, 12 seulement avaient une capacité de production dépassant les 750 tonnes de sucre par an. La technologie de Wetzell ne s'opposait donc pas seulement au transfert des techniques les plus avancées importées de métropole mais aussi à la concentration industrielle, et c'est pourquoi on peut dire que ce "modèle" d'industrialisation freinait le développement du capitalisme[195]. La crise des années 1860-1880, en provoquant l'élimination des techniques et machines inventées par Wetzell, conduira à l'avènement d'une autre forme d'industrialisation.

Pour compléter l'analyse de la croissance de l'économie sucrière, il faut maintenant en déterminer les bénéficiaires.

1.5 - Croissance et répartition des profits

1.5.1 - Le mécanisme théorique

Théoriquement, dans le capitalisme concurrentiel, les capitaux sont rémunérés au même taux de profit (loi d'égalisation des taux de profit) quel que soit le *secteur de production* dans lequel ils sont investis. Cette loi détermine le montant de la plus value que chaque secteur reçoit. Évidemment, elle ne s'applique pas mécaniquement mais de façon tendancielle de sorte que les taux sectoriels de profit

---

[195] Il est possible que vers la fin des années 1850 certains sucriers aient commencé à faire appel aux techniques extérieures. Delabarre de Nanteuil signale à cet égard qu'en 1858 La Réunion importa "un grand nombre d'usines". Cf. *Législation de l'île de La Réunion*....; tome 2 ; p. 300. Mais cette observation n'est pas confirmée lorsqu'on regarde les statistiques du commerce extérieur de la Colonie. En effet, la valeur maximale des "machines et mécaniques" importées de France s'élèvent à 890 493 francs en 1855. Au cours des années suivantes, les chiffres baissent inexorablement d'année en année pour atteindre 171 205 francs en 1860. Il est finalement douteux qu'un transfert de technologie se soit produit vers la fin des années 1850.

observables peuvent être différents. Cependant, en temps ordinaires, l'écart entre les taux de profit constatés et théoriques est réduit.

Le capital pouvant prendre différentes *formes* (capital bancaire, commercial, industriel, ...), la plus value qui échoit à chaque secteur de production, est ensuite répartie entre les différents groupes de capitalistes qui ont collaboré au financement, à la fabrication et à la circulation des marchandises. Cette répartition "transforme" donc la plus value en profit industriel, commercial, intérêt, rente.... Dans la pratique, c'est le rapport de force (c'est-à-dire la concurrence) entre les différents groupes de capitalistes qui fixe la part que chacun reçoit effectivement[196].

Cela étant, comment la concurrence a-t-elle concrètement fonctionné à La Réunion et comment les différents groupes de capitalistes (usiniers, transporteurs, courtiers...) se sont-ils répartis les fruits de la prospérité ?

1.5.2 - La répartition effective des profits

La thèse développée par les sucriers de l'île, et reprise telle quelle par tous les historiens, est que les armateurs et les courtiers sont parvenus à s'approprier tous les bénéfices résultant de la hausse des cours. Voici par exemple ce qu'écrit du Buisson :

> "... et lorsque, bien rarement, la nouvelle d'une hausse (du prix du sucre H. H. Q.) arrivait à La Réunion, il s'en suivait de la spéculation, une demande active de navires, et la hausse du fret qui atteignait 125, 130, et 140 F. du tonneau, alors il se produisait une *baisse* du prix du sucre à Bourbon, correspondant à la hausse en France"[197].

Autrement dit, profitant de leur position de force et du manque d'information des sucriers réunionnais, les transporteurs auraient réussi à capter la totalité du surprofit en élevant le prix du fret. Cette explication est tronquée et ne résiste pas à l'examen des faits.

Tout d'abord, la thèse du manque d'information des Réunionnais n'est pas crédible. Le Bulletin Officiel de La Réunion publiait en effet tous les mois les *Mercuriales des denrées et productions coloniales*

---

[196] Le mécanisme qui vient d'être exposé est purement *théorique*. Dans la réalité vécue, il n'y a évidemment pas, dans un premier temps, péréquation sectorielle des profits puis, dans un second temps, redistribution de ceux-ci entre les divers groupes de capitalistes. Dans les faits, les deux "répartitions" se déroulent en même temps.

[197] E. du Buisson ; *L'île de La Réunion en 1889, son industrie agricole* ; St-Denis 1889 ; 223 pages ; p. 68. L'auteur ne fait en réalité que reprendre l'argumentation développée par les sucriers dans le *Bulletin de la Société des Sciences et des Arts de La Réunion* ; 25 février 1855 ; p. 63.

d'après lesquelles la Douane perçoit les droit de sortie[198]. Les sucriers de l'île ne pouvaient ignorer ce document. En calculant les moyennes annuelles des cours on obtient d'ailleurs les chiffres ci-après.

Graphique 6 : **Cours moyen du sucre brut**
(en francs par 100 kg)

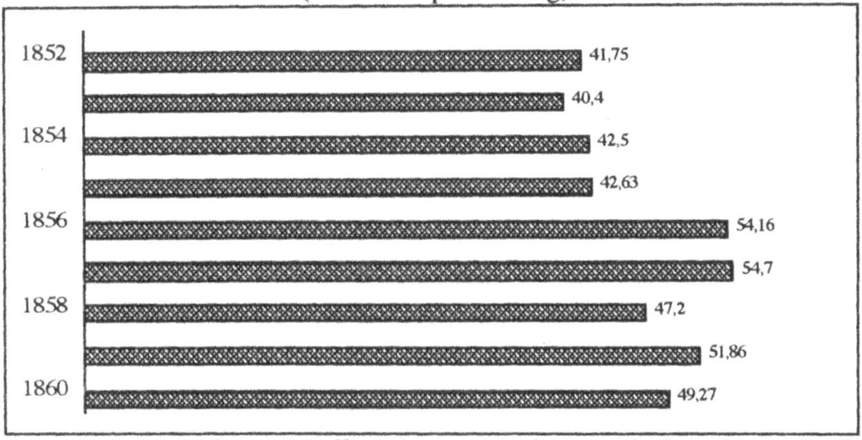

Sources : Les calculs ont été effectués par nos soins à partir des valeurs publiées dans les *Mercuriales des denrées et productions coloniales d'après lesquelles la Douane perçoit les droits de sortie* in Bulletin Officiel de La Réunion 1851-1862.

Le graphique montre l'évolution du prix du sucre, telle qu'elle apparaissait dans les documents officiels publiés à La Réunion. Au courant de ces informations, il serait très étonnant que les sucriers aient constamment accepté et de vendre leur sucre en *dessous* du cours officiel, et en même temps de payer des droits de sortie majorés !

En second lieu, s'il est certain que les transporteurs furent parfois en mesure de relever exagérément le prix du fret, à d'autres moments ils durent aussi transporter à perte. C'est ce qui arriva par exemple en 1858. Cette année-là, en pleine période de hausse des cours du sucre,

> "... trop de navires s'étaient portés vers Maurice et La Réunion. Ils s'y faisaient une concurrence désastreuse et le fret tomba à 25,30 F. par tonneau" [199].

Et l'année suivante,

[198] Le droit de sortie était une taxe qui alimentait les recettes du budget local. Il frappait les sucres à hauteur de 3,5% de leur valeur au moment de leur embarquement.

[199] Jacques Fiérain ; *Nantes et La Réunion au temps du Second Empire* ; in *Enquêtes et documents* ; Université de Nantes ; 1971 ; 367 pages ; p. 334.

"Tous les marchés se trouvèrent écrasés par des arrivages massifs et le fret de Bourbon ne dépassa pas 30 F. par tonneau. L'année 1859 s'achevait d'une manière désastreuse pour l'armement"[200].

La vérité est donc que la conjoncture fut assez changeante et que transporteurs et sucriers furent à tour de rôle en position favorable et défavorable dans le marchandage du prix du fret .

Mais admettons même que les sucriers de l'île n'aient *rien* gagné à l'augmentation exceptionnelle du prix du sucre et que leurs profits soient restés simplement *normaux*. Il reste tout de même qu'ils ont bénéficié de la croissance des quantités produites et vendues. Or, il importe de le souligner, les exportations ont plus que doublé entre 1852 et 1859 ! Cela signifie que même si la marge de profit (c'est-à-dire le pourcentage de profit dans le prix) ne s'est pas élevée au cours de cette période, la *masse* de profit a considérablement augmenté.

Concluons : la prospérité des années 1852-1859 fut bien réelle car elle a reposé sur une augmentation *et* des quantités physiques exportées *et* des prix. Certes, les sucriers ont parfois dû céder une part du surprofit aux transporteurs et courtiers, mais il demeure incontestable qu'ils ont largement profité de la croissance, et ceci même dans l'hypothèse la plus défavorable à la démonstration qui vient d'être proposée.

Mais si cette prospérité était effective, en même temps, elle était fragile car entièrement dépendante d'un ensemble de facteurs circonstanciels et extérieurs à l'île. Elle ne pouvait continuer que si le prix du sucre restait élevé, que si la main-d'œuvre contractuelle pouvait être régulièrement remplacée, et qu'aucune calamité naturelle ne venait faire chuter la production locale.

1.6 - Une croissance excluante

1.6.1 - Affranchis et engagés

La croissance des années 1850 peut être qualifiée d'excluante tout d'abord parce qu'elle n'a profité ni aux anciens esclaves ni aux engagés. Démunis de tous moyens d'existence, les affranchis non employés dans les plantations étaient condamnés à la misère. Quant aux engagés (anciens esclaves ou immigrés), principaux créateurs de la richesse, ils ne reçurent pas une miette des bienfaits de la croissance. Leurs conditions de vie et de travail étaient similaires à celles des esclaves qu'ils avaient remplacés.

---

[200] Jacques Fiérain ; *Nantes et La Réunion...* ; op. cit. p. 351.

1.6.2 - Concentration foncière et déclin des petites propriétés

Mais la croissance de la décennie 1850 fut également excluante en ce sens qu'elle créa les conditions de la dépossession des petits et moyens sucriers au profit des grands.

L'intense pénurie de main-d'œuvre qui suivit l'Abolition fit en effet flamber les prix des contrats d'engagement qui atteignirent 750 F. pour les contrats d'Africains et de 900 à 1 000 F. pour les contrats d'Indiens[201]. Petits et moyens sucriers, incapables d'embaucher des engagés, se trouvèrent dans l'impossibilité de mettre en valeur leurs exploitations. Les grands sucriers purent s'en emparer, le plus souvent en recourant au crédit[202]. Un double phénomène concomitant d'exclusion sociale et de concentration industrielle et foncière accompagna ainsi la croissance. Tous les observateurs de l'époque le constataient :

> "... les petits, ne pouvant vivre du produit de leurs champs devenus capital mort, faute de bras pour la culture, sont réduits à les vendre aux sucriers qui, si cet état de choses dure encore quelques années, finiront par envahir toute l'île et la transformeront en une véritable Irlande qui sera la propriété de 200 ou 250 individus... à St-Philippe (dont) plus de 3/4 du sol cultivé appartient à 2 seuls propriétaires"[203].

Les petits et moyens sucriers étaient d'autant plus incités à vendre leurs exploitations qu'à la faveur de la hausse des cours du sucre, le prix du foncier s'élevait.

Tableau 16 : Valeur de l'hectare de terre employée aux cultures
(évaluation des maires ; en francs)

1850	1851	1852	1853	1854	1855	1856	1857	1858	1859	1860
1 264	1 292	1 144	1 061	1 137	1 769	1 875	?	1 600	?	1 555

Sources : A. D. R. : 6M 1313 et 6M 1314.

Les statistiques ci-après permettent de suivre d'année en année les mutations de propriété.

---

201 Imhaus ; *Notice...* ; p. 59-60.

202 En 1860, la dette hypothécaire s'élevait à 39 millions de F. Cf. Annuaire de La Réunion 1862 ; p. 157.

203 L. Maillard ; *Note sur l'île de La Réunion* ;.p. 209. Imhaus constate de son côté : "...chaque jour voit diminuer le nombre déjà bien restreint de petits propriétaires ruraux, lesquels n'étant point assez riches pour acquérir des contrats de travail, qui se vendent à un prix énorme et toujours au comptant, sont obligés de vendre leur patrimoine faute de pouvoir les cultiver". Cf. *Notice... p. 63.* Cf. également Delabarre de Nanteuil ; *Législation...* ; tome 2 ; p. 641. Kerveguen possédait déjà 5 000 ha et 10 usines en 1860.

Tableau 17 : Inscriptions hypothécaires

	Arrondissement au vent		Arrondissement sous le vent	
	Nombre	Montant (en F)	Nombre	Montant (en F)
1851	462	8 400 487	344	4 183 547
1852	477	8 548 476	354	3 282 901
1853	445	10 401 075	348	4 692 725
1854	462	9 487 993	337	3 641 019
1855	510	12 346 583	385	6 378 235
1856	624	13 222 503	443	5 629 462
1857	662	18 486 951	466	10 256 599
1858	613	11 454 115	520	8 144 018
1859	620	10 353 506	469	5 515 484
1860	772	13 081 158	512	6 374 696
	5 647	115 782 847	4 178	58 098 686

Sources : Annuaire de La Réunion ; 1862 ; p. 156-158

En définitive, il apparaît qu'en 10 ans, un très grand nombre de propriétés changèrent de mains puisqu'il y eut 9 825 transactions pour une valeur totale de 156 millions de francs[204].

La croissance économique durant la décennie qui suivit l'Abolition fut donc bien une croissance excluante. Le Gouverneur Darricau constatait d'ailleurs :

> "Partout j'ai été frappé d'un fait qui m'a profondément touché : à côté de la plus luxuriante culture, à côté de la plus magnifique production se fait remarquer la plus triste pénurie ; la richesse dans un petit nombre de mains, moins que la médiocrité dans la plus grande partie de la population"[205].

1.7 - Une croissance bridée et instable

1.7.1 - Une croissance bridée

Bien que rapide, la croissance de l'économie sucrière était bridée par deux facteurs. D'une part la difficulté d'assurer le renouvellement régulier de main-d'œuvre contractuelle ; d'autre part le manque de capitaux. L'introduction des techniques modernes dans les sucreries et l'acquisition des terres réclamaient en effet d'importantes mises de

[204] Il faut déduire des 173 millions, 10% qui représentent les créances au profit du Trésor Public. Soit 173 - 17 = 156.

[205] Roussin ; *Album de La Réunion* ; t.1 ; p. 43. Defos du Rau est mal inspiré d'écrire que "la vente du sucre procure l'aisance générale". *L'Ile de La Réunion...* op. cit. p. 161.

fonds. Malgré la croissance des profits, les sucriers n'avaient pas les moyens d'autofinancer leurs investissements en totalité. Il leur aurait fallu des crédits à long terme. Or, la Banque de La Réunion n'était pas habilitée à consentir ce type de prêt mais seulement des "prêts sur récoltes pendantes".

Pour lever cet obstacle, on tenta en 1855, sous l'impulsion du Gouverneur Hubert Delisle, de fonder une banque locale organisée sur le modèle du Crédit Foncier de France[206] et qui aurait été annexée à cet établissement. 86 souscripteurs et un capital de 1 060 000 francs purent être réunis. Mais le projet avorta car cette somme était insuffisante. Mais surtout, l'économie réunionnaise était fragile (monoproduction de sucre) et la plupart des planteurs étaient déjà très endettés. Aucun établissement financier métropolitain n'accepta donc de cautionner ce projet. Finalement, faute de crédits suffisants, l'accumulation du capital fut ralentie et la croissance contrariée.

1.7.2 - Les crises monétaires

A - Pénurie de monnaie et instabilité économique

Pour fonctionner correctement, une économie doit disposer d'une quantité de monnaie déterminée qui dépend de trois facteurs principaux : le volume des transactions (qui varie avec le montant de la production marchande) ; le niveau général des prix ; la vitesse de circulation de la monnaie (liée au nombre de fois qu'une unité de paiement est utilisée au cours d'une période donnée). Un excès de monnaie, tout comme une pénurie, entraînent des perturbations économiques.

Au cours des années 1850 des crises monétaires survinrent à La Réunion parce que la quantité de monnaie devint, à certaines périodes, insuffisante pour assurer le déroulement normal des opérations économiques. Un examen du mouvement de l'argent entre l'île et l'extérieur permet de comprendre pourquoi.

La monnaie métallique française arrivait à La Réunion par deux voies principales. Les paiements des salariés de l'État (qui étaient réguliers), et les recettes provenant des exportations de sucre, café etc.. (qui étaient irrégulières car dépendantes des quantités, des cours etc.). Une partie de celles-ci était placée ou dépensée en France dans l'achat de moyens de production (biens d'investissements, engrais...), et de consommation à l'usage des planteurs, mais le restant revenait à La Réunion sous forme de monnaie métallique.

---

[206] Le Crédit Foncier de France venait d'être créé en métropole en 1852.

Celle-ci en ressortait par deux voies. Tout d'abord, après l'abolition de l'esclavage, les planteurs se mirent à recruter massivement des engagés ce qui entraîna une augmentation vertigineuse de la population (+ 78% entre 1850 et 1860 !). Pour la nourrir, il fallait recourir aux importations de vivres. En même temps, les planteurs devaient aussi renouveler leurs engagés et leur principal fournisseur était l'Inde. Or, leurs créanciers exigeaient d'être réglés en monnaie métallique. Les planteurs devaient donc rechercher du numéraire pour l'expédier en Inde ce qui entraînait d'une part la raréfaction des espèces métalliques dans l'île[207] et, d'autre part, l'obligation de les acheter au-dessus de leur cours normal, la demande de monnaie étant supérieure à l'offre.

La seconde cause de déperdition tient au fait que la monnaie métallique n'était pas seulement un instrument de paiement mais aussi d'épargne, le seul dont disposaient les engagés. Désirant, à la fin de leur contrat, retourner dans leur pays avec un pécule, ils exigeaient d'être payés en pièces d'or et d'argent. Celles-ci étaient thésaurisées (parfois transformées en bijoux) et sortaient donc définitivement de la circulation monétaire locale en attendant d'être emportées à l'étranger.

Cette double fuite de numéraire pouvait parfois dépasser largement les arrivages de monnaie métallique dans l'île. Or, il n'était pas toujours possible de compenser la différence en émettant de la monnaie de papier car la B. R. n'était pas autorisée à émettre des billets au-delà du triple de son encaisse métallique, et aussi parce qu'à cette époque les engagés n'acceptaient pas d'être payés en monnaie de papier. Enfin, les statuts de la B. R. lui interdisaient d'introduire des espèces métalliques dans l'île.

Le régime monétaire de La Réunion manquait donc totalement de souplesse et ne donnait pas aux autorités publiques les moyens de faire face à une situation de pénurie de monnaie quand celle-ci survenait. Deux crises, particulièrement aiguës, se produisirent en 1854 et 1859, provoquant des nombreuses difficultés économiques[208]

---

[207] La Réunion était "obligée d'exporter annuellement 8 millions au moins de numéraire" Et comme l'Inde n'achetait rien en retour, pas une fraction de cette somme ne revenait dans l'île. Cf. Delabarre de Nanteuil ; *Législation de l'île de La Réunion* ; op. cit. ; tome 2 ; p. 304.

[208] Témoin de ces difficultés, Delabarre de Nanteuil raconte : "Il y a quelques mois à peine, la Colonie se débattait dans les étreintes d'une crise monétaire ; le numéraire y était tellement rare qu'il faisait 6 à 7% de prime. Le commerce demandait à la banque coloniale les fonds nécessaires pour l'expédition de ses navires dans l'Inde, mais cet établissement ne pouvait satisfaire à ses besoins, puisque son encaisse métallique ne s'est jamais élevé à 4 millions. La diminution de son encaisse pouvait donc compromettre son existence et priver ainsi le pays des

et sociales : le manque de monnaie freinait la circulation intérieure des marchandises et entraînait des conflits sociaux liés aux retards dans le paiement des salaires[209].

B - Les palliatifs

Pour faire face à la pénurie de liquidités, quelques particuliers procédèrent à une émission de papier-monnaie (coupures de 5 F., 2 F. 50 et 1 F.) mais elle fut rapidement interdite par le Gouverneur[210]. Les pouvoirs publics cherchèrent une issue en recourant à deux moyens.

Le premier consista à utiliser, quand cela était possible, des effets de commerce, à la place des espèces, pour régler les achats auprès de l'Inde ; le second fut d'alimenter l'économie locale en monnaie métallique en y envoyant des cargaisons de numéraires.

Si en 1855 ces palliatifs permirent de surmonter la crise, en 1859 la pénurie de monnaie devint catastrophique car les tensions politiques entre la France et la Grande-Bretagne conduisirent le gouvernement britannique et la Banque du Bengale à cesser d'accepter les traites françaises.

C'est dans ces conditions que Gabriel de Kervéguen, le plus grand propriétaire de l'île, demanda aux pouvoirs publics l'autorisation d'importer à La Réunion des kreutzers qui n'avaient plus cours en Autriche[211]. Ces pièces démonétisées devaient servir à payer ses engagés. Le gouvernement local accepta (11 juillet 1859) :

> "... l'Administration autorise M. Le Coat de Kervéguen à introduire dans la Colonie et à mettre en circulation une monnaie d'argent allemande, dite kreutzers, sous la condition d'en rembourser la contrepartie à bureau ouvert, à quelque époque que ce soit, et au cours que cette monnaie aurait au moment du remboursement."

C'est ainsi que 227 000 pièces d'argent de 20 kreutzers, à qui on donna le nom de *Kervéguens*, furent introduites dans l'île. En raison de la clause de remboursement et de la dimension financière de

---

avantages que la banque lui procure." Cf. *Législation de l'île de La réunion* ; tome 2 ; p. 304.

209 S. Fuma ; *Les problèmes monétaires à La Réunion au milieu du 19ème siècle* ; Revue Historique de Mascareignes ; n° 1 ; juin 1998 ; p. 173.

210 Au motif que cette émission de monnaie, "attentatoire au privilège de la banque coloniale ne l'est pas moins à la juste rémunération des salaires". Cf. Arrêté du 24 novembre 1855 ; B. O. ; 1855.

211 Les kreutzers, monnaie en usage dans les États des Habsbourg jusqu'au milieu du 19ème siècle, furent ensuite démonétisés.

l'empire de Kervéguen, les kreutzers bénéficièrent immédiatement de la confiance du public et circulèrent comme monnaie dans toute l'île.

C - Caractéristiques des kreutzers et fin des crises monétaires

Jusqu'en 1879, date à laquelle toutes les monnaies étrangères (et donc les kreutzers) furent démonétisées à La Réunion, il n'y eut plus dans l'île de crise monétaire. Pour quelles raisons ? De manière générale, une monnaie métallique est définie par trois éléments : son poids, son titre, sa valeur.

Le poids des pièces de 20 kreutzers n'était pas toujours le même à cause de l'usure liée à leur utilisation mais aussi des différences provenant de la frappe. En moyenne, les pièces pesaient 6,391 g.. Le métal qui sert à fabriquer les pièces est un alliage et le titre correspond à la proportion de métal précieux qui entre dans la composition de l'alliage. Le kreutzer contenait 58,3% d'argent fin, soit 3,72 g.. Titre et poids permettent de déterminer la valeur de la monnaie métallique. Comparée au franc français de cette époque, moins lourd mais d'un titre plus élevé, la pièce de 20 kreutzers valait environ 0 F. 85. C'était sa valeur véritable. Or, voici l'annonce que De Kervéguen fit paraître fin juillet 1859 dans tous les journaux de l'île.

> "M. Le Coat de K/Véguen a l'honneur d'informer le public que les piécettes de 20 kreutzers introduites par lui dans la Colonie, pour faciliter le paiement des salaires de ses engagés, sont remises à ceux-ci pour UN FRANC, valeur du prix de revient de cette monnaie, et que c'est au même taux qu'elle sera remboursée, si les détenteurs le désirent, par groupe de 25 à 100 francs, en billets de banque ou quadruples."

Ce texte appelle deux commentaires. D'abord, le prix de revient de la pièce de 20 kreutzers n'était pas de 1 F. car Kervéguen, qui l'avait achetée pour 0 F. 85, n'avait certainement pas déboursé 0 F. 15 pour la ramener à La Réunion. Dès lors, en faisant accepter pour 1 F. une pièce qui en valait moins Kervéguen réalisait, sur le moment, un profit probablement non négligeable[212].

En second lieu, le surhaussement artificiel de la valeur des kreutzers a profité à Kervéguen mais aussi à La Réunion toute entière

---

[212] P. Pluchon, a estimé le bénéfice réalisé par Kervéguen à 385 950 francs. (Cf. mémoire de maîtrise ; op. cit. ; p. 257). Mais le calcul (0,17 fois 227 000) est entaché d'erreur car P. Pluchon a sous-estimé la valeur du kreutzer en l'évaluant à 0,83 franc ; et il n'a pas compté non plus les frais de transport et d'assurance pour importer les pièces à La Réunion. Enfin, il ne voit pas qu'en fait, ce bénéfice était seulement *provisoire* puisque Kervéguen s'était engagé à rembourser plus tard les pièces au cours de 1 F.

dans la mesure où il permit de mettre fin à la pénurie de monnaie en en arrêtant l'hémorragie. En effet, la valeur nominale du kreutzer, unanimement acceptée dans toute l'île, étant de 1 F. au lieu de 0,85, personne n'avait intérêt à l'exporter en raison de son moindre pouvoir d'achat à l'extérieur.

Bien au contraire, la différence entre valeurs nominale et intrinsèque du kreutzer devait forcément attirer cette monnaie à La Réunion. Et c'est ce qui se passa puisqu'au moment où la métropole décida de démonétiser toutes les monnaies étrangères, environ 1 000 000 de kreutzers circulaient dans l'île. Ils avaient été introduits par Kervéguen, mais certainement aussi par d'autres planteurs.

SECTION 2

LE SECTEUR VIVRIER DE SUBSISTANCE

2.1 - Évolution des principales cultures vivrières

Les graphiques ci-après retracent, année par année, l'évolution de la production des principales plantes alimentaires.

Graphique 7 : Cultures vivrières

Production de maïs (tonnes)

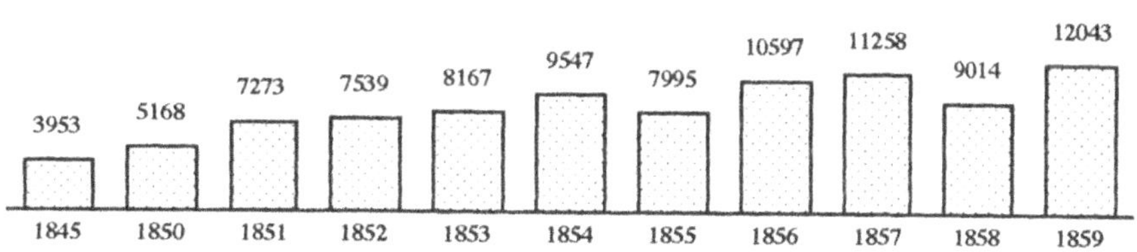

Production de patates (tonnes)

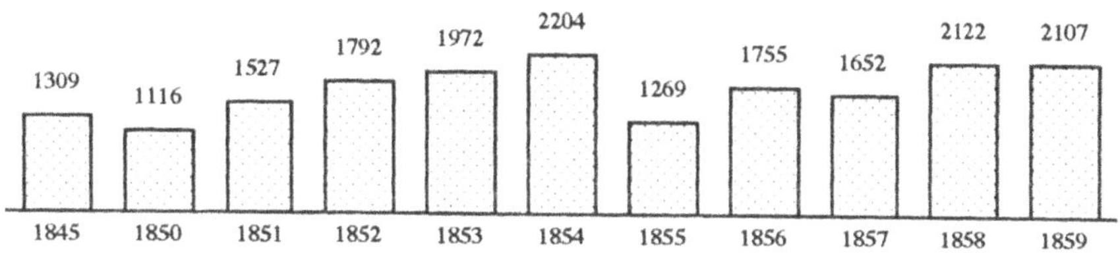

Production de légumes secs (tonnes)

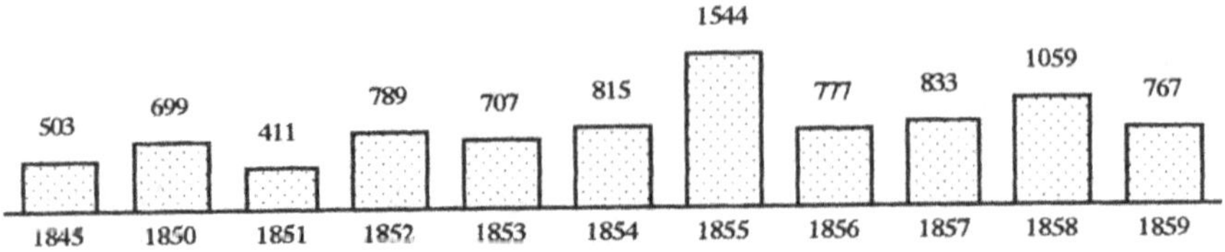

Production de manioc (en tonnes)

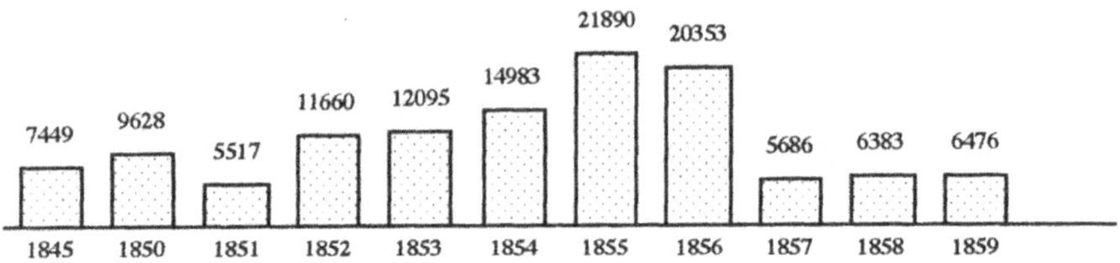

Production de riz (tonnes)

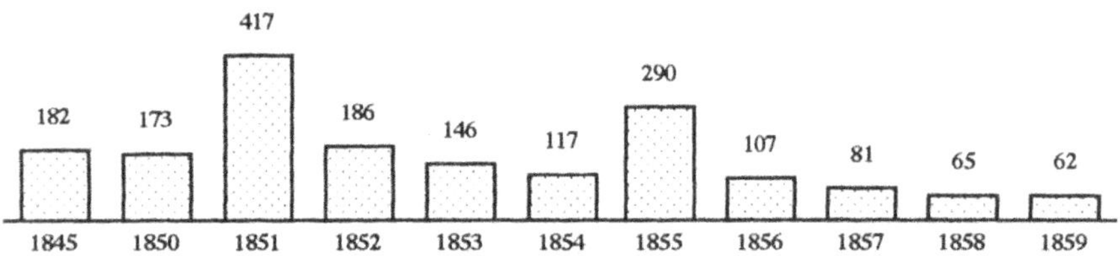

Production de blé (tonnes)

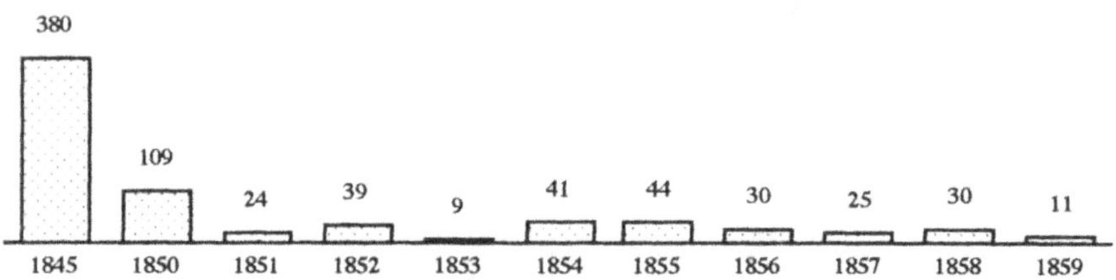

Deux tendances majeures apparaissent.

- Le riz et le blé sont pratiquement éliminés ;
- les autres cultures vivrières suivent une évolution en deux temps. De l'abolition de l'esclavage au milieu des années 1850, toutes les productions augmentent plus ou moins régulièrement. Mais cette tendance s'inverse au cours des années suivantes. Seul le maïs parvient à se maintenir. En revanche, la culture du manioc s'effondre. Les autres productions résistent mieux.

Ces évolutions résultent du jeu de deux facteurs principaux dont le premier est la croissance de l'économie sucrière. De 1849 à 1852 le secteur sucrier surmonte progressivement la crise liée à l'émancipation des esclaves. Il s'agit d'une phase de rattrapage. Dans un second temps, l'économie sucrière entre dans une phase de développement rapide. Au commencement (1852-1855) les cultures vivrières, autres que le riz et le blé, ne subissent guère la concurrence de la canne et peuvent progresser sur les terres nouvellement défrichées ou bien encore occuper une partie de la place abandonnée par le riz et le blé. Mais à partir de 1856 tout change. L'envolée des cours stimule la croissance de l'économie sucrière. La canne repousse alors les autres cultures sur les terres marginales et s'empare de toutes les terres nouvellement défrichées.

Le second facteur explicatif de l'évolution des cultures vivrières est la transformation des habitudes alimentaires. À l'époque esclavagiste, le maïs était la nourriture ordinaire des esclaves. À partir de 1849, les engagés indiens vinrent remplacer la main-d'œuvre servile et le régime alimentaire de la population laborieuse en fut transformé. Les Indiens refusaient le maïs comme aliment de base et réclamaient du riz[213]. Il était certes techniquement possible d'en cultiver à La Réunion. Mais les planteurs avaient intérêt à l'importer d'Asie où les coûts de production étaient bien moindres[214]. Le maïs, éliminé de l'alimentation des travailleurs, continua cependant d'être largement cultivé mais uniquement pour nourrir les animaux, et c'est ce qui explique son maintien.

---

213 G. Imhaus *Notice sur les principales productions*... op. cit. p. 31-32.

214 G. Imhaus fait remarquer que "le riz créole vaut 20 à 23 F. les 50 kg, c'est-à-dire le double du prix moyen auquel se cotent ceux de l'extérieur". Cf. G. Imhaus *Notice sur les principales productions naturelles et fabriquées de l'île de La Réunion* ; La Revue Coloniale ; août 1857 ; oct-nov 1858 ; p. 32.

2.2 - Croissance démographique, pénurie alimentaire et dépendance externe

Si d'un côté la production de vivres diminuait globalement, de l'autre le nombre de bouches à nourrir ne cessait d'augmenter avec l'arrivée des nouveaux engagés. La population de l'île bondit en effet de 100 000 habitants en 1850 à 178 000 en 1860. La pénurie s'installa et les prix des produits alimentaires se mirent à grimper[215]. La Réunion, qui jadis était le "grenier des Mascareignes" et exportait des vivres, se mit à en manquer. Il fallut de plus en plus recourir aux importations pour alimenter les habitants.

Durant la période 1840-1849, la moyenne des importations était de 15,7 millions de francs par an. Leur valeur s'éleva à 20,9 millions en 1852 et atteignit 42, 6 en 1859, soit presque un triplement en une décennie[216]. Le riz venait d'Inde, les poissons salés de Terre-Neuve, les légumes secs et la viande de Madagascar... bref, La Réunion devenait complètement dépendante de l'extérieur pour sa subsistance et pouvait être menacée de famine si, pour une raison ou pour une autre, l'Inde et Madagascar cessaient leurs envois de nourriture. C'est d'ailleurs ce qui arriva en 1857 où, par suite de la révolte des Cipayes, la production vivrière chuta brutalement en Inde. La Réunion évita de justesse la disette grâce à l'introduction en franchise de grains nourriciers et à l'achat de riz malgache au prix fort.

Tirant la leçon de ces événements, le Gouverneur Darricau prit des mesures pour encourager la production de denrées alimentaires[217]. Elles prendront quelques années avant de produire leurs effets.

Les développements qui précèdent sont résumés dans le schéma ci-dessous.

215Le maire de St-Paul écrit le 12 juin 1858 : 'Le jardinage et l'éducation des animaux, loin de paraître vouloir augmenter en produits, semblent tendre à diminuer. L'envahissement des terres par la culture de la canne, la rareté et la cherté des bras sont deux grands obstacles ; car quant à ce dernier, quels que soient les prix auxquels pourront être abaissés les engagements des travailleurs, il est à craindre qu'ils ne dépassent encore les moyens des petits propriétaires et des petits fermiers qui exploitent à peu près seuls ces deux industries", et le 28 juin 1861, il ajoute "Les prix excessifs auxquels se vendent les moutons, les cabris, les porcs et les diverses espèces de volailles, prouvent que les ressources du pays deviennent de plus en plus insuffisantes pour les besoins de la population". Cf. A. D. R. 6M 1317.

216 Les chiffres sont tirés de l'annuaire de l'Ile de La Réunion de 1861.

217 Cf. Bulletin Officiel de La Réunion ; 1858 ; p. 257.

Schéma 1 : Croissance sucrière et transformations structurelles

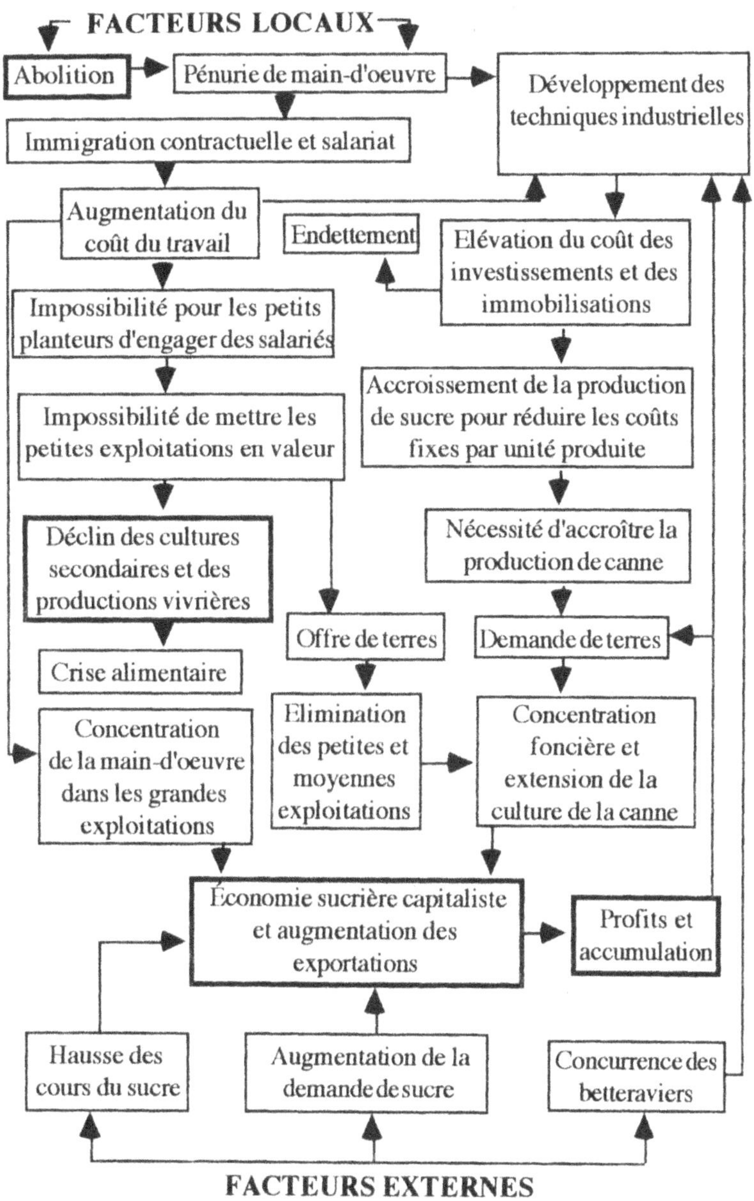

CHAPITRE 4

LE DÉVELOPPEMENT DE L'EXCÉDENT RELATIF DE POPULATION ET DE L'ÉCONOMIE DE SURVIE

Après avoir défini la notion d'excédent relatif de population (section 1), nous tenterons de situer son importance numérique (section 2) avant d'étudier les activités économiques auxquelles cette population se livrait (section 3).

SECTION 1

L'EXCÉDENT RELATIF DE POPULATION

1.1 - Définition

Par commodité de langage, et faute de trouver une expression mieux appropriée, nous appelons "excédent relatif de population" le groupe dont les membres présentaient les trois traits suivants :

- être juridiquement libre ;
- vivre et travailler habituellement en marge de l'économie de plantation ;
- connaître des conditions de vie misérables.

Ces personnes forment un "excédent de population" dans le sens où, ne participant pas régulièrement à l'économie de plantation, elles sont en *surnombre* par rapport aux besoins de celle-ci. L'emploi du qualificatif "relatif" permet d'insister sur l'idée que l'état de surnombre ne résulte pas d'une croissance démographique excessive, mais découle des mécanismes de fonctionnement de l'économie de plantation qui éjectent les travailleurs hors des exploitations ou bien conduisent ceux-ci à s'en écarter.

1.2 - Composantes

À la veille de l'Abolition, l'excédent relatif de population était constitué par les Petits-Blancs et les "Libres de couleur". Selon A. Bourquin, les premiers représentaient 60% de la population blanche en 1835[218]. Pour Defos du Rau, la paupérisation

> "s'aggrave dans la période 1840-1849, époque où les Petits-Blancs atteignent, semble-t-il, les deux tiers de la population blanche[219]".

Quant aux "Libres de couleur" (esclaves affranchis et leurs descendants) ils étaient 11 211 en 1847. Beaucoup étaient au service des riches comme domestiques, jardiniers..., ou bien travaillaient à leur compte comme artisans ou encore cultivateurs. Certains étaient propriétaires de lopins avec parfois un ou deux esclaves pour les mettre en valeur. Globalement, les Libres de couleur possédaient en 1844, quelques 7 864 esclaves (soit 12,2% du total de la population servile).

Après l'Abolition, les effectifs de l'excédent relatif de population explosèrent littéralement.

SECTION 2

LA CROISSANCE DE L' EXCÉDENT RELATIF DE POPULATION

Nous examinerons d'abord l'excédent relatif de population d'origine servile (2.1), puis la paupérisation des petits propriétaires Blancs (2.2).

---

[218] Alexandre Bourquin ; *Une catégorie sociale face à la révolution juridique : les Petits-Blancs de l'île de La Réunion* ; in Edmond Maestri ; *Esclavage et abolitions dans l'océan Indien* ; 2002 ; 456 pages ; p. 381.

[219] Cf. Defos du Rau ; *L'île de La Réunion...* op. cit. ; p. 154. Selon L. Maillard, il y a 43 200 Blancs et Libres de couleur en 1847 (cf. *Note sur l'île de La Réunion* ; p. 245. Le nombre des derniers étant de 11 211, celui des Blancs d'élève donc à 31 989 et celui des Petits Blancs à un peu plus 21 000.

2.1 - L'excédent relatif de population d'origine servile

Les statistiques disponibles ne permettent pas de suivre régulièrement les effectifs de l'excédent relatif de population d'origine servile (Libres de couleur + affranchis qui après 1848 ne travaillent plus dans les plantations), mais il est certain que ceux-ci s'accrurent en deux temps.

2.1.1 - De l'Abolition à fin 1851

Au cours de cette période, qui est celle du salariat obligatoire des affranchis, l'excédent relatif de population d'origine servile augmenta sous l'effet des désertions, expulsions, et aussi parce que les affranchies mariées n'étant pas tenues de s'engager, beaucoup choisirent de quitter leurs anciens maîtres. Une estimation statistique grossière est possible en rapprochant certains chiffres fournis par l'enquête de Patu de Rosemont et qui sont rassemblés dans le tableau ci-après.

Tableau 18 : Excédent relatif de population visible

	Nombre d'esclaves en 1848 (1)	Affranchis engagés en 1852 (2)	Excédent relatif de population visible (1) - (2)
Grands et moyens propriétaires (plus de 10 esclaves).	45 698	15 483	30 215
Petits propriétaires (moins de 10 esclaves).	17 000	12 000	5 000
Total	**62 698**	**27 483**	**35 215**

Sources : Patu de Rosemont ; Rapport au Comice agricole de Sainte Suzanne sur la question concernant le travail des affranchis ; St-Denis ; Lahuppe ; 1854 ; pièce justificative n°19 ; pages 31 et 45. Les chiffres concernant les "petits propriétaires" sont des estimations grossières.

Le tableau fait apparaître un excédent relatif de population "visible" représentée par la masse des affranchis qui échappaient officiellement à tout engagement (35 215)[220]. Cependant, parmi les

[220] Parmi les affranchis qui n'avaient pas d'engagement de travail se trouvaient des colons partiaires qui prenaient des terres en location. Il peut sembler à première vue inexact de les inclure dans l'excédent relatif de population. En réalité, du point de vue économique et social, les esclaves devenus colons appartenaient

27 483 "engagés" du tableau précédent se trouvaient des engagés fictifs. Bien qu'officiellement pourvus de contrats d'engagement, ceux-ci vivaient en réalité en marge de la société de plantation et doivent donc être considérés comme faisant partie de l'excédent relatif de population d'origine servile. Ils en forment la partie "invisible" et leur nombre ne peut être connu.

Les statistiques fournies par les communes de Ste-Suzanne, St-André, St-Leu, St-Louis et St-Joseph[221] montrent que c'est surtout au cours de la première année qui suivit l'Abolition que les effectifs de l'excédent relatif de population "explosèrent".

Tableau 19 : Accroissement de l'excédent relatif de population dans quelques communes

	Effectifs à Ste-Suzanne, St-André, St-Leu, St-Louis, St-Joseph	Accroissement de l'excédent relatif de population d'une année sur l'autre
Esclaves en 1848	14 465	-
Affranchis engagés en 1849	9 883	4 582
Affranchis engagés en 1850	7 596	2 287
Affranchis engagés en 1851	6 203	1 393
Affranchis engagés en 1852	5 718	485

Sources : Patu de Rosemont : "Rapport..." op. cit. D'après la pièce justificative n°20

En 1849, près du tiers des affranchis se retrouve déjà hors de l'économie officielle et au début de 1852, la proportion dépasse 60%.

2.1.2 - La fin du salariat obligatoire et l'augmentation de l'excédent relatif de population d'origine servile

Après la fin du salariat obligatoire (1851), beaucoup refusèrent de continuer à travailler dans les plantations et une nouvelle vague d'affranchis vint grossir l'excédent relatif de population d'origine servile[222]. Le gouvernement tenta bien d'endiguer ce mouvement

incontestablement à l'excédent relatif de population parce qu'ils se livraient à des activités agricoles de survie sur des lopins de terres arides. Leurs conditions de vie étaient misérables.

221 Il est impossible d'utiliser les statistiques concernant les autres communes car elles n'avaient fourni à l'Administration que des renseignements très fragmentaires.

222 Un témoin de l'époque constatait : "En 1851, les contrats de travail "obligations" venaient à expiration. De nombreux engagés préférèrent alors quitter leurs maîtres, peut être parce qu'ils ne se sentaient pas tout à fait libres... ou peut être aussi car ils pouvaient trouver plus facilement du travail en ville comme artisans, ouvriers ou

(instauration du travail obligatoire, création du livret de travail, lutte contre les engagements fictifs...), mais sans grand succès. Delabarre de Nanteuil témoignait :

> "... les affranchis abandonnèrent les ateliers... La plupart se fixèrent dans les villes ; d'autres se retirèrent dans les coins de terre isolés, dans les hauteurs de l'île... près de dix années se sont écoulées depuis la cessation des engagements,... les affranchis ne sont pas retournés au travail"[223].

L'échec de la politique officielle tenait à deux causes principales. Tout d'abord les autorités municipales fermaient souvent les yeux sur les engagements fictifs car, percevant un impôt sur chaque engagé, elles avaient intérêt à en recenser le plus possible afin d'accroître leurs recettes fiscales. D'autre part, les forces de police étaient nettement insuffisantes pour exercer un contrôle efficace.

Si dans un premier temps, les effectifs de l'excédent relatif de population d'origine servile augmentèrent rapidement, le mouvement s'inversa ensuite. Le déséquilibre des sexes, par manque de femmes, empêchait sa reproduction à l'identique. Par ailleurs, sous-alimentés et vivant des conditions précaires, les affranchis offraient un terrain propice à l'alcoolisme et aux maladies qui firent des ravages[224].

2.2 - La paupérisation des petits et moyens propriétaires

Il n'est pas aisé de saisir quantitativement le mouvement de prolétarisation des Blancs après l'Abolition. Les observateurs directs du phénomène s'accordent cependant pour dire que les propriétaires menacés de ruine étaient ceux qui possédaient moins de 10 esclaves. Ils représentaient, à la veille de l'Abolition, environ les deux tiers de la population blanche. Après 1848 le processus de paupérisation ne fit que s'accélérer et si l'on en croit Alexandre Bourquin :

---

serviteurs...". Cité in Alexandre Bourquin ; *Les Petits-Blancs de l'Ile de La Réunion* ; cf. thèse ; p. 476.

223 Delabarre de Nanteuil ; *Législation de l'île de La Réunion, répertoire raisonné des lois...* ; p. 311 à 312.

224 Entre 1847 et 1862, la consommation moyenne d'alcool par habitant double. En 1852 la variole "tue près de trois "nouveaux citoyens" pour un ancien Libre". Dans la commune de St Pierre, le nombre des affranchis était de 12 000 en 1852. On estime qu'en 8 ans, le tiers de cette population avait été décimée. Cf. *Mémorial* ; tome 3 ; pp. 71-74. Relatant l'épidémie de choléra de 1859, le Dr. H. Azéma écrit : "Les Noirs furent les victimes préférées du choléra. La classe blanche lui paya un tribut bien moins considérable". Cf. Dr. H. Azéma ; *Histoire de la ville de St-Denis de 1815 à 1870* ; sans date ; 202 pages ; p. 158.

"loin de diminuer le nombre des Blancs pauvres ne cesse d'augmenter après l'abolition - jusqu'à représenter pratiquement 80% de la population blanche vers 1860"[225].

Jusqu'en 1848, la paupérisation des Blancs résultait du jeu combiné de deux facteurs : la croissance démographique et l'application de la coutume qui consistait à partager les terres en parties égales entre tous les descendants. Les propriétés s'émiettaient donc avec la succession des générations. À partir de 1848, un nouveau facteur de paupérisation vint s'ajouter aux précédents.

Le décret d'Abolition avait prévu que les propriétaires d'esclaves seraient indemnisés. Certes, ils le furent mais dans de très mauvaises conditions de sorte que petits et moyens propriétaires se retrouvèrent dans l'incapacité de payer les affranchis qui, dans un premier temps, étaient restés au travail. Ceux-ci ne tardèrent pas à déserter en masse ce qui entraîna la ruine de leurs anciens maîtres. Les petites exploitations ne pouvant plus être mises en valeur furent liquidées. Leurs propriétaires étaient d'autant plus incités à le faire que le prix de la terre avait beaucoup augmenté dans la zone littorale[226].

Il était impossible aux Blancs paupérisés de se reclasser comme ouvriers agricoles car les grands planteurs préféraient bien évidemment employer des travailleurs immigrés payés à bas prix. Dans ces conditions, il ne leur restait plus guère que deux solutions possibles :

- ou bien s'établir dans les Hauts de l'île puisqu'à la faveur du plan Doret ils avaient la possibilité d'obtenir des concessions foncières gratuites à la Plaine des Palmistes et à la Plaine des Cafres ;
- ou bien émigrer, ce qui, comme le fait remarquer A. Bourquin, constituait une réponse tout à fait nouvelle à la paupérisation.

"Ce qui change à cette époque, écrit-il, c'est que les colons ruinés ne sont plus hostiles à l'idée de tenter, ailleurs, un autre départ. Voilà qui est significatif d'un changement d'attitude des Blancs prolétarisés. Jusqu'à l'Abolition, ils renâclaient à partir..."[227].

---

225 Alexandre Bourquin ; *Une catégorie sociale face à la révolution juridique : les Petits-Blancs de l'île de La Réunion* ; in Edmond Maestri ; *Esclavage et abolitions dans l'océan Indien* ; 2002 ; 456 pages ; p. 382.

226 Selon Defos Du Rau, citant Lacaze, la valeur totale des terres aurait plus que doublé entre 1821 et 1862. Cf. *L'île de La Réunion ...* ; p. 193.

227 Le projet des administrateurs locaux était à cette époque d'envoyer les Petits-Blancs aux îles St-Paul et Amsterdam. Cf. Alexandre Bourquin ; *Une catégorie sociale face à la révolution juridique : les Petits-Blancs de l'île de La Réunion* ; in Edmond Maestri ; *Esclavage et abolitions dans l'océan Indien* ; 2002 ; 456 pages ; p. 387.

La population "excédentaire" (par rapport aux besoins de l'économie de plantation) étant grossièrement délimitée, il est possible maintenant de voir les activités économiques auxquelles elle se livrait.

SECTION 3

L'ÉCONOMIE DE SURVIE

Elle regroupe l'ensemble des activités économiques déployées en dehors de l'économie de plantation par les personnes appartenant à l'excédent relatif de population et qui tentent par ce moyen de se procurer le minimum de subsistances. L'éventail des composantes de l'économie de survie est extrêmement large et va de la culture régulière d'un lopin de terre à la prostitution en passant par tous les petits métiers urbains auxquels s'adonnaient affranchis et Petits-Blancs. On examinera successivement le cas des uns et des autres.

3.1 - L'économie de survie des affranchis

S'il n'existe pas de statistiques indiquant l'importance des activités de survie après 1847, on dispose en revanche de quelques données sur les emplois occupés par les affranchis avant l'Abolition. Il est intéressant de les examiner car elles donnent une idée des possibilités d'insertion économique pour les esclaves qui accédèrent à la liberté.

3.1.1 - L'économie de survie des affranchis à la veille de l'Abolition

Le tableau ci-après indique les activités exercées par les 1 683 esclaves affranchis en 1844 dans les "vieilles" colonies (Martinique, Guadeloupe, Guyane, La Réunion).

Tableau 20 : Professions des affranchis en 1844

Professions	Moins de 14 ans		De 14 à 30 ans		De 30 à 60 ans		Plus de 60 ans		Total
	H	F	H	F	H	F	H	F	Total
Blanchisseuses		4		32		46		10	92
Charpentier	4		45		34		2		85
Colporteur				7		16		1	24
Cultivateur	30	32	31	50	53	74	16	13	299
Domestique	25	28	31	76	44	127	2	18	351
Journaliers			4	5	5	12	1		27
Maçon	2		12		17				31
Marchand	3	8	1	2		8			22
Modiste	5	24		95		45		2	171
Tonnelier			5		10				15
Autres métiers	8	3	30	0	48	2	2	1	111
Sans prof.	190	196	15	22	4	17	4	22	470
Total général	267	295	174	289	215	349	27	67	1 683

Sources : Ministère de la Marine et des Colonies ; *Tableaux de population, de cultures... pour 1844.*

Quatre situations typiques apparaissent.

- Le quart environ des nouveaux affranchis reste au service de leurs anciens maîtres comme blanchisseuses, domestiques...
- D'autres se dirigent aussi vers des activités artisanales (charpentiers, tonneliers, maçons...), ou commerciales (marchands, colporteurs)[228]. On peut inclure dans ce groupe les 111 personnes exerçant des métiers mal définis, l'ensemble forme alors environ le quart du total des affranchis.
- Un troisième groupe est constitué par les 299 "cultivateurs". On y trouve des exploitants qui ont pris des terres en location. Mais beaucoup d'affranchis ont aussi acquis des lopins *et des esclaves* pour les mettre en valeur. Ces anciens esclaves, devenus maîtres, possédaient déjà en 1836 environ 1/16 des terres cultivées et près de 1/8 des esclaves. Si la majeure partie de leurs terres était consacrée aux cultures vivrières, les superficies réservées aux *cultures de rente* n'étaient pas négligeables[229].
- Enfin, un dernier groupe d'affranchis était formé par les "sans profession" (28%). Il s'agit d'une population flottante, désœuvrée et vivant au jour le jour.

[228] Déjà en 1836, sur les 449 commerçants patentés à La Réunion, on comptait 68 "libres de couleur." Cf. *Notices statistiques sur les colonies françaises ;1838* ; p. 32.

[229] Les *Notices statistiques* indiquent que : "La culture du tabac est abandonnée aux Noirs et devient pour eux une branche intéressante de commerce. Cf. *Notices statistiques sur les colonies françaises ;* 1838 ; p. 94-95.

3.1.2 - Le reclassement économique des affranchis après l'Abolition

Il est commode d'opérer une classification reposant sur la distinction ville / campagne.

A - Le secteur de survie urbain

a - L'artisanat

Dans les villes, les affranchis qui, comme esclaves avaient pratiqué au profit de leurs maîtres des activités artisanales et possédaient un savoir-faire ("Noirs à talent"), purent après 1848 s'établir à leur compte. C'est ainsi que Patu de Rosemont constate le développement

> "...(d') une foule de petites industries qui ne pouvaient pas exister, ou du moins qui ne pouvaient pas prospérer, à l'époque de l'esclavage, lorsque le prix d'un Noir était moyennement de 1 500 à 2 500 F... C'est ainsi que nous voyons arriver, plus abondant et à meilleur compte sur nos marchés, un assez grand nombre d'objets de consommation... les producteurs et les consommateurs des objets qui se trouvent dans les échoppes ont beaucoup augmenté depuis l'émancipation des esclaves et l'arrivée successive des immigrants"[230].

Les esclaves devenus artisans indépendants avaient besoin d'aides, d'apprentis... Des affranchis purent donc s'intégrer dans l'économie par le biais de ces activités.

b - Le salariat libre

La croissance économique des années 1850 était créatrice d'emplois. Les engagés n'étant pas en nombre suffisant pour tout le travail à assurer, les employeurs durent embaucher des affranchis comme journaliers pour tous les travaux liés à la production du sucre, et en particulier pour le transport des produits importés et à exporter.

Pour avoir une idée de l'accroissement de la main-d'œuvre nécessaire pour cette tâche, il suffit de rappeler que l'île n'ayant aucun port naturel, les navires devaient stationner au large. Toute une flottille de canots faisait le va et vient avec les débarcadères de la côte pour acheminer les produits. Les opérations demandaient un temps considérable et une main-d'œuvre abondante.

---

[230] Patu de Rosemont : *Rapport au Comice agricole de Sainte Suzanne...* op. cit. p. 32.

Or, entre 1852 et 1860 la quantité de sucre exportée par l'île est passée de 29 495 à 68 464 tonnes. D'autre part, comme la population de l'île avait beaucoup augmenté, il fallut importer en conséquence. Ainsi, en 1853, il a été débarqué à La Réunion 24 659 tonnes de marchandises françaises et 29 484 tonnes de marchandises étrangères. En 1859, ces tonnages ont respectivement été portés à 36 734 et 56 851, soit une augmentation globale de 73%.

Au cours de la période considérée, aucun progrès technique n'ayant été réalisé dans l'île pour les équipements maritimes et portuaires, c'est grâce à un accroissement de main-d'œuvre que les navires ont pu être chargés et déchargés. Nombre d'affranchis furent embauchés comme porteurs, magasiniers, manutentionnaires, dockers, marins....

c - La prostitution

À partir de 1852, les femmes qui se livraient à la prostitution furent tenues de se faire inscrire officiellement. Il est donc possible de se faire une certaine idée de cette activité.

Tableau 21 : Classification des prostituées (1852-1863)

Dates des inscriptions	Catégories				Age				
	Blan-che	Affr-anch.	Indi-enne	Malg-ache	15 à 20	20 à 25	25 à 30	30 à 40	40 à 50
De juin 1852 à juin 1853	61	235	5	4	127	79	55	30	1
De juin 1853 à janvier 1863	10	270	7	5	124	87	48	18	2

Sources : S. Fuma ; *L'abolition de l'esclavage à La Réunion* ; 1998 ; p. 99.

Les chiffres du tableau sont probablement en dessous de la vérité. Selon les rapports de la police, St-Denis comptait en 1863 plus de 1 000 prostituées pour une population totale de 30 000[231]. Mais la proportion, énorme cette fois, est sûrement exagérée. Il est impossible de dire où se trouve la vérité. En fait, la seule certitude qui puisse être tirée de ce tableau, c'est que la prostitution était une activité exercée essentiellement par des affranchies (92%) âgées de 15 à 30 ans.

Le phénomène s'explique par la grande misère dans laquelle vivaient les anciennes esclaves (offre) et par le déséquilibre croissant de la répartition de la population par sexes (demande) : près de 90% des travailleurs immigrés qui arrivèrent à La Réunion après l'Abolition étaient des hommes et la disproportion hommes / femmes,

---

[231] Sudel Fuma ; *L'abolition de l'esclavage à La Réunion* ; Océans Éditions ; 1998 ; pp. 98-100.

déjà importante au temps de l'esclavage, ne fit qu'augmenter. Dans ces conditions il était facile aux femmes de vivre de la prostitution s'il le fallait.

B - L'agriculture domestique de survie

Après l'Abolition, beaucoup d'affranchis se rendirent dans les hauts des propriétés ou encore dans les nouvelles zones ouvertes à la colonisation agricole. Dans une lette adressée au Directeur de l'intérieur, le maire de Ste-Suzanne écrit à propos des affranchis :

> "En 1849, cette population s'élevait dans la commune (de Ste-Suzanne H. H. Q) au chiffre de 8 445 individus. Aujourd'hui l'état récapitulatif des recensements ne produit qu'un ensemble de 1 882 indigènes... la différence de près de 2/3 qui existe aujourd'hui entre le chiffre cette population et celle de 1849 s'explique, en partie, par une large émigration à Salazie et à la Plaine des Palmistes[232]".

Quel était le statut économique de ces affranchis ?

a - Les propriétaires parcellaires

Un petit nombre d'affranchis put se réinsérer dans la société en achetant des lopins de terre avec l'épargne qu'ils avaient amassée durant les années de servitude ou / et avec les salaires gagnés pendant le salariat obligatoire[233]. Tous ces achats ayant été enregistrés et réglés comptant, il est facile d'en connaître le nombre et la valeur. Patu de Rosemont a pu dénombrer 1 208 accessions à la propriété au cours des quatre années qui suivirent l'Abolition[234]. La valeur des terrains était infime. D'autres affranchis purent aussi devenir propriétaires grâce au crédit. Mais les actes de vente n'étant enregistrés que lorsque les remboursements étaient terminés, il est difficile d'en connaître le nombre.

Ces nouveaux propriétaires formaient une paysannerie parcellaire qui se livrait à des activités de survie (élevage, culture vivrière, artisanat...). Il s'agissait d'une économie domestique, car elle reposait

---

232 Lettre du 30 août 1860, citée par S. Fuma in *L'abolition de l'esclavage à La Réunion* ; 1998 ; pp. 159-160. Cf. A. D. R. 152 Ml.

233 À partir de 1840 surtout, un certain nombre de textes officiels vinrent modifier quelque peu la condition servile. Il devint possible pour les esclaves de devenir propriétaires, de gagner un salaire, de racheter leur liberté... Ces textes furent rassemblés pour former le nouveau Code Noir de 1846.

234 Patu de Rosemont : Rapport au Comice agricole de Sainte Suzanne... op. cit. p. 40.

sur l'utilisation exclusive de la main-d'œuvre familiale, et "de subsistance" dans la mesure où la production était d'abord destinée à couvrir les besoins de la consommation familiale. Seul le surplus était porté au marché et donnait naissance aux activités que l'on classerait aujourd'hui dans le "secteur informel".

b - Les colons partiaires d'origine servile

Les affranchis qui désiraient accéder à la terre mais ne disposaient ni de fonds ni de crédits, ne pouvaient y parvenir qu'en prenant des terres en location à titre de colons partiaires. Par exemple, à St-Leu, le maire constate :

> "Pour obéir à la loi, ils (les affranchis) durent contracter des engagements, et ils choisirent les conditions qui leur offraient le travail le moins pénible et surtout le moins assujettissant. Ils désertèrent les grands ateliers et se répandirent volontiers sur les propriétés où un sol médiocre était resté sans culture. Ils prenaient des fermages à moitié de revenus. Mais ce qu'ils ambitionnaient avant tout c'était d'avoir un lieu pour y établir une demeure, y élever des animaux domestiques et y vivre en famille sans se préoccuper de l'avenir, ni souvent même d'assurer leur subsistance par des cultures bien entretenues"[235].

Le fait intéressant ici est que beaucoup d'affranchis se sont installés dans les *hauts des propriétés* c'est-à-dire la zone inculte située juste au-dessus des plantations de canne et jusque-là très peu occupée par les Petits-Blancs[236].

La superficie moyenne des terres louées en colonage ne dépassait pas un hectare[237]. Les affranchis devenus colons partiaires vécurent donc dans des conditions misérables en pratiquant une agriculture vivrière de survie. Patu de Rosemont décrivait leur mode d'existence dans les termes suivants :

---

235 Chateauvieux : *Histoire de St Leu* ; St Denis ; Lefort ; 1865 ; p. 36.

236 Parlant de l'occupation du "... no *man's land* des hauts des propriétés qui formaient entre les cirques et les plaines et le littoral une barrière pratiquement infranchissable", Yves Pérotin écrit : "Les anciens esclaves semblent s'y être généralement installés, tout d'abord pour faire du jardinage plus ou moins toléré, contre la ristourne d'une part des fruits aux propriétaires ; puis, la canne étendant son champ, les occupants devinrent colons des hauts de propriétés, régime qui put être adopté par des Blancs"; Cf. *Le prolétariat blanc à Bourbon avant l'émancipation des esclaves* ; Recueil de documents et travaux inédits pour servir à l'histoire de La Réunion ; nouvelle série n° 3 ; 1959 ; p. 208.

237 Patu de Rosemont : *Rapport au Comice agricole de Sainte Suzanne*... op. cit. ; p. 41.

"... l'absence à peu près complète de discipline régulière et de travaux continus, la culture des vivres et l'éducation des animaux domestiques... En outre, beaucoup d'affranchis font à Salazie des plantations de maïs, de haricots, de pomme de terre etc. en donnant une portion convenue aux propriétaires de terres" [238].

Le colonat partiaire qui se développa au cours de la période considérée présentait deux nouveautés par rapport à celui qui existait jusque-là.

- Alors qu'auparavant les colons partiaires se recrutaient exclusivement parmi les Petits-Blancs paupérisés, désormais c'était les affranchis qui adoptaient ce statut social.
- Alors qu'auparavant, le colonage partiaire était utilisé par les propriétaires fonciers comme moyen de préservation du droit de propriété, à partir de 1848 il devint pour eux un moyen de mettre en valeur leurs terres restées jusqu'alors incultes parce que trop pauvres[239].

C - Instabilité économique et sociale

Le but de la description qui vient d'être faite est de dresser un tableau de l'éventail des possibilités d'insertion économique qui s'offraient aux affranchis après l'Abolition. On ne doit pas en déduire que les anciens esclaves s'étaient, chacun, cantonnés à l'exercice d'une profession ou d'un nombre limité de professions. C'est l'inverse qui est vrai : l'instabilité des situations était la règle et dans une seule et même famille les différents membres s'adonnaient à divers métiers. Une enquête de terrain retraçait l'histoire économique d'une famille représentative d'affranchis dans les termes suivants :

"Quand l'émancipation fut proclamée, le 20 décembre 1848, Julien P... changea son titre d'esclave contre celui de citoyen. Il resta néanmoins chez son patron et continua son métier de

---

[238] Patu de Rosemont : *Rapport au Comice agricole de Sainte Suzanne...* op. cit. ; p. 20. Defos du Rau souligne que c'est surtout la culture du maïs, nourriture habituelle des esclaves, qui est pratiquée. Cf. *L'île de La Réunion...* p. 215.

[239] Patu de Rosemont décrit dans les termes suivants l'activité des affranchis devenus colons partiaires "... (Ils) sont employés ... comme colons partiaires chez de petits propriétaires ayant une certaine quantité de terres et qui naguère, ne possédant que peu ou point d'esclaves, étaient forcés de les laisser en friches. Là, travaillant à leur aise, et quelques fois en commun avec leurs engagistes, ils font des plantations de vivres et parfois même de cannes... des terres autrefois incultes, fournissent actuellement des grains, des racines, ou même quelques denrées qui augmentent d'autant la production coloniale.": *Rapport au Comice agricole de Sainte Suzanne...* op. cit. ; p. 30-31.

pompier (il s'agit d'actionner une pompe à vesou H. H. Q.) pour un salaire de 7 F. 50 par mois, sans compter la nourriture et le logement. En 1850, P. , congédié ... entra aux mêmes conditions comme cultivateur chez un juge de paix de St-André. Il était occupé à planter le maïs et à *gratter* les cannes, c'est-à-dire à ameublir la terre à leur pied. En 1851, P. entre à St-Denis comme cuisinier chez un capitaine au long cours. Il reçoit un salaire de 20 F., et il est de plus nourri et logé. Au bout de six mois, son capitaine ayant repris la mer, il entre comme garçon dans un magasin de tissus à 30 F. par mois et la nourriture. Il y reste jusqu'en 1854, époque où il vient travailler comme maçon à la construction du bazar ou marché de St-Denis avec un salaire de 1 F. 50 par jour. Il quitte bientôt cette nouvelle position pour entrer comme domestique à la loge des francs-maçons, moyennant 40 F. par mois, en outre de la nourriture et du logement. Sorti de là, il s'emploie comme tailleur de pierre dans les travaux de la cathédrale de St-Denis au prix de 2 F. 50 par jour ; il entre ensuite chez un tailleur d'habits comme commis à 45 F. par mois et le logement. Grand ami du changement comme les esclaves affranchis... P. se retrouve en 1860 sur la route de St-Gilles, employé comme maçon et casseur de pierres, et cultivant, dans ses moments de loisir, un petit champ de maïs. L'année 1861 l'a vu arriver à St-Paul, où il se loue comme domestique dans les maisons aisées et travaille dans les usines comme maçon vers l'époque de la *roulaison*. En 1850, à l'âge de 24 ans, l'ouvrier a épousé à St-Denis une ancienne esclave, une négresse, affranchie comme lui en 1848... elle continue à exercer avec assez de profit son métier de blanchisseuse, qu'elle n'a pas abandonné... Dans la famille ici décrite, l'ouvrier déjà endetté, ne pourrait sans le travail de sa femme, soutenir sa famille. Il n'a que des filles, et le relâchement des mœurs coloniales fera peut-être qu'elles rechercheront un jour, ailleurs que dans le travail, des moyens de subsistances pour elles et pour leurs parents"[240].

Pour autant qu'il décrit correctement la réalité, le texte précédent confirme l'existence de deux systèmes de salaires différents, l'un concernant les engagés et l'autre les travailleurs locaux. Il indique aussi la succession de deux phases dans l'évolution des salaires versés

---

240 La citation est tirée de l'enquête de terrain réalisée par L. Simonin entre mars et juillet 1864 à La Réunion. Elle est publiée sous le titre *Mulâtre affranchi de l'Ile de La Réunion in* Frédéric Le Play ; *Les ouvriers des deux mondes* ; 1865 ; p. 168 - 169. La *roulaison* est l'époque qui va du début de la coupe de la canne à la fin de la fabrication du sucre.

à la main-d'œuvre locale (c'est - dire affranchis et Blancs paupérisés) après l'Abolition. Jusqu'à la fin du salariat obligatoire des affranchis (1851), les salaires restent très faibles. Ils augmentent considérablement ensuite pour dépasser largement ceux des Indiens engagés dans les plantations (10 F. par mois + nourriture et logement).

Cette évolution, liée à la pénurie de travailleurs locaux disposés à devenir salariés, constitue un facteur explicatif à la fois de la désertion de certains engagés et du recours systématique des planteurs à l'importation d'ouvriers étrangers. Cette solution leur permettait en effet d'alimenter leurs exploitations en main-d'œuvre à bon marché, le prix de celle-ci étant compris entre le coût d'entretien des anciens esclaves et le salaire à verser à la main-d'œuvre libre locale.

Le schéma ci-après récapitule les divers processus économico-sociaux ayant abouti à la création de l'excédent relatif de population d'origine servile et décrit les divers reclassements économiques.

Schéma 2 : L'excédent relatif de population d'origine servile et son reclassement

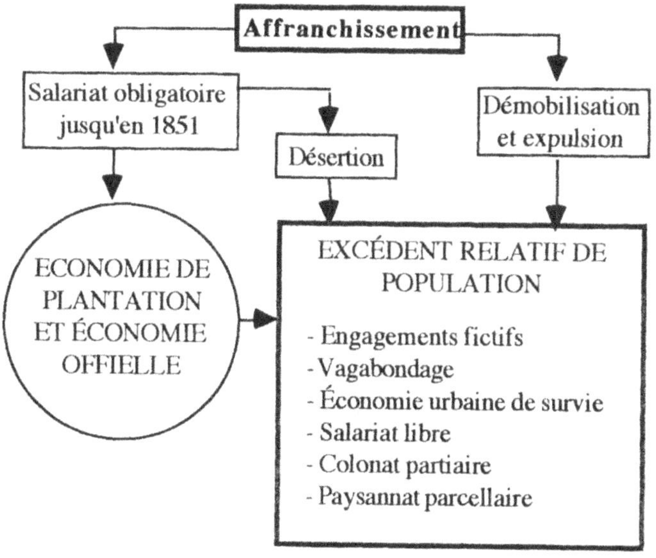

3.2 - L'agriculture de survie des Blancs paupérisés

Au début des années 1850, les pouvoirs publics avaient lancé un plan de développement des Hauts dans le but de reclasser les Petits-Blancs tout en donnant à l'île une indépendance alimentaire. On examinera successivement l'activité agricole déployée à la Plaine des Palmistes, à la Plaine des Cafres et dans le cirque de Salazie.

3.2.1 - L'échec du plan de développement des Hauts

Le vœu de l'administration était de faire de la Plaine des Palmistes un centre de polyculture vivrières et 270 concessions de terres furent attribuées en 1852 à des colons Blancs avec obligation de les mettre en valeur. Or, une enquête officielle de 1854 montre qu'un cinquième seulement des concessionnaires avaient satisfait à leurs obligations. Beaucoup de tentatives se soldèrent par des fiasco à cause de l'infertilité des terres mais aussi du manque de main-d'œuvre et de capital[241].

En 1858, 198 concessionnaires furent déchus de leurs droits et, en 1860, moins de 800 hectares étaient mis en valeur. La répartition par culture était la suivante.

Tableau 22 : Cultures à la Plaine des Palmistes en 1860 (ha)

Café	Maïs	Patates	Légumes secs	Pommes de terre	Songes	Tabac
3	100	20	50	400	100	105

Sources : N. Fontaine ; *La colonisation de la Plaine des Palmistes et de la Plaine des Cafres de 1848 à 1872*. Mémoire de maîtrise d'Histoire; 1988 ; Université de La Réunion. p. 147.

En fin de compte, la production de la Plaine des Palmistes permettait sans doute de nourrir les colons qui s'y étaient implantés et dont le nombre s'élevait en 1859 à 1 700 environ, mais pas d'alimenter la population des Bas de l'île.

À la Plaine des Cafres, que l'administration voulait transformer en centre d'élevage, les résultats furent encore pires. En 1858, la population ne dépassait pas 72 habitants (concessionnaires et employés compris) et la plupart des propriétaires ne résidaient pas sur leurs exploitations. En 1860, le troupeau rassemblait tout au plus

[241] Selon J. Defos du Rau "le riz ne poussa pas, le blé vint mal, le maïs mettait 8 à 9 mois à mûrir et était médiocre, les fruits d'Europe restaient verts et aigres ; on comptait beaucoup sur le café : ce fut un échec..." ; *L'Ile de La Réunion*... op. cit. ; p. 167.

2 000 têtes de bétail[242]. Or, la population totale de l'île s'élevait cette année-là à 178 000 personnes. On était très loin du compte.

En définitive, le plan de colonisation des Hauts, qui devait permettre de réaliser dans l'île une économie intégrée combinant produits vivriers dans les Hauts et produits d'exportation dans les Bas, fut un échec. Il permit néanmoins d'amorcer la création, à la Plaine des Palmistes, d'un petit centre peuplé de Petits-Blancs pratiquant l'agriculture de survie en tant que producteurs indépendants.

3.2.2 - Le cirque de Salazie

Le tableau ci-après retrace l'"explosion démographique" dont le cirque fut le théâtre. En sept ans, la population est multipliée par 2,6.

Tableau 23 : Population de Salazie (1852-1860)

1852	1853	1854	1855	1856	1857	1858	1859	1860
1 661	2 795	3 147	3 309	3 644	3 804	4 373	4 373	4 585

Sources : Delabarre de Nanteuil ; tome 4 ; p. 376.

Cette population était constituée essentiellement de "gens pauvres mais généralement honnêtes" qui cultivaient eux-mêmes leurs terres sans employer d'engagés[243]. On ne connaît pas leur autoconsommation. En revanche, quelques statistiques existent sur les denrées qu'ils commercialisaient à l'extérieur du cirque.

Tableau 24 : Denrées alimentaires sorties du district de Salazie en 1859

Maïs	279 800 Kg
Haricots	199 045 Kg
Pommes de terre	109 547 Kg
Légumes	70 440 paquets
Café	4 745 Kg
Volailles	33 101
Fruits	5 030 (?)
Porcs	108
Cabris et moutons	21
Oeufs	4 557
Tabac	6 524 Kg
Riz	5 106 balles
Rhum	51 196 litres

Sources : Delabarre de Nanteuil ; tome 5 ; p. 163.

---

242 Selon N. Fontaine ; op. cit. p. 153. Mais d'après Defos du Rau, il y avait "au maximum 1 200 têtes". Cf. *L'Ile de La Réunion*... op. cit. ; p. 167.

243 Delabarre de Nanteuil ; tome 5 ; p. 163.

La "valeur des produits nets" tirés du cirque s'élevait à 271 025 F. pour une population totale de 4 373. Le produit moyen annuel par habitant atteignait donc à 62 F. soit 5 F. 16 par mois. Il est intéressant de rapprocher ce dernier chiffre du salaire des engagés (nourriture + vêtements + logement + 10 à 12 F. par mois pour les engagés africains) même si les deux montants ne sont pas parfaitement comparables. Il apparaît ainsi que si l'économie de survie s'étendait dans l'espace, elle ne procurait à ceux qui s'y adonnaient qu'un très médiocre niveau de vie.

Les raisons tiennent d'abord aux données naturelles. Les Hauts constituent une région montagneuse coupée du reste de l'île, boisée, très accidentée, où n'existe qu'un sol aride et rocailleux. Pour y créer des exploitations agricoles rentables, il aurait fallu commencer par les désenclaver.

Un second facteur défavorable tenait au fait que la population des Hauts était composée d'exclus de la société de plantation. Pour travailler, ils ne disposaient que d'instruments de travail rudimentaires.

Enfin, le but de l'activité économique se résumant à la satisfaction des besoins immédiats et souvent à la simple survie quotidienne, rien ne poussait les producteurs à produire au-delà du nécessaire. Dans ces conditions, la reproduction économique ne pouvait que se répéter à la même échelle. Toute croissance était exclue[244].

---

244 Parlant de Salazie, Delabarre de Nanteuil écrivait : "... il est certain que, depuis longtemps déjà, sa production est restée stationnaire". Cf. Delabarre de Nanteuil ; op. cit. ; tome 5 ; p. 162.

CONCLUSION D'ÉTAPE 1

1 - **Résurgences esclavagistes**. L'esclavage, officiellement aboli à La Réunion le 20 décembre 1848, ne cessa pas du jour au lendemain, mais perdura sous des formes atténuées (travail imposé aux affranchis pour assurer la continuité de la production au moindre coût) ou masquées avec les résurgences esclavagistes qui se manifestèrent pendant une décennie à l'occasion des recrutements opérés en Afrique de l'Est. Et même après l'interdiction formelle prononcée par l'Empereur en 1859, la traite esclavagiste ne cessa pas complètement car une circulation détournée, passant par les Comores et Nossi-Bé, continua d'apporter un petit nombre de captifs à La Réunion.

2 - **Une décomposition sociale complexe**. La transformation du système social déclenchée par l'Abolition ne s'effectua pas de façon simple en ce sens que tous les maîtres et esclaves d'avant 1848 ne devinrent pas respectivement capitalistes et salariés ou bien encore petits planteurs de canne indépendants produisant pour les sucreries. Beaucoup de maîtres ruinés rejoignirent les rangs des Petits-Blancs paupérisés tandis qu'un grand nombre d'affranchis désertèrent ou furent expulsés de l'économie de plantation. Contrairement aux Antilles, où les pouvoirs publics locaux avaient procédé à une réforme foncière pour doter les affranchis de lopins, rien de tel ne fut fait à La Réunion. Les esclaves y furent libérés sans recevoir aucun moyen d'existence. Quelques uns purent se reclasser comme petits producteurs indépendants mais cette issue était impossible pour la grande masse car il n'existait plus aucun espace sans maître dans toute l'île : toutes les terres étaient déjà la propriété juridique de particuliers ou de l'État. En procédant à ce mode d'affranchissement, le but des pouvoirs publics était d'obliger les anciens esclaves à se mettre sous la dépendance des planteurs. Beaucoup préférèrent vivre à la périphérie de l'économie de plantation en organisant divers systèmes de

subsistance plutôt que de se plier à la nouvelle forme de soumission économique qu'était le salariat.

3 - Difficulté de la conversion des esclaves en salariés. L'abolition de l'esclavage, en transformant les esclaves en hommes libres et dépossédés de tous moyens de production, avait posé les conditions économiques de base du salariat. Mais trois freins ralentissaient la conversion sociale des anciens esclaves en salariés :

- frein psycho-sociologique : beaucoup d'affranchis refusant les conditions de vie et de travail dans les exploitations sucrières préférèrent déserter pour se reconvertir comme colons partiaires, paysans parcellaires... Certes, en choisissant ces options, ils n'amélioraient pas leur situation économique. Mais au moins ils devenaient libres. Pour garantir la continuité de la production, le gouvernement institua le salariat obligatoire dans les premières années qui suivirent l'Abolition.
- frein économique : la réouverture du bassin de main-d'œuvre indien et la suppression du Code Noir permirent aux planteurs de La Réunion de licencier les affranchis peu productifs pour les remplacer par des engagés étrangers plus aptes au travail.
- frein monétaire : le manque de numéraire et les retards pris dans le paiement de l'indemnité coloniale empêchèrent les petits planteurs de disposer de fonds pour le paiement des salaires.

4 - La persistance de la fracture sociale. Les désertions d'affranchis, leur licenciement par les anciens maîtres et le recours massif à l'immigration contractuelle expriment le fait que la fracture sociale instaurée et ancrée par le système esclavagiste persista bien au-delà de 1848. Le clivage entre Blancs-libres d'un côté et Noirs-affranchis de l'autre traduit une répulsion sociale réciproque qui, pour n'être peut-être pas tout à fait générale et systématique, n'en était pas moins profonde et extrêmement répandue. En 1861, L. Simonin notait d'ailleurs dans son enquête de terrain que :

> "Une ligne de démarcation profonde existe toujours à l'Ile de La Réunion entre les gens de couleur et la race blanche. Cette ligne, P. et sa femme n'ont aucune envie, aucun pouvoir de la franchir ; mais, en eussent-ils les moyens, les mœurs de la colonie les empêcheraient de prendre rang dans la classe au-dessus de la leur.... Malgré l'affranchissement, la délimitation des classes est toujours très nettement marquée à La Réunion. Les Noirs et les mulâtres ne sont pas admis dans la bonne société : on ne leur présente même pas la main... Les hommes

de couleur souffrent amèrement de cette oppression morale dont ils sont victimes...[245].

5 - Immigration contractuelle et développement du salariat contraint. La désertion des affranchis, pour avoir été sans doute importante, ne permet pas, à elle seule, d'expliquer le recours massif aux immigrants engagés. Trois autres causes ont aussi joué en même temps. D'une part le manque chronique de main-d'œuvre lié à la diminution constante du nombre des esclaves depuis 1830. D'autre part, pour disposer d'une main-d'œuvre efficace, les grands planteurs avaient intérêt à remplacer les affranchis peu productifs (femmes, enfants, vieux) par des engagés robustes. Enfin, le maintien de la compétitivité du sucre de canne face au sucre de betterave passait par la maîtrise des coûts salariaux. Celle-ci fut obtenue par l'engagement d'immigrés contractuels. Dès lors, un mécanisme d'attraction-répulsion des travailleurs migrants put entrer en action grâce auquel les planteurs parvinrent à freiner l'augmentation des salaires, et donc à préserver la compétitivité de leur sucre.

Énoncé de manière abstraite, cela revient à dire que la concurrence sur le marché du sucre constitua l'un des facteurs fondamentaux qui conduisirent les planteurs de La Réunion à recourir au salariat contraint avec rotation de main-d'œuvre. Il existe ainsi une relation étroite entre la forme particulière prise par le rapport social de production à La Réunion et les conditions de la concurrence sur le marché du sucre.

La généralisation du salariat contraint, qui devient après 1848 le rapport social de production dominant, provoque une brutale accélération de la transition de l'économie locale vers le capitalisme alors qu'elle reposait jusque-là presque entièrement sur le mode de production esclavagiste.

6 - Engagisme et esclavage. L'engagisme n'est qu'une des formes historiques de ce que Y. Moulier Boutang a appelé le *travail dépendant* (comprenant, entre autres, le servage, l'esclavage, le péonage, le salariat libre etc.)[246]. Pour se faire une opinion sur sa véritable nature, une discussion théorique est indispensable. Il est ici important d'insister sur l'idée que pour caractériser un système économique, il est erroné de se référer uniquement aux conditions de travail et de vie des producteurs : le critère fondamental à prendre en

---

245 L. Simonin ; *Mulâtre affranchi de l'Ile de La Réunion* ; in Le Play ; *Les ouvriers des deux mondes* ; op. cit. ; p. 160 et 186.

246 Y. Moulier Boutang ; *De l'esclavage au salariat* ; op. cit. ; cf. en particulier p. 90 ; 168-169 ; 525-529.

considération est celui de la nature des rapports sociaux de production (réseau de relations économiques et sociales qui lient les acteurs concourant à la production) et des rapports de répartition qui en découlent.

Cela étant, il était tout aussi indispensable d'examiner ce qui, dans le domaine *pratique*, distinguait les esclaves et les engagés *des plantations de La Réunion.* L'examen des faits montre que même si les engagés indiens connaissaient des conditions de travail et de vie rappelant celles des esclaves, il est erroné d'assimiler les uns aux autres.

Dans l'immense majorité des cas, les contrats d'engagement étaient pris *volontairement* : malgré les interdictions officielles de nombreux candidats à l'émigration venant des possessions britanniques limitrophes de Pondichéry et Karikal traversaient clandestinement les frontières pour aller offrir leur force de travail aux recruteurs[247].

Et qu'en était-il des conditions de transport ? Pendant la période esclavagiste, aucun texte législatif n'encadrait l'importation d'engagés indiens qui était laissée à la libre initiative individuelle[248]. Après l'Abolition, la décision prise par les planteurs et les autorités locales de recourir systématiquement à l'immigration contractuelle rendit indispensable la création d'un cadre juridique de référence. Certes, cette réglementation ne fut pas toujours scrupuleusement respectée, loin s'en faut[249]. Mais on ne peut en tirer argument pour affirmer que, d'une façon générale, l'introduction des engagés indiens à La Réunion se fit dans des conditions proches de la traite esclavagiste. Affirmant que "le *coolie trade* français n'est pas une nouvelle traite", J. Weber fait remarquer que

> "... les taux de mortalité moyens sur les *coolie ships* français sont très faibles : sur les 43 navires ayant transporté entre 110 et 160 jours, 22 157 *coolies* des comptoirs aux colonies d'Amérique entre 1853 et 1861, on déplore 597 décès, soit un taux de mortalité de 2,7%. On est très loin des 10 à 15% de perte sur les négriers du 18ème siècle, qui restaient en mer quarante à soixante jours environ... Pendant toute la période du *coolie trade*, entre 1848 et 1889, alors que plus de 130 000 *coolies* ont été transportés des comptoirs de l'Inde à La Réunion, aux Antilles et en Guyane, on ne constate aucune révolte à bord, ce qui permet de penser que les départs étaient

---

247 Cf. L. Wickers ; *L'immigration réglementée....* op. cit..

248 Un arrêté du 10 novembre 1843 avait prescrit un ensemble de mesures pour protéger les émigrants pendant le voyage mais il s'appliquait aux coolies chinois seulement.

249 Cf. Sully-Santa Govindin ; *Les engagés indiens... op. cit.* pp. 58-73.

dans la quasi-totalité des cas volontaires et que les conditions de voyage étaient acceptables"[250].

Sans aller jusqu'à dire, comme le fait Weber, qu'une mortalité de 2,7% est "très faible" (!), on peut cependant admettre avec lui qu'il n'est pas possible de situer sur un même plan les conditions de transport réservées respectivement aux immigrants indiens et aux esclaves.

Enfin, il est également impossible de confondre engagisme et esclavage parce que la législation du travail qui s'appliquait aux engagés n'était en aucune manière assimilable au Code Noir.

7 - L'interdiction pour le salarié de rompre son contrat de travail.

Cette interdiction a été instituée pour éviter qu'après leur arrivée dans l'île, les immigrés ne puissent se livrer à d'autres activités que celles pour lesquelles on les avait fait venir. En effet, s'ils avaient été des salariés libres, rien ne les auraient empêché de démissionner en arrivant. Dès lors, non seulement les fonds engagés pour les recrutements auraient été perdus, mais une masse de sans-travail se serait aussi formée qui aurait constitué une source de problèmes de tous ordres. Seule une interdiction des ruptures de contrat de travail pouvait permettre aux engagistes d'amortir leurs investissements tout en évitant d'avance la menace des désordres publics.

8 - Croissance et prospérité. Selon A. Schérer, les années 1850-1860 constituent une période de "réelle prospérité". Certes, mais pour qui ? et à quel prix ? En réalité, l'économie de survie, qui occupait la majeure partie de la population de l'île, ne connaissait et ne pouvait connaître aucune croissance économique, aucune prospérité. Et à l'intérieur même de l'économie de plantation, toutes les productions coloniales classiques furent progressivement éliminées. Quant au secteur vivrier, il n'était plus à même de nourrir les engagés. Il fallait importer les denrées alimentaires. La prospérité dont parle Schérer n'a pas profité à la masse des engagés, ni à celle des Petits-Blancs et des esclaves affranchis. On a donc plus affaire à une croissance excluante qu'à une "réelle prospérité".

De manière synthétique, la transformation des structures économico-sociales qui s'opéra après l'Abolition peut être représentée à l'aide du schéma suivant.

---

[250] Cf. Jaques Weber ; *Les Conventions de 1860 et 1861 sur l'émigration indienne. Principes humanitaires, enjeux économiques et politiques* ; in *Cahiers des Anneaux de la Mémoire* ; n° 2 ; Nantes 2000 ; p. 142.

Schéma 3 : La transformation des systèmes économiques après l'Abolition

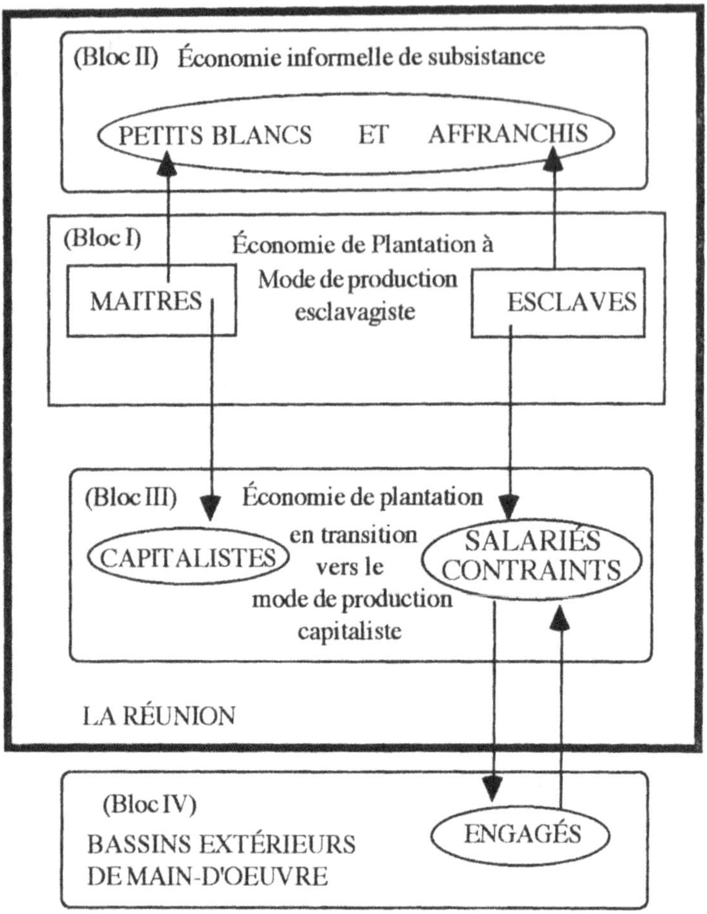

Avant 1848, la formation économique et sociale de La Réunion était constituée essentiellement par une économie de plantation à mode de production esclavagiste (Bloc I) avec, à sa périphérie, diverses économies de subsistance (Bloc II) regroupant uniquement des Petits-Blancs.

Après 1848, l'éclatement du mode de production esclavagiste entraîne l'accélération de la transition vers le capitalisme (Bloc III) qui avait commencé à apparaître en 1828 après l'arrivée des premiers convois d'engagés à La Réunion. Aux affranchis qui deviennent salariés, viennent s'adjoindre les nouveaux engagés immigrés (Bloc IV). Si la transition vers le capitalisme s'accélère, le nouveau régime économique ne présente pas une forme "classique". En effet, d'une part, le régime de travail ne repose pas sur le salariat libre mais *contraint*. D'autre part, la branche industrielle reste embryonnaire : elle est limitée à la production du sucre et utilise des techniques de fabrication qui se situent à mi-chemin entre les méthodes artisanales et le machinisme propre au capitalisme industriel moderne.

En même temps, les maîtres ruinés et une masse d'affranchis montent dans les Hauts de l'île (Bloc II) pour vivre misérablement de l'économie de subsistance.

9 - Le rôle de l'État. La révolution économico-sociale fut organisée et conduite par l'État. La mise en place du nouveau cadre institutionnel fut rapide et ne provoqua pas de crise profonde. C'est que la transition vers le capitalisme avait déjà été amorcée deux décennies avant l'Abolition. À partir de 1848, l'État développa les embryons de capitalisme et les compléta pour faciliter l'accouchement de la nouvelle société. Au début des années 1852, les pièces essentielles du nouveau système économique sont en place :

- Un peu plus du tiers des esclaves a pu être stabilisé comme salariés contraints. Les deux autres tiers sont rejetés dans les rangs de l'excédent relatif de population.
- La réouverture des bassins de main-d'œuvre permet aux planteurs de l'île de s'y brancher de nouveau pour drainer des travailleurs à bon marché.
- Une législation du salariat contraint a été progressivement élaborée et affinée.
- Fiscalité, monnaie et crédit ont été réorganisés.
- Un plan de développement des Hauts est arrêté pour rééquilibrer la production de l'île en créant un secteur de production vivrière et ce plan devait en même temps permettre d' atténuer la misère des Petits-Blancs.

DEUXIÈME PARTIE

RÉGULATION DU SALARIAT PREMIÈRE CRISE ET DÉBUTS DE L'IMMIGRATION LIBRE (1860-1881)

Au cours de ces deux décennies, le cadre général dans lequel l'économie de La Réunion fonctionnait jusque-là fut bouleversé. Globalement, les changements introduits, tant au niveau institutionnel que financier, créèrent les conditions d'une croissance plus forte du secteur sucrier (chapitre 5). Cependant, contrairement aux espérances des planteurs, l'île se trouva bientôt plongée dans une longue et profonde crise sucrière à laquelle vint s'ajouter une crise monétaire (chapitre 6). Il s'ensuivit une série de bouleversements économiques et sociaux (chapitre 7).

CHAPITRE 5

LA TRANSFORMATION DU CADRE ÉCONOMIQUE GÉNÉRAL

Au début des années 1860, le cadre juridique des relations économiques et financières entre la France et La Réunion est transformé (section 1) ; par ailleurs des accords sont conclus avec l'Angleterre pour organiser l'émigration de travailleurs indiens vers les colonies françaises (section 2) ; enfin un système de crédit foncier est mis en place pour faciliter l'accumulation du capital (section 3).

SECTION 1

LE NOUVEAU CADRE DES RELATIONS COMMERCIALES ET FINANCIÈRES AVEC LA MÉTROPOLE

1.1 - La fin du pacte colonial

À partir du milieu du 19ème siècle, le protectionnisme commença à reculer au profit du libre-échange parce que la diffusion de la Révolution Industrielle bouleversait toutes les données économiques en Europe. Les progrès techniques décuplaient les capacités productives des usines, lesquelles réclamaient toujours davantage de matières premières aux prix les plus bas possibles. Pour écouler la masse grossissante des produits, il fallait des marchés sans cesse plus étendus. Le système protectionniste, qui compartimentait l'espace économique en territoires cloisonnés, n'était plus adapté à ces nouvelles données.

À partir de 1846, à l'initiative de l'Angleterre et sous l'impulsion des théories économiques libérales (Smith, Ricardo, Stuart Mill), les pays capitalistes les plus avancés s'orientèrent les uns après les autres vers le libre-échange. En France, le renversement de politique commerciale débuta avec la signature du traité de commerce avec l'Angleterre (23 janvier 1860). Puis, le Pacte Colonial, déjà sérieusement écorné par l'ordonnance du 18 octobre 1846, fut supprimé en 1861. La raison essentielle tient au bouleversement des conditions de la production du sucre : en métropole, la croissance de l'économie betteravière était continue, et en 1860 l'offre de sucre de betterave (101 000 tonnes) avait pratiquement rejoint celle du sucre de canne venant des colonies (115 000 tonnes). Par ailleurs, le gouvernement impérial avait décidé d'ouvrir le marché national aux importations de sucres étrangers pour, à la fois, stimuler la consommation populaire et avantager les raffineries françaises[251]. Globalement, l'évolution à long terme allait donc dans le sens d'un accroissement vigoureux et continu de l'offre de sucre sur le marché national.

Dans ces conditions, il n'était plus question de garantir aux colonies l'écoulement de leur sucre et il fallait donc logiquement les autoriser à nouer des relations économiques directes avec l'étranger. C'est pourquoi, s'inscrivant dans la logique générale du libre-échange, une loi du 3 juillet 1861 supprima le Pacte Colonial et instaura un régime de liberté commerciale. À partir de ce moment, les marchandises étrangères purent entrer dans les colonies dans les mêmes conditions qu'en métropole. Symétriquement, les denrées coloniales ne furent plus exclusivement réservées à la France mais purent être directement exportées vers les pays étrangers. Enfin, pour transporter les marchandises importées ou exportées, les colonies purent utiliser des navires français ou étrangers.

En résumé, ce sont les nouvelles données économiques, nées de la Révolution Industrielle et, plus particulièrement, de la dynamique de l'économie betteravière, qui expliquent la suppression du Pacte Colonial. Celle-ci devait à son tour conduire à la mise en place de la décentralisation douanière et budgétaire.

---

[251] Les décrets du 16 janvier et 24 juin 1861 suppriment les surtaxes de provenance, d'entrepôt et de pavillon frappant les sucres étrangers. De plus, ces derniers étaient admis sous tous pavillons, alors que les sucres coloniaux devaient être transportés par des navires français. Le fret était donc plus cher.

1.2 - La décentralisation douanière et budgétaire

Puisque les colonies pouvaient maintenant librement commercer avec les pays de leur choix, il était logique de leur accorder la possibilité d'organiser elles mêmes leur politique douanière, chose interdite par la Constitution Coloniale de 1854[252]. Le sénatus-consulte du 4 juillet 1866 opéra une décentralisation considérable des pouvoirs en décidant :

- que les conseils généraux des colonies pourraient fixer les tarifs douaniers sur les marchandises étrangères importées ainsi que les tarifs de l'octroi de mer sur les importations de toutes origines. Toutefois, ces tarifs ne devenaient applicables qu'avec l'accord des autorités centrales métropolitaines ;
- que toutes les dépenses publiques faites au profit des colonies, et qui jusque-là étaient supportées par la métropole, seraient désormais mises à leur charge (seules les dépenses militaires et d'administration générale restaient à la charge du budget national)[253]. Le Conseil Général fut habilité à voter taxes et contributions pour financer ces nouvelles dépenses.

Cette décentralisation donnait aux colonies une autonomie en matière de politique douanière et fiscale, tout en permettant à la métropole de réaliser des économies budgétaires.

---

[252] L'article 4 de la Constitution Coloniale déclarait : "Les lois concernant le régime commercial des colonies sont votées et promulguées dans les formes prescrites par la Constitution de l'Empire". On trouvera le texte de la Constitution in Delabarre de Nanteuil ; *Législation de l'Ile de La Réunion...*; op. cit. ; tome 2 ; p. 1.

[253] Ces dépenses concernaient le gouvernement, le clergé, la magistrature, la garnison et le commissariat de la marine.

SECTION 2

LES CONVENTIONS FRANCO-BRITANNIQUES SUR LA MAIN-D'ŒUVRE INDIENNE[254]

Les 25 juillet 1860 et 1er juillet 1861 des conventions furent signées entre la France et l'Angleterre qui ouvraient aux colonies françaises la possibilité de recruter des travailleurs dans les possessions britanniques de l'Inde. Ces accords précisaient les règles à respecter pour l'enrôlement, le transport, le débarquement et le rapatriement des engagés. Ils fixaient aussi quelques dispositions très générales concernant leurs conditions de vie et de travail ; mais celles-ci était surtout déterminées par les contrats d'engagement et la législation du travail dans les colonies françaises qui énuméraient les aliments, les vêtements... à distribuer aux travailleurs.

La première question à examiner est celle de savoir pourquoi l'Angleterre accepta d'ouvrir l'Inde aux recrutements alors même qu'elle s'y était toujours opposée jusque-là (2.1). Il s'agira ensuite d'expliquer pourquoi la signature des conventions constitue une étape décisive dans le développement du salariat contraint (2.2). Il importera enfin de faire ressortir les points saillants des textes et de décrire le dispositif administratif, bancaire, et répressif qui fut mis en place pour en garantir l'application (2.3).

2.1 - Les raisons de l'ouverture de l'Inde britannique au recrutement

Trois facteurs permirent d'aboutir aux accords sur l'émigration indienne. Tout d'abord, la signature du traité de commerce du 23 janvier 1860, entre la France et l'Angleterre, créait dans les relations bilatérales un nouveau climat qui ne pouvait que favoriser la conclusion d'autres accords économiques.

[254] Les circonstances politiques qui ont présidé à la signature de la convention du 25 juillet 1860 sont exposées par André Schérer dans son article "La convention franco-britannique du 25 juillet 1860 sur le recrutement des travailleurs indiens pour La Réunion". A. H. I. O. .I. : *Les relations historiques et culturelles entre la France et l'Inde, 17ème-20ème siècle* ; Actes de la Conférence Internationale France-Inde ; 1987 ; p. 243-248. Voir également J. Weber ; *Les conventions de 1860 et 1861 sur l'émigration indienne* ; Cahiers des Anneaux de la Mémoire ; n° 2 ; Nantes 2000 ; p. 129 à 168.

Par ailleurs, dès le moment où le système salarial créé dans les colonies françaises consistait à engager des travailleurs immigrés pour 5 années au terme desquelles ils étaient rapatriés, il est évident que n'importe quelle administration en charge d'un bassin de main-d'œuvre fournisseur de travailleurs devait forcément disposer d'un droit de regard sur les conditions de vie et de travail dans les plantations. En effet, sans un tel droit elle s'exposait au risque de voir ses ressortissants revenir à l'état de loques humaines à l'issue de leur engagement. Or, les autorités françaises avaient toujours considéré ce droit de regard comme une ingérence étrangère inadmissible, et c'est l'une des raisons pour lesquelles les Britanniques avaient maintenu à l'égard des colonies françaises l'interdiction d'opérer des recrutements dans les territoires indiens qu'ils contrôlaient. En 1860, le gouvernement français changea d'attitude sur cette question et c'est ce qui contribua à débloquer la situation.

Enfin, le gouvernement français accepta aussi de modifier sa position à l'égard de l'importation de main-d'œuvre africaine. Depuis le début des années 1850, les recrutements d'Africains à destination des colonies françaises se faisaient par "rachat préalable d'esclaves". L'Angleterre condamnait cette pratique et, en représailles, avait interdit aux colons français d'engager des *coolies* provenant des parties de l'Inde qu'elle contrôlait. Cette interdiction ne gênait pas les planteurs tant qu'ils purent librement enrôler de la main-d'œuvre africaine. Mais les procédés esclavagistes employés ne pouvaient manquer de susciter des campagnes d'opinion de plus en plus violentes qui finirent par faire reculer le gouvernement français. Toutefois, avant de fermer l'Afrique aux recrutements, il fallait trouver d'autres sources de main-d'œuvre et c'est dans ce but que des négociations furent entamées avec le gouvernement britannique.

En 1857, celui-ci proposa, en contrepartie d'un arrêt de la traite africaine, d'ouvrir ses territoires indiens aux recrutements d'engagés pour les colonies françaises[255]. Le gouvernement français accepta ce qui permit d'aboutir à la signature de deux accords :

- la convention de 1860 qui autorisa l'émigration vers l'île de La Réunion d'un maximum de 6 000 engagés[256] ;

---

[255] Jacques Weber ; *Les conventions de 1860 et 1861* ... op. cit. ; p. 154-157.

[256] L'article 1 est ainsi rédigé : "Le nombre de travailleurs ou d'émigrants qui pourront être embarqués pour la dite colonie (La Réunion) aux termes de cette convention ne devra pas excéder 6 000". On ne sait pour quelles raisons certains historiens ont interprété cet article comme signifiant qu'il était possible de recruter pour La Réunion 6 000 engagés *par an*, ce qui n'est évidemment pas la même chose !

• la convention de 1861 qui supprima toute limite quantitative aux recrutements et étendit le champ d'application de la convention de 1860 à La Réunion, la Martinique, la Guadeloupe et la Guyane.

L'importance de ces accords tient à ce qu'ils apportaient une solution au problème de la reproduction de l'engagisme comme rapport social de production, point qu'il importe maintenant d'expliciter.

2.2 - Les conventions franco-britanniques et la régulation du salariat contraint

Pour n'importe quel système économique, la continuité de la production ne peut être assurée que si les rapports sociaux de production sont reproduits en permanence. Dans le cas de l'engagisme à La Réunion, cela signifie que les plantations ne pouvaient régulièrement fonctionner que si les engagés conservaient indéfiniment leur statut social et continuaient à travailler sous la dépendance des planteurs. Mais la réalisation de cette condition n'était nullement assurée parce que l'engagisme reposait sur une contradiction : de par son statut juridique, l'engagé était un travailleur *libre* ; mais son sort dans les plantations était en tous points semblable à celui des esclaves d'avant 1848. C'est pourquoi la tendance de beaucoup d'engagés était de ne pas signer un nouveau contrat à la fin du premier ou du second. Et comme il s'agissait d'hommes libres, l'employeur ne disposait légalement d'aucun moyen pour les retenir sous sa dépendance. La reproduction spontanée de l'engagisme était donc problématique.

Par ailleurs, les planteurs recrutaient surtout des travailleurs de sexe masculin. Le déséquilibre des sexes tendait à réduire la stabilité des engagés dans les plantations et interdisait une natalité suffisante pour assurer le remplacement de ceux qui sortaient de l'engagisme par rapatriement, décès, ou fuite[257].

Dans ces conditions, le fonctionnement régulier de l'engagisme nécessitait impérativement un apport continu d'ouvriers contractuels pour remplacer les partants. L'importance économique des conventions franco-britanniques tient donc au fait qu'elles ouvraient aux planteurs la possibilité de renouveler à volonté leur main-d'œuvre : ces derniers étaient enfin en mesure d'assurer la reproduction continue, au besoin élargie ou rétrécie, de l'engagisme comme rapport de production. Plus précisément, les conventions fixaient le cadre juridico-économique de la régulation du salariat contraint en ce

[257] Comme il a déjà été mentionné, les déperditions par rapatriement, décès et fuite étaient considérables. Cf. Chapitre 2 ; paragraphe 1.4.

qu'elles contenaient l'ensemble des règles à respecter en matière de drainage de la main-d'œuvre indienne vers les colonies françaises.

2.3 - Le contenu de la convention de 1861

Cette convention, qui reprend à quelques détails près celle de 1860, est reproduite en annexe. Il suffira ici de faire ressortir ses points saillants.

2.3.1 - Le contrôle britannique

La convention établissait une tutelle britannique sur les conditions de l'émigration et de l'utilisation de la main-d'œuvre indienne dans les colonies. Plus précisément :

- l'émigration (engagement, transport, débarquement, ...) des engagés indiens vers les colonies françaises devait obéir aux mêmes règles que celles régissant l'émigration vers les colonies anglaises et toutes les opérations étaient placées sous le contrôle de fonctionnaires britanniques (art. 2 ; 3 ; 5 ; 6 ; 11 ; 12 ; 17 ; 18 ; 19).
- Le Pacte Colonial ayant été aboli, le monopole du pavillon français pour le transport des engagés était brisé et l'article 22 de la Convention précisait que "les opérations d'immigration pourront être effectuées dans la colonie par des navires français ou anglais indistinctement".
- Jusqu'en 1860, tous les Indiens qui travaillaient à La Réunion étaient juridiquement soumis au droit français car, malgré la diversité de leur provenance, ils étaient officiellement considérés comme venant des comptoirs français de l'Inde. De ce fait, ils étaient des sujets de l'empire colonial français. Mais les Indiens qui arrivèrent dans le cadre des conventions de 1860 et 1861 restaient sujets britanniques. Certes, une fois à La Réunion ils étaient soumis au droit français, mais un fonctionnaire anglais (l'"agent consulaire"), résidant à St-Denis, fut chargé de leur "assistance" (article 20).
- Enfin, point fondamental, l'article 26 prévoyait qu'en cas de non respect de la convention, celle-ci pourrait être unilatéralement dénoncée par le Gouverneur général de l'Inde.

2.3.2 - La composition des convois d'émigrants

La convention ne contenait aucune disposition relative à l'âge maximum ou minimum des émigrants. Elle n'interdisait pas l'émigration des enfants puisqu'elle déclarait que l'engagé en fin de contrat pouvait se faire rapatrier gratuitement et que ce droit s'étendait "à ses enfants ayant quitté l'Inde âgés de moins de 10 ans" (article 9).

Concernant la composition par sexe des convois d'émigrants, la convention prévoyait que

> "Chaque contingent (d'émigrés) devra comprendre un nombre de femmes égal au moins au quart de celui des hommes. À l'expiration de 3 ans, la proportion numérique des femmes sera portée à un tiers ; deux ans plus tard, à la moitié, et deux ans après, la proportion sera fixée telle qu'elle existera dans les colonies britanniques".

Le but de ce rééquilibrage progressif de la proportion des hommes et des femmes était, tout à la fois, de moraliser le comportement des engagés, de réduire leur instabilité et, à long terme, de modifier les mécanismes de la reproduction de l'engagisme en favorisant la constitution de familles indiennes à La Réunion.

2.3.3 - Contenu du rapport de production

Analyser le contenu du rapport social de production c'est, ici, examiner les modalités de la répartition des immigrants entre les employeurs ainsi que les conditions de travail et de salaires.

A - La répartition des engagés entre les employeurs

Les modalités de la répartition de la main-d'œuvre, fixées par les arrêtés du 31 janvier et 30 août 1860, modifièrent celles de 1853. Désormais, les forces du marché ne jouaient plus aucun rôle et le nombre d'immigrants à attribuer aux différentes catégories d'engagistes fut complètement déterminé par des règles administratives. Celles-ci visaient, dans une situation de pénurie, à établir entre les employeurs une distribution qui se voulait à la fois "équitable" et économiquement efficace. La clé de répartition était complexe. L'exemple numérique ci-après permet de suivre pas à pas les différentes étapes.

Schéma 4 : Répartition des engagés

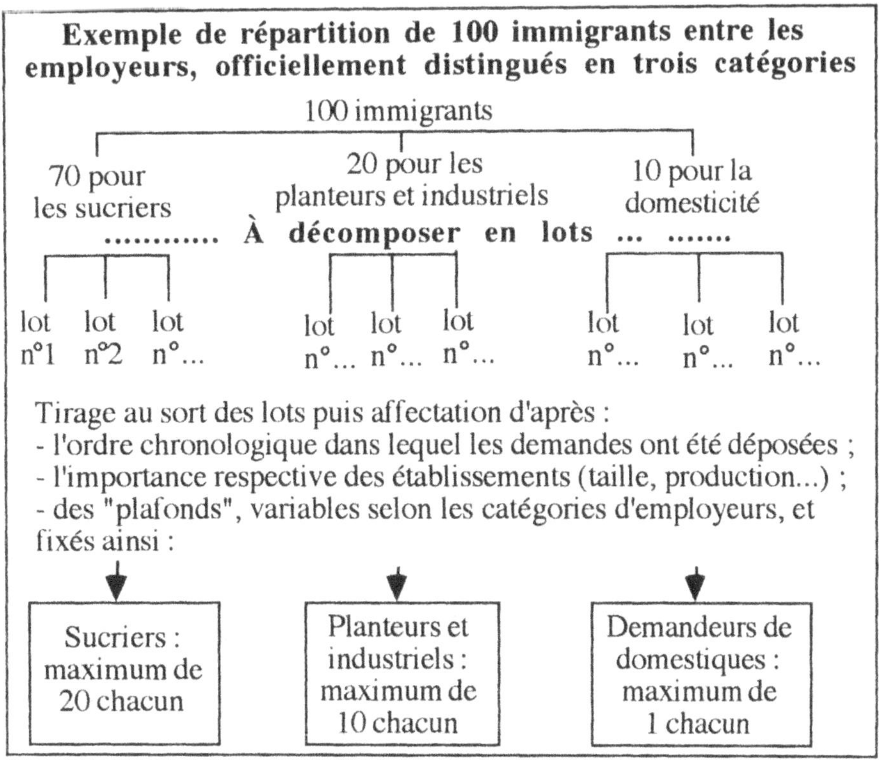

Contrairement au salarié libre qui avait le choix de son patron, l'immigrant n'avait pas la possibilité de refuser l'employeur auprès de qui on le plaçait (article 7). Cependant, pour des raisons sociales et familiales, la convention avait précisé que

> "Dans la répartition des travailleurs, aucun mari ne sera séparé de sa femme ; aucun père ni aucune mère, de ses enfants de moins de 15 ans" (article 21).

B - Durée des contrats, travail et salaire

Concernant la durée des contrats et la durée du travail, la convention fixait certains seuils à ne pas dépasser. La semaine de travail était de 6 jours sur 7 avec 9 heures et demie de travail par jour[258]. Les contrats étaient limités à 5 ans avec possibilité de

[258] Il n'y a donc, ici aucun progrès par rapport à ce qui existait avant 1848. Le Code Noir de 1723 laissait une liberté totale au maître qui pouvait employer l'esclave aussi longtemps qu'il voulait. L'arrêté du 16 octobre 1823 avait apporté sur ce point

renouvellement. Mais la législation avait précisé que l'engagement n'était réputé accompli que si l'engagé avait réellement fourni 26 jours de travail par mois. Par conséquent, les jours d'absence au travail, pour n'importe quel motif, devaient être remplacés par autant de journées supplémentaires à l'issue du contrat[259].

Concernant les conditions de travail, les Britanniques n'avaient pas réclamé de modification de la législation française existante, mais demandé d'appliquer à La Réunion le règlement de la Martinique. Celui-ci pouvant être modifié unilatéralement par les autorités locales, la convention précisait qu'aucun changement ne pourrait avoir

> "... pour conséquence, ou de placer les dits sujets indiens dans une position exceptionnelle, ou de leur imposer des conditions de travail plus dures que celles stipulées par ledit règlement".

Concernant enfin les salaires, ils étaient composés d'une partie en monnaie et d'une partie en nature. En 1861, la rémunération en monnaie était de 10 F. par mois pour les hommes, 7 F. pour les femmes et 5 F. pour les enfants. Dans les années 1870, ces montants furent portés à 12 F. 50 pour les hommes, 7 F. 50 pour les femmes et de 5 à 7 F. 50 pour les enfants. Quant à la partie du salaire en nature, elle fut fixée ainsi :

> "L'engagiste est tenu de fournir aux immigrants par sexe et par famille des logements convenables... la ration quotidienne de chaque immigrant, qui doit être fournie par l'engagiste en denrées de bonne qualité, ne peut être en dessous des quantités ci-après : morue ou poisson salé... 214 g ; viande fraîche ou salée... 200 g ; riz décortiqué ... 85 centilitres ; sel ... 20 g.... (les vêtements) consisteront en deux rechanges composés ainsi qu'il suit : pour les hommes, 2 chemises, 2 pantalons en tissu de coton et un mouchoir pour la tête par an ; également pour les femmes, 2 chemises, 2 robes ou jupes, 4 mouchoirs en tissu de coton. Toute Habitation, toute exploitation ayant 20 immigrants au moins, doit être pourvue d'une infirmerie... et justifier d'un abonnement avec un médecin"[260].

Cette détermination du salaire en nature suscite deux remarques. Tout d'abord, son montant (représentant le minimum social de subsistance permettant à l'engagé de reproduire sa force de travail)

---

une première amélioration en plafonnant la durée journalière du travail à 11 heures par jour réparties ainsi : le matin, de 5 h 15 à 11 h. 30 et l'après-midi de 13 h 30 à 18 h. 15. La loi du 18 juillet 1845 ramenait la journée de travail de 6 h. à 18 h. entrecoupée de deux heures et demie de repos, soit 9h. 30 de travail en tout.

[259] Article 32 de l'arrêté du 30 août 1860.

[260] Article 27, 28, 29, et 30 de l'arrêté du 30 août 1860 sur la répartition des immigrants à leur arrivée et le régime de leur protection dans la colonie.

était nettement supérieur à celui accordé à l'esclave à la veille de l'Abolition. En effet, une ordonnance royale du 5 juin 1846 avait fixé la ration hebdomadaire de l'esclave de plus de 14 ans à :

> "6 litres de farine de manioc, ou 6 kilos de riz ou 7 kilos de maïs ; et 1,5 kilo de morue ou de viande salée... Outre la nourriture, le logement et les vêtements, les maîtres doivent à leurs esclaves entretien, secours et protection, tant en santé qu'en cas de maladie ou d'infirmités".

La comparaison des chiffres montre que esclaves et engagés avaient droit à la même ration de féculent (riz, ou équivalent en manioc et maïs). En revanche les engagés recevaient *deux fois plus* de viande ou de poisson. Dès lors, à condition d'accepter de vivre avec leur seul salaire en nature, les engagés pouvaient économiser entièrement leur salaire en argent et se constituer un pécule.

En second lieu, la législation précisait que la nourriture quotidienne des engagés indiens devait *obligatoirement* comporter du riz. Pour l'engagiste, il n'était plus possible de remplacer cet aliment par du maïs ou du manioc. Ici, le droit ne faisait qu'officialiser un état de fait : depuis toujours, les engagés indiens refusaient de consommer du maïs, qui était l'aliment de base des esclaves, et exigeaient du riz à la place. En recourant massivement à la main-d'œuvre indienne, La Réunion devenait par contrecoup dépendante de l'extérieur pour son alimentation.

C - La fin du contrat

À la fin du contrat, trois possibilités s'offraient en principe à l'engagé. La première était de rentrer en Inde, et ici la convention précisait que son droit au rapatriement gratuit s'étendait à sa femme et à ses enfants. La seconde était de se réengager pour une nouvelle période et, dans ce cas, l'engagé avait droit à une prime et conservait son droit au rapatriement.

Enfin, l'engagé en fin de contrat pouvait s'établir à La Réunion, mais la réalisation de ce choix était soumise au respect de plusieurs conditions que la convention précisait en ces termes :

> "s'il (l'engagé) justifie d'une conduite régulière et de moyens d'existence, il pourra être admis à résider dans la colonie sans engagement ; mais il perdra, dès ce moment, tout droit au rapatriement gratuit"[261].

---

[261] Article 9 de la convention. Le rapport Mc Kenzie donne les informations suivantes sur les permis de séjour "Pour obtenir un permis de séjour, le *coolie* doit prouver qu'il a rempli son engagement... et qu'il a les moyens de vivre. Cette obligation le met immédiatement en difficulté. De plus sa demande de permis n'est

Le but de cet article n'était pas de créer progressivement un volant de main-d'œuvre pour les employeurs. En effet, l'une des conditions exigées des engagés en fin de contrat pour obtenir l'autorisation de s'établir dans l'île était qu'ils disposassent de moyens d'existence. Cette condition s'oppose à la formation du rapport salarial puisque la détention de moyens de production suffisants est la clé même de l'indépendance économique.

En réalité, cet article 9 visait à récompenser ceux qui, pendant la durée de leur contrat, avaient été vertueux ("conduite régulière") travailleurs et économes (accumulation de "moyens d'existence"). Il était donc à l'engagisme ce que l'affranchissement était à l'esclavage : une "carotte" destinée à inciter le travailleur à bien se conduire. Il n'y a ici rien d'original : l'engagisme, comme tout système d'organisation sociale de la production, doit doser sanctions et récompenses pour pouvoir fonctionner normalement. C'est cette "carotte" qui permit à certains engagés de devenir cultivateurs indépendants[262].

2.3.4 - Les religions et l'engagisme

La liberté de culte avait été reconnue aux immigrés indiens dès les premiers temps de l'engagisme[263]. Certes, les conventions franco-britanniques ne contenaient rien sur les questions religieuses. Mais celles-ci étaient réglées dans le contrat de travail dont l'une des clauses était que les Indiens avaient droit en janvier à 4 journées chômées et payées pour leur permettre de célébrer le *Pongol*[264]. Les planteurs montraient du reste une grande tolérance puisque :

> "après 1860... les grands propriétaires consentirent des avantages aux Indiens pour l'exercice de leur religion, leur concédant un terrain pour la construction du temple, leur faisant

---

pas instruite par le service de Protection censé défendre ses intérêts, mais par le directeur de l'Intérieur dont le principal souci est de protéger la colonie contre l'intrusion de vagabonds indiens. Le coolie doit obtenir du syndic des attestations prouvant qu'il a bon caractère et qu'il dispose des moyens nécessaires à sa subsistance. L'autorisation finale pour l'obtention du permis est délivrée par le gouverneur. Cf. S. Fuma ; *De l'Inde du Sud à l'Ile de La Réunion* ; p. 190.

[262] Cf. chapitre 7 ; section 2 ; paragraphe 2.1.2.

[263] F. Lacpatia rappelle qu'une dépêche ministérielle, commentant l'article de l'arrêté du 3.7.1829 autorisant les Indiens à professer leur religion, contenait la déclaration suivante : " ... un terrain doit être délégué par l'autorité pour servir de centre aux Indiens pour la célébration de leurs fêtes religieuses..." Cf. *Quelques aspects de l'insertion des Indiens...* op. cit. p. 323.

[264] Cf. article 9 du contrat de travail figurant dans l'ouvrage de M. Marimoutou ; *Les engagés du sucre* ; p. 64.

des dons de bois et de matériel pour leur décor et leur accordant des crédits pour les fêtes principales"[265].

M. Marimoutou a même estimé que pour les engagés indiens,

"le principal espace de liberté durant le séjour dans l'île est l'espace religieux... Pour retenir la main-d'œuvre indienne sur leurs terres, certains engagistes favorisent même cette liberté religieuse"[266].

2.4 - Application de la Convention

La Convention de 1861 est un texte de portée générale qui ne règle pas tous les détails pratiques de l'émigration des engagés. L'art. 26 ayant prévu qu'elle commencerait à courir à partir du 1er juillet 1862, les autorités eurent un an pour mettre en place les rouages nécessaires à son application. Il fallait les créer à deux niveaux : celui du recrutement des émigrants en Inde ; celui de la surveillance des planteurs et des engagés pour garantir le respect des contrats de travail à La Réunion. Le dispositif de surveillance ayant déjà été présenté, il reste à étudier les rouages du recrutement. Certains éléments se trouvaient en Inde et d'autres à La Réunion.

2.4.1 - Le dispositif du recrutement en Inde

Concernant l'organisation du recrutement, la Convention ne contient que deux directives : 1) que le gouvernement français "confiera dans chaque centre de recrutement, la direction des opérations à un agent de son choix. Ces agents devront être agréés par le Gouvernement britannique" ; 2) que le gouvernement britannique "désignera, dans les ports britanniques où aura lieu l'embarquement des émigrants, un agent qui sera spécialement chargé de leurs intérêts".

Dans la pratique, le dispositif créé pour organiser l'émigration fonctionnait ainsi. Un commissaire central, siégeant à Pondichéry, contrôlait l'activité de commissaires et agents d'émigration installés dans les divers "centres de recrutement" situés dans les ports où l'on avait prévu de concentrer les émigrants avant leur embarquement vers les colonies françaises. Le changement important, par rapport à l'organisation antérieure, était que ce personnel était nommé par le gouvernement de Pondichéry, ce qui le rendait indépendant des sociétés d'émigration. Le devoir de ces commissaires était de veiller

---

[265] J. F. Dupon ; Les immigrants indiens de La Réunion ; p. 78.

[266] M. Marimoutou ; *L'engagisme à La Réunion : continuité ou rupture avec l'engagisme ?* op. cit. ; p. 242.

au bon fonctionnement des opérations et non plus uniquement de faire du profit. À cet effet, les pouvoirs publics décidèrent que les agents de recrutement ne pourraient recevoir une somme dépassant 60 F. par émigrant de plus de 10 ans et de 20 F. pour les enfants de 5 à 10 ans[267]. On tentait de moraliser les recrutements.

Des "centres de recrutement" furent organisés à Calcutta, Yanaon, Pondichéry, Karikal, Madras, Bombay et Mahé. À chacun d'eux était rattaché un territoire de recrutement appelé "circonscription"[268] (regroupant un certain nombre de "districts") où opéraient *mestrys* et *couty-mestrys* chargés de convaincre les miséreux de s'expatrier comme engagés.

En même temps que ce dispositif était créé en Inde, il fallait organiser à la Réunion l'accueil des travailleurs ainsi que le financement des opérations d'émigration.

2.4.2 - Le dispositif du recrutement à La Réunion

Il importait tout d'abord de connaître la demande de bras émanant de La Réunion afin de pouvoir passer les commandes d'engagés auprès des agences de recrutement.

---

267 P. Dislère ; *Traité de législation coloniale* ; tome 1 ; 1897 ; 920 p. ; p. 862.

268 Le quadrillage de l'Inde, en vue du recrutement, fut réorganisé plusieurs fois.

Circonscriptions	Centres
Présidence du Bengale	Calcutta
Présidence de Bombay	Bombay
District de Kistna, Godavary, Vizagapatnam, Ganjam, Cuttack	Yanaon
Districts de Salem, South Arcot, Coïmbatore, et province de Mysore	Pondichéry
Districts de Chingleput, Nellore, Guntur, Kurnool, Cuddapah, Bellary	Madras
Districts de Trichnapoli, Tanjore, Madurai et Tinnevelly	Karikal
Districts de South Canara, Coorg, Nilgiri, Malabar, Cochin, Travancore	Mahé

Source ; Sully-Santa Govindin ; *Les engagés indiens de La Réunion* ; p. 92-94. Seules les agences de Calcutta, Pondichéry et Karikal eurent une réelle activité. Comme le remarque judicieusement J. F. Dupon : " ... le périmètre de recrutement des *coolies* dévolu à la France comprend vers 1880, 14 des 22 districts formant la province de Madras... Ce périmètre de recrutement représente l'essentiel de la province de Madras, une partie du Kérala, et déborde sur l'actuel État d'Andhra Pradesh et le Mysore. Il recouvre donc l'essentiel du pays tamoul... ainsi s'explique l'écrasante majorité des noms tamouls que l'on retrouve... dans l'actuelle population d'origine indienne à La Réunion...". Cf. J. F. Dupon ; *Les immigrants indiens de La Réunion. ... op. cit.* ; p. 72.

Les zones de recrutement des engagés indiens

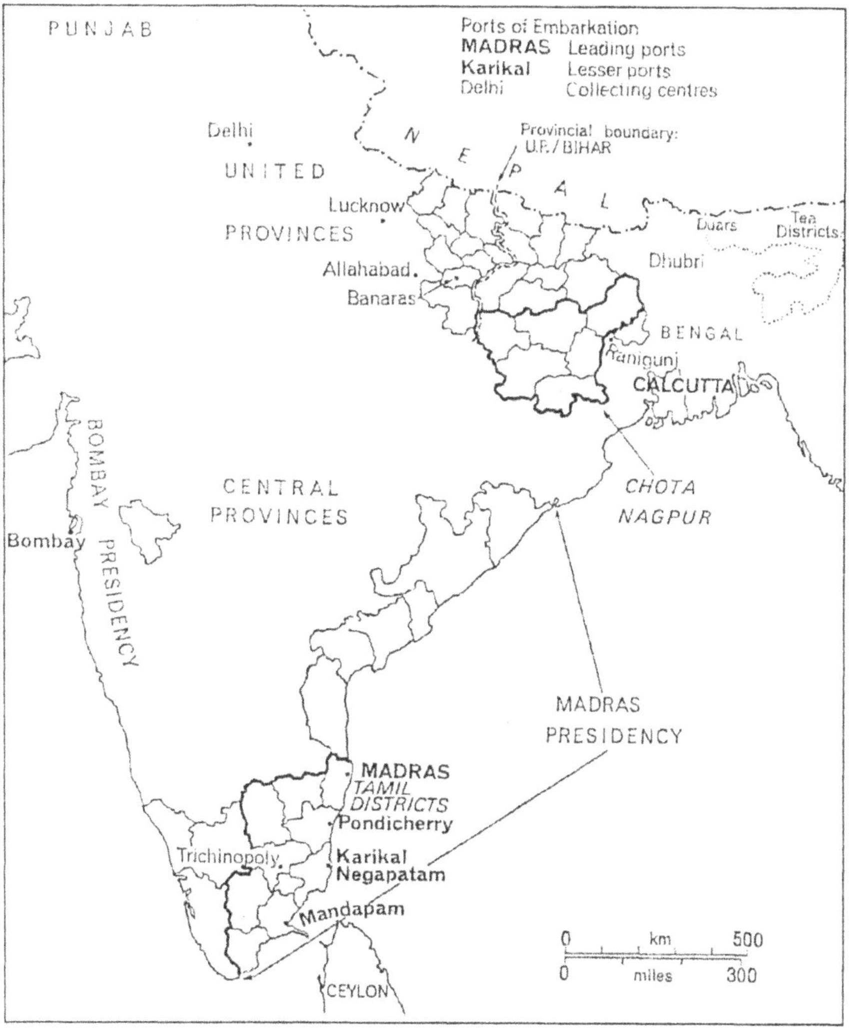

Sources : H. Tinker ; *A new system of slavery* ; p. 40.

Il était également indispensable d'établir des règles pour la répartition des immigrants entre les engagistes. À cet effet, deux arrêtés furent pris en 1860 qui mirent en place le dispositif ci-après[269].

A - Le Comité d'immigration

Un Comité d'Immigration composé de 5 membres fut institué dont le rôle était d'arrêter la liste des demandes d'immigrants et de confectionner le tableau de la répartition des travailleurs entre les employeurs réunionnais. Ce tableau devait être construit en respectant deux critères : la destination prévue pour l'engagé (établissement sucrier, plantation, établissement industriel, domesticité), et celui de l'importance relative des entreprises (cf. schéma 4).

L'organisation pratique des opérations liées à l'introduction des engagés, fut confiée à la Société de Crédit Agricole.

B - La Société de Crédit Agricole (S. C. A.)

C'était une société privée, à but non lucratif, dont les trois quarts des 90 actionnaires étaient des propriétaires de l'île[270]. Ses activités étaient définies par un contrat passé avec les pouvoirs publics[271].

Contrairement à ce que sa raison sociale pourrait faire croire, la S. C. A. n'avait pas pour objet d'effectuer des prêts aux agriculteurs ni de fournir aux planteurs des crédits pour payer les contrats de travail des *coolies*. Son rôle était :

- de traiter avec les adjudicataires des contingents de travailleurs à diriger vers La Réunion et de leur payer les sommes dues pour le transport ;
- de fournir aux engagés, à leur arrivée dans l'île, des vêtements et de la nourriture ; de payer les équipements et le personnel du lazaret et des lieux d'isolement ;
- de remettre les travailleurs aux engagistes en suivant le tableau de répartition établi par le Comité d'Immigration. À cet égard, il avait été entendu que les actionnaires de la S. C. A. n'auraient, ni quant au prix, ni quant au choix des travailleurs, aucun droit de préférence sur les non-actionnaires. Les employeurs ne pouvaient emmener leurs engagés qu'après avoir versé le prix du contrat d'engagement à la S. C. A..

---

269 Arrêtés du 31 janvier et du 30 août 1860.

270 M. Marimoutou ; *Les engagés du sucre* ; op. cit. ; p. 31.

271 On trouvera l'arrêté créant le *Crédit Agricole* ainsi que le contrat qui lie cette société à l'administration dans Delabarre de Nanteuil ; *Législation de l'île de La Réunion...* ; op. cit. ; tome 6.

Ce prix, fixé par l'Administration, était calculé d'après le total des dépenses liées aux diverses activités mentionnées ci-dessus. À ce total, il fallait aussi ajouter un complément représentant la rémunération de la S. C. A.. Celle-ci ne faisant pas de bénéfice et agissant au seul profit des "intérêts généraux" (c'est-à-dire des établissements agricoles et commerciaux), sa rémunération consistait en un "appoint" destiné à couvrir ses charges, l'indemniser de ses avances et enfin constituer un fonds de réserve général destiné à niveler le prix de cession des contrats d'engagement. Ce prix fut fixé en 1861 à 400 F, puis ramené en 1862 à 350 F tous frais compris[272].

Il est enfin utile de préciser que la S. C. A. n'avait pas le monopole des opérations liées à l'introduction de la main-d'œuvre engagée : les employeurs qui le désiraient pouvaient organiser eux-mêmes l'immigration, sous condition de respecter le cadre légal.

Le schéma ci-après permet de visualiser les principales étapes du drainage de la main-d'œuvre indienne vers La Réunion.

[272] Arrêtés du 3 mai 1861 et du 26 juin 1862.

Schéma 5 : Drainage de la main-d'oeuvre indienne vers La Réunion

Les opérations se déroulent dans l'ordre indiqué par leur numéro

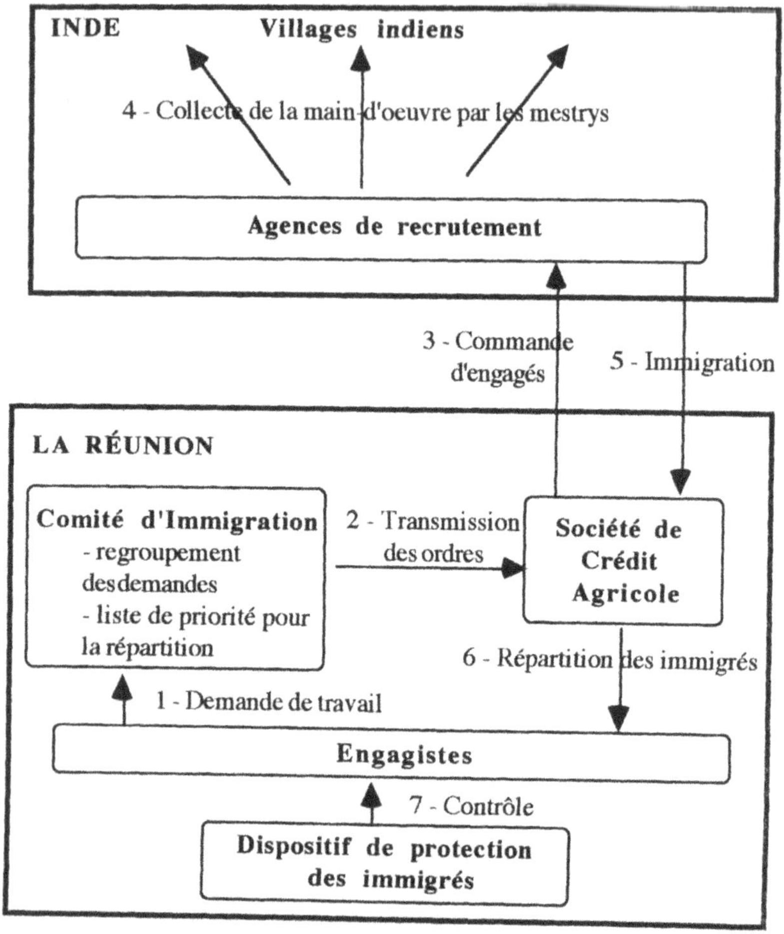

SECTION 3

LE FINANCEMENT DE L'ACCUMULATION DU CAPITAL CONSTANT ET LE CRÉDIT FONCIER COLONIAL

Afin de lutter contre la concurrence grandissante des betteraviers, les sucriers de La Réunion devaient impérativement moderniser leurs équipements industriels pour faire baisser le coût de production du sucre de canne. Il s'agissait là d'investissements très lourds et pour les financer les profits ne suffisaient pas. Il était nécessaire de disposer de crédits bancaires à long terme.

Mais on se heurtait ici à une impossibilité : les seules opérations que la Banque de La Réunion avait été autorisée à effectuer étaient l'émission de monnaie et les crédits à court terme. Elles avaient certes permis d'assurer la remise en route de la production locale après les troubles de l'Abolition mais ne convenaient pas pour financer l'accumulation de capital fixe.

Au fond, il y avait inadéquation entre l'offre locale de capitaux et la demande. Elle ne pouvait être résolue que par la création d'une banque particulière : un établissement de crédit foncier. Après la tentative avortée de 1855[273], un tel établissement put s'établir en 1860 avec l'appui de l'État.

3.1 - La création du Crédit Colonial

Si le gouvernement décida de créer dans les colonies une banque d'investissement, c'est parce que la menace que faisaient peser les betteraviers sur les colonies sucrières était grave non seulement pour les planteurs des Antilles et de La Réunion mais aussi pour tout un pan de l'économie nationale. En effet, transporteurs maritimes, commerçants, raffineurs de métropole vivaient en partie des activités tournant autour du sucre de canne. Pour soutenir cet ensemble d'activités, il fallait, à la base, aider les producteurs coloniaux à moderniser leurs sucreries en leur procurant des crédits à long terme. C'est l'objet du décret du 24 octobre 1860 qui autorisa la création du Crédit Colonial (C. C.)[274].

---

[273] Cf. Chapitre 3 ; paragraphe 1.7.

[274] Cf. Delabarre de Nanteuil ; *Législation de l'île de La Réunion, répertoire raisonné des lois , ordonnances locales, décrets impériaux, règlements et arrêtés*

Cet établissement était une société de crédit foncier, c'est-à-dire une banque qui consentait des prêts à long terme, et sur hypothèque, de capitaux qu'elle empruntait également à long terme. Comme ces emprunts ne pouvaient pas être émis dans les colonies parce que celles-ci manquaient de fonds, le rôle du C. C. consistait en fait à collecter des capitaux en métropole pour ensuite les prêter aux planteurs et industriels d'outre-mer. C'était donc une institution qui assurait l'exportation des capitaux.

Émanation du Comptoir d'Escompte[275], le C. C. avait son siège à Paris. Constitué pour une durée de 60 ans, avec un capital social de 12 millions de francs, cet établissement bénéficiait pour une période de 40 ans d'un monopole pour l'octroi de crédits à long terme aux vieilles colonies. Le taux d'intérêt était avantageux puisqu'il ne dépassait pas 6,38%[276].

Le Crédit Colonial fut autorisé à distribuer des crédits à partir de novembre 1860. Mais à l'expérience il se révéla bientôt qu'il ne pourrait pas donner entièrement satisfaction. D'abord parce que globalement il ne mettait pas suffisamment de capitaux à la disposition des colonies[277]. Ensuite parce que les prêts étaient réservés à la *seule industrie sucrière*. Il fallait transformer le Crédit Colonial pour augmenter le volume de ses activités et en même temps l'ouvrir aux planteurs et autres propriétaires.

3.2 - Le Crédit Foncier Colonial

La transformation du Crédit Colonial fut réalisée par le décret du 31 août 1863 qui fonda à sa place la "Société de Crédit Foncier Colonial" (C. F. C.). Le fonctionnement de cet établissement était organisé par ses statuts et une convention du 8 septembre 1863. Pour mesurer les conséquences de la crise sucrière de la fin du 19ème siècle, il est important de résumer le contenu de ces deux textes qui, élaborés en même temps, forment un tout indissociable[278].

---

d'un intérêt général en vigueur dans cette colonie ; 2ème édition ; 6 volumes ; Paris ; 1861-1865 ; tome 5.

275 Le Comptoir d'Escompte qui était, selon l'expression de Durand, le "patron de l'entreprise", prêtait au C. C. "son personnel et ses bureaux moyennant une faible indemnité". E. Durand ; *L'île de La Réunion et le Crédit Foncier Colonial* ; p. 19.

276 La B. R. prêtait à 9 ou 10% et certains particuliers, jusqu'à 18%.

277 En 1863, le total des prêts consentis à la Guadeloupe, la Martinique et La Réunion ne dépassait pas 9 millions de francs.

278 Sur les conditions d'élaboration de la convention, du 8 septembre 1863 voir Durand ; *L'Ile de La Réunion*... op. cit. ; p. 24.

3.2.1 - Les opérations prévues par les statuts de 1863

Le C. F. C. était une banque. Comme telle, son activité consistait à collecter l'épargne inactive pour la mettre à la disposition de ceux qui en avaient besoin. Comment le C. F. C. menait-il concrètement ses activités ?

A - La collecte de l'épargne inactive

Pour se procurer des capitaux destinés aux prêts, le C. F. C. émettait des obligations au porteur. Ici, le problème était d'ajuster le montant des capitaux collectés aux besoins des demandeurs de crédits. Une émission trop importante procurait au C. F. C. des capitaux surabondants et l'exposait au paiement d'intérêts excessifs. Au contraire, si l'émission était insuffisante, des demandes de prêts ne pouvaient être satisfaites.

Pour assurer l'ajustement de l'offre à la demande, le C. F. C. avait passé avec le Comptoir d'Escompte une entente qui fonctionnait ainsi. Le C. F. C. émettait des obligations pour un montant inférieur aux demandes de prêts. Il se procurait ensuite des capitaux complémentaires auprès du Comptoir d'Escompte pour servir les demandeurs de crédits qui n'avaient pas pu être satisfaits. Il remboursait enfin ces capitaux au Comptoir d'Escompte lorsqu'il procédait à une nouvelle émission d'obligations. Cette manière d'opérer permettait de limiter au strict minimum le coût des emprunts.

B - Les conditions de prêt

Le C. F. C. était habilité à prêter aux industriels du sucre mais aussi aux "propriétaires d'immeubles", c'est-à-dire de maisons, terres à canne, à café etc. Les conditions des prêts étaient les suivantes. Le montant minimum était de 1 000 francs, la durée maximum de 30 ans, et le taux d'intérêt de 8%. Le loyer de l'argent était plus cher qu'en France où le taux d'intérêt commercial était de 6%. Cette différence de taux ne s'explique pas par le risque plus élevé encouru par les capitaux prêtés dans les colonies (puisque, on va le voir, les pouvoirs publics avaient, par la convention du 8 septembre 1863, donné leur garantie). Il est probable que deux facteurs se soient combinés.

- Le C. F. C. devait d'une part promettre aux épargnants de métropole des revenus exceptionnels pour les inciter à lui prêter leurs capitaux. Dès lors, pour conserver sa marge de profit, cet établissement devait forcément répercuter sur les colons le surcoût de ses emprunts en élevant le taux d'intérêt des crédits qu'il consentait.

• Le C. F. C. pouvait d'autant plus facilement dicter ses conditions de prêts qu'à La Réunion la demande de capitaux était très forte et qu'il se trouvait en situation de monopole sur le marché du crédit à long terme.

Les sucriers devaient utiliser les capitaux pour construire de nouvelles sucreries ou bien renouveler et améliorer l'outillage existant. Il leur fallait justifier préalablement de récoltes suffisantes pour alimenter l'usine à édifier ou rénover.

Les prêts aux propriétaires n'étaient consentis que sur première hypothèque sur l'usine à construire (et par tous autres gages agréés) et à condition que l'immeuble (terre, bâtiment...) fournisse un revenu durable et certain. Ils ne pouvaient dépasser la moitié de la valeur de l'immeuble hypothéqué.

Les emprunteurs payaient des annuités qui comprenaient trois éléments : l'intérêt, l'amortissement du capital (déterminé par le taux d'intérêt et la durée du prêt) et une allocation pour droit de commission et frais d'administration égale à 1,2% par an du capital emprunté.

3.2.2 - La convention du 8 septembre 1863

Ce texte fait partie intégrante de l'ensemble réglementaire organisant le fonctionnement du C. F. C. [279]. Pourquoi fut-il signé et quel était son contenu ?

A - Les raisons d'être de la convention

Pour développer leurs sucreries, les colonies avaient besoin de beaucoup de capitaux et les demandes de crédit étaient nombreuses. Mais le C. F. C. n'était guère disposé à les satisfaire toutes à cause des risques liés au contexte particulier des économies coloniales. Pour le convaincre de prêter largement ses capitaux, il fallait minimiser ses risques de perte en lui offrant de solides garanties. Les pouvoirs publics les lui accordèrent : le ministre de la marine (représentant les colonies de la Martinique, de la Guadeloupe et de La Réunion) signa avec le C. F. C. des conventions séparées aux termes desquelles cette banque s'engageait à mettre à la disposition de chaque colonie un montant minimum de capitaux. En contrepartie, les autorités publiques locales se portaient garantes des prêts consentis. Tel était le "marché" qu'il convient maintenant d'examiner plus en détail.

---

[279] Le décret du 26 octobre fondant le C. F. C.. déclare en effet que "... la convention restera annexée au présent décret".

B - Le contenu de la convention liant le C. F. C. et la Colonie de La Réunion[280]

Le C. F. C. s'engageait à faire des prêts jusqu'à concurrence d'un minimum fixé d'abord à 10 millions de francs puis à 20 millions (entente du 26 juin 1865). Ces prêts pouvaient être consentis soit à la Colonie, soit aux communes pour l'immigration d'engagés et les travaux d'utilité publique, soit enfin aux particuliers mais seulement sur hypothèques.

En contrepartie de cet engagement, la Colonie s'obligeait

- à assurer au C. F. C. la jouissance gratuite de locaux pour ses bureaux ;
- à payer, pour un montant maximum de 8 000 francs par an, les frais de transport entre la France et la Colonie des agents du C. F. C. envoyés en mission dans l'île ;
- à couvrir les pertes : le C. F. C. avait réclamé cette garantie pour se prémunir par avance contre deux risques majeurs qui étaient d'une part que les emprunteurs ne payent pas leurs annuités et d'autre part que la réalisation des gages hypothécaires ne permettent pas de retrouver les capitaux prêtés. Les autorités publiques locales lui donnèrent satisfaction et s'engagèrent à verser "par préférence" (c'est-à-dire avant qu'il soit fait appel à toute autre ressource de la banque) une subvention au cas où de telles pertes se produiraient. De plus, la garantie était "fractionnée" c'est-à-dire qu'elle portait sur chacun des emprunteurs et sur chacun des prêts. Il suffisait donc d'un seul débiteur défaillant pour que la garantie jouât. Celle-ci était plafonnée à 250 000 francs avant 1865 et 500 000 francs après cette date[281].

La Colonie, qui s'était ainsi engagée à couvrir les pertes du C. F. C., n'était cependant pas caution des emprunteurs, c'est-à-dire qu'elle n'avait aucun recours contre eux[282]. Mais son attitude, des plus

---

[280] Cf. le texte de la convention en annexe.

[281] La somme de 250 000 francs avait été calculée comme étant "égale à 2,5% du montant des obligations émises par la Société en représentation des prêts réalisés par elle dans la Colonie" (art. 3 de la convention). Le montant minimum des prêts du C. F. C. étant de 10 millions, en appliquant le taux de 2,5%, on trouve 250 000 francs. Le montant minimum ayant été ensuite porté à 20 millions, la garantie s'élève à 500 000 francs. Il importe de souligner que la garantie était limitée aux prêts du C. F. C.. Ceux du C.C. étaient expressément exclus (art. 11).

[282] L'article 4 décrit très clairement comment la clause de garantie contre les pertes s'appliquait dans la pratique : "Lorsqu'il résultera du compte de l'exercice (annuel H. H. Q.) que la garantie devra fonctionner, la Société remettra au directeur de l'Intérieur de la Colonie un état des sommes qui lui resteront dues, soit sur les

imprudentes, s'explique : en 1863, même si quelques difficultés avaient commencé à apparaître, l'avenir économique de l'île paraissait radieux à tous les décideurs. D'ailleurs, au moment du vote de la convention, le Directeur de l'Intérieur s'écriait :

> "La Réunion, par son importance, par la valeur de ses propriétés, par la sûreté de sa place, fera à elle seule plus de la moitié des affaires du Crédit Foncier Colonial. On n'opérera pas sans vous, soyez en sûrs. Osez donc faire vos conditions. Votre position dans l'affaire est superbe. Sachez en profiter"[283].

En fait, les autorités publiques avaient donné leur garantie en pensant qu'elle ne jouerait jamais.

En résumé, le C. F. C. était une institution financière dont le rôle était de drainer des capitaux métropolitains pour les mettre à la disposition des colonies sucrières. Entreprise privée, articulée sur le Comptoir d'Escompte, le C. F. C. opérait sans risque grâce à la convention passée avec la puissance publique qui s'était portée garante en cas de défaillance des emprunteurs.

---

annuités, soit sur le capital, après réalisation des gages hypothécaires liquidés dans l'année. Sur le vu de cet état, le gouvernement colonial pourvoira au paiement de la dette en inscrivant au plus prochain budget de la Colonie un crédit d'égale somme, jusqu'à concurrence du chiffre maximum ci-dessus fixé. Les effets de la garantie seront épuisés dans le cours de deux semestres ; l'imputation de la dette d'un exercice ne pourra jamais être reportée sur l'autre".

[283] Cité par Ozoux ; *Le crédit à La Réunion* ; op. cit. p. 120.

CHAPITRE 6

LA CRISE ET SES CAUSES

Les années 1860-1881 correspondent à la première grande crise sucrière. Il est utile d'en proposer une vision d'ensemble (section 1) avant d'analyser ses causes et modalités (sections 2 et 3). À partir du début des années 1870, une crise monétaire vint se surajouter à la crise sucrière. La Réunion ne put en sortir qu'en démonétisant les monnaies étrangères qui circulaient dans son économie (section 4).

SECTION 1

PROFIL ÉCONOMIQUE GÉNÉRAL

Pour brosser à grands traits le tableau économique de la période 1860-1881, on s'appuiera sur les indicateurs économiques habituels.

1.1 - Capital, profit et rentabilité

Les statistiques rassemblées dans les tableaux ci-après prennent en considération toutes les productions agricoles officiellement recensées, qu'elles soient vivrières (embrevades, riz, blé, maïs, songes, patates, légumes secs...) ou spéculatives (sucre, café, cacao, vanille, girofle, tabac, autres épices, coton). L'artisanat et le commerce ne sont pas pris en compte.

Tableau 25 : Capital, profit, et rentabilité dans l'agriculture

(chiffres en milliers de francs)

Années	Valeur brute (1)	Frais d'exploitation (2)	Valeur nette (3)	Valeur des propriétés (4)	Taux de profit (5)
1859	52 422	23 281 (44%)	29 141	199 263	0,13
1860	71 154	22 238 (31%)	48 916	207 214	0,21
1861	46 135	20 095 (43%)	26 040	262 971	0,09
1862	47 335	21 927 (46%)	25 408	248 834	0,09
1863	31 882	14 708 (46%)	17 174	244 373	0,06
1864	43 568	15 325 (35%)	28 243	228 914	0,11
1865	35 837	20 367 (57%)	15 470	220 109	0,06
1866	37 107	22 130 (59%)	14 977	195 865	0,07
1867	24 317	13 942 (54%)	10 375	133 720	0,07
1868	19 444	11 235 (57%)	8 209	150 900	0,05
1869	23 353	14 018 (42%)	9 335	143 393	0,06
1870	19 494	11 625 (59%)	7 869	154 413	0,05
1871	27 405	14 442 (52%)	12 963	143 406	0,08
1872	28 443	15 442 (53%)	13 041	125 725	0,09
1873	33 485	17 213 (51%)	16 272	124 062	0,11
1874	29 905	16 074 (53%)	13 831	158 787	0,08
1875	26 853	15 833 (61%)	11 020	162 532	0,06
1876	38 882	22 833 (59%)	15 999	134 124	0,10
1877	31 992	19 510 (59%)	12 482	119 514	0,09
1878	30 944	14 017 (45%)	16 927	135 531	0,11
1879	16 500	11 849	aberrant	aberrant	-
1880	23 753	8 646 (36%)	15 107	131 414	0,10
1881	24 534	8 702 (35%)	15 832	118 862	0,12

Sources : Ministère des Colonies : *Tableaux de population, de cultures... op. cit.* La correspondance avec les notions comptables actuelles est la suivante.

- (1) Valeur brute = chiffre d'affaires
- (2) Frais d'exploitation = salaires + dépenses courantes
- (3) Valeur nette = Valeur brute - frais d'exploitation = profit
- (4) Valeur des propriétés = Valeur des terres + Valeur des bâtiments et du matériel d'exploitation
- (5) Taux de profit = (3) / [(2) + (4)]. Il a été calculé par nos soins.

Le tableau permet une première approche de la crise. Il a été construit pour montrer l'enchaînement suivant :

- À partir de 1860 le chiffre d'affaires évolue globalement à la baisse (colonne 1). Comme les frais d'exploitation diminuent moins rapidement, ils représentent une proportion de plus en plus importante du chiffre d'affaires (colonne 2).
- Il s'ensuit une baisse des profits (colonne 3) et du taux de profit (colonne 5) : de 21% en 1860, celui-ci tombe autour de 6% entre 1865 et 1871 pour se relever légèrement ensuite.

- Cette chute de la rentabilité entraîne à son tour une perte considérable de la valeur du capital d'exploitation (colonne 4) laquelle amortit la baisse du taux de profit.

Pour affiner cette présentation, il faut maintenant s'intéresser à l'exploitation des terres.

1.2 - Évolution des surfaces cultivées

L'affectation des terres entre la canne et les cultures vivrières apparaît dans le tableau ci-après.

Tableau 26 : Superficies cultivées en cultures vivrières et en canne (ha)

Années	Cultures vivrières (2)	Canne (3)
1860	20 583	47 039
1861	21 562	47 749
1862	21 922	48 353
1863	22 484	58 681 (a)
1864	19 904	48 382
1865	23 115	41 127
1866	27 090	44 862
1867	22 449	47 087
1868	28 662	47 340
1869	31 736	43 008
1870	29 310	43 508
1871	31 708	44 577
1872	27 375	42 894
1873	26 858	46 271
1874	28 694	43 672
1875	31 674	42 428
1876	28 390	41 823
1877	24 950	39 615
1878	26 080	39 608
1879	40 612 (a)	40 325
1880	16 864	46 468
1881	28 062	49 909

Sources : Ministère des Colonies : *Tableaux de population, de cultures... op. cit.* (a) = chiffre aberrant. Les chiffres de la colonne (2) ont été obtenus en additionnant les superficies consacrées aux vivres (ambrevades, blé , riz, pommes de terre, haricots et racines diverses.) Ils ne prennent pas en compte les "cultures diverses" dont le contenu est inconnu. C'est la raison pour laquelle nos chiffres diffèrent de ceux qui figurent dans les données officielles retracées dans les tableaux annuels n° 12.

Concernant la culture de la canne, le tableau montre une évolution en deux temps : alors qu'au début des années 1860 la superficie cultivée était stabilisée entre 47 000 et 48 000 hectares, à partir de 1869 elle amorce une période de baisse qui se prolonge jusqu'en 1879. Les surfaces plantées en canne sont ramenées autour d'une moyenne de 41 000 hectares (soit - 14% par rapport aux années antérieures). Ces chiffres traduisent à leur manière les conséquences de la crise sucrière.

Pendant le même temps, les cultures vivrières évoluent dans un sens opposé. Jusqu'en 1867, elles occupent autour de 21 000 hectares. Mais à partir de 1868 elles gagnent du terrain (+ 30% environ). Or, on assiste simultanément à une diminution de la population de l'île. En effet, si entre 1860 et 1871, le nombre d'habitants augmente, passant de 178 238 à 212 833, l'année 1872 amorce une chute continue qui ramène progressivement les effectifs à 172 100 en 1881[284].

Si on admet que ces chiffres sont représentatifs de la réalité, ils pourraient signifier que la quantité moyenne de nourriture locale disponible par habitant augmente et que la situation alimentaire de l'île a tendance à s'améliorer jusqu'en 1876. Un examen détaillé montre aussi que la croissance des productions vivrières n'est pas homothétique. Le tableau ci-après indique que les cultures se modifient en même temps qu'elles s'étendent dans l'espace.

Mais ces conclusions ne sont pas des certitudes. À partir de 1877, on constate en effet un effondrement de la production de maïs, patates, haricots, pommes de terre... que rien ne permet d'expliquer. Aucun cataclysme naturel (cyclone, sécheresse...) n'a touché La Réunion cette année-là. Il se pourrait donc que les statistiques officielles concernant certaines années ne soient pas de bonne qualité.

---

284 Les statistiques démographiques émanant des services locaux sont très discutables et les services du Ministère des colonies les contestent souvent. Ainsi, alors que pour l'administration locale le nombre d'habitants de La Réunion en 1860 est de 178 238, pour le Ministère des Colonies, il n'est que de 164 432. On examinera avec intérêt les calculs rectificatifs présentés par le Ministère dans les *Tableaux de population, de cultures....* Si les valeurs absolues ne sont pas les mêmes, il demeure cependant que la tendance générale d'évolution de la population est identique, que l'on se réfère aux chiffres du Ministère ou bien à ceux des services locaux.

Tableau 27 : Productions vivrières (tonnes)

	Blé	Riz	Ambrevades	Maïs, manioc, songes patates douces	Haricots, pommes de terres, jardinages..	Tabac
1860	10	77	1 129	17 541	4 951	525
1861	10	121	1 081	14 843	5 314	348
1862	10	115	1 012	19 043	4 856	538
1863	10	33	925	17 143	4 890	450
1864	11	33	977	28 141	4 033	549
1865	10	54	999	32 007	4 211	554
1866	10	39	996	33 421	4 447	683
1867	37	27	838	34 037	7 899	583
1868	10	17	710	34 081	8 418	438
1869	10	21	775	35 127	8 407	518
1870	10	20	762	26 939	8 384	508
1871	10	4	772	19 771	8 124	538
1872	10	5	828	22 843	7 900	530
1873	10	5	206	15 020	8 271	513
1874	10	5	197	16 356	8 438	494
1875	10	5	171	13 989	7 944	484
1876	10	5	15	14 676	7 694	504
1877	10	5	102	11 700	1 902	407
1878	10	5	162	15 343	2 193	481
1879	-	0,5	145	19 697	2 690	464
1880	-	0,4	69	20 320	5 009	657
1881	-	0,2	98	20 623	5 567	456

Sources : Ministère des Colonies ; *Tableaux de population , de cultures...*

Les ambrevades sont probablement originaires d'Inde. Les gousses contiennent des graines que les créoles consomment en les mélangeant avec le riz. La plante servait également de fourrage pour les bestiaux.

La production de blé est très marginale. La production locale de riz, déjà très faible, est éliminée par la concurrence des importations d'Asie. Les ambrevades reculent également. Finalement, la production de nourriture tend à se réduire au maïs, manioc, patates et haricots. Celle du tabac, uniquement destinée à la consommation locale, reste à peu près constante.

En bref, l'examen des statistiques montre que la crise frappe uniquement le secteur sucrier. Quant aux cultures vivrières, elles s'étendent tout en se concentrant sur quelques plantes servant de nourriture de base : la croissance s'accompagne d'une diminution de la diversité. On n'assiste donc pas, à proprement parler, à une crise économique mais, plus précisément, à une crise *sucrière*.

Pour avancer dans l'étude, il faut maintenant préciser la date à laquelle elle a débuté. On étudiera ensuite ses causes.

SECTION 2

L'ENTRÉE DANS LA CRISE SUCRIÈRE : 1865

Un profond désaccord existe entre les historiens sur la date à laquelle l'économie de La Réunion a commencé à entrer dans la grande crise de la fin du 19ème siècle. Il est utile de s'interroger sur la signification théorique de ce désaccord avant de proposer une date d'entrée dans la crise sucrière.

2.1 - Le désaccord sur le début de la crise et sa signification

Le désaccord sur la date d'entrée dans la crise sucrière traduit une divergence d'opinion sur la notion même de crise. Pour schématiser les positions, ceux qui considèrent que la "crise" signifie simplement difficultés graves, *quelles que soient les causes* de celles-ci, choisissent l'année 1859 car elle correspond à la propagation d'une épidémie de choléra dans l'île (Gabriel Gérard) ainsi qu'à l'aggravation des problèmes monétaires (Daniel Lefèvre). Au cours des années suivantes, diverses calamités vont s'enchaîner pour maintenir l'île dans un certain marasme économique.

À l'inverse de cette conception, ceux qui conçoivent la crise comme résultant de causes *structurelles* optent généralement pour 1863 comme étant l'année du passage de l'époque de prospérité à celle de la dépression. Dans le principe, c'est cette seconde optique qui est conforme au concept économique de crise. Mais il semble bien que la date ne soit pas bien choisie.

La question fondamentale qui se pose en effet est de savoir de quel indicateur économique il convient de se servir pour repérer le début de la crise. Il est frappant de constater que, *sans aucune exception*, toutes les études qui ont traité de cette question ont pris comme critère le montant de la production de sucre. Autrement dit, c'est parce qu'à un moment donné celui-ci a chuté que la crise aurait débuté. Les chiffres de la production de sucre sont les suivants.

Tableau 28 : Production de sucre de La Réunion (tonnes)

1860	**73 838**	1864	**39 916**
1861	**55 963**	1865	**48 085**
1862	**70 723**	1866	**52 966**
1863	**35 912**	1867	**38 045**

Sources : Banque de La Réunion ; A. D. R. 6M 1364. Ces statistiques sont les plus souvent citées. On notera la différence avec celles figurant dans les publications officielles du ministère des colonies. Mais le profil général de l'évolution est identique dans les deux cas.

Ici, l'année 1863 apparaît bien comme un tournant et il ne semble faire aucun doute que la crise s'installe durablement dans les années suivantes.

Mais cette opinion n'est pas fondée car le montant de la production physique n'est pas le critère de repérage le plus pertinent[285]. Il le serait si les *prix* étaient invariables au cours du temps, ou bien si nous avions affaire à une économie non monétarisée. Mais ce n'est pas le cas.

Parce que l'économie sucrière fonctionnait selon les normes du capitalisme, un repérage précis de l'amorçage de la crise doit s'appuyer en priorité sur le *critère du profit*, celui-ci constituant en effet à la fois le but et le moteur de l'activité des entreprises. Cela étant, examinons comment les profits ont évolué.

2.2 - L'évolution des profits et la crise

Si l'on définit la crise capitaliste comme étant la période au cours de laquelle, pour des raisons structurelles, les profits globaux chutent pour rester à un niveau insuffisant (profits quasiment nuls ou même négatifs) pendant une période prolongée, alors ce n'est pas 1863 mais 1865 qui marque véritablement l'entrée de La Réunion dans la période de crise. Il suffit d'examiner l'évolution des profits nets du secteur sucrier pour en être convaincu.

---

[285] Supposons qu'avant un cyclone, la quantité de tomates produite soit de 1 000 unités de poids, vendues 10 F. l'unité. La recette du producteur s'élève à 10 000 F.. Après le passage du cyclone, la production de tomates tombe à 500 unités de poids. Mais les producteurs élèvent maintenant le prix à 25 F. l'unité. Leur recette passe à 12 500 F. C'est l'effet King : la chute de la production peut se traduire par une élévation des recettes et des profits. Ici, les producteurs sont gagnants.

Graphique 8 : Évolution des profits du secteur sucrier
("bénéfices nets" en milliers de francs)

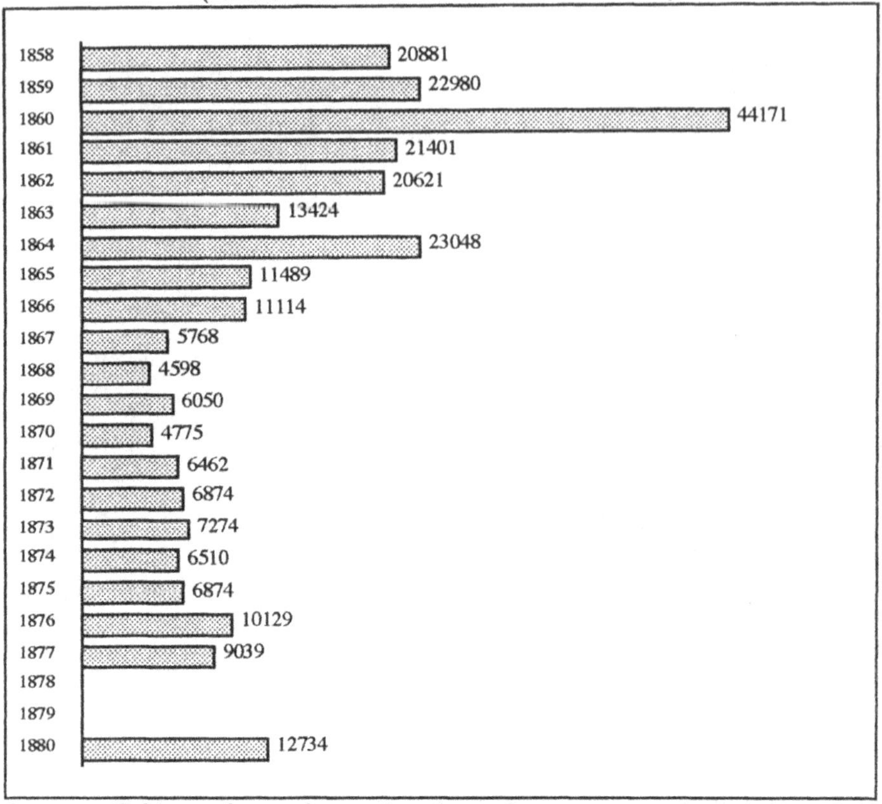

Sources : *Tableaux de population, de culture, de commerce et de navigation.* Les valeurs pour 1878 et 1879 n'ont pas été reportées sur le graphique car elles sont aberrantes.

En 1863 les profits s'effondrent. Certes, une cause de ce mouvement se trouve dans le fléchissement des cours du sucre. Mais la raison essentielle tient à des facteurs accidentels : deux cyclones successifs[286] dévastent les cultures et font chuter la production de sucre qui est alors pratiquement divisée par deux (35 912 tonnes en 1863 contre 70 723 en 1862). L'écrasement des profits enregistré en 1863 n'étant pas fondamentalement lié à des causes économiques structurelles, on n'a pas affaire à une "crise", au sens théorique de ce terme.

Et d'ailleurs, il faut remarquer que dès 1864, année où la production de sucre reste pourtant faible (39 916 tonnes), les profits

[286] Cyclones des 12 et 13 janvier puis des 22 et 23 février 1863.

grimpent à un niveau *supérieur* à celui des années fastes (1858 et 1859), grâce à des cours élevés du sucre (74,4 F les 100 kg).

En réalité, c'est à partir de 1865, que tout change vraiment : les profits s'effondrent pour ne plus remonter avant une longue période. Cette année correspond donc véritablement au début de la crise. Un argument supplémentaire peut être apporté à l'appui de cette thèse. Examinons en effet le mouvement de l'accumulation du capital.

2.3 - L'accumulation du capital

2.3.1 - Généralités sur l'accumulation du capital

Une décomposition théorique du capital distingue deux éléments : le capital constant (bâtiments, machines, matières premières...) et le capital variable (fonds engagés en salaires directs et indirects qui permettent à l'entreprise d'employer de la force de travail). De manière schématique, le processus de l'accumulation se présente ainsi.

- En *période de prospérité* les entreprises font des profits. Elles en consacrent une partie à acheter de nouveaux équipements, davantage de matières premières etc. (accumulation en "capital constant") et une autre partie à payer les salaires, ce qui permet de disposer d'une main-d'œuvre plus abondante et / ou mieux formée (accumulation en "capital variable"). Au lieu de financer l'accumulation avec leurs profits (autofinancement), les entreprises peuvent aussi recourir aux crédits bancaires (financement externe). Si la conjoncture économique générale est favorable et que les entreprises sont saines, les banques prêteront facilement. Quoiqu'il en soit, l'accumulation du capital est caractéristique d'une situation de prospérité.
- En *période de crise*, le processus d'accumulation est au contraire bloqué et parfois inversé. La chute des profits entraîne un arrêt de l'autofinancement. Les équipements existants ne sont plus employés à plein régime et vieillissent. Les entreprises n'embauchent plus et, si cela est nécessaire, licencient des travailleurs. Dans un contexte de dépression, les banques sont extrêmement réticentes à accorder des prêts. Au niveau de l'économie toute entière, le blocage de l'accumulation se traduit par une diminution de la masse de capital constant et de capital variable en fonctionnement.

Lorsque l'on désire analyser une situation économique réelle, il est donc possible, en observant le mouvement de l'accumulation du capital, de repérer les périodes de prospérité et de crise.

2.3.2 - Application à la crise sucrière : le blocage de l'accumulation

Concernant le cas historique actuellement analysé, l'examen de l'évolution des flux d'investissement et d'immigration de main-d'œuvre va permettre de dater l'entrée de l'économie sucrière dans la crise.

A - Rupture dans l'accumulation du capital constant

À partir du début des années 1860, l'accumulation du capital constant devait être réalisée essentiellement grâce aux capitaux collectés en métropole et mis à la disposition des planteurs et sucriers de La Réunion par le C. C. et le C. F. C..

On constate qu'entre 1860 et 1863 le Crédit Colonial a distribué 2 405 000 francs. Quant au Crédit Foncier Colonial, il a consenti entre 1864 et 1881 de nombreux prêts (dont l'essentiel est allé aux sucriers les plus puissants)[287]. L'échelonnement des opérations dans le temps apparaît dans le tableau ci-dessous.

Tableau 29 : Prêts du C. F. C. à La Réunion

Années	Nombre de prêts	Montant des prêts (francs)
1864	4	3 050 000
1865	36	6 700 500
1866	25	4 178 000
1867	3	340 000
1868	3	606 000
1869	4	348 000
de 1870 à 1877	0	0
1878	1	290 000
1881	1	250 000
Total		**15 762 500**

Sources : Alain Buffon ; *Monnaie et crédit en économie coloniale* ; 1979 ; 388 pages ; p. 256. Sudel Fuma ; *Un exemple d'impérialisme économique dans une colonie française du 19ème siècle* ; p. 31

Deux conclusions s'imposent. Tout d'abord, le C. F. C. n'est pas allé jusqu'au plafond des crédits autorisés (20 millions de francs) : le

[287] La décomposition des crédits par catégorie d'emprunteurs est la suivante : 42 petits propriétaires ont obtenu des emprunts inférieurs à 100 000 francs ; 28 grands propriétaires ont obtenu des emprunts allant de 100 000 à 1 300 000 francs. Cf. L. Ozoux ; *Le crédit à La Réunion* ; p. 125 - 126.

montant total de ses prêts s'élève à moins de 16 millions de francs. Ensuite, si les crédits ont bien été consentis tout au long des années 1864 - 1881, il apparaît cependant que 88% du total ont été accordés entre 1864 et 1866. À partir de 1867 ils chutent brutalement et deviennent même nuls de 1870 à 1877. Ainsi, de manière classique, la crise des profits provoque, avec un léger décalage (ici un an), une crise des prêts.

Mais celle-ci s'accompagne aussi d'une crise de l'investissement productif. En effet, si on s'intéresse à l'emploi qui a été fait des capitaux empruntés auprès du C. F. C., force est alors de constater qu'ils ont été en grande partie gaspillés. Selon E. Durand :

> "Beaucoup d'emprunteurs ont dissipé les capitaux reçus... bien peu les ont utilisés à perfectionner l'outillage de leurs usines"[288].

Cette observation générale trouve confirmation dans les statistiques du commerce extérieur. On constate en effet qu'à partir de 1861 les importations de "machines et mécaniques" faiblissent rapidement. Cependant, c'est en 1867 qu'une rupture totale se produit. Le tableau ci-après montre en effet que les capitaux empruntés n'ont pas été utilisés pour importer de métropole des moyens d'équipements.

Tableau 30 : Valeur des importations de "machines et mécaniques" provenant de France (en francs)

Années	Valeur	Années	Valeur
1860	171 205	1865	24 632
1861	629 771	1866	15 893
1862	312 119	1867	0
1863	91 051	1868	0
1864	23 255	1870	0

Sources : Ministère de la Marine et des Colonies ; *Tableaux de population, de culture, de commerce et de navigation.*

Et qu'en est-il enfin de la politique d'investissement menée par le C. F. C. qui, pendant la période considérée, s'est emparé d'un grand nombre de propriétés. A-t-il modernisé leur outillage ? Il apparaît d'après l'étude de S. Fuma qu'il n'en fut rien. Certes, une modernisation a bien eu lieu, mais seulement à partir du début des années 1880[289].

Étudions à présent l'accumulation du capital variable pour voir dans quelle mesure l'année 1865 constitue effectivement le début de la crise.

---

[288] E. Durand ; *L'Ile de La Réunion...* ; op. cit. ; p. 195.

[289] S. Fuma ; *Un exemple...* p. 99 à 101.

B - Rupture dans l'accumulation du capital variable

Il est impossible de montrer précisément la rupture du processus d'accumulation du capital variable dans sa totalité, c'est-à-dire en étudiant l'ensemble de la main-d'œuvre, car les statistiques officielles sont trop grossières. En revanche, il est possible de prouver l'existence de ce phénomène si on se limite à la seule population des engagés indiens (qui formait la quasi-totalité des immigrants à partir de 1861) sur laquelle des renseignements suffisamment détaillés existent[290]. Observons le tableau ci-dessous.

Tableau 31 : Introduction d'engagés indiens

Années	Nombre d'engagés indiens introduits	Années	Nombre d'engagés indiens introduits
1861	7 111		
1862	4 963	1869	1 081
1863	2 887	1870	-
1864	4 839	1871	258
1865	1 113	1872	-
1866	2 518	1873	1 036
1867	-	1874	1 144
1868	-	1875	689

Sources : Annuaire de La Réunion 1877.

On peut clairement distinguer deux périodes. Pendant la première moitié des années 1860 les immigrants indiens arrivent en masse. Cela signifie que la situation économique de La Réunion est globalement prospère et que les perspectives de croissance apparaissent aux planteurs comme favorables, ce qui les incite à importer de la main-d'œuvre. Mais tout change ensuite. La rupture de l'accumulation du capital variable apparaît très nettement à partir de 1867. Cela traduit le fait que la crise ouverte en 1865 a écrasé les profits et que les planteurs n'ont plus confiance dans l'avenir.

Mais on pourra peut-être rétorquer que cela pourrait tout aussi bien signifier que les engagistes ont déjà "fait le plein" de main-d'œuvre et ne désirent plus recruter de nouveaux engagés. Une telle opinion ne serait pas valable. Examinons en effet le tableau ci-après.

---

[290] Les recrutements d'Africains sont interdits et ceux de Chinois et de Vietnamiens, négligeables. Le nombre de ces derniers n'a jamais dépassé quelques centaines. Les premiers sont arrivés en 1863. Il s'agissait de prisonniers "condamnés pour des crimes politiques ou de piraterie à des peines de 5 à 6 ans (qui) acceptent la déportation pour 10 ans à La Réunion..." Cf. E. Wong-Hee-Kam ; *L'engagisme chinois ; révolte contre un nouvel esclavagisme* ; Océan Éditions ; 1999 ; 72 pages ; p. 59.

Tableau 32 : Variation des effectifs des engagés indiens

	Accroissement (introduction + naissances)	Diminution (décès + rapatriements)	Différence
1861	7 189	1 048	6 141
1862	5 045	1 459	3 586
1863	3 032	1 596	1 436
1864	5 007	1 236	3 771
1865	1 362	1 602	- 240
1866	2 801	2 630	171
1867	310	2 502	- 2 192
1868	462	2 678	- 2 216
1869	1 419	1 749	- 330
1870	240	1 163	- 923
1871	561	1 191	- 630
1872	356	1 627	- 1 271
1873	1 266	1 735	- 469
1874	1 548	2 001	- 453
1875	1 106	1 712	- 606

Sources : Annuaire de La Réunion ; 1877.

On constate qu'à partir de 1867 la différence entre les accroissements et les diminutions de population est constamment négative ce qui signifie que l'effectif total des engagés indiens ne cesse de diminuer d'une année sur l'autre. On vérifie donc bien l'existence d'une rupture du processus d'accumulation du capital variable. Et comme précédemment, cette rupture se produit normalement avec un léger décalage par rapport à la chute des profits.

Concluons : c'est bien en 1865 que s'amorce véritablement la crise économique qui débute par un effondrement prolongé des profits (1865) lequel entraîne une reproduction rétrécie du capital constant et du capital variable à partir de 1866 puis une rupture totale l'année suivante. Cette rupture se traduit par la réduction des superficies consacrées à la canne, mouvement déjà mis en évidence[291].

2.4 - Les trois caractéristiques de la crise

La première caractéristique de la crise est sa *longueur* ouverte au milieu des années 1860, elle s'est en effet poursuivie jusqu'en 1881, date à laquelle débute une *seconde* crise, d'une nature différente, qui se prolongera jusqu'à la première guerre mondiale.

L'examen des statistiques concernant la production et les cours du sucre montre aussi que, tendanciellement, la crise s'est aggravée au fil

[291] Cf. paragraphe 1.2 de ce même chapitre.

du temps. Ces deux caractéristiques indiquent que la dépression n'avait pas un caractère conjoncturel mais *structurel*. La recherche des facteurs explicatifs devra donc privilégier l'identification des tendances lourdes.

Il s'agit enfin d'une crise *profonde* dans la mesure où elle a entraîné une restructuration de toute l'économie. Il importera d'en présenter les aspects essentiels.

SECTION 3

LES CAUSES DE LA CRISE SUCRIÈRE

Cerner les causes de la crise revient à identifier les facteurs qui ont joué négativement sur le profit. De façon simple, celui-ci est déterminé par la différence entre les recettes et les coûts.

$$\text{Profit} = \text{recettes} - \text{coûts}$$

Si l'on appelle (B) le profit ; (Y) les quantités physiques produites de sucre à La Réunion ; (p) le prix de vente sur le marché français et (c) le coût de production ; le profit s'écrit :

$$B = (Y \cdot p) - c$$

Pour comprendre la crise sucrière, il est nécessaire d'étudier l'évolution des trois facteurs qui déterminent (B), c'est-à-dire (Y), (p) et (c). Ces trois facteurs n'étant pas indépendants les uns des autres, il est logique de les aborder en allant du déterminant au déterminé. On commencera par le cours du sucre (p).

3.1 - La baisse des cours du sucre

Le prix du sucre sur le marché métropolitain dépend de l'offre et de la demande (3.1.1), et de l'évolution des techniques de production agricole et industrielle (3.1.2). Il faut aussi tenir compte des conditions particulières prévalant à La Réunion (3.1.3).

3.1.1 - L'offre et la demande en métropole

A - Le constat des chiffres

L'évolution de l'offre (production + importations) et de la demande (consommation + exportations) apparaît dans les tableaux qui suivent.

Tableau 33 : Offre de sucre brut (en tonnes)

Années (1)	Production de sucre de betterave (2)	Production importée des colonies (3)	Production totale (4) = (2) + (3)	Importation de sucres étrangers (5)	Offre totale (6)
1860	101 000	115 186	216 186	46 679	262 865
1861	146 000	113 331	259 331	85 430	344 761
1862	174 000	104 940	278 940	109 150	388 090
1863	108 000	127 455	235 455	112 900	348 355
1864	149 014	80 225	233 451	134 757	363 996
1865	274 014	84 437	358 451	134 778	493 229
1866	216 854	100 318	317 172	82 518	399 690
1867	224 454	99 441	323 895	78 404	402 299
1868	210 680	85 834	296 514	105 651	402 165
1869	289 323	86 048	375 371	115 723	491 094
1870	289 082	94 807	383 889	95 803	479 692
1871	335 351	77 882	413 233	79 886	493 119
1872	408 649	75 387	484 036	90 675	574 711
1873	396 578	80 985	477 563	95 208	572 771
1874	450 878	80 833	531 711	78 041	609 752
1875	462 259	92 552	554 811	117 997	672 808
1876	243 295	86 862	330 157	92 420	422 577
1877	398 132	83 070	481 202	101 778	582 980
1878	432 636	88 604	521 240	78 017	599 257
1879	277 911	89 337	367 248	71 625	438 873
1880	330 869	73 644	404 513	143 240	547 753
1881	393 268	80 595	473 863	155 148	629 011
1882	423 193	96 552	519 745	157 454	677 199
1883	473 675	78 628	552 303	128 498	680 801

Sources : B. Dureau ; *L'industrie du sucre depuis 1860* ... p. 257-258.

Tableau 34 : Demande de sucre (en tonnes)

Années	Consommation nationale (7)	Exportation de sucre indigène brut (8)	Exportation de raffiné, candi, vergeoises (9)	Demande totale (10) = (7) + (8) + (9)
1860	201 472	18 650	66 627	286 749
1861	247 998	2 431	68 223	318 652
1862	244 409	8 374	103 867	356 650
1863	253 172	11 226	134 302	398 700
1864	207 860	9 286	118 133	335 279
1865	237 401	28 279	149 639	415 319
1866	268 866	26 788	120 084	415 738
1867	266 128	27 788	116 400	410 316
1868	266 682	28 064	102 596	397 342
1869	278 821	25 938	121 043	425 802
1870	243 820	69 581	125 478	438 879
1871	283 892	109 145	98 345	491 382
1872	185 437	96 543	178 977	460 957
1873	251 976	88 261	194 288	534 525
1874	231 191	111 248	232 025	574 464
1875	264 247	92 422	269 337	626 006
1876	266 384	43 694	234 228	544 306
1877	259 256	60 191	198 295	517 742
1878	270 356	46 259	174 902	491 517
1879	279 546	22 175	151 916	453 637
1880	322 209	23 689	130 448	476 346
1881	367 018	37 433	117 149	521 600
1882	401 891	39 742	118 997	560 630
1883	397 018	46 929	124 132	568 079

Sources : B. Dureau ; *L'industrie du sucre depuis 1860* ; Paris 1894 ; 263 pages ; p. 257-258. Les sucres candis, vergeoises... représentent environ 4% du total des sucres raffinés exportés.

Les principaux enseignements des tableaux sont les suivants :

• Sauf en 1863, la production cumulée de la France et de ses colonies (colonne 4) dépasse la consommation nationale (colonne 7). À partir de 1869, celle-ci est même inférieure à la seule production française de sucre de betterave (colonne 2) dont la croissance est foudroyante.

• En 1860, le sucre de betterave n'a pas encore rejoint le sucre de canne. Mais dès 1861 on assiste à un mouvement en ciseaux : tandis que la production des colonies recule pour se stabiliser autour de 85 000 tonnes par an, l'offre de sucre de betterave continue d'augmenter, passant d'un peu plus de 100 000 tonnes en 1860 à plus de 400 000 tonnes au début des années 1880, soit un quadruplement en vingt ans ! Sur le marché français, le sucre de betterave a largement supplanté le sucre de canne.

• En 1860 les importations de sucres étrangers (colonne 5) n'atteignaient pas 47 000 tonnes. Dès 1862 elles sont doublées et presque triplées en 1864-1865.

• Il s'ensuit que l'offre totale de sucre (colonne 6) augmente beaucoup plus rapidement que la consommation nationale (colonne 7). Une telle évolution ne pouvait qu'orienter les prix à la baisse.

• Le sucre non consommé en France était exporté. Les statistiques indiquent une évolution en trois périodes. De 1863 à 1870, les exportations de sucres raffinés (colonne 9) sont relativement stables et tournent en moyenne autour de 120 000 tonnes par an. Puis elles augmentent rapidement jusqu'en 1875, date à laquelle elles déclinent pour retomber à leur niveau antérieur. Comme dans le même temps la production nationale n'a cessé de croître, il s'ensuit une situation de surproduction. À partir de 1880, la consommation nationale relaye les exportations défaillantes, mais pas suffisamment pour éponger les excédents. L'encombrement du marché fait chuter les prix.

• À partir de 1865, cet encombrement s'aggrave très nettement. En effet, au cours de la période 1860-1864, la demande annuelle moyenne de sucre est de 339 206 tonnes face à une offre de 341 613 tonnes : les invendus sont donc en moyenne de 2 407 tonnes par an. Or, pendant les cinq années suivantes, la demande et l'offre moyennes s'établissent respectivement à 412 903 et 437 695 tonnes : l'excédent annuel moyen s'élève donc à 24 792 tonnes, c'est-à-dire qu'il est dix fois plus élevé.

Concluons. L'étude de l'offre et de la demande montre que la baisse des cours du sucre, amplifiée par l'effet King, provient d'un encombrement du marché résultant de trois causes : la croissance de la production de sucre de betterave, les importations de sucres étrangers, le recul des exportations françaises. Approfondissons l'examen de ces trois causes.

B - L'explication des mouvements

a - La croissance de l'économie betteravière

À la base de l'accroissement de la production de sucre de betterave, se trouve tout d'abord le développement de l'agriculture betteravière. Celle-ci s'explique par les propriétés naturelles et économiques de la betterave. Non seulement cette plante sert de matière première à la production industrielle du sucre mais les résidus de cette activité sont utilisables pour nourrir les animaux. L'extension de la culture de la betterave favorise ainsi l'élevage du bétail, source de viande et de lait pour l'alimentation et de fumier pour les champs.

Il faut aussi remarquer que la betterave se cultive en hiver, d'octobre à février. Elle n'entre donc pas en compétition avec le blé. Bien au contraire, c'est une plante d'assolement qui permet d'améliorer la fertilité du sol et d'augmenter sensiblement le rendement des récoltes de blé[292]. Enfin, sa culture permet d'employer les travailleurs agricoles à une époque où ils seraient au chômage. C'est pour toutes ces raisons que les champs de betterave s'étendirent en France.

La production de betterave augmentant, les usiniers ont été amenés à multiplier les fabriques et à perfectionner les méthodes d'extraction du sucre. Le tableau ci-après donne une idée du développement industriel.

Tableau 35 : Nombre de sucreries de betterave

Années	Nombre de fabriques	Années	Nombre de fabriques	Années	Nombre de fabriques
1859-1860	334	1867-1868	452	1875-1876	525
1860-1861	334	1868-1869	456	1876-1877	498
1861-1862	346	1869-1870	465	1877-1878	512
1862-1863	362	1870-1871	476	1878-1879	521
1863-1864	366	1871-1872	490	1879-1880	522
1864-1865	398	1872-1873	508	1880-1881	509
1865-1866	418	1873-1874	524		
1866-1867	434	1874-1875	522		

Sources : B. Dureau ; *L'industrie du sucre depuis 1860* ; p. 257.

Le développement de l'économie betteravière n'était pas limité à la France. Dans d'autres pays, en particulier en Allemagne, en Autriche, et en Russie, l'évolution allait dans le même sens de sorte que, sur le marché mondial, le sucre de betterave finit par supplanter le sucre de canne.

En 1860, à 80%, la consommation mondiale était alimentée par le sucre de canne. Dès 1880, sucre de canne et sucre de betterave se trouvaient pratiquement à égalité. Et dix ans plus tard, le sucre de canne était distancé : plus de 60% de la demande mondiale était satisfaite par le sucre de betterave.

Ce chassé-croisé ne provient pas d'une régression du sucre de canne mais d'une croissance infiniment plus rapide du sucre de

[292] Il a été calculé qu'un système de culture par assolement comprenant la betterave permet d'augmenter en moyenne de 17% le rendement de la culture des céréales. Cf. Comité Européen des Fabricants de Sucre ; *Sucre de betterave et sucre de canne* ; 1965 ; p. 18.

betterave. En effet, si en trois décennies, de 1860 à 1890, la production mondiale de sucre de canne a augmenté de 64%, dans le même temps, l'offre de sucre de betterave est pratiquement multipliée par 10 ! Globalement, la production de sucre, toutes catégories confondues, a plus que triplée comme le montre le tableau ci-après.

Tableau 36 : Production mondiale de sucre
(en milliers de tonnes)

	1850	1860	1870	1880	1890
Sucre de betterave	*169*	*352*	*952*	*1 857*	*3 463*
Sucre de canne	*907*	*1 373*	*1 771*	*1 975*	*2 253*
Production mondiale	**1 076**	**1 725**	**2 723**	**3 832**	**5 716**
% du sucre de betterave	16%	20%	35%	48%	60,6%

Sources : P. Chalmin : *Tate and Lyle géants du sucre* ; Économica ; 1983 ; p. 18.

Une telle dynamique de l'offre totale, face à une demande en augmentation beaucoup moins rapide, ne pouvait que provoquer une baisse des cours du sucre. En France, celle-ci se trouva renforcée par un second facteur : les importations de sucres étrangers qui vinrent s'ajouter à la production pour gonfler l'offre.

b - Les importations de sucres étrangers

Entre 1860 et 1865 les importations de sucres étrangers ont presque triplé pour atteindre près de 135 000 tonnes à cette dernière date. Au cours des années suivantes, leur niveau est à peu près le même que celui provenant des colonies. Cet afflux de sucres étrangers sur le marché français est la conséquence de la politique libre-échangiste menée à partir du début des années 1860. Appliquée au domaine sucrier, cette politique visait trois objectifs.

Tout d'abord, le prix du sucre en France était excessif, ce qui bridait la consommation (seulement 5,12 kg par habitant en 1859 alors qu'elle était de 17 à 18 kg en Angleterre). Le gouvernement impérial, dans le cadre d'une politique économique d'ensemble visant à diminuer le coût de la vie, chercha à augmenter l'offre de sucre pour provoquer une réduction de son prix et par là, favoriser la consommation populaire[293]. En second lieu, les pouvoirs publics voulaient aussi encourager le développement des raffineries en leur fournissant davantage de matière à travailler. Enfin, l'impôt sur le sucre constituant une source appréciable de recettes fiscales, en

---

[293] Une lettre du 23 janvier 1860, émanant de l'Empereur et destinée au public, avait promis "la vie à bon marché". Le sucre devait donc être mis à la portée des plus pauvres habitants du pays.

élevant l'offre, l'État augmentait par là même la matière imposable. Pour toutes ces raisons, un ensemble de dispositions fut pris par le gouvernement pour développer la commercialisation internationale des sucres et faire de la France un marché d'importation[294].

c - Les exportations

Le sucre non consommé sur le territoire national était vendu aux pays étrangers et, au début des années 1860, la France était le principal exportateur européen. Cependant, sur le marché mondial la concurrence des autres producteurs de sucre de betterave devint, au fil des ans, de plus en plus menaçante. Bientôt, grande gagnante dans la course à la productivité et grâce à une politique de *dumping*, l'Allemagne parvint à s'imposer sur tous les marchés importateurs, et en particulier en Angleterre. Les excédents de sucre français s'écoulaient de plus en plus mal par le canal des exportations, d'où l'encombrement progressif du marché intérieur.

L'excès de l'offre sur la demande n'explique cependant pas entièrement la baisse du prix du sucre. Les innovations techniques qui intervinrent dans l'industrie sucrière de betterave jouèrent aussi un rôle capital.

3.1.2 - Les innovations techniques et la baisse des prix de revient

A - Les innovations

En 1860, les techniques de fabrication du sucre de betterave étaient encore rudimentaires[295]. Elles progressèrent rapidement après la

---

[294] Les surtaxes qui frappaient les importations furent supprimées en 1861, ce qui, selon P. A. J. Lapeyrade, "détermina l'entrée d'une grande quantité de sucres étrangers dont la masse vint peser sur les cours et les déprimer. Les raffineurs réduisirent leurs prix... au lieu de se limiter aux prix d'acquitté des raffinés, la baisse s'étendait aux bruts... Le cours moyen du sucre..., de 70 fr. 95 en 1860, tomba successivement à 68 fr. 70 en 1861, 65 fr. 20 en 1862 et 56 fr. 40 en 1863... La suppression des surtaxes avait déterminé un encombrement du marché par les sucres venus de l'étranger...". Cf. *La question des sucres* ; p. 143-144-147. Puis en 1864, une Convention "relative à la législation des sucres" fut signée par la France, la Grande-Bretagne, la Belgique et les Pays-Bas qui créèrent une zone de libre-échange à l'intérieur de laquelle tous les sucres, sans distinction d'origine, pouvaient circuler librement.

[295] Selon B. Dureau "Le jus de betterave, en France, était extrait exclusivement par des presses hydrauliques et les nouveaux procédés de défécation ou de carbonatation... commençaient seulement à se répandre et étaient fort discutés. La

promulgation de la loi du 23 mai 1860. Spécialement conçu pour favoriser l'industrie sucrière, ce texte apportait trois nouveautés.

Tout d'abord, la consommation de sucre étant jusque-là brimée par une fiscalité excessive, la loi de 1860 diminua la taxe de près de 40%[296]. Et pour stimuler encore plus la consommation, on dégreva aussi le café, le thé et le cacao, boissons qui généralement se boivent sucrées. En second lieu, alors qu'une fiscalité complexe frappait jusque-là les sucres d'après leur coloration (nuances)[297], la nouvelle loi créa un droit unique pour tous les sucres bruts. Cette disposition incitait au progrès technique car les sucres les plus purs, qui se vendaient à meilleur prix que les autres, ne payaient pas un impôt plus lourd. Les fabricants avaient donc intérêt à moderniser leurs sucreries pour en produire. Enfin, en ce qui concernait l'assiette de l'impôt et le mode de perception de celui-ci, la loi de 1860 instaura l'impôt sur le jus de betterave et remplaça le système de l'exercice par celui de l'abonnement[298].

Une telle fiscalité ne pouvait que favoriser le développement des techniques car la fabrication industrielle du sucre nécessitant la mise en œuvre d'une suite d'opérations, si l'impôt est établi sur le jus, cela signifie que le fisc ne s'intéresse pas à celles qui s'échelonnent de l'extraction du jus jusqu'au produit fini. Dès lors, le fabricant qui améliore ses techniques de production est avantagé et son avantage est d'autant plus grand que les techniques qu'il utilise sont plus efficaces. Calculant les gains que pourraient réaliser les fabriques modernisées, B. Dureau écrit que si elles

---

turbine avait cependant fait son apparition..." B. Dureau ; *L'industrie du sucre depuis 1860* ; op. cit. ; p. 25.

296 Le droit de consommation sur le sucre qui était alors de 54 F. par 100 kg fut ramené à 30 F.

297 On trouvera la description des divers types de sucres dans B. Dureau ; *L'industrie du sucre depuis 1860* ; op. cit. ; p. 16 à 18.

298 L'intérêt du nouveau régime fiscal est expliqué par le rapporteur de la loi dans les termes suivants : "Le but de l'abonnement est de concourir au progrès de la fabrication et par suite au bon marché du sucre. L'abonnement sera facultatif et les fabriques qui ne s'abonneront pas resteront sous le régime actuel. Avec ce dernier régime, l'administration suit dans toutes ses phases la fabrication du sucre et aucune fraction de la matière imposable n'échappe au droit. Au moyen de l'abonnement... au moment où le jus de la betterave devra être livré à l'ébullition, les agents de l'administration en constateront la densité au moyen du densimètre et le fabricant sera pris en charge (c'est-à-dire imposé H. H. Q.) d'après le degré reconnu et le volume du jus". Cité par B. Dureau ; *L'industrie du sucre*... op. cit. p. 11-12.

"atteignent des excédents de 20%, il en résultera pour elles une détaxe de 17% environ et un sixième de leur production entrera dans la consommation en franchise de droit"[299].

Le nouveau régime fiscal primant les techniques les plus productives, les fabricants étaient incités à améliorer l'efficacité de leurs sucreries. Le tableau 37 recense les principales innovations imaginées ou dont la diffusion se répandit au cours de la période 1860 - 1864[300].

B - Les innovations et la baisse des cours du sucre

L'impact des innovations sur le prix du sucre est double.

- D'une part, elles réduisent directement les coûts de production (en élevant la productivité du travail, en supprimant certaines opérations, ou en permettant d'économiser de la main-d'œuvre, du temps ou de l'énergie). Pour prendre un seul exemple, le traitement d'une tonne de betterave dans une fabrique moyenne réclamait en 1860 quelques 300 kg de charbon. En utilisant un appareil à "triple-effet" le fabricant pouvait ramener cette consommation à 110 kg[301] et donc réaliser des économies considérables. Le progrès technique, en réduisant le coût de production du sucre, permet au fabricant de baisser le prix de vente.
- D'autre part, les innovations permettent d'accroître la production de sucre. Si la demande n'évolue pas au même rythme, alors la baisse du prix de cette denrée est fatale.

La loi du 23 mai 1860, en encourageant les progrès industriels, contribuait à faire du sucre un produit bon marché. Mais son impact demeura relativement lent et limité. Pour quelles raisons ?

---

299 B. Dureau ; *L'industrie du sucre*... op. cit. p. 16.

300 Décrivant le nouveau paysage industriel, B. Dureau écrit : "Les usines dites à outillage perfectionné, que l'on commençait à monter vers 1862, comprenaient, dans cet outillage, la double carbonatation, le triple-effet, la cuite en grains, les générateurs tubulaires et divers autres procédés ou appareils nouveaux visant à la production du sucre blanc, sucre très en faveur depuis la loi du 23 mai 1860 et que l'on se proposait de livrer directement à la consommation. Ces usines nouvelles étaient établies pour un travail de 150 000 kg de betteraves par 24 heures... Elles possédaient une râpe et un atelier de huit presses hydrauliques, exprimant la betterave à raison de 82% de jus". Cf. B. Dureau ; *L'industrie du sucre*... op. cit. p. 26.

301 B. Dureau ; *L'industrie du sucre*... ; op. cit. ; p. 25.

Tableau 37 : Innovations techniques imaginées ou appliquées

Année	Innovateurs	Innovation	But recherché
1843	Rillieux	Tripple-effet	Économiser l'énergie
1860	Maumené	Défécation à froid par addition de chaux au jus	Améliorer la conservation des jus
1860	Périer et Possoz	Défécation à froid par addition de chaux au jus	Améliorer l'épuration des jus
1860	Mechelinck et Lionnet	Addition d'acide carbonique au jus	Améliorer l'épuration du jus. Supprimer l'utilisation du noir animal
1861	Périer et Possoz	Double carbonatation	Améliorer l'épuration des jus
1861	Rousseau	Addition de peroxyde de fer au jus	Améliorer l'épuration des jus
1861	Vilmorin	Création de betteraves plus riches par voie de sélection	Augmenter la teneur en saccharine
1862	Nugues, Denimal et Billet	Addition de chaux aux derniers sirops	Diminuer le coût de production du sucre
1863	Périer et Possoz, Melsens, Beanes, Reynoso	Emploi de l'acide sulfureux, de sulfites de soude et de chaux	Améliorer le traitement des jus
1864	Péligot	Notes sur les sucrates de chaux	Améliorer le traitement des jus

C - La diffusion limitée du progrès technique

Si l'esprit de routine des industriels joua un rôle[302], la raison principale de la diffusion limitée du progrès technique réside certainement dans le fait que la loi de 1860 ne fut appliquée que

302 Comme l'écrit B. Dureau, la loi de 23 mai 1860 "... avait donné une vive impulsion au progrès ; mais l'esprit de routine dominait et on en pouvait juger par la lenteur avec laquelle se répandirent le triple-effet, la cuite en grain et autres appareils perfectionnés..." ; *L'industrie du sucre*... op. cit. ; p. 25.

pendant une courte période. Favorisant essentiellement les fabricants de sucre de betterave, elle heurtait d'autres intérêts.

Les industriels du Nord et du Pas-de-Calais n'en voulaient pas car ils estimaient qu'elle avantageait surtout leurs concurrents des nouveaux départements betteraviers (Aisne et Oise). Quant aux sucriers des colonies, ils craignaient qu'elle n'accélère encore davantage le développement de l'économie betteravière. De leur côté, les raffineurs, installés dans les grands ports (Marseille, Nantes, Bordeaux, Le Havre) et qui alimentaient leurs usines en sucres venant des colonies et de l'étranger, redoutaient l'essor de la production du sucre de betterave car celui-ci aurait profité aux raffineries de la région parisienne installées à proximité des régions betteravières. Enfin, les compagnies maritimes, qui vivaient en grande partie grâce au transport du sucre de colonies, étaient opposées au sucre de betterave car celui-ci "ne naviguait pas".

Une puissante coalition d'intérêts se forma donc contre la loi du 23 mai 1860 qui obligea le gouvernement à effectuer un retour en arrière. Une loi du 7 mai 1864 restaura le régime fiscal antérieur : le système de l'abonnement fut supprimé au profit de celui de l'exercice ; en même temps, l'impôt d'après les types de sucre fut rétabli.

Certes, la législation de 1864 freina le développement et la diffusion des techniques nouvelles, mais elle ne les arrêta pas. En effet, dès le moment où des innovations sont introduites dans certaines fabriques (ce qui fut le cas entre 1860 et 1864), celles-ci deviennent plus compétitives et menacent les moins efficaces dans leur existence. La concurrence intercapitaliste pousse alors les fabricants retardataires à se moderniser sous peine de disparaître, de sorte que le progrès technique, même brimé, tend nécessairement à se diffuser dans toute l'économie sucrière.

Au terme de cette analyse deux conclusions s'imposent.

- La baisse des cours du sucre ne résulta pas d'un mécanisme simple, lié uniquement à la "surproduction", même si celle-ci joua un rôle fondamental. D'autres causes, enchevêtrées, complexes et de diverses origines, sont également intervenues. Au premier rang se trouve le développement des techniques de production qui permit d'améliorer la productivité du travail et d'abaisser les coûts de production.
- Contrairement à l'opinion selon laquelle la baisse des cours avait un caractère "conjoncturel"[303], l'analyse de ses causes permet d'affirmer avec certitude que l'on est en présence d'une tendance "lourde", d'un phénomène *structurel*.

---

303 D. Lefèvre ; *L'organisation de l'espace à Maurice et à La Réunion* ; Thèse ; 1985 ; 3695 pages ; p. 183.

Jusqu'à présent, nous nous sommes intéressés aux facteurs internationaux et métropolitains qui ont déterminé la baisse des cours du sucre. Pour compléter l'analyse, il reste à examiner les causes particulières à La Réunion pour lesquelles les sucriers de l'île ont dû céder leurs produits à bas prix.

3.1.3 - La médiocre qualité des sucres de La Réunion et l'impasse de l'industrialisation autocentrée

Sur le marché métropolitain, se présentaient différentes sortes de sucres et le prix de chacun d'eux (ainsi que l'impôt) dépendait de ses qualités que l'on repérait par la couleur, ou "nuance". Or, avec le progrès des techniques, ce procédé devint totalement inadéquat car les producteurs parvenaient à donner à leurs sucres la nuance qu'ils voulaient[304]. Pour lutter contre les fraudes, on commença, à partir des années 1870, à utiliser le saccharimètre pour déterminer la richesse des sucres et, à partir de là, fixer leur prix. La conséquence fut désastreuse pour le sucre de La Réunion dont la qualité se révéla être inférieure à celle de ses concurrents. Comme le constate l'organe de la Chambre de Commerce :

> "Lorsque, par exception, les sucres en Europe sont rares et chers, tout se vend ; mais quand les marchés sont, comme aujourd'hui, complètement pourvus, on choisit et on donne la préférence aux sucres de Maurice, de la Havane, de Java, et aux indigènes. Il faut maintenant des sucres purs, parfaitement fabriqués, car les achats d'après les analyses au saccharimètre sont à l'ordre du jour et les acheteurs laissent entièrement de côté tous les lots qui ne titrent pas convenablement... Il importe donc que nos habitants, dont la production n'est plus utile à l'approvisionnement de la France, se décident, dans leur propre intérêt, à faire de bons sucres..."[305].

Revenant sur cette question pour mieux expliciter sa pensée, l'auteur de l'article déclare deux mois plus tard :

---

[304] "Par suite des changements apportés dans le mode de travail, la nuance devint un indice de moins en moins sûr de la richesse des sucres. Par certains tours de main dans la fabrication, on était arrivé à donner aux sucres bruts une nuance foncée, avec une richesse élevée. On allait plus loin : on introduisait soit dans la cuite, soit au turbinage, soit dans les manipulations au magasin, des substances colorantes (caramel, brun d'aniline etc.) au moyen desquels on donnait aux sucres à peu près la nuance qu'on voulait". Cf. Boizard et Tardieu ; *Histoire de la législation des sucres* ; p. 147.

[305] *Revue commerciale de l'Ile de La Réunion* ; 21 août 1873.

> "Il est à noter que la demande ne porte que sur les cristallisés. Les sucres à basse-température, à moins d'être d'excellente fabrication sont entièrement négligés"[306].

Les sucriers réunionnais qui, pour la plupart, produisaient leurs sucres en utilisant la méthode des basses températures, durent accepter de vendre leurs produits à prix avilis, c'est-à-dire *en dessous du cours moyen*.

En définitive, les années 1870 constituent un tournant capital dans l'histoire de l'industrie sucrière de La Réunion. En effet, le marché, en sanctionnant impitoyablement les sucres élaborés selon les techniques mises au point par l'ingénieur Wetzell, condamnait du même coup toute la stratégie d'industrialisation qui en découlait. Les chaudières à "basses-températures", de prix modiques, étaient accessibles aux petits fabricants et leur permettaient de produire et de vendre un sucre de qualité médiocre. Ces sucriers pouvaient se maintenir sur le marché tant que la concurrence n'y était pas trop forte. Mais avec la surproduction de sucre, l'aiguisement de la crise et l'intervention du saccharimètre comme moyen de contrôle de la qualité des produits, c'en était fini d'eux. Pour rester concurrentiels, il leur fallait absolument transformer de fond en comble leurs installations, recourir à des techniques et machines importées. Or, la plupart des sucriers n'en avaient pas les moyens. L'une des conséquences de la crise fut ainsi de mettre progressivement fin au modèle d'industrialisation qui avait fait la fortune des sucriers pendant un quart de siècle. Les machines Wetzell furent peu à peu éliminées : si vers 1860, elles équipaient environ 90% des sucreries de l'île, deux décennies plus tard, cette proportion était divisée par trois.

La baisse générale des cours du sucre et le bas prix de celui de La Réunion étant expliqués, il reste encore à situer l'ampleur du mouvement.

3.1.4 - Ampleur et forme du mouvement

Sur le marché français, la baisse des cours fut considérable : de 74,4 francs le quintal en 1864, le prix tomba à moins de 40 francs en 1884. Le graphique ci-après permet de voir que cette baisse se déroula en plusieurs phases : (1860-1867) ; (1868-1872) ; (1873-1879) ; (1880-1885) et que le mouvement fut relativement instable.

---

306 *Revue commerciale de l'Ile de La Réunion* ; 16 octobre 1873.

Graphique 9 : Prix moyen annuel du sucre à Paris
(en francs par 100 kg)

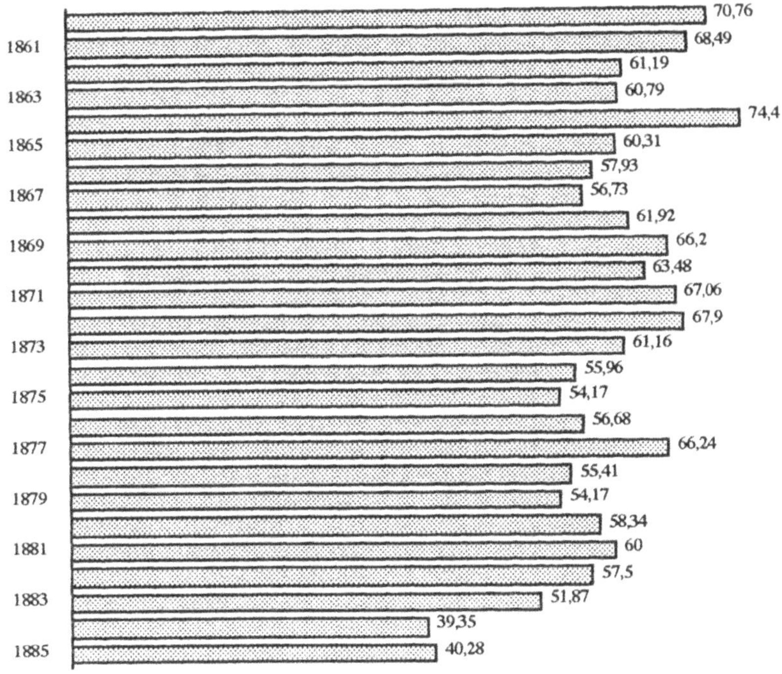

Sources : B. Dureau ; *L'industrie du sucre depuis 1860* ; Paris 1894 ; 263 pages ; p. 260.

Il n'entre pas dans le cadre de cette étude d'étudier les fluctuations de courte période. Il est probable qu'elles s'expliquent par la spéculation et le jeu de l'effet King[307].

Le schéma ci-après synthétise les développements qui précèdent et permet de clarifier l'articulation des facteurs qui ont influé sur les cours du sucre.

307 Une étude économétrique serait nécessaire pour déterminer l'impact relatif des diverses causes de la baisse et de la fluctuation des cours. Elle sort du cadre du présent ouvrage qui se veut de portée générale.

Schéma 6 : Le mouvement des cours du sucre

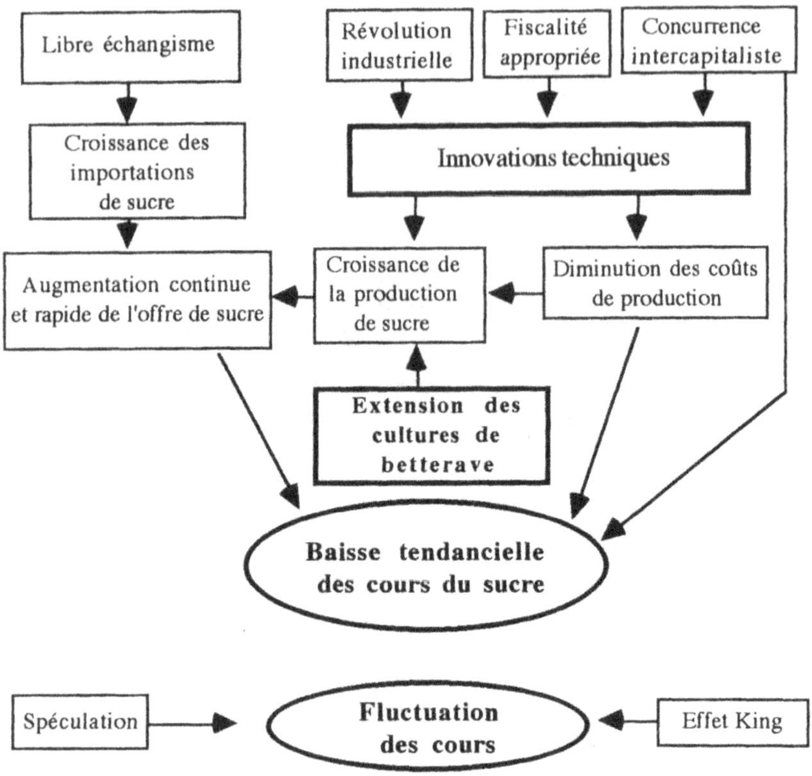

Étudions à présent les conséquences sur l'économie réunionnaise de la baisse des cours du sucre.

3.2 - Les coûts de production

La baisse des cours entraîne celle des recettes d'exploitation. Face à une telle situation, la réaction de n'importe quelle entreprise est de réduire les coûts de production. Ceux-ci se composant de plusieurs éléments, les sucriers pouvaient jouer sur quelques-uns d'entre eux (fertilisants, non-remplacement des cannes...). Mais il leur était très difficile, voire impossible, de comprimer les salaires et les annuités de remboursement.

3.2.1 - Engagisme et rigidité des salaires

Une particularité du salariat contraint réside dans le fait que les travailleurs sont engagés pour une durée de cinq ans et avec des salaires *fixes*. C'est là une différence essentielle avec le salariat libre, système dans lequel le salaire est un coût variable, relativement facile à moduler : en situation de crise, l'employeur peut soit baisser le salaire, soit renvoyer des travailleurs.

Mais il n'en est pas de même dans le cas du salariat contraint. Le salaire se composant ici d'une partie en nature et d'une partie en monnaie, les sucriers ne pouvaient réduire la première car elle était déterminée par des normes légales. Quant à la partie en monnaie, elle était fixée dans le cadre d'un contrat non révisable. Par conséquent, sauf à ne pas respecter les termes des contrats de travail, le salaire représentait un coût *rigide*. Sur ce plan, le salariat contraint comme forme d'organisation sociale du travail, ne constituait donc pas un changement absolument décisif par rapport à l'esclavage dans la mesure où, dans les deux cas, l'employeur ne peut guère agir sur ses coûts de main-d'œuvre.

Face à la crise, les sucriers n'avaient théoriquement que deux possibilités. La première était de revendre des contrats d'engagement à des collègues ; mais cette solution était pratiquement impossible car en raison de la crise presque personne ne souhaitait ni ne pouvait développer ses exploitations. La seconde possibilité consistait à proposer à leurs engagés en fin de contrat de rester dans l'île pour devenir colons partiaires sur des terres à cultiver en canne.

3.2.2 - Endettement et rigidité des annuités de remboursement

Pour faire face à la concurrence du sucre de betterave, les sucriers et planteurs de l'île devaient moderniser leurs exploitations et, c'est dans ce but, qu'ils avaient emprunté, entre 1864 et 1866, plus de 14 millions de francs au C. F. C.. Or, le crédit était cher et le montant des annuités élevé, comme le montre le tableau suivant.

Tableau 38 : Annuités par tranche de 100 francs empruntés

Durée des prêts	-------- DÉCOMPOSITION DE L'ANNUITÉ -------			Total de l'annuité
	Intérêt	Amortissement	Frais d'administration	
5 ans	8,00 fr.	16,65 fr.	1,20 fr.	**25,85 fr**.
10 ans	8,00 fr.	6,71 fr.	1,20 fr.	**15,91 fr**.
15 ans	8,00 fr.	3,56 fr.	1,20 fr.	**12,76 fr**.
20 ans	8,00 fr.	2,10 fr.	1,20 fr.	**11,30 fr**.
25 ans	8,00 fr.	1,31 fr.	1,20 fr.	**10,51 fr**.
30 ans	8,00 fr.	0,84 fr.	1,20 fr.	**10,04 fr**.

Sources : J. B. Josseau ; *Traité du Crédit Foncier* ; Paris 1885 ; cité par L. Ozoux ; *Le crédit à La Réunion* ; p. 116 ; et par A. Buffon ; *Monnaie et crédit en économie coloniale* ; p. 246.

Pour continuer à faire fonctionner leurs Habitations les propriétaires n'eurent d'autre recours que de pratiquer la fuite en avant : ils s'endettèrent encore davantage, mais cette fois auprès de la B. R. qui consentait des prêts sur récolte. Ces emprunts, qui servirent pour l'essentiel à payer les dépenses de personnel et annuités de remboursement[308], eurent naturellement pour conséquence d'aggraver encore une situation financière déjà désastreuse.

En résumé, à partir des années 1860 les planteurs sucriers avaient recruté en masse des engagés et s'étaient lourdement endettés pour moderniser leurs sucreries. Ils se trouvèrent pris en tenaille entre la baisse des recettes d'exploitation résultant de celle des cours du sucre et la rigidité des salaires et des annuités de remboursement. Le résultat fut la chute des profits et du taux de profit. Le tableau ci-après montre que la "valeur nette", qui correspond au profit brut avant impôt, est divisée par 2 entre 1864 et 1865, puis de nouveau par 2 entre 1866 et 1867 !

---

[308] S. Fuma ; *Un exemple d'impérialisme économique*... ; op. cit. p. 54.

Tableau 39 : Chiffre d'affaires, frais d'exploitation et profit

Années	Valeur brute (1)	Frais d'exploitation (2)	Valeur nette (3)
1859	43 298	20 318	22 980
1860	63 531	19 360	44 171
1861	39 229	17 828	21 401
1862	37 351	16 730	20 621
1863	25 866	12 442	13 424
1864	35 509	12 461	23 048
1865	29 467	17 978	11 489
1866	30 791	19 677	11 114
1867	17 306	11 538	5 768
1868	13 796	9 198	4 598
1869	18 151	12 101	6 050
1870	14 324	9 549	4 775
1871	19 386	12 924	6 462
1872	20 624	13 750	6 874
1873	21 823	14 549	7 274
1874	19 529	13 019	6 510
1875	20 622	13 748	6 874
1876	30 387	20 258	10 129
1877	27 115	18 076	9 039
1878	aberrant	aberrant	aberrant
1879	aberrant	aberrant	aberrant
1880	19 593	6 859	12 734
1881	20 184	7 346	12 838

Sources : Ministère des Colonies ; *Tableau de population, de cultures...* op. cit. On remarquera que les coûts totaux de production ("frais d'exploitation") fluctuent. Les planteurs peuvent en effet jouer sur l'emploi des fertilisants, le remplacement des cannes... Seuls les salaires et les annuités de remboursement sont rigides.

La chute des profits entraîna à son tour celle de la production de sucre.

3.3 - La baisse de la production de sucre de La Réunion

3.3.1 - Image statistique

Le tableau ci-après retrace l'évolution de l'économie sucrière au cours de la période 1860-1881.

Tableau 40 : L'économie sucrière de 1860 à 1881
(production, surfaces, et rendement)

Années	Production de sucre brut (tonnes)	Superficie sous canne (hectares)	Rendement (tonne /hectare)
1860	81 636	47 039	1,73
1861	64 883	47 749	1,36
1862	68 542	48 353	1,41
1863	41 687	58 681*	aberrant
1864	15 747*	48 382	aberrant
1865	52 607	41 127	1,28
1866	56 522	44 862	1,26
1867	37 718	47 087	0,80
1868	30 781	47 340	0,65
1869	40 817	43 008	0,94
1870	31 238	43 508	0,71
1871	34 313	44 577	0,76
1872	36 822	42 894	0,86
1873	38 025	46 271	0,82
1874	34 475	43 672	0,79
1875	36 003	42 428	0,84
1876	38 993	41 823	0,93
1877	46 923	39 615	1,18
1878	44 524	39 608	1,12
1879	26 199	40 325	0,65
1880	29 328	46 468	0,63
1881	28 105	49 909	0,56

Sources : Ministère des colonies ; *Tableaux de population*.... . (*) La valeur est manifestement aberrante. Le chiffre de 45 747 (cf. A. D. R. 6M 1314) est probablement plus conforme à la vérité.

De 81 000 tonnes en 1860, la production de sucre s'effondre pour s'établir à 28 000 tonnes en 1881. On exposera tour à tour les causes économiques puis accidentelles de cette baisse.

3.3.2 - Les facteurs économiques

Le tableau précédent fait apparaître une baisse considérable de la production et des rendements. Elle résulte de la conjonction de trois causes. La première réside dans la faillite de nombre d'exploitations. En raison de la conjoncture économique, il n'y eut guère de candidats pour les racheter et les remettre en activité. Certes, le C. F. C. pouvait bien acquérir ces propriétés mais jusqu'en 1873 ses statuts lui interdisaient de s'occuper de la production et de la commercialisation du sucre.

Par ailleurs, la crise ayant fortement réduit les revenus des planteurs qui restaient en activité, ceux-ci n'avaient plus les moyens d'acheter des engrais ni de renouveler leurs cannes selon une périodicité normale (6 à 8 ans). Les rendements en canne à l'hectare baissent et la teneur en sucre diminue.

Enfin, les perspectives économiques à moyen terme s'annonçant comme très défavorables, les planteurs n'avaient aucune raison d'embaucher davantage de travailleurs ni même de remplacer ceux qui étaient rapatriés. La réduction du nombre de travailleurs entraîna celle des superficies cultivées, des rendements à l'hectare et finalement de la production de sucre.

Ces tendances économiques lourdes se trouvèrent amplifiées par des facteurs accidentels.

3.3.3 - Les facteurs accidentels

Au premier rang de ceux-ci se trouvent les périodes de sécheresse et les cyclones. Alors que pendant la décennie qui suivit l'Abolition l'île avait été peu touchée par les perturbations atmosphériques, trois cyclones, en janvier et février 1863 s'abattirent sur les plantations causant des pertes considérables. La production de sucre, qui avoisinait 71 000 tonnes en 1860, tombe à 36 000 en 1863. Puis entre 1867 et 1881, pas moins de 12 cyclones dévastèrent les cultures.

Les insectes et les maladies de la canne (mosaïque, mildiou duveteux...), firent également des dégâts considérables. C'est ainsi que le borer[309], amené en 1856 de Java à Maurice avec des boutures de canne, atteignit La Réunion en 1863, à peu près en même temps que le "pou à poche". Le borer proliféra dans l'île car il y trouva des conditions naturelles favorables. Attaquée par le borer, la canne devient plus fragile et contient moins de sucre[310].

Enfin, le potentiel de travail des exploitations agricoles diminua parce que de nouvelles maladies apparurent dans l'île qui décimèrent une partie de la population et réduisirent la résistance physique de la main-d'œuvre. L'épidémie de choléra (1863) et surtout le paludisme qui s'installa durablement à La Réunion à partir de 1865 firent des ravages.

La crise sucrière, déclenchée au milieu des années 1860, fut aggravée à partir des années 1870, par une crise monétaire dont il faut maintenant exposer les mécanismes et les conséquences.

---

[309] Le borer, larve du lépidoptère *Chilo saccariphagus*, fut le plus grave ravageur de la canne à La Réunion.

[310] Le borer creuse dans la tige de la canne de profondes galeries. La résistance de la plante diminue et les champignons qui pénètrent par les galeries font baisser la richesse en sucre.

SECTION 4

LA CRISE MONÉTAIRE ET LA DÉMONÉTISATION DES PIÈCES ÉTRANGÈRES[311]

À partir du début des années 1870, s'amorça à La Réunion une crise monétaire qui alla en s'aggravant jusqu'en 1879. C'est pour en sortir que le gouvernement central imposa la démonétisation de toutes les pièces étrangères qui circulaient dans l'île. L'enchaînement des faits est complexe et pour présenter les liens de causalité il n'est pas possible de faire l'économie de quelques développements préliminaires sur la masse monétaire en circulation à La Réunion et les pratiques commerciales en vigueur au 19ème siècle.

4.1 - Les monnaies à La Réunion et leurs utilisations

Dans La Réunion des années 1870, la masse monétaire était très hétéroclite et toutes les monnaies ne jouaient pas le même rôle. Certaines fonctionnaient comme simples moyens de circulation des marchandises tandis que d'autres constituaient des instruments d'épargne ou des moyens de paiement internationaux.

4.1.1 - Les monnaies utilisées dans les transactions courantes

Pour effectuer leurs achats quotidiens, payer les salaires, etc., les agents économiques locaux utilisaient :

- les billets de la B. R. (9 millions de francs environ) en coupures de 500 francs, 100 francs, 25 francs, et 5 francs ; ces billets étaient librement convertibles en or.
- les kreutzers (1 000 000 pièces environ). Cette monnaie qui n'avait pas cours légal ni accès aux caisses publiques, était cependant partout acceptée pour 1 franc ;
- les billons français de 10 et 5 centimes ;
- les piastres espagnoles et mexicaines, et leurs subdivisions ;
- les roupies indiennes, d'une valeur légale de 2,25 et 2,50 francs ;

[311] On remarquera que l'analyse qui va suivre diffère en tous points de celle de Christian Merle, tant du point de vue des raisonnements, des statistiques que des conclusions. On trouvera l'article de cet auteur dans *La Revue de la Chambre de Commerce et d'Industrie de La Réunion* ; n° 16 ; juillet-août 1974 et dans le *Bulletin de l'Académie de La Réunion* ; 1969-1970 ; vol. 24.

Les pièces d'argent (kreutzers, piastres, roupies), qui ne fonctionnaient que comme monnaies d'appoint, avaient une valeur légale supérieure à leur valeur commerciale déterminée par leur poids et leur titre. Ainsi, au début des années 1870, les roupies indiennes ne valaient réellement que 2 francs environ, et les kreutzers 0,85 franc. L'administration donnait à ces monnaies une valeur officielle plus grande que celle qu'elles possédaient parce que les pièces métalliques tendaient à s'échapper de l'île[312]. Pour empêcher leur fuite, plusieurs moyens furent employés mais le seul qui s'avéra efficace était le surhaussement de valeur : si le pouvoir d'achat d'une roupie est supérieur à La Réunion qu'ailleurs, son propriétaire préférera l'utiliser dans l'île et l'économie pourra donc conserver une masse monétaire suffisante pour les besoins locaux de transaction.

4.1.2 - Les autres monnaies métalliques

La monnaie n'est pas seulement un moyen de paiement mais aussi un instrument d'épargne. À La Réunion, les agents économiques qui désiraient constituer des encaisses de précaution utilisaient surtout des pièces d'argent de valeur élevée, ou mieux, des pièces d'or, à savoir :

- les quadruples d'or venant d'Espagne et du Mexique ;
- les roupies de Mahur dont le cours légal était de 45 francs ;
- les roupies de l'Inde au cours légal de 40 francs ;
- les pièces d'or venant de France, d'Australie et d'Angleterre (souverains) ;
- les pièces françaises d'argent ;
- les roupies de la Compagnie des Indes valant 2,50 francs :

Si toutes ces pièces étaient utilisées comme moyens d'épargne, c'était parce que leur cours sur le marché libre était supérieur à leur cours légal. Les écarts étaient les suivants au milieu des années 1870 :

Or français	+ 8 à 10%
Or anglais (souverains)	+ 9 à 11%
Pièces françaises de 5 francs	+ 11 à 13%
Autres pièces françaises d'argent.	+ 5%
Roupies de la Compagnie	+ 2%

Enfin, au 19ème siècle, les métaux précieux servaient aussi d'encaisse métallique aux banques centrales pour garantir leurs émissions de billets. La B. R. utilisait à cet effet presque

312 Les causes de ce phénomène sont clairement exposées par Albert Laporte dans *Le problème monétaire de nos vieilles colonies* ; 1908 ; 233 pages.

exclusivement des quadruples d'or espagnols et mexicains ; sa réserve s'élevait à 3 426 000 francs environ.

Comment à présent les règlements liés au commerce extérieur s'effectuaient-ils ?

4.1.3 - Le paiement des importations et des exportations et le change sur traites

A - La lettre de change ou traite

En situation économique et monétaire équilibrée, les commerçants et producteurs de La Réunion n'utilisaient pas les monnaies métalliques comme moyens de paiement dans les transactions extérieures. L'acheminement des pièces d'un endroit à l'autre aurait été long, onéreux et risqué, sans compter que les sommes transportées auraient constitué des capitaux inactifs. Aussi, pour régler importations et exportations, l'habitude était-elle d'utiliser des lettres de change ou traites.

Supposons un exportateur réunionnais qui vend à un négociant de Marseille une certaine quantité de sucre valant par exemple 100. Pour effectuer le paiement, le négociant demandera à son "agent de change", résidant à La Réunion, de signer une traite que le sucrier lui présentera. Cette traite constitue une promesse du négociant de payer le sucre dans 90 jours.

Supposons à présent un commerçant réunionnais qui achète des tissus pour une valeur de 100 à un fournisseur résidant en métropole. Pour régler cette importation il utilisera aussi une traite. Il peut se la procurer auprès du sucrier. Il suffira à celui-ci "d'endosser" la traite au profit du commerçant réunionnais et de la lui remettre contre paiement en espèces. À son tour, ce commerçant, devenu nouveau propriétaire de la traite, l'expédiera à son fournisseur métropolitain, après l'avoir endossée à son profit. À échéance de la traite, ce dernier se fera payer par le négociant de Marseille.

La traite est donc à la fois un instrument de crédit et de paiement qui peut circuler de commerçant à commerçant et dont l'intérêt est d'éviter les transports de fonds de place en place. On voit aussi qu'un marché des traites se forme sur lequel se présentent des offreurs (les exportateurs locaux) et des demandeurs (les importateurs). Et comme sur tout marché, le prix des traites résulte de la confrontation de l'offre et de la demande, et en définitive des exportations et des importations.

Dans la pratique cependant, offreurs et demandeurs ne sont pas en relation directe mais passent par l'intermédiaire de banques qui centralisent offres et demandes[313] : c'est à elles que les exportateurs vendent leurs traites et c'est auprès d'elles que les importateurs se les procurent. C'est donc au niveau des banques que se fixent les prix qui peuvent varier un peu d'un établissement à un autre.

Contrairement aux pratiques actuellement en vigueur, les banques en activité à La Réunion achetaient généralement les traites *au-dessus* de leur valeur nominale. Par exemple, en contrepartie de la traite de 100, la B. R. pouvait verser au sucrier une somme 105 en billets. Puis, au commerçant de tissus demandeur d'une traite de 100, la banque pouvait recéder celle provenant du sucrier contre le paiement d'une somme de 107. Le sucrier et la B. R. réalisent respectivement un bénéfice de 5 et 2, tandis que le commerçant fait une perte de 7 ; mais celle-ci n'est pas définitive car il pourra ensuite la récupérer sur le consommateur en majorant le prix de vente de ses tissus.

La "prime sur traites" est la différence entre la somme inscrite sur le document et le montant qu'il faut débourser pour l'acquérir ; le "taux de change sur traites" est le rapport, exprimé en pourcentage, entre la prime et le montant inscrit sur la traite. Le niveau de ce taux dépend de l'offre et de la demande. L'écart entre le taux auquel les banques achètent les traites et celui auquel elles les revendent se situe aux environs de 2 points[314]. Quelle influence ce taux exerçait-il sur la situation monétaire ?

B - Paiements par espèces métalliques et par traites

Tant que le change est faible, les règlements extérieurs s'effectuent au moyen de traites. Mais il n'en est plus de même lorsque le change augmente et que cette augmentation dépasse certaines limites.

En effet, supposons par exemple qu'à un certain moment, le taux de change sur traites se fixe à 11%. Il est clair que les importateurs auront alors intérêt à payer leurs fournisseurs en expédiant de l'or français plutôt que des traites puisque la prime sur l'or se situe, d'après les données indiquées plus haut, entre 8 et 10% (pour simplifier, on néglige le coût des transports de fonds et les assurances).

---

313 À La Réunion, ces intermédiaires étaient, outre la B. R., "le Comptoir d'Escompte, le Crédit Agricole, et quelquefois des particuliers (qui) se partagent le commerce des tirages sur France. Le Comptoir d'Escompte et le Crédit Agricole font les opérations sur l'Inde et sur l'Australie ; celles sur Saigon sont du domaine exclusif du Comptoir d'Escompte". Cf. *Exposition universelle de 1878 ; Catalogue des produits des colonies françaises*" ; 1878 ; p. 245.

314 D'après les dépouillements que nous avons effectués dans la *Revue Commerciale de l'Ile de La Réunion* (mensuel) entre 1867 et 1883.

Mais les sorties de métaux précieux auront à leur tour des répercussions dans toute l'économie locale parce que la masse monétaire sera touchée ainsi que l'encaisse métallique de la banque centrale. Le niveau du taux de change pouvant fortement influer sur la situation monétaire et économique, il est nécessaire d'étudier son évolution au cours de la décennie 1870.

4.2 - La conjoncture monétaire internationale et la hausse du taux de change à La Réunion

4.2.1 - La hausse du taux de change des traites

Elle commença en novembre 1873 et le tableau ci-dessous résume les fluctuations jusqu'en 1879.

Tableau 41 : Évolution du taux de change des traites

Périodes	Taux de change des traites
Novembre 1873	3,5%
Décembre 1873 à mai 1874.	Augmentation progressive de 3,5% à 7,5%
Juin 1874 à mars 1876	Entre 8 et 8,5%
Avril 1876 à août 1876	12%
Septembre 1876 à novembre 1876	14%
Décembre 1876 à décembre 1877	Entre 9% et 10%
Janvier 1878 à mai 1878	Entre 10 % et 11%
Juin 1878 à mars 1879	Augmentation progressive de 12% à 16%

Sources : *Revue Commerciale de l'Ile de La Réunion* ; diverses années.

Divers facteurs ont été avancés pour rendre compte de ce mouvement[315], mais la véritable explication est à rechercher dans un enchaînement de causes complexes, aux origines internationales. Les principales furent d'une part l'évolution mondiale de la production d'or et d'argent au cours de la seconde moitié du 19ème siècle, et d'autre part l'influence des marchés indien et mauricien sur celui de La Réunion.

---

[315] Constatant la montée du change, la *Revue Maritime et Coloniale*, explique : "C'est qu'il y a eu encore en 1874, comme les années précédentes, un excédent considérable de l'importation sur l'exportation". Cf. Exposé général de la situation de La Réunion en 1874-1875 ; *Revue Maritime et Coloniale* ; juillet-septembre 1876 ; p. 480. Mais l'examen des statistiques commerciales montre que cette opinion n'est pas fondée. Tout récemment, on a prétendu que "ce change ne cessait de monter surtout face à la rareté de la monnaie". Cf. *Personnae Réunion An 2000 ; Dictionnaire biographique des personnalités - Histoire de la monnaie à La Réunion* ; 324 pages ; p. 83. Mais cette explication n'est pas valable car on ne note aucune diminution de la masse monétaire au cours de la période étudiée.

4.2.2 - La production des métaux précieux dans la seconde moitié du 19ème siècle

Au cours d'une première période, allant de 1848 à 1866, la production mondiale d'or augmenta considérablement à la suite de la découverte de gisements en Californie (1848), au Canada (1850), en Australie (1851), et en Nouvelle-Zélande (1855)[316]. L'augmentation de l'offre sur le marché libre provoqua une baisse du cours de l'or par rapport à celui de l'argent de sorte que le rapport or / argent vint se fixer à 1 contre 15,03 (soit 1 kilo d'or = 15,03 kilos d'argent).

À partir de 1867, la situation s'inversa. Tandis que la production mondiale d'or commençait à baisser, celle de l'argent se mit à augmenter à la suite de la mise en exploitation des mines du Nevada et des progrès techniques. D'une moyenne annuelle de 26 500 onces en 1841-1850, la production d'argent passa à 39 000 en 1861-1870, puis à 66 800 en 1871-1880. Une telle évolution, qui ne pouvait qu'entraîner une baisse du cours de l'argent, fut encore aggravée par le choix que fit l'Empire allemand d'abandonner, au début des années 1870, l'étalon-argent au profit de l'étalon-or. Dès lors, les pièces allemandes démonétisées se mirent à affluer sur le marché libre pour alourdir encore davantage l'offre et faire chuter le cours de l'argent. C'est ainsi qu'en 1876, le rapport commercial entre les deux métaux s'approcha de 1 à 20[317].

Ces événements monétaires provoquèrent des bouleversements considérables. On commencera par présenter ceux qui se produisirent en métropole avant de suivre la propagation de l'onde de choc jusqu'à La Réunion.

4.2.3 - La France : du bimétallisme au monométallisme or

Au début des années 1870, le régime monétaire de la France était le bimétallisme et, depuis la loi de germinal an XI, la valeur *légale* du franc était définie par un poids de 5 g. d'argent ou bien 0,32258 g. d'or, les deux métaux titrant 900 / 1 000. Il découle de ces dispositions que 1 kilo d'argent valait 200 francs et 1 kilo d'or 3 100 francs. Le rapport officiel de valeur entre les deux métaux était donc de 1 à 15,5.

À côté de ce rapport légal existait un rapport commercial qui lui, était déterminé sur le marché libre et variait donc avec l'offre et la

---

[316] Alors que la production moyenne annuelle d'or est de 1 761 onces au cours des années 1841-1850, dès 1851 elle grimpe à 4 049 pour progresser jusqu'à 6 540 en 1866. Cf. Pierre Vilar ; *Or et monnaie dans l'histoire* ; 1974 : 439 pages ; p. 409 et p. 431-432.

[317] André Neurisse ; *Histoire du franc* ; 1963 ; 126 pages ; p. 53.

demande des métaux précieux. Tant que rapport *légal* et rapport commercial coïncident, le fonctionnement d'un régime bimétalliste or et argent ne pose pas de problème économique particulier. Il n'en est plus de même si une différence appréciable et persistante s'installe. C'est précisément ce qui se produisit dans la seconde moitié du 19ème siècle.

La dépréciation de l'or, consécutive à l'augmentation de la production de ce métal, entraîna une telle fuite d'argent hors de France[318] que, pour tenter de l'arrêter, le gouvernement s'entendit avec l'Italie, la Belgique et la Suisse (en proie au même problème) pour fonder en 1865 l'Union Monétaire Latine. Celle-ci décida, pour défendre l'encaisse métallique des Banques centrales, d'abaisser le titre des pièces d'argent (de 900 à 835 / 1 000 pour diminuer leur valeur), de leur retirer leur pouvoir libératoire illimité et enfin de suspendre la frappe libre des pièces d'argent de 0,50, 1 et 2 francs, *mais non celles de 5 francs* !

À peine ces mesures venaient-elles d'être prises que la conjoncture monétaire se renversa (1867), orientant l'évolution du rapport commercial or / argent en faveur de l'or cette fois. En France, une importante sortie d'or se produisit alors qui fut encore amplifiée par le fait que, la frappe des pièces de 5 francs étant restée libre, une intense spéculation put entrer en action[319]. La France voyait fondre sa réserve de métal jaune.

Cette déperdition était préjudiciable parce qu'elle aboutissait à exporter un métal qui s'appréciait pour le remplacer par un métal dont la valeur ne pouvait que continuer à diminuer. De plus, au point de vue économique et monétaire, elle était catastrophique car elle tendait à enlever au franc sa base or pour le faire reposer sur l'argent, métal

---

[318] Cette fuite est due au fait que, l'or se dépréciant, il était plus avantageux pour les importateurs français de payer leurs fournisseurs étrangers en argent plutôt qu'en or. De plus, les spéculateurs jouèrent sur la différence entre rapport légal et rapport commercial pour réaliser des profits considérables en faisant sortir l'argent du pays et en le remplaçant par de l'or.

[319] Supposons qu'un Français possède une somme de 3 100 francs en pièces d'or de 20 francs. Le rapport légal entre l'or et l'argent étant de 1 à 15,5, ces pièces représentent un lingot d'or de 1 kilo ou bien un lingot d'argent de 15,5 kilos. Supposons à présent qu'à Londres le rapport commercial de l'or à l'argent soit de 1 à 20. Notre spéculateur a intérêt à aller en Angleterre avec son lingot d'or de 1 kilo pour le convertir en un lingot de 20 kilos d'argent. Ramené à Paris, celui-ci vaut, au cours légal, 4 000 francs et l'opération a donc rapporté un gain de 900 francs. Puisque elle est très fructueuse, le spéculateur la recommencera. Il lui suffira de transformer le lingot d'argent en pièces de 5 francs (puisque la frappe en est libre), puis de les échanger contre des pièces d'or qu'il transformera en lingot d'or avant de le porter à Londres etc..

en dépréciation continue. C'est pour arrêter cette évolution désastreuse qu'une loi du 5 août 1876 prononça l'interdiction de la frappe libre des pièces de 5 francs en argent, enlevant ainsi aux spéculateurs le moyen de faire sortir l'or de France.

Globalement, les mesures prises entre 1865 et 1876 avaient instauré en France un régime monétaire très proche du monométallisme-or (puisque l'argent avait perdu son pouvoir libératoire illimité et que la frappe libre était suspendue). Mais aucune de ces mesures n'avait été étendue à La Réunion qui continuait à vivre sous un régime monétaire particulier. Tôt ou tard, une "normalisation" devait forcément intervenir. Elle fut provoquée par la flambée du taux de change sur traites qui commença à se manifester à partir du milieu des années 1870.

4.2.4 - La demande indienne de traites et l'augmentation du taux de change à La Réunion

C'est dans les procès-verbaux de la B. R. qu'on trouve l'exposé le plus synthétique des événements qui conduisirent les banques à augmenter brutalement le taux de change sur traites. Celui-ci, explique M. Bertho,

> "... subissant le contrecoup de celui de Calcutta, est monté jusqu'à 12 et 14%.... Le véritable motif de cet état de choses alarmant est la disproportionalité qui existe aujourd'hui entre l'or et l'argent, leur valeur comparative, et la dépréciation notable de ce dernier métal. Le grand marché de l'Inde, pour les monnaies-roupies, a absorbé une quantité considérable de lingots d'argent expédiés d'Europe, ce qui a eu pour conséquence forcée de nécessiter un accroissement de remises, une demande plus considérables de traites sur l'Angleterre, et qui a amené par suite la hausse du change. Il en est résulté que les moyens de s'en procurer manquant dans l'Inde, on a cherché à s'approvisionner à Maurice et à La Réunion où les traites étaient plus abondantes à 7 et 8%, *et il a fallu, pour combattre les demandes, porter, sans transition ce change à 12 et 14%*"[320].

Sur le fond, la Chambre de Commerce partage l'analyse de la B. R. mais pour elle l'enchaînement des événements est légèrement différent. Selon la *Revue Commerciale*,

> "C'est la hausse du marché de Maurice qui fait la hausse du nôtre et qu'il faut à celui-ci subir sous peine d'être absorbé par

---

[320] M. Bertho était administrateur de la B. R.. Cf. P. V. du Conseil d'Administration de la B. R. ; séance du 16 mai 1876 ; p. 227. Archives privées de la B. R.. C'est nous qui soulignons.

la demande de traites qui lui arriverait de son voisin. Quant au marché de Maurice, il subit l'influence de celui de Calcutta... Il n'y a pas de modification sérieuse à espérer tant que la hausse existera à Maurice qui n'a pas assez de traites et qui nous en demande. Nous subissons aussi, mais à un degré moindre, l'influence du marché de Calcutta. Cette situation est due, comme on le voit, à des faits qui se passent en dehors de la Colonie. On en cherchera vainement la cause dans un excédent de l'importation sur l'exportation ni dans toute autre circonstance locale affectant notre commerce"[321].

En définitive, la hausse considérable du taux de change à La Réunion résulta d'un mouvement qui, parti de Calcutta, arriva d'abord à Maurice, où le choc fut violent puisque le taux de change grimpa jusqu'à 22%. C'est seulement dans un second temps que La Réunion fut à son tour touchée par l'afflux des demandes de traites venant de Maurice. L'impact, déjà quelque peu amorti par Maurice, fut donc moins rude à La Réunion (+ 16%).

Si les analyses de la B. R. et la Chambre de Commerce rendent correctement compte de la crise monétaire, elles omettent cependant quelques éléments qu'il importe d'introduire pour mieux comprendre la hausse du taux de change.

Il est utile d'ajouter tout d'abord que l'augmentation de la demande indienne de traites sur l'Angleterre (pays monométalliste or) ne s'explique pas uniquement par la nécessité pour l'Inde (pays monométalliste argent) d'importer du métal blanc pour fabriquer des roupies. Un autre facteur d'importance intervint également : dans la seconde moitié du 19ème siècle, l'Inde était devenue un immense marché pour la Grande-Bretagne. Son artisanat textile ayant été complètement détruit par la concurrence anglaise, elle devait importer quantité de tissus. En même temps, pour amorcer son industrialisation[322], l'Inde faisait aussi venir d'Angleterre toutes sortes de matériels, de machines et même des quantités considérables de charbon et de fer. Enfin, les chantiers publics employaient une foule

---

[321] *Revue Commerciale de l'Ile de La Réunion* ; 21 juin et 19 juillet 1877.

[322] Entre 1860 et 1870, la longueur du réseau ferré passa de 1 349 à 7 678 km, pour bondir ensuite jusqu'à 25 495 km en 1890. En même temps, une nouvelle industrie textile fut créée pour alimenter l'artisanat local et exporter vers la Chine. Au début des années 1860, n'existait qu'une dizaine d'usines équipées de 34 000 broches et de quelques métiers à tisser. À partir de 1870, l'industrialisation s'accéléra et en 1880, l'Inde comptait 56 usines équipées de près de 1,5 million de broches et 13 500 métiers. Cf. Claude Markovits ; *Histoire de l'Inde moderne* ; p. 524. Selon Louis Frédéric, "... le fer brut et le charbon nécessaires à l'implantation des chemins de fer, des usines et des besoins mécaniques durent être presque entièrement importés de Grande-Bretagne". Cf. *Histoire de l'Inde et des Indiens* ; 1996 ; 816 pages ; p. 650.

de travailleurs à qui il fallait verser des salaires en roupies d'argent. En définitive, c'est pour payer ses importations de métal blanc mais *aussi* de marchandises de toutes sortes que l'Inde devait se procurer de l'or et donc des traites sur l'Europe et en particulier sur l'Angleterre.

Elle orienta sa demande vers Maurice car celle-ci était aussi colonie anglaise et utilisait en outre la roupie indienne comme monnaie ce qui, évidemment, facilitait grandement les transactions financières[323].

Enfin, si les Mauriciens se dirigèrent vers le marché de La Réunion, c'est parce que celle-ci offrait des traites sur l'Europe et que la roupie y était aussi monnaie légale. Mieux encore : le cours officiel de la roupie y étant de 2,50 francs alors que sa valeur commerciale était de 2 francs, les Mauriciens pouvaient se procurer à très bon compte les traites offertes à La Réunion.

4.3 - Les conséquences des perturbations monétaires à La Réunion

On examinera d'abord celles liées à la dépréciation de l'argent avant de voir celles qui résultèrent de la hausse du change.

4.3.1 - Les conséquences liées à la dépréciation de l'argent

La première fut la thésaurisation de l'or. Ce phénomène, connu sous le nom de *loi de Gresham*, s'explique par le comportement des agents économiques qui, placés devant deux monnaies circulant en même temps, préfèrent se servir de la "mauvaise" (celle dont la valeur se déprécie) pour effectuer leurs échanges quotidiens et utiliser l'autre (dite "bonne" monnaie) pour constituer leur épargne[324]. L'or mis en réserve disparaissant de la circulation monétaire, la quantité des moyens de paiement diminue et peut, en certaines circonstances, devenir insuffisante pour assurer le bon déroulement des transactions.

Au cours de la période sous étude, la loi de Gresham s'appliqua certes à La Réunion, mais il n'y eut pas de pénurie de numéraires[325]. L'explication réside dans le fait que pour payer les traites qu'elle

[323] C'est le 4 janvier 1876 que Maurice adopta la roupie indienne comme monnaie légale.

[324] La loi de Gresham s'énonce : "la mauvaise monnaie chasse la bonne".

[325] Rendant compte de la situation générale de l'île en 1878, un rapport officiel constate en effet : "La situation monétaire est excellente et répond amplement aux besoins généraux du pays". Cf. *Exposition universelle de 1878* ; *Catalogue des produits des colonies françaises*" ; 1878 ; p. 246.

achetait à La Réunion, Maurice y envoyait des roupies d'argent[326] qui venaient donc grossir la masse monétaire active de l'île.

La seconde conséquence fut d'ordre budgétaire. Les contribuables payant fréquemment leurs impôts avec des monnaies d'argent, l'équilibre des finances publiques pouvait être menacé car la valeur commerciale de l'argent ne cessait de se déprécier pendant que sa valeur légale était surhaussée[327].

4.3.2 - Les conséquences liées à la hausse du taux de change sur traites

L'élévation du taux de change sur traites induisit cinq conséquences principales. La première fut de doper l'économie d'exportation. En effet, les banques achetant aux producteurs de sucre, de vanille, de café... leurs traites sur France avec une prime élevée, c'était comme si le prix de vente de ces produits était majoré d'autant. Et concernant plus précisément le secteur sucrier, l'élévation du change permettait de compenser la baisse du cours du sucre.

Mais à côté de cet effet positif, d'autres étaient défavorables et dangereux, à commencer par l'augmentation des prix de toutes les marchandises importées, et donc l'élévation du coût de la vie qui frappa tout particulièrement les classes défavorisées. Selon la B. R., le quart de la valeur des objets de consommation de l'île subissait les effets de cette inflation importée[328].

La troisième conséquence fut l'exportation des espèces métalliques et surtout de l'or. En effet, dès que la prime des traites dépasse celles dont les monnaies métalliques bénéficient (du fait du surhaussement légal ou des conditions du marché), tous les agents économiques qui ont des règlements à effectuer à l'extérieur ont intérêt à payer en envoyant des espèces métalliques plutôt que des traites (en supposant ici que les frais de transport et d'assurance des pièces sont nuls). C'est exactement ce qui se passa au cours de la décennie 1870, comme le

---

[326] Cf. *Revue Commerciale de l'Ile de La Réunion* ; 19 juillet 1877.

[327] C'est ce dont se plaignait le délégué du ministère des colonies aux membres du conseil d'administration de la B. R. en 1879 : "Le gouvernement, disait-il, a pensé avec raison qu'il ne pouvait plus longtemps recevoir dans ses caisses une monnaie pour 2,50 francs quand elle ne vaut que 2 francs. En présence de l'abaissement successif de la valeur de l'argent, l'encaisse du Trésor en roupies, qui est déjà de 3 500 000 francs, ne pourrait que s'élever rapidement et atteindre bientôt, grâce aux introductions nouvelles, des proportions inquiétantes". Cf. P. V. du conseil d'administration de la B. R. ; séance du 3 mai 1879 ; Archives privées de la B. R. ; p. 226.

[328] P. V. du conseil d'administration de la B. R. ; séance du 28 août 1879 ; Archives privées de la B. R. ; p. 88.

relate la notice officielle publiée à l'occasion de l'exposition universelle de 1878.

> "Toutes les monnaies d'or et d'argent des pays avec lesquels elle est en rapport ont cours à La Réunion. Quelques-unes sont considérées comme marchandises et jouissent d'une prime. Elles servent aux échanges avec l'extérieur, ou aux remises, lorsque le change des traites est trop élevé. Ce sont les souverains anglais et australiens, l'or français, les pièces de 5 francs et leurs subdivisions. Toutes ces monnaies d'exportations sont devenues excessivement rares par suite du drainage qui s'en est fait dans ces temps derniers pour les remises"[329].

Mais ce drainage entraînait à son tour une quatrième conséquence, beaucoup plus grave encore, et qui était la diminution de l'encaisse métallique de la B. R.. En effet, les billets étant convertibles en or, rien n'interdisait aux importateurs de se présenter aux guichets de la banque pour demander l'échange de leurs coupures contre du métal jaune destiné à payer leurs fournisseurs. La B. R. était menacée de banqueroute, avec toutes les incidences qu'une telle déconfiture n'aurait pas manqué de provoquer dans toute la société. Comme l'explique un administrateur de la B. R. :

> "Il est évident et logique que la dépréciation de l'argent amènera l'augmentation de la prime sur l'or, et il n'est pas douteux que cela doit amener fatalement l'exportation et la disparition progressive des quadruples dont les frais de change, fret et assurances ne sont guère que de 6%. L'encaisse de la Banque sera naturellement visée et attaquée pour servir, à des conditions meilleures, de remise en l'Europe ou d'exportation dans l'Inde... Jusqu'à ces derniers temps, notre encaisse composée de quadruples d'Espagne et du Mexique se trouvait protégée par la plus value qu'elles ont dans la Colonie et qui empêchait l'exportation ; mais depuis que le change sur France s'est élevé à 12%, il est bien certain que ceux qui ont des remises à faire à la métropole ont avantage à expédier des quadruples en France... notre encaisse n'est même plus protégée par les roupies qui se trouvent dans nos coffres puisque les Indiens peuvent venir nous les demander en échange de nos billets, et pour des sommes assez importantes qu'ils économisent sur leurs salaires"[330].

---

[329] *Exposition universelle de 1878 ; Catalogue des produits des colonies françaises*" ; 1878 ; p. 246.

[330] P. V. du conseil d'administration de la B. R. ; séance du 16 mai 1876 ; Archives privées de la B. R. ; p. 227-228.

Il ne faudrait cependant pas croire que la B. R. était une victime innocente d'attaques portées contre son encaisse, et que celles-ci provenaient de simples particuliers. En réalité, la conjoncture monétaire permettait à la banque de vendre avec profit ses quadruples au Comptoir d'Escompte qui, lui aussi, était gagnant dans cette transaction. Le directeur de la B. R. expliquait le mécanisme et l'intérêt de l'opération dans les termes suivants :

> "Le Comptoir achetait à la Banque un million de quadruples dont la réalisation en France devait donner, fret et assurances compris, 7,5% de perte ; en versant à la Banque 7,5% de prime c'était comme si le comptoir se procurait une remise à vue de 15% de prime. Il se créait par là une provision importante et faisait tirer sur France par son correspondant de Maurice des traites à 21 et 22% de prime d'où pour lui un bénéfice net de 6 à 7% ; c'était un mécanisme bien simple et très profitable pour lui"[331].

Et évidemment aussi pour la B. R. !

Enfin, la cinquième conséquence d'un taux de change élevé était de freiner les importations venant de France. D'abord parce que la prime de change était répercutée sur les prix des produits importés et diminuait donc leur demande. D'autre part, parce le crédit devenant trop cher, les commerçants locaux s'abstenaient d'emprunter pour acheter. Au final, la hausse du change pénalisait les exportateurs français en réduisant leurs débouchés réunionnais. Le ralentissement des importations venant de France commença à se faire sentir dès 1875, et au mois de juillet 1876, le taux de change ayant atteint 12%, la Chambre de Commerce constatait :

> "Ce taux onéreux pour ceux qui ont à remettre est la cause principale du ralentissement des importations et, par suite, de la réduction signalée dans les revenus de l'octroi (de mer H. H. Q.). Un tel surcroît de frais grevant la marchandise, on s'abstient autant que possible d'en faire venir"[332].

---

331 P. V. du conseil d'administration de la B. R. ; séance du 3 mai 1879 ; Archives privées de la B. R. ; p. 231.
332 *Revue Commerciale de l'Ile de La Réunion* ; 20 juillet 1876.

Les statistiques ci-après permettent de dater le début du phénomène, et de préciser son ampleur.

Tableau 42 : Importations venant de France

Années	Valeur (milliers de francs)	Années	Valeur (milliers de francs)
1872	10 475	**1876**	8 580
1873	10 746	**1877**	8 100
1874	10 851	**1878**	9 729
1875	8 308	**1879**	7 421

Sources : Ministère de la marine et des colonies ; *Tableaux de population, de commerce* ... op. cit..

La chute des importations commence en 1875 à la suite de l'augmentation du taux de change des traites sur France qui atteignit 8,5% et se maintint à peu près à ce niveau jusqu'en avril 1876, date à laquelle il passa brutalement à 12%. La baisse des importations destinées à la consommation locale est en réalité beaucoup plus importante que ne le montrent les chiffres. Il faut en effet tenir compte du fait qu'en 1878, la "Compagnie du Chemin de Fer et du Port de La Réunion", après avoir obtenu le marché pour la construction du port de la Pointe des Galets et de la voie ferrée, commença à faire venir de France machines et matériaux nécessaires à la réalisation des travaux. Pour situer l'impact véritable de la hausse du taux de change, il conviendrait donc de soustraire du total des importations, la valeur de celles effectuées par la Compagnie.

La hausse du change produisant de nombreux effets néfastes tant pour La Réunion que la métropole, les autorités publiques réagirent énergiquement.

4.4 - Du cours forcé à la démonétisation des pièces étrangères

4.4.1 - Le cours forcé de fait

C'est en 1876, que la B. R., voyant son encaisse métallique menacée, demanda au gouvernement métropolitain de doter les autorités locales des pouvoirs leur permettant de décréter à tout moment, si le besoin s'en faisait sentir, le cours *forcé* des billets, autrement dit, l'inconvertibilité des billets en métal précieux[333]. L'autorisation leur fut accordée par lettre et la seule diffusion publique de son contenu permit de ramener immédiatement les demandes de

[333] P. V. du conseil d'administration de la B. R. ; séance du 16 mai 1876 ; Archives privées de la B. R. ; p. 228.

remboursements à un niveau normal. Le gouvernement n'eut donc pas besoin de prononcer officiellement le cours forcé car celui-ci était devenu un état de fait[334].

Si le cours forcé constituait un moyen efficace pour défendre l'encaisse-or contre le remboursement des billets de la B. R., en revanche il ne pouvait pas la préserver d'une attaque venant des roupies, d'autant plus dangereuse d'ailleurs, qu'elle faisait en même temps hausser le taux de change des traites. C'est pour parer à ce péril que le gouvernement décida la démonétisation des pièces étrangères.

4.4.2 - La démonétisation des pièces étrangères

La démonétisation était une opération qui, sur le plan technique, consistait à retirer les pièces étrangères de la circulation et à remettre à leurs propriétaires la contre-valeur en monnaies nationales. Quel était le but de cette réforme ? Qui serait chargé de l'organiser ? Enfin qui devait rembourser les pièces démonétisées et donc supporter le coût de l'opération ?

A - Le but de la réforme

La démonétisation visait essentiellement la roupie. Cette monnaie présentait en effet un double danger pour l'économie locale. La Réunion vivant sous le régime du bimétallisme or et argent et les roupies y ayant cours légal, leurs détenteurs pouvaient à tout moment en demander la conversion en pièces d'or, ce qui plaçait la B. R. sous la menace de voir son encaisse-or remplacée par une encaisse-argent, métal en dépréciation rapide.

Par ailleurs, le change à La Réunion subissant les contrecoups des marchés de l'Inde et de Maurice, et, le vecteur de transmission des déséquilibres étant la roupie qui servait à payer les traites, pour soustraire l'île des influences extérieures il était indispensable de retirer à cette monnaie le cours légal. Comme l'expose M. Imhaus, l'auteur de la réforme monétaire :

---

[334] Le représentant du ministère des colonies résumait la situation dans les termes suivants : "Dans la lettre que M. le Directeur de la banque nous a adressée à cette occasion, il faisait remarquer avec beaucoup de raison que l'existence seule de cette lettre suffirait pour préserver la banque de tous remboursements gênants ; ce qu'il y a de certain, c'est qu'à partir de cette époque, le remboursement de billets devint l'exception et le non-remboursement l'état normal. C'était le cours forcé non déclaré, mais le cours forcé virtuel, latent, permanent". Cf. P. V. du conseil d'administration de la B. R. ; séance du 3 mai 1879 ; Archives privées de la B. R. ; p. 227.

"... il faut sortir, à tout prix, de cette position qui, en se prolongeant, doit amener des résultats déplorables. Ce serait en effet le maintien du taux élevé des traites, et la perturbation dans les transactions commerciales. À un moment donné, il n'y aurait plus dans la circulation que des roupies, ce qui conduit à craindre pour l'avenir une liquidation pleine de dangers"[335].

Enfin, La Réunion étant la seule des "vieilles" colonies à vivre sous un régime monétaire d'exception (aux Antilles la démonétisation des espèces étrangères avait été effectuée en 1855), le gouvernement décida de lui appliquer le régime commun en démonétisant *toutes* les pièces étrangères.

B - La première tentative

C'est au début de 1879 qu'une commission fut constituée en métropole avec pour tâche de définir les procédés pratiques de la démonétisation. Puis un inspecteur des finances, M. Hocdé, fut envoyé dans l'île pour appliquer les mesures décidées qui consistaient :

- à retirer de la circulation les pièces étrangères en les échangeant contre des pièces françaises et des billets de la B. R. ; cette opération devait être effectuée par la B. R. elle même ;
- à remplacer l'encaisse métallique de la B. R. par un bon du Trésor ;
- à instaurer officiellement le cours forcé des billets de la B. R..

Ce programme se heurta à une levée de boucliers de la part de ceux qui, dans l'île, détenaient le pouvoir politique et économique : la Chambre de Commerce, la Chambre syndicale des agents de change, la Chambre d'Agriculture, la B. R. et les autres banques, le Conseil Privé[336]. Le motif de l'opposition n'était pas tant technique qu'économique. En fait, le taux de change élevé, malgré quelques inconvénients, profitait aux exportateurs locaux (représentés par la Chambre d'Agriculture) et à tous ceux qui vivaient du commerce de l'argent (banques et agents de change). Quant aux commerçants, ils n'étaient pas vraiment pénalisés puisqu'il leur était possible de répercuter la prime de change sur leurs prix de vente. Restait enfin le

---

335 P. V. du conseil d'administration de la B. R. ; séance du 3 mai 1879 ; Archives privées de la B. R. ; p. 226.

336 On lira avec intérêt les péripéties de la démonétisation et du conflit qui opposa la Chambre de Commerce et le Gouverneur de La Réunion dans *La Revue Commerciale de l'Ile de La Réunion* des 26 mai, 23 juin, et 18 août 1879. Un petit résumé se trouve dans *Personae Réunion ; an 2000 ; dictionnaire biographique des personnalités ; Histoire de la monnaie à La Réunion* ; 324 pages ; p. 87-95.

petit peuple, sur qui retombait finalement le poids du change élevé. Mais il n'avait pas voix au chapitre.

Impressionné par la vague de mécontentement que le projet de démonétisation suscitait, le Gouverneur Faron ne l'appliqua pas[337]. Il fut promptement rappelé en métropole et ce fut son successeur, le Gouverneur Cuinier, et un délégué du ministère, M. Imhaus qui réalisèrent l'opération en mai 1879.

C - La démonétisation[338]

On appliqua le programme résumé ci-dessus à la différence près que ce fut le Trésor et non pas la B. R. qui fut chargé de retirer et remplacer les pièces démonétisées. Des mesures d'accompagnement furent également mises en œuvre pour assurer la réussite de l'opération. On envisagera d'abord le cas des espèces étrangères autres que les Kreutzers qui, posant un problème spécifique, doivent faire l'objet d'un examen à part.

a - Les monnaies étrangères autres que les kreutzers

C'est entre les 12 et 31 mai 1879 que les monnaies étrangères furent échangées contre des billets de la B. R et de la monnaie métallique nationale qu'on avait fait venir de métropole pour un montant de 8 millions de francs dont 2 millions en or, 1,5 million en pièces de 5 francs, et le reste en monnaies divisionnaires.

Mais il ne suffisait pas de procéder à l'échange des monnaies. Il fallait aussi éviter que les pièces françaises qu'on venait d'introduire dans la colonie ne repartent en métropole, ce qui n'aurait pas manqué de se produire si l'offre de traites sur France s'avérait insuffisante ou si la prime dépassait certaines limites. C'est pour conjurer ce danger que le gouvernement constitua en métropole une réserve métallique de 1 million de francs (en doublons espagnols qu'on venait de retirer de la circulation) au profit de la B. R.. En contrepartie, celle-ci s'engagea à fournir à sa clientèle de La Réunion des traites sur France pour une somme de 1 million de francs au taux de 10% imposé par le gouvernement. C'est grâce à cette action, qui porta donc à la fois sur

---

337 Dans un premier temps, on assiste même à un recul du gouvernement central. Une dépêche ministérielle du 18 mars 1879 déclare en effet : "Ministre Marine à Consul de France, Aden, pour Gouverneur Réunion. D'accord avec Ministre des Finances, décret de démonétisation retiré". Cf. *Revue Commerciale de l'Ile de La Réunion* ; 28 avril 1879.

338 Un décret du 2 Avril 1879 avait décidé que la réforme monétaire s'appliquerait à La Réunion le mois suivant.

l'offre de traites et sur leur prix, que le gouvernement fit chuter le taux de change et évita le drainage des pièces vers la France.

Enfin, pour parer à toute éventualité de pénurie de numéraire, le gouvernement donna l'autorisation permanente d'émettre à La Réunion des "bons de caisse" servant de monnaie et bénéficiant du cours forcé[339]. Il n'y eut pas besoin d'émettre immédiatement ces "bons de caisse", mais avec cette possibilité, la colonie était armée contre toute insuffisance de numéraire. Enfin, l'exportation de bons de caisse était impossible puisqu'ils n'avaient aucune valeur intrinsèque.

b - La démonétisation des kreutzers

Les kreutzers étant une monnaie d'origine autrichienne, le décret de démonétisation leur était applicable. Or, depuis 1859, date à laquelle Kervéguen avait été autorisé à introduire 227 000 pièces, d'autres planteurs avaient imité son exemple de sorte qu'en 1879 plus de 1 million de kreutzers circulaient dans l'île[340]. Toute la question était de savoir qui allait devoir en effectuer le remboursement.

Kervéguen ayant fait la promesse en 1859 de rembourser les kreutzers "à bureau ouvert, et à quelque époque que ce soit, et au cours que cette monnaie aurait au moment du remboursement", le gouvernement lui ordonna, le 10 mai 1879, de s'exécuter dans un délai de 20 jours. Il n'accepta que pour 227 000 pièces, déclarant qu'il n'était pas responsable de l'introduction des autres. Deux conséquences s'ensuivirent immédiatement.

Tout d'abord, 80% environ des kreutzers étant déclarés non remboursables, la panique s'empara du public. Les détenteurs de kreutzers se sentaient spoliés et les commerçants refusèrent ces pièces

---

[339] Le Gouverneur de l'île fut doté des pleins pouvoirs pour organiser l'ensemble des opérations se rapportant à la création des bons de caisse. Un décret du 2 mai déclare : "Art. 1 : Est autorisée la mise en circulation, à La Réunion, de bons de caisse qui seront en tout temps représentés par des monnaies d'or, des pièces de 5 francs ou des monnaies divisionnaires d'argent nationales mises spécialement en réserve à cet effet dans la caisse du trésorier payeur de la colonie pour une somme égale aux émissions de papier. Art. 2 : Le montant des émissions, le chiffre des coupures et les conditions de la fabrication des bons de caisse seront déterminés par arrêtés du gouverneur. Art. 3 : Les bons de caisse auront cours forcé dans la colonie pour tous payements. Art. 4 : La Banque privilégiée de La Réunion est autorisée à comprendre les bons de caisse dans son encaisse métallique obligatoire..."

[340] D'après l'estimation faite par le gouvernement. C'est ce qui ressort du P. V. de la B. R. consacrée à la question des kreutzers. On lit en effet : " Enfin, autant qu'il est possible de le savoir, l'administration évalue à 800 000 environ le nombre de kreutzers en circulation, indépendamment des 227 000 qui ont fait l'objet de la décision de 1859". P. V. du 31 mai 1879 (archives privées de la B. R.)

en paiement. Les transactions commerciales devinrent donc extrêmement difficiles et l'économie se trouva au bord de l'asphyxie. La révolte grondait partout, des émeutes se produisirent à St-Denis, St-Paul, St-Leu...

Pour dénouer la crise, le Gouverneur donna l'ordre aux caisses publiques de recevoir de nouveau les kreutzers en paiement des impôts. De son côté, le Conseil Général décida de rembourser les détenteurs de cette monnaie (juin 1879) et de porter ensuite l'affaire devant les tribunaux. En juillet le tribunal de St-Pierre mit Kervéguen en demeure de rembourser toutes les pièces restantes[341]. Ce qu'il dut faire.

c - Bilan

Concernant tout d'abord le taux de change des traites que la démonétisation avait pour but de ramener à un niveau normal, ce fut un succès complet : dès le mois de septembre 1879 ce taux tombait à 7 % puis à 3% en décembre. Puis, après avoir fluctué entre 3 et 2% pendant les premiers mois de 1880, il finissait l'année à 1%. Avec de tels taux, aucun drainage des pièces d'argent vers la métropole ne se produisit. Toutefois, pour l'avenir, ce risque n'était pas totalement à exclure : si pour une raison ou une autre le taux de change des traites venait à remonter pour se fixer à un niveau excessif, une hémorragie de monnaies métalliques deviendrait inévitable parce que, contrairement aux pièces étrangères qui circulaient avant la démonétisation, les pièces françaises ne bénéficiaient pas du surhaussement légal.

Concernant en second lieu le remboursement des pièces étrangères, aucun problème ne se posait pour celles qui étaient en or. En revanche, des pertes étaient à craindre sur les roupies d'argent puisque leur cours commercial était bien inférieur à leur cours légal. Mais contre toute attente, l'opération s'avéra bénéfique pour le Trésor. L'administration s'aperçut en effet que le métal dont les roupies étaient faites contenait une proportion d'argent fin supérieure à celle à laquelle elle s'attendait. Le profit tiré de la démonétisation des roupies s'élevant finalement à plus de 300 000 francs, la B. R. demanda la restitution de 157 400 francs qui, selon elle, devaient lui revenir[342].

---

[341] Selon les informations recueillies auprès d'E. Rockel (qui a pu contacter les descendants de Kerveguen en 2003), l'affaire des Kreutzers "n'a apporté qu'un préjudice moral aux héritiers Kerveguen de l'époque. Elle ne les a certainement pas affaiblis financièrement".

[342] P. V. du conseil d'administration de la B. R. ; séance du 8 novembre 1879 ; p. 141 ; (archives privées de la B. R.).

En revanche Kervéguen, en remboursant les kreutzers à 1 franc, faisait une perte non négligeable. En effet, d'après une analyse faite par un service officiel,

> "... la pièce de 20 kreutzers aurait comme métal, et d'après le dernier cours de l'argent, une valeur intrinsèque de 0,67 centimes"[343].

Kervéguen perdait donc 0,33 centimes par kreutzer remboursé. Cependant si l'on considère que depuis 1859 Kervéguen avait introduit dans l'île quantité de pièces qui lui avaient coûté 0,85 franc environ et qu'il faisait accepter pour 1 franc, il n'est pas certain qu'il y eut perte au moment du remboursement, car il faut tenir compte des profits tirés de ce capital au cours des 20 ans pendant lesquels les kreutzers purent circuler comme moyens de paiement acceptés par tous. Mais les données manquent pour un tel calcul.

En revanche, ce qui est sûr, c'est que pendant la crise des kreutzers tout le monde voulait s'en débarrasser. Ces pièces connurent donc une brutale dépréciation et certains, pris de panique, les échangèrent à perte. Les épargnants qui firent ce choix virent s'envoler une partie de leurs économies. Du côté des employeurs, l'affaire des kreutzers n'eut pas d'incidence car elle ne se traduisit pas par un accroissement de la masse salariale. Dans les années 1870, la paye des salaires s'effectuait le plus souvent en billets de banque que les engagés indiens convertissaient en roupies au moment de leur rapatriement.

---

[343] P. V. du conseil d'administration de la B. R. ; séance du 31 mai 1879 (archives privées de la B. R.).

CHAPITRE 7

LES TRANSFORMATIONS ÉCONOMIQUES ET SOCIALES

On présentera successivement celles liées à la crise sucrière (section 1) et celles qui n'ont pas de rapport immédiat avec elle (section 2).

SECTION 1

LES CONSÉQUENCES DE LA CRISE

On peut distinguer trois séries de conséquences : économiques, sociales et financières.

1.1 - Les conséquences économiques

Au début des années 1860, l'économie sucrière de La Réunion était entièrement dominée par un certain nombre de grandes familles locales possédant de vastes domaines. La très grande propriété restait exceptionnelle. Concernant la commercialisation du sucre, toute la production était dirigée vers la métropole. La crise, en se prolongeant, allait bouleverser cette situation.

Ses conséquences majeures furent d'accélérer la concentration foncière et l'élimination des sucreries non compétitives ; de pousser les sucriers de l'île à trouver de nouveaux débouchés ; d'inciter les planteurs à reprendre d'anciennes cultures spéculatives et / ou tenter de nouvelles productions.

1.1.1 - Le développement de la concentration foncière

La chute des cours du sucre et des profits devait inéluctablement entraîner la ruine des propriétaires les moins compétitifs et la revente de leurs propriétés à ceux qui étaient en mesure de résister à la crise. Il en résulta donc un mouvement de concentration foncière que le tableau ci-après met en évidence : on assiste à une diminution en deux vagues successives, (1867-1871) et (1876-1879), du nombre d'"Habitations"[344] sucrières et à une augmentation de leur surface moyenne.

Tableau 43 : La concentration foncière de 1860 à 1879

Années	Superficie sous canne (hectares)	Nombre d'Habitations sucrières	Superficie moyenne des Habitations
1860	47 039	117	402
1861	47 749	116	411
1862	48 353	114	424
1863	58 681*	114	aberrant
1864	48 382	114	424
1865	41 127	110	373
1866	44 862	111	404
1867	47 087	104	452
1868	47 340	103	459
1869	43 008	97	443
1870	43 508	94	462
1871	44 577	87	512
1872	42 894	89	481
1873	46 271	86	538
1874	43 672	85	513
1875	42 428	83	511
1876	41 823	78	536
1877	39 615	78	507
1878	39 608	76	521
1879	40 325	67	601
1880	46 468	?	-
1881	49 909	?	-

Sources : Ministère des Colonies ; *Tableaux de population ...*

(*) Aberrant. Les statistiques locales indiquent 39 881 hectares sous canne.

[344] Dans le parler local, le terme "Habitation" désigne un domaine agricole (terres + bâtiments + "case" + dépendances).

Il apparaît qu'au moment où la crise démarre (au milieu de la décennie 1860), l'île compte 110 domaines sucriers d'une superficie moyenne de 400 hectares environ. En 1879, il n'en reste plus que 67 et leur superficie moyenne est passée à 600 hectares, soit une augmentation de 50%. Mais ces statistiques ne reflètent pas le mouvement véritable de la concentration foncière. Elles ne mettent pas en évidence le fait que celle-ci bénéficia surtout à un tout petit nombre d'habitants et au C. F. C..

En 1873, le C. F. C. possédait déjà 12 domaines fonciers s'étendant sur 5 762 hectares. En 1882, il était devenu, avec 37 exploitations couvrant plus de 10 000 hectares[345] (7% des terres cultivables de l'île), le premier propriétaire foncier de l'île. La famille Kervéguen, qui avait pu rassembler un peu moins de terres (7 650 ha), était en seconde position. Loin derrière, se trouvaient le comte Chopy ainsi qu'un certain nombre de familles (Adam de Villiers...) dont les propriétés avoisinaient 2 500 hectares[346].

1.1.2 - L'industrie sucrière dans la crise

Les statistiques montrent une diminution continue du nombre de sucreries (117 sucreries en 1860, et 78 en 1882) et des moulins à vapeur qui équipaient ces établissements (102 en 1860 et 67 en 1879).

Tableau 44 : Nombre de moulins à vapeur

Années	Nombre de moulins à vapeur	Années	Nombre de moulins à vapeur
1860	102	1870	84
1861	102	1871	87
1862	109	1872	89
1863	112	1873	86
1864	111	1874	85
1865	111	1875	83
1866	109	1876	78
1867	96	1877	78
1868	92	1878	76
1869	88	1879	67

Sources : Ministère des Colonies ; *Tableaux de population ...*

Note : Les "moulins" étaient des appareils qui servaient à broyer la canne pour extraire le jus ("vesou"). La plupart étaient actionnés par des machines à vapeur. Mais quelques-uns marchaient encore à l'énergie hydraulique. Au nombre de 20 en 1860 et de 18 en 1870, ils furent peu à peu éliminés par la suite.

---

345 A. Buffon ; *Monnaie et crédit en économie coloniale* ; p. 308. L. Ozoux ; *Le crédit* ... p. 126.

346 S. Fuma ; *Un exemple d'impérialisme économique* ; p. 64.

Cette évolution signifie-t-elle un renforcement de la concentration industrielle permettant de produire davantage de sucre avec des outils plus efficaces ? L'examen du tableau ci-après permet de répondre à la question.

Tableau 45 : Production moyenne des sucreries (tonnes)

Années	Production de sucre (1)	Nombre de sucreries (2)	Production moyenne des sucreries (1) / (2)
1860	81 636	117	697,7
1865	52 607	112	469,7
1870	31 238	94	332,3
1882	33 020	78	423,3

Sources : Ministère des Colonies ; *Tableaux de population ...* op. cit. ; et A. D. R.

L'examen des statistiques suggère deux conclusions.

- La diminution du nombre des sucreries traduit une augmentation de la concentration industrielle. Toutefois celle-ci ne se réalise qu'au profit de quelques propriétés. La plupart des autres, qui restent en activité, se trouvent en surcapacité de production car la quantité de canne produite est insuffisante pour leur permettre de tourner à plein régime. C'est ce que traduit la tendance à la baisse de la production moyenne de sucre. La comparaison des années 1870 et 1860 est significative à cet égard. L'existence de ces surcapacités constitue autant une expression de la crise qu'un élément explicatif de celle-ci.
- Cette première conclusion en induit une seconde. Si l'on laisse de côté le cas du C. F. C. et de quelques gros propriétaires qui ont déployé une stratégie industrielle consciente et organisée, il apparaît que la diminution graduelle du nombre de sucreries fut surtout la conséquence inéluctable de la crise et des faillites qu'elle a provoquées. Elle n'est pas l'expression d'une politique voulue de restructuration industrielle visant à créer de puissantes usines centrales se substituant à la foule des petites.

1.1.3 - La séparation agriculture / industrie

La diminution du nombre de sucreries traduit également le fait que certains planteurs-sucriers ont dû abandonner la fabrication du sucre et se transformer en planteurs *purs*, c'est-à-dire s'adonnant uniquement à la culture de la canne. N'ayant plus de sucrerie, ils s'en remettent aux planteurs-sucriers encore en activité pour produire du sucre[347]. On assiste donc à une séparation grandissante entre planteurs purs et planteurs-sucriers, c'est-à-dire finalement, entre agriculture et industrie.

Certes, la structure générale de l'économie sucrière des années 1870-1880 est encore très loin de reposer sur une séparation nette entre, d'un côté des usines centrales, uniquement spécialisées dans le traitement industriel de la canne, et de l'autre, les planteurs purs. Pour autant, il reste incontestable que la crise eut pour effet d'augmenter un peu plus la division sociale du travail dans l'économie sucrière. Quel type de rapports existait-il entre planteurs purs et planteurs-sucriers ?

1.1.4 - La détérioration de la situation des planteurs purs

L'analyse du réseau de relations qui les liait peut être synthétisé ainsi. Il s'agissait de relations strictement marchandes, établies entre des producteurs indépendants. Le planteur pur, en remettant sa récolte à la sucrerie, n'était pas censé l'avoir vendue : il était considéré comme restant propriétaire des cannes et donc du sucre qui pouvait en être tiré. Quant au planteur-sucrier, il fonctionnait vis-à-vis du planteur comme un simple façonnier producteur de sucre. Pour ce travail, il recevait une rémunération, déterminée par la coutume.

La barrique de vesou[348] étant réputée donner 35 kg de sucre, la part du planteur était fixée à 23 kg 33 et celle de l'industriel à 11 kg 66. On voit que la clé *implicite* de partage était que le tiers du sucre allait au sucrier et les deux-tiers restants au planteur. Les sous-produits pouvant être tirés de la canne ayant à cette époque une valeur très marginale, la coutume ne prévoyait rien pour leur répartition. Dans la pratique, ils étaient abandonnés aux sucriers.

Ces bases coutumières étant établies, il est clair que le progrès des techniques industrielles ne pouvait qu'avantager les sucriers. Dès lors qu'il est possible de tirer davantage de sucre d'une quantité donnée de vesou et que la part du planteur reste fixée à 23 kg 33, tout le sucre produit en supplément va à l'industriel. La part de celui-ci devenant plus importante, la clé initiale de répartition se trouve modifiée en sa faveur. Par ailleurs, il sera de plus en plus avantagé dès lors que les sous-produits de la canne, autres que le sucre, prendront au fil du

---

[347] Au début des années 1880, plus de 30% des cannes brassées dans les sucreries du C. F. C. ne provenaient pas des plantations de cette société mais lui avaient été apportées par des planteurs indépendants. Cf. S. Fuma ; *Un exemple d'impérialisme économique* ; op. cit. p. 105.

[348] Il faut environ 360 kg de canne pour produire une barrique de vesou (jus de canne écrasée).

temps et grâce aux découvertes, une importance économique plus grande. En définitive, la tradition étant peu évolutive, à l'inverse du progrès technique, les modalités coutumières de répartition qu'elle fixe sont, à long terme, défavorables aux planteurs[349].

1.1.5 - Le développement des cultures vivrières

Il a été noté plus haut qu'à l'inverse de la culture de la canne, les productions vivrières avaient tendance à s'étendre[350]. Une première explication du phénomène se trouve probablement dans le constat qui vient d'être fait que le partage du sucre entre le planteur et l'industriel s'effectuant de plus en plus en défaveur du premier, la production de la canne devient moins rentable et le planteur a donc tout intérêt à se reconvertir vers une autre culture. Il sera d'autant plus poussé à abandonner la canne qu'en même temps s'ajoute l'avilissement des cours du sucre qui réduit encore la rentabilité de son exploitation.

Si ces deux facteurs incitent le petit planteur à se détourner de la canne, un troisième facteur, les prix très rémunérateurs des produits vivriers, a dû l'encourager à affecter ses terres à leur production. Pelagaud constatait en effet :

> "Nulle part les cultures maraîchères ne sont aussi lucratives... Il en est de même pour le bétail de basse-cour..."[351].

Les planteurs purs ont probablement consacré une partie grandissante de leurs terres aux productions vivrières. De même, les engagés qui ont pu s'établir comme producteurs indépendants à l'issue de leur contrat se sont pour la plupart livrés au petit élevage et aux cultures maraîchères[352].

Les tendances générales étant dégagées, il est maintenant intéressant d'analyser de plus près l'activité du C. F. C., grand bénéficiaire de la concentration foncière et industrielle.

1.1.6 - Le C. F. C. et la restructuration de l'économie sucrière

La crise se prolongeant, les planteurs endettés se trouvèrent dans l'incapacité de faire face aux annuités de remboursement. Le C. F. C. , qui était leur créancier, mit en vente les Habitations, et comme il ne se

---

349 Citant *Le Réveil* du 16 octobre 1889, S. Fuma indique par ailleurs qu'au cours des années de crise, la part de sucre des planteurs est tombée de 23 kg 33 à 22 kg 500. Cf. *Une colonie île à sucre, l'économie de La Réunion au 19ème siècle* ; p. 365.

350 Chapitre 3 ; section 2 ; paragraphe 2.1.2

351 Cité in *Le Mémorial* ; tome ; p. 480.

352 *Rapport personnel et confidentiel du Commandant Miot* ; p. 60. L'insertion économique des engagés est exposée au paragraphe 2.1. de ce chapitre.

trouva personne pour les acquérir, il les racheta à bon compte[353]. Qu'en fit-il ?

A - La transformation du C. F. C. en société agricole et industrielle

Jusqu'en 1873, le but de ces rachats n'était pas l'appropriation définitive des domaines. En effet, le C. F. C. n'était alors qu'une simple banque et ses statuts ne l'autorisaient pas à se livrer à des activités agricoles ou industrielles. Il ne pouvait donc pas faire cultiver les terres, produire de la canne et du sucre mais devait se limiter à remettre en état les Habitations, délabrées la plupart du temps, pour les rétrocéder le plus rapidement possible à des repreneurs[354].

Mais en 1873 de nouveaux statuts sont publiés qui introduisirent une inflexion considérable dans le rôle économique du C. F. C. [355]. L'article 25 déclare en effet :

> "Le conseil d'administration autorise pareillement, en vue d'une prompte revente, l'acquisition à l'amiable ou aux enchères, ou l'affermage de tous immeubles ou usines nécessaires pour *l'exploitation fructueuse des propriétés* adjugées à la société, tous emprunts avec ou sans constitution d'hypothèque, tous les actes de gestion des propriétés acquises et nommément tous achats et ventes de denrées et d'instruments de travail pour le compte de fermiers, usiniers et planteurs, toutes avances sur chargement en consignation de leurs denrées".

Autrement dit, le C. F. C. était désormais autorisé, pour "l'exploitation fructueuse de ses propriétés", à effectuer toutes les opérations agricoles, industrielles et commerciales. Cet élargissement considérable du champ d'action s'explique : le C. F. C. ne pouvait

---

353 Voici comment le C. F. C. s'y prenait pour acquérir les domaines. Lorsqu'une habitation est mise en vente, le C. F. C. "se porte adjudicataire et pousse jusqu'à concurrence de la somme qui lui est due. Comme en l'état de cette habitation, sa valeur n'égale plus le prêt qui a été consenti, personne ne se présente pour surenchérir et le C. F. C. devient adjudicataire au prix fixé par le cahier des charges". Cf. A. Buffon ; *Monnaie et crédit en économie coloniale* ; op. cit. ; p. 303.

354 S. Fuma écrit : "Son principal but reste la revente des propriétés sucrières acquises à un prix rémunérateur... Le C. F. C. se contente de gérer les domaines qu'il a expropriés avec le plus d'économie possible". Cf. *Un exemple d'impérialisme économique* ; p. 56 ; p. 72.

355 La transformation du C. F. C. en société agricole et industrielle fut autorisée par un décret d'Adolphe Thiers du 18 octobre 1872. Les nouveaux statuts sont approuvés par un décret du 31 mars 1873. Cf. G. Gérard ; *Évolution du commerce et du négoce à La Réunion des origines à la départementalisation* ; p. 73.

laisser à l'abandon les domaines qu'il avait rachetés en attendant d'éventuels acquéreurs. Avec la crise, il n'y avait guère d'espoir d'en trouver ! Dès lors, il fallait bien l'autoriser à exploiter effectivement les domaines sucriers pour en tirer parti. Toutefois, il faut remarquer que le but final du C. F. C. restait toujours, comme le déclare l'article 25, la "prompte revente" des Habitations acquises.

Mais dans la pratique, cette revente était des plus improbables car la simple remise en état des exploitations devait immanquablement conduire à une augmentation de leur valeur. Or, dans un contexte de crise économique structurelle, il était certain qu'il serait impossible de trouver des candidats suffisamment fortunés et motivés pour les racheter et continuer à produire du sucre.

Par conséquent, les dispositions de l'article 25 devaient, par la force des choses, transformer *définitivement* le C. F. C. en une société agricole, industrielle et commerciale centrée sur le sucre. Et c'est bien ce qui se produisit : à partir de 1873 les activités bancaires du C. F. C. allèrent en déclinant pour cesser en 1883. Simultanément ses activités agricoles, industrielles et commerciales l'absorbèrent de plus en plus. Quelle stratégie économique déploya-t-il dans ces domaines ?

B - Le passage de l'Habitation à l'établissement

Devenu exploitant agricole et industriel, le C. F. C. procéda d'abord à une réorganisation d'ensemble des exploitations : en achetant certaines parcelles et en en vendant d'autres, il parvint à regrouper, remembrer, redécouper les domaines pour obtenir finalement des unités de production plus cohérentes.

De nouvelles méthodes de gestion, typiquement capitalistes, furent aussi mises en œuvre : redistribution de la main-d'œuvre entre les exploitations ; amélioration des techniques culturales, utilisation d'instruments de travail plus puissants (charrues...) et d'engrais appropriés pour augmenter les rendements à l'hectare.

Enfin il fallait impérativement diminuer le coût de fabrication industrielle du sucre. Le principal moyen pour y parvenir était d'augmenter l'efficacité des sucreries et de réaliser des économies d'échelle : en fermant les sucreries de petit tonnage pour ne laisser subsister que les grandes dont on augmente l'efficacité, il est possible de traiter davantage de canne, réduire les frais généraux, étaler les coûts fixes sur une production plus importante, et finalement gagner en compétitivité. C'est ce processus qui fut mis en œuvre par le C. F. C.. L'importance de la concentration opérée par le C. F. C. apparaît dans les chiffres suivants :

"Le nombre d'usines à sucre en l'espace d'une trentaine d'années passe de 19 à 7 et leur capacité moyenne de broyage 160 000 kg à 1 800 000 kg."[356].

La politique du C. F. C., qui consista à restructurer la base agricole et industrielle des domaines entrés en sa possession, eut pour résultat de transformer l'organisation technico-économique de la production sucrière. À l'Habitation d'antan, vint se substituer *l'établissement*[357]. Ce changement de vocabulaire, de plus en plus fréquent à partir des années 1870 dans la littérature traitant des questions sucrières, n'est pas fortuit mais traduit un vrai changement d'organisation de l'unité productive de base.

Alors que l'Habitation alliait intimement domaine d'exploitation agricole et lieu de résidence du propriétaire (Habitant), l'établissement sucrier est une stricte *unité intégrée de production* agricole et industrielle, comprenant la sucrerie, les champs de canne, les camps qui abritent les engagés, et enfin les bureaux de la direction. Ce qui désormais forme le cœur de cette unité de production, c'est la fabrique de sucre vers laquelle convergent non seulement la canne des plantations de l'établissement mais aussi celle des petits planteurs purs sans sucrerie. La fabrique n'est pas une sucrerie, plus ou moins artisanale. Désormais, des machines perfectionnées, importées de métropole, sont installées au centre du dispositif productif et imposent leur rythme et leur cadence à l'ouvrier. Enfin, la gestion comptable et financière de l'établissement obéit à des critères de rationalité typiquement capitaliste (calcul économique d'optimisation visant l'obtention du profit maximum) et il est donc nécessaire d'employer des travailleurs *qualifiés*. Une nouvelle catégorie de personnel fait donc son apparition dans l'entreprise.

L'établissement forme le jalon intermédiaire entre les anciennes Habitations et les *usines centrales* à venir. Dans ce domaine, La Réunion était en retard par rapport aux Antilles où la séparation entre l'agriculture et l'industrie était plus poussée[358].

Ce passage de l'Habitation à l'établissement, réalisé grâce à la puissance financière du C. F. C., permit sans doute à l'économie sucrière de limiter les dégâts de la crise : si les domaines en faillite

---

356 S. Fuma ; *Un exemple d'impérialisme économique* ; op. cit. p. 99.

357 Dans les documents officiels on parle ainsi de l'*établissement* "Bagatelle", ou de l'*établissement* "Le Baril"... appartenant au C. F. C..

358 La Chambre de Commerce de La Réunion constate en 1870 : "jusqu'ici, l'agriculture n'a pas tenté comme aux Antilles, la centralisation de l'industrie et la division du travail, seule chance qui lui reste pour diminuer ses frais d'exploitation et soutenir sans trop de désavantage la concurrence indigène et étrangère". Cf. *Revue Commerciale de l'Ile de La Réunion* ; 26 août 1870.

n'avaient pas été rachetés, remis à flot et restructurés par le C. F. C., il est probable que la crise aurait eu des conséquences beaucoup plus dramatiques.

1.1.7 - Les nouveaux marchés

Avant 1860, tout le sucre des colonies était réservé à la métropole. La fin du Pacte Colonial et l'instauration du régime de liberté commerciale ouvrit aux sucriers de La Réunion la possibilité de rechercher de nouveaux débouchés pour leur sucre. Le tableau suivant donne un aperçu des nouveaux marchés pour le sucre de La Réunion.

Tableau 46 : Exportation de sucre de La Réunion (tonnes)

Années	Total	Cadix	Australie	Maurice
1860-1861	73 838	-	643	-
1861-1862	55 963	-	4 070	-
1862-1863	70 723	-	1 734	-
1863-1864	35 912	-	2 240	-
1864-1865	39 916	-	2 343	-
1865-1866	48 085	703	4 586	-
1866-1867	52 966	1 007	8 242	-
1867-1868	38 045	1 382	7 438	-
1868-1869	26 029	520	3 634	-
1869-1870	42 655	1 145	4 852	-
1870-1871	23 533	986	5 661	-
1871-1872	32 930	2 594	419	160
1872-1873	30 419	8 346	1 456	282
1873-1874	36 353	9 921	1 289	84
1874-1875	32 176	6 387	-	449
1875-1876	35 449	4 792	2 407	48

Sources : *Annuaire de La Réunion*

Le tableau fait apparaître qu'au milieu de la décennie 1870, entre 20 et 30% des exportations de l'île étaient dirigées vers l'étranger.

1.1.8 - Les nouvelles cultures spéculatives

La production de sucre ne procurant plus de profit, les planteurs tentèrent de se reconvertir vers d'autres cultures spéculatives.

A - Les plantes à parfum

À diverses époques, des plantes à parfum furent introduites à La Réunion : le vétiver, venant des Indes via Maurice, dans les dernières années du 18ème siècle ; l'ylang ylang apporté des Philippines en

1880, le géranium d'Afrique du sud ou de France, le champac, la citronnelle.... C'est au milieu du 19ème siècle que les premiers essais de distillation eurent lieu, mais ils restèrent sans suite car la production de sucre était très rentable. Inversement, l'entrée dans la crise sucrière allait pousser les planteurs à s'intéresser de nouveau aux plantes à parfum pour trouver d'autres sources de revenu. Cependant jusqu'en 1882, date à laquelle la première essence de géranium fut présentée au commerce, tous les essais de distillation demeurèrent infructueux[359].

B - Les autres cultures d'exportation

Le tableau ci-après retrace l'évolution des cultures d'exportation réellement exploitées à La Réunion.

Tableau 47 : Superficies cultivées en cultures d'exportation (ha)

Années	Canne	Café	Cacao	Vanille	Girofle	Autres	Total
1860	47 039	1 991	28	382	289	-	49 729
1861	47 749	1 986	28	500	266	-	50 529
1862	48 353	1 971	21	520	247	-	51 112
1863	58 681*	1 949	21	502	125	-	aberrant
1864	48 382	1 976	6	490	220	-	51 074
1865	41 127	2 056	15	484	202	5	43 889
1866	44 862	2 138	19	223	193	3	47 438
1867	47 087	3 429	24	218	193	3	50 954
1868	47 340	4 088	22	230	103	3	51 786
1869	43 008	4 325	21	303	181	3	47 841
1870	43 508	3 890	21	334	175	2	47 930
1871	44 577	4 230	14	593	125	2	49 541
1872	42 894	4 172	21	1 562	80	-	48 729
1873	46 271	4 163	2	671	72	-	51 179
1874	43 672	4 144	12	10 563*	40	-	aberrant
1875	42 428	4 260	20	10 902*	27	2	aberrant
1876	41 823	3 678	5	4 864	25	-	50 395
1877	39 615	3 728	9	809	38	-	44 199
1878	39 608	3 895	9	614	35	-	44 161
1879	40 325	4 416	12	1 099	27	5	45 884
1880	46 468	4 464	155	3 491	246*	28	aberrant
1881	49 909	6 146	100	1 607	40	19	57 821

Sources : *Tableau de population, de cultures...* (*) Données aberrantes.

[359] Cf. Imhaus ; *Ile de La Réunion. Notice sur les principales productions naturelles et fabriquées de cette île.* St-Denis ; 1857. E. du Buisson ; *L'Ile de La Réunion en 1889, son industrie agricole* ; Lahuppe ; St-Denis; 1889 ; Revue agricole de La Réunion ; octobre / décembre 1927 ; mai 1928.

Tableau 48 : Cultures spéculatives : Production et profits

	Café		Vanille		Cacao		Girofle	
	tonnes	Profit 1 000 F	tonnes	Profit 1 000 F	tonnes	Profit 1 000 F	tonnes	Profit 1 000 F
1860	368	419	5	236	1,0	5,6	6	3
1861	350	364	11	242	1,1	6,4	7	6
1862	448	374	19	483	1,1	1,7	5	2
1863	265	262	17	512	2,3	3,5	14	16
1864	321	443	20	377	1,5	2,3	20	22
1865	368	341	18	186	1,6	1,6	6	3
1866	405	389	15	25	2,6	1,9	7	8
1867	502	502	10	53	3,0	4,8	43	14
1868	440	440	15	150	3,1	5,0	47	10
1869	437	437	19	190	5,5	4,2	16	3
1870	438	470	19	370	3,7	4,5	15	3
1871	284	341	26	3 704	1,2	0,5	5	1
1872	245	507	19	3 274	0,8	0,4	7	1
1873	305	282	51	6 337	0,4	0,2	8	3
1874	295	324	44	4 945	1,7	0,8	13	4
1875	374	412	22	1 658	1,5	0,7	13	4
1876	492	492	42	3 165	1,0	0,5	8	3
1877	82	83	46	2 089	1,1	0,4	38	13
1878	230	714	38	445	0,5	1,0	22	35
1879	515	704	75	404	0,3	1,0	11	10
1880	545	381	63	362	51,4	14,9	28	79
1881	785	?	61	345	0,8	?	15	126

Sources : Ministère des colonies ;*Tableau de population, de cultures...* Les chiffres concernant le cacao en 1880 semblent aberrants

À partir de 1867, les superficies consacrées aux caféiers augmentent beaucoup, mais la production ne progresse guère et le profit annuel moyen est très fluctuant[360]. L'importance du cacao reste très marginale, et le coton est éliminé. La culture des girofliers donne des résultats des plus aléatoires. En revanche, les plantations de vanille se développent et rapportent des profits élevés entre 1871 et 1877.

Dans l'ensemble, à l'exception de la vanille, les diverses tentatives de relance des cultures d'exportation restent infructueuses. La crise ne

[360] De 1860 à 1866, la superficie moyenne cultivée en caféiers est de 2 009 Ha. Elle fait plus que doubler entre 1867 et 1876 puisqu'elle passe à 4 038 Ha. Mais la production est loin de suivre la même évolution : de 1860 à 1866, la production annuelle moyenne est de 360 tonnes contre 420 tonnes entre les années 1867 et 1876 (soit +16,6%).

se limite donc pas à l'économie sucrière mais concerne en fait l'ensemble du secteur d'exportation.

1.2 - Les conséquences financières

En signant la Convention du 8 septembre 1863, la Colonie s'était portée garante pour les prêts consentis aux planteurs, tout en étant persuadée qu'elle n'aurait jamais à suppléer à leur défaillance. La crise sucrière lui montra qu'elle se trompait. Dès 1867, le C. F. C. lui réclama environ 390 000 F. représentant les annuités impayées et les déficits occasionnés par la réalisation des gages de ses débiteurs en déconfiture.

À partir de ce moment, les deux institutions s'affrontèrent dans une longue bataille juridique. La Colonie ne contestait pas le principe de la garantie, mais son mode de calcul et donc le montant de sa dette. Le dossier fut remis entre les mains de la justice. Pendant que celle-ci l'instruisait, les Habitations sucrières succombaient les unes après les autres ; les déficits s'accumulaient pour le C. F. C. en même temps que le montant de la garantie qu'il réclamait à la Colonie.

Fin 1874, la justice trancha finalement en faveur du C. F. C. et arrêta définitivement la dette qui lui était due à une somme de 3 827 555 F. pour la période allant de 1867 à 1874[361]. La Colonie put verser immédiatement 1,6 million de francs puisés dans ses réserves. Mais pour payer le reste, elle dut lancer un emprunt de 3 millions de francs.

1.3 - Les conséquences sociales

1.3.1 - l'intensification de l'exploitation

Assaillis de difficultés financières les planteurs parvinrent de moins en moins à faire face aux dépenses d'entretien de la force de travail (salaires en argent, nourriture, soins en cas de maladie). La crise entraîna donc une intensification de l'exploitation des engagés qui se traduisit par un avilissement progressif de leur situation matérielle[362].

---

361 E. Durand ; *L'Ile de La Réunion...* ; op. cit. ; p. 110.

362 Tous les historiens et observateurs directs notent cette concordance entre crise et avilissement des conditions de vie et de travail des engagés. Voir par exemple J. F. Dupon ; *Les immigrants indiens de La Réunion. Évolution et assimilation d'une population* ; in Les Cahiers Universitaires de La Réunion ; n°4 ; 1974 ; p. 67-93. De son côté S. Fuma écrit : "la crise sévère des années 1863-1870 provoque des manquements aux contrats d'engagement... constatés par les tribunaux de l'île à la

En même temps, les planteurs s'efforcèrent de restaurer la rentabilité de leurs exploitations et, pour y parvenir, exigèrent davantage d'efforts de la part de leurs engagés, ce qui entraîna une dégradation de leurs conditions de travail. Si la journée de travail était officiellement de 12 heures (avec 9 heures et demie de travail effectif), dans certaines exploitations elle fut prolongée jusqu'à 14, voire 16 heures[363]. Si officiellement le dimanche était un jour de repos, dans la pratique un certain travail était imposé à l'engagé[364]. Enfin très souvent les journées chômées pour fêter le Pongol n'étaient pas payées alors qu'elles auraient dû l'être[365].

Les plaintes s'élevant de toutes part, les désertions et les suicides se multipliant, la presse britannique s'empara du sujet. Une mission d'inspection franco-britannique, formée par le commandant Miot et Sir F. Goldsmith, fut envoyée à La Réunion en 1878 pour faire un état des lieux. Ses conclusions sont sans ambiguïté[366] : dans la plupart des exploitations, les conditions de travail sont harassantes, les suicides très nombreux (91 pour les années 1875 à 1879 pour une population de 40 000 engagés) ; enfin, les engagistes usaient de tous les stratagèmes imaginables pour retenir, contre leur gré, les travailleurs en fin de contrat et pour ne pas leur verser entièrement les salaires dus[367]. À propos de ceux-ci, il vaut la peine de reprendre quelques

---

suite de plaintes d'Indiens engagés" in La suppression de l'immigration indienne à destination de La Réunion en 1882 ; Cf. A. H. I. O. I : *Les relations historiques et culturelles entre la France et l'Inde ; 17ème-20ème siècle* ; Actes de la Conférence Internationale France-Inde ; 1987 ; p. 257. Pour les témoignages directs voir les Rapports Miot-Goldsmith et Mc Kenzie.

363 M. Marimoutou ; *L'engagisme à La Réunion : continuité ou rupture avec l'esclavage ?* Cf. Ile de La Réunion : regards croisés sur l'esclavage 1794-1848 ; C. N. H. La Réunion ; Somogy ; Ed. d'Art ; 1998 ; 287 pages ; 241.

364 Le commandant Miot constate : "le dimanche n'est pas respecté par l'engagiste : suivant la loi, l'Indien ne doit ce jour là que la corvée, c'est-à-dire les soins de propreté habituelle, tant pour la propriété que pour les animaux. Dans tous les cas, cette corvée doit être terminée à 9 heures du matin. Il est rare qu'il en soit ainsi dans la pratique". Cf. Conseil Général de La Réunion ; Archives Départementales ; décembre 1986 ; *Rapport personnel et confidentiel du Commandant Miot* ; p. 58.

365 *Rapport personnel et confidentiel du Commandant Miot* ; p. 58.

366 Le rapport Miot-Goldsmith s'intéresse seulement aux engagés indiens et non à toute la population des engagés qui, en 1874, comprend 66 260 immigrés dont 44 571 Indiens, 20 902 Africains et 787 Chinois. Les statistiques dénombraient aussi 15 693 travailleurs "indigènes" qui représentaient à peu près 75% de la "population affranchie". Cf. *Revue Maritime et coloniale* ; Août 1876 ; p. 487.

367 En 1861, le salaire mensuel d'un engagé indien est de 10 F. En 1877, il est de 12,50 F. Une femme gagne 7 F. ou 7,50 F. La situation des Africains est bien pire. Le commandant Miot écrit : leur situation "est vraiment pitoyable. J'en ai vu qui étaient engagés pour 10 ans à raison de 10 à 5 F. par mois. Le cœur se serre devant

exemples cités par le commandant Miot. Après avoir fait remarquer que la paye s'effectuait "tous les mois, ou tous les deux mois et jamais plus tard que les trois mois", il écrit :

> "Certains propriétaires, en outre, ne paient que le 15 du 3ème mois ; par exemple, en continuant ainsi, ils ne paient que 11 mois sur 12 tant que l'Indien reste sur son habitation, ce qui fait une somme relativement importante suivant le nombre d'engagés employés sur la propriété. D'autres retiennent des amendes arbitraires sur chaque homme pour des vols de poules, de fruits, de légumes dont les auteurs sont restés inconnus. Nous avons obligé le gérant d'une propriété à une restitution de 1 200 F. pour les retenues illégales faites de cette façon... Il est absolument vrai que l'immigrant était exploité sous ce rapport (des salaires). On exige beaucoup de lui et on le paie le moins possible"[368].

Dans beaucoup de cas, la paye se réduisait à presque rien[369].

1.3.2 - Les réengagements forcés

Une constante du comportement des planteurs était d'essayer d'obtenir de leurs engagés en fin de contrat qu'ils signent pour une nouvelle période, car c'était pour eux le moyen le plus économique d'avoir de la main-d'œuvre à disposition.

La crise, en accroissant les difficultés financières des planteurs, les incita à multiplier les stratagèmes pour retenir les engagés contre leur gré. L'un des plus efficaces était d'effectuer des retenues sur salaire. Les engagés avaient en effet émigré afin d'échapper à la misère et la plupart espéraient revenir au pays natal avec suffisamment d'économies pour s'établir comme boutiquier ou petit propriétaire. En

---

de pareilles exploitations en comparant le labeur au gage". Cf. *Rapport personnel et confidentiel du Commandant Miot* ... p. 52.

368 Cf. *Rapport personnel et confidentiel du Commandant Miot* ... ; p. 59-60.

369 Voici l'exemple numérique présenté par le commandant Miot : "Prenons l'exemple de l'Indien payé à raison de 12 F. 50 par mois. Il a généralement 4 jours d'hôpital par mois et mettons 3 jours d'absence illégale, ce qui fait pour le premier cas 1,64 F. et pour le second 2,46 F. Mettons pour les achats à la boutique 5,10 F. Ce qui fait un total de 11,60 F. ce qui retranché de 12,50 F = 0,90 c. que l'Indien reçoit comme gage mensuel. Ce système est pratiqué sur une large échelle..." Conseil Général de La Réunion ; *Rapport personnel et confidentiel du Commandant Miot* ... p. 59. Comparant la situation de Maurice et de La Réunion, le commandant Miot écrit : "Quelle différence avec Maurice ! En 1876, 1779 Indiens ont quitté l'île pour rallier Calcutta, Madras ou Bombay. Ils ont emporté 357 861 roupies, ce qui donne une moyenne de 201 roupies, 502 francs environ par personne" ; *Rapport personnel et confidentiel du Commandant Miot* ; p. 61.

opérant des retenues sur salaire les engagistes les empêchaient d'amasser le pécule, ce qui pratiquement les contraignait à se réengager. Bien d'autres procédés furent encore utilisés et le commandant Miot pouvait constater dans son rapport :

> "... il y a dans la Colonie des hommes de Calcutta qui y sont depuis 20 ans et qui nous ont déclaré avoir été forcés de renoncer à leur retour parce qu'à Bourbon, leur disait-on, il n'y avait pas d'occasion (de les rapatrier H. H. Q.). Leurs plaintes étaient fondées. Il y avait réellement pression ou mauvaise foi de la part des intéressés pour garder des travailleurs auxquels ils tenaient"[370].

En fait, l'engagé n'était rapatrié que lorsqu'il "était infirme, vieux, incapable de travailler"[371]. Comment de tels abus ont-ils pu perdurer et maintenir l'engagé dans une situation matérielle similaire à celle de l'esclave alors qu'il était, du point de vue juridique, un salarié, qu'une convention internationale avait été passée pour le protéger et qu'il bénéficiait au surplus de l'appui d'un agent consulaire britannique installé dans l'île ? Il y a trois principales raisons à cela.

1.3.3 - Les planteurs, l'État et la relative atonie des luttes

A - Violence des rapports de production et maintien de la discipline dans les plantations

Dans le cadre de la plantation, la logique de l'exploitation maximum, le positionnement particulier des classes en présence et l'utilisation de moyens de production rudimentaires avaient pour conséquence de rendre le travail des engagés très pénible. Mais à cela s'ajoutaient encore les difficiles conditions générales de vie (déséquilibre des sexes, impossibilité de mettre fin à des contrats de longue durée, exil loin de la terre natale...). Sur un tel terreau ne pouvaient se développer que frustration et mécontentement, sources de révoltes, désertions, et résistances de toutes sortes.

Pour maintenir la discipline, les engagistes disposaient d'un immense pouvoir de droit et de fait ainsi que d'un appareil de

---

370 Cf. *Rapport personnel et confidentiel du Commandant Miot* ; p. 55. Le commandant Miot écrit encore : "Les réengagements anticipés ont surtout été pratiqués avec un tel abus qu'il en est résulté des réclamations sérieuses. On se servait de toutes les séductions pour y amener les Indiens et un grand nombre d'entre eux se sont ainsi trouvés enlacés dans les liens dont ils n'ont jamais pu s'affranchir". Cf. *Rapport personnel et confidentiel du Commandant Miot* ; p. 54.

371 *Rapport personnel et confidentiel du Commandant Miot* ; p. 55.

répression qui reposait principalement, tout comme au temps de l'esclavage, sur deux éléments :

- les commandeurs : leur rôle n'était pas d'apporter aux engagés une aide technique mais de maintenir la discipline et le rythme de travail.
- les prisons : aucun texte officiel n'interdisait aux engagistes d'en créer sur leurs exploitations. Certes, des prisons n'existaient pas partout mais, comme le constate le rapport Miot-Goldsmith, les grandes exploitations en possédaient toutes une, généralement "propre et bien tenue".

Les brutalités extrêmes auxquelles les engagistes et leurs régisseurs, directeurs, et commandeurs se livraient parfois n'étaient pas forcément l'expression du sadisme. Pour maintenir l'engagisme comme système économique, il fallait briser la résistance des meneurs et récalcitrants, d'où la nécessité de faire des exemples en recourant à la répression. Cependant, dans certains cas (désertions, résistance passive...) il n'était pas possible ou utile d'y recourir. Mieux valait pour l'engagiste demander le concours des autorités publiques. La législation prévoyait ainsi que :

> "En cas d'insubordination habituelle de l'engagé, lorsqu'il n'y a d'ailleurs pas lieu de le traduire en justice, il peut être remis par l'engagiste à l'administration, qui l'emploie soit dans un atelier public, soit une habitation domaniale"[372].

Si la législation accordait aux engagistes de larges pouvoirs sur leurs engagés, elle donnait aussi à ces derniers la possibilité de porter plainte auprès de l'administration et de la justice. Quelles chances y avait-il pour que de telles plaintes aboutissent ?

B - L'État

Les institutions étatiques directement concernées par les conflits de classes comprenaient l'agent consulaire britannique, les syndics employés au Service de l'Immigration, la police, et enfin les magistrats. Quelle était l'attitude des uns et des autres vis-à-vis des engagés et des engagistes ?

a - L'agent consulaire

Pour assurer la protection de ses ressortissants, l'Angleterre avait imposé la présence d'un agent consulaire dans les colonies qui employaient des engagés indiens. L'article 20 de la Convention définissait sa mission dans les termes suivants.

---

[372] Article 34 de l'arrêté du 31 janvier 1860. Cf. article 35.

"Les immigrants sujets de S.M. Britannique jouiront dans la colonie de la faculté d'invoquer l'assistance de l'agent consulaire britannique au même titre que tous les autres sujets relevant de la Couronne britannique et conformément aux règles ordinaires du droit international, et il ne sera apporté aucun obstacle à ce que l'engagé puisse se rendre chez l'agent consulaire et entrer en rapport avec lui ; le tout sans préjudice, bien entendu, des obligations résultant de l'engagement".

Ce texte appelle trois remarques. Tout d'abord, l'agent consulaire n'avait un devoir d'assistance qu'à l'égard des immigrants indiens de nationalité anglaise, lesquels ne formaient qu'une partie des engagés. En 1882, La Réunion employait 64 411 immigrants dont les deux tiers venaient de l'Inde britannique[373]. Les engagés africains et malgaches, au nombre de 21 000 environ, ne bénéficiaient pas de la protection de l'agent consulaire.

En second lieu, si l'engagé pouvait "*se rendre chez* l'agent consulaire et entrer en rapport avec lui", en revanche ce dernier ne pouvait, de sa propre initiative, aller dans les plantations pour se rendre compte du sort des engagés. D'ailleurs l'arrêté organisant la protection des immigrants avait bien spécifié que le commissaire de l'immigration et les syndics étaient "seuls aptes à exercer l'inspection" des domaines employant des engagés. Comment, dans ces circonstances, l'agent consulaire pouvait-il être réellement informé sur le sort des immigrés ?

Enfin, il est frappant de constater, lorsqu'on lit l'article 20 ci-dessus, que la mission de l'agent consulaire était définie de manière totalement évasive et que sa position administrative vis-à-vis des pouvoirs publics français n'était même pas mentionnée. Dans de telles conditions, les engagés ne pouvaient bénéficier d'aucune vraie protection de la part de l'agent consulaire parce que celui-ci n'avait en réalité aucun pouvoir. D'ailleurs, le Gouverneur de La Réunion ne s'était pas fait faute de le rappeler sans ménagement. S'adressant à l'agent consulaire, le Gouverneur de La Réunion écrivait en effet :

"... Je vois par votre lettre et par plusieurs de vos réclamations que vous pensez être protecteur des immigrants, et je crois que vous vous trompez. Jamais il n'a été question que vous eussiez des droits comme tel et je ne saurais les reconnaître jusqu'à de nouvelles instructions du Ministère..."[374].

On se saurait être plus clair !

---

[373] J. F. Dupon ; *Les immigrants indiens de La Réunion. Évolution et assimilation d'une population* ; p. 69.

[374] Lettre citée par M. Marimoutou ; *Les engagés du sucre* ; p. 71-72.

b - Le service de l'Immigration, la police et les magistrats

La mission d'inspection Miot-Goldsmith a pu constater que les syndics du Service de l'Immigration ne faisaient pas correctement leur travail. Bien pire, il existait une collusion entre les syndics et les propriétaires :

> " ... l'insuffisance de ce service (le Syndicat Protecteur des Immigrants) est la cause première des abus des propriétaires et des défiances qu'ils font naître. Les habitudes coloniales, les mœurs du pays, des parentés de toute sorte et des tolérances fâcheuses ont eu raison de la conscience et du sens moral des agents du syndicat"[375].

La police et les magistrats faisaient-ils au moins correctement leur travail ? Rien n'est moins sûr car :

> "Le commissaire de police s'en rapporte trop souvent aux plaintes des propriétaires et le juge de paix prononce la plupart du temps, sans entendre les épreuves contradictoires. À deux ou trois exceptions près, les magistrats ne s'entourent pas, dans l'exercice de leur mandat, des garanties qui font croire à l'impartialité de leur verdict"[376].

En définitive, les engagés ne pouvaient compter ni sur l'agent consulaire, ni sur les syndics, ni sur la police ni sur les magistrats. En fait, ils ne pouvaient compter que sur eux-mêmes. Mais qu'en est-il ici ?

C - Atonie des luttes et solutions individuelles

L'exploitation à laquelle les engagés étaient soumis ne pouvait que susciter mécontentements, désertions, suicides et revendications sociales[377]. Certes, des actions collectives (grèves, manifestations, attroupements assis sur la voie publique ...) furent organisées et il est vrai que "l'époque de l'engagisme n'est pas celle du silence"[378].

---

[375] Cf. *Rapport personnel et confidentiel du Commandant Miot* ; p. 51-52.

[376] Cf. *Rapport personnel et confidentiel du Commandant Miot* ; p. 63.

[377] Le Consul d'Angleterre reçut 771 plaintes en 1871 et 790 en 1879.

[378] Dès 1852, la police signale l'existence de grèves, manifestations : "Les travailleurs indiens ont la funeste habitude de quitter en totalité, pour tel ou tel motif, les habitations sur lesquelles ils sont employés, pour venir à St-Denis porter des plaintes ou réclamations... Deux bandes de ces travailleurs sont tout récemment arrivées à St-Denis à deux jours de distance...". Commentant ces luttes, Maurin et Lentge estiment qu'il s'agit de "manifestations de type syndical". Cf. *Le Mémorial de La Réunion* ; tome 3 p. 165. En 1879 une marche sur le Consulat anglais de St-Denis fut organisée qui rassembla quelques 150 engagés venus réclamer le respect

Cependant, lorsque l'on met en regard l'intensité de l'exploitation d'un côté et les luttes menées pour la réduire de l'autre, on ne peut qu'être frappé par leur relative atonie et par leur caractère sporadique.

Une explication se trouve d'abord dans le fait que l'État avait aménagé une soupape de sécurité pour éviter une trop grande exaspération des engagés : les *coolies* pouvaient se plaindre auprès des syndics et de l'agent consulaire et espérer que satisfaction leur soit donnée. Le fait que certaines de leurs actions aient abouti ne pouvaient que les conforter dans l'opinion qu'une possibilité d'améliorer leur sort existait de ce côté-là et qu'il n'était pas nécessaire d'aller plus loin.

Un second facteur explicatif se trouve dans l'origine sociale et la structure de la population des engagés. Campagnards étrangers projetés au milieu d'un univers inconnu, ils ont d'abord mis du temps pour le comprendre. Par ailleurs, la diversité des origines géographiques et donc des mœurs, des langues et des croyances créent inévitablement des divisions qui se retrouvent même dans l'organisation de l'habitat. Au sein des plantations,

> "chaque groupe ethnique a son camp : les Indiens se regroupent entre eux, de même les Africains ou les affranchis"[379].

Mais à y regarder de plus près, il n'est pas difficile de voir qu'en réalité, les "groupes" ainsi délimités n'ont aucune existence sociologique réelle car les Africains venaient de plusieurs régions et tribus d'Afrique ; et les "Indiens" (qui sont Tamouls, Télougous, Bengalis, Calcutta...) sont très loin de former un "groupe" homogène même s'il existe une forte prédominance des Tamouls. Car il faut aussi prendre en considération l'éclatement de cette population indienne en multiples castes inférieures et supérieures (Parias, Soudras...), parlant des langues variées (tamoul, tégoulou, malayalam...) et vénérant des divinités diverses (Shiva, Vichnou, Kali...). Ces divisions de tous ordres ne peuvent qu'entraver la formation d'une conscience *collective* en l'existence d'intérêts *communs*.

Il n'est pas impossible également qu'ayant toujours vécu dans un système de castes étanches, les engagés indiens aient pu, de ce fait, accepter avec une certaine résignation les conditions de vie qui leur étaient faites dans les plantations de La Réunion.

Mais l'atonie des luttes provient aussi de facteurs qui tiennent à l'engagisme comme système. Le fait que la marche des exploitations reposait sur le renvoi des travailleurs en fin de contrat et leur

---

de leur contrat de travail. Cf. P. Eve ; *Le syndicalisme à La Réunion de 1900 à 1968* ; Thèse ; 1989 ; Université de Provence ; 1547 pages ; p. 76 - 80.

379 M. Marimoutou ; *Les engagés du sucre* ; p. 73.

remplacement par de nouveaux engagés entraîne un renouvellement permanent de la main-d'œuvre. Cette rotation s'oppose à la formation d'une tradition de lutte ainsi qu'à la création d'organisations stables de combat, lesquelles étaient d'ailleurs interdites. De plus, les contrats de travail étant limités à 5 ans, les engagés pouvaient simplement décider d'attendre qu'ils se terminent. À quoi sert-il de prendre des risques ?

Le jeu combiné des facteurs qui viennent d'être présentés ajouté à la faiblesse des moyens dont disposait la police pour lutter contre les désertions[380] explique pourquoi, face à la dureté de l'exploitation, les engagés ont préféré fuir les plantations plutôt que d'engager des actions. Il est en effet frappant de constater que si les luttes sociales organisées ont été peu importantes, en revanche la désertion fut un phénomène massif. J. F. Dupon évalue à 4 ou 5 000 le nombre d'Indiens non pourvus d'engagement légal[381] et le commandant Miot estimait celui des déserteurs à 8 000 pour une population de 40 000 (20%).

La détérioration des conditions de vie et de travail des engagés indiens allait entraîner la réaction des autorités britanniques qui décidèrent en 1882 d'interdire tout nouveau recrutement dans les territoires indiens sous contrôle britannique. Cette décision allait plonger La Réunion dans une seconde crise sucrière.

En dehors des transformations qui viennent d'être présentées et qui s'analysent comme des conséquences directes de la crise, d'autres furent générées par des causes et circonstances diverses.

SECTION 2

LES AUTRES TRANSFORMATIONS ÉCONOMIQUES ET SOCIALES

Elles tiennent à l'installation définitive des premiers engagés indiens et à leur insertion progressive dans l'économie locale (2.1). Les années 1860-1881 correspondent également au début de l'immigration libre chinoise et indo-musulmane et la création du petit commerce de détail (2.2).

---

[380] Miot écrit que l'engagé "qui déserte est rarement atteint par la police"; Cf. *Rapport personnel et confidentiel du Commandant Miot* ; p. 56.

[381] J. F. Dupon ; *Les immigrants indiens de La Réunion. Évolution et assimilation d'une population* ; p. 69.

2.1 - L'insertion économique des engagés indiens

Dès le début des années 1860, un certain nombre d'engagés choisirent de ne pas retourner dans leur pays à la fin de leur contrat mais de s'établir définitivement à La Réunion en s'insérant dans l'économie locale comme colons partiaires et parfois comme propriétaires fonciers.

2.1.1 - La transformation de l'engagé en colon partiaire

Même si on ne dispose d'aucun indice permettant de situer avec quelque précision l'importance de ce mode d'insertion, il est souvent mentionné par les témoins directs comme par les historiens[382]. Citant un rapport du Protecteur des Immigrants, J. F. Dupon explique pourquoi les propriétaires ont proposé à leurs engagés de s'installer comme colons partiaires :

> "Dès 1861-1862, on voit apparaître des contrats d'engagement "à la part", sorte de contrat de métayage aux termes desquels l'engagé conservait deux tiers ou la moitié du produit des terres allouées. L'exemple semble avoir été donné par les propriétaires de la côte sous le vent dans le but "d'attacher à la terre les immigrants et de former à la longue une population sédentaire qui n'aurait pas pour l'agriculture la répulsion des anciens affranchis et de leurs descendants"[383].

Les engagés indiens en fin de contrat ont facilement accepté l'offre des propriétaires, d'abord parce que la grande majorité d'entre eux avait une origine professionnelle agricole[384]. Par ailleurs, en devenant colons ils bénéficiaient d'une liberté de manœuvre beaucoup plus grande qu'en restant engagés. Enfin, l'offre des produits vivriers étant la plupart du temps inférieure à la demande, les revenus qu'il était

[382] "On ne paya plus les engagés, on remplaça le salaire par l'octroi d'un petit morceau de terrain que ceux-ci durent cultiver tant bien que mal pour trouver à y vivre". Cf. A. A. Fauvel ; L'immigration indienne aux Mascareignes ; *Revue Française de l'Étranger et des Colonies* ; Paris ; 1892 ; 26 pages ; p. 13. Sully-Santa Govindin ; *Les engagés indiens* ; op. cit. ; p. 145. Cf. F. Lacpatia ; Quelques aspects de l'insertion des Indiens à La Réunion au 19ème siècle ; in Actes du colloque *Les relations historiques et culturelles entre la France et l'Inde. 17ème-20ème siècle* ; 1987 ; p. 319.

[383] J. F. Dupon ; *Les immigrants indiens* ; op. cit. p. 71.

[384] "Ce sont les Vellajas, propriétaires agricoles tamouls appauvris en Inde, et les Vannias, ouvriers agricoles" écrit F. Lacpatia ; Quelques aspects de l'insertion des Indiens à La Réunion au 19ème siècle ; in Actes du colloque *Les relations historiques et culturelles entre la France et l'Inde. 17ème-20ème siècle* ; 1987 ; p. 317. Cf. également J. F. Dupon ; *Les immigrants indiens* ; op. cit. p. 75.

possible de tirer de l'exploitation d'une terre consacrée aux cultures maraîchères étaient sensiblement plus élevés qu'un salaire d'engagé. Si ce n'est pas la crise qui fit naître le colonage des engagés, il est certain en revanche qu'elle favorisa son extension car

> "Manquant de fonds et de main-d'œuvre, les propriétaires trouvèrent dans le colonat un moyen commode pour pouvoir cultiver et produire sans qu'il soit nécessaire de beaucoup investir..."[385].

À côté du colonage, une seconde voie d'insertion beaucoup plus prisée par les engagés était l'acquisition d'un terrain agricole.

2.1.2 - L'apparition de la petite propriété foncière indienne

A - Les débuts

L'existence de petites exploitations agricoles dirigées par des propriétaires indiens et tournant avec des engagés est mentionnée dans les documents officiels dès le début des années 1860. Cette voie d'insertion était empruntée par certains ouvriers en fin de contrat pour des motifs économiques mais aussi *socio-culturels*. Selon J. F. Dupon, certains engagés indiens éprouvaient une véritable "faim de terre" qui ne serait peut-être pas sans rapport avec l'existence des castes et pourrait s'expliquer, en partie, par

> "le souci atavique de recréer dans la terre d'exil les particularités et les privilèges de leur caste"[386].

Étudiant l'origine de ces exploitations agricoles, F. Lacpatia montre qu'il s'agit le plus souvent d'achats de terrains indivis entre plusieurs personnes. Mais plusieurs questions ne sont pas éclaircies. D'où venait l'argent qui permit les achats de terres ? Comment ces terres étaient-elles exploitées ?

B - Origine du capital de départ et provenance des engagés

Le capital nécessaire à l'achat des terres ne pouvait pas provenir de crédits bancaires parce que les engagés n'avaient aucune garantie à offrir à l'appui d'une demande de prêt. En revanche des économies sur le salaire étaient possibles.

---

[385] Joseph Pelletier ; *La Chaloupe, Ile de La Réunion* ; thèse 1983 ; volume 2 ; p. 268.

[386] J. F. Dupon ; *Les immigrants indiens...* ; op. cit. p. 75.

a - Première voie d'accumulation initiale du capital-argent : salaire et épargne

Le salaire des engagés était constitué de deux parties, l'une en nature et l'autre en monnaie. La première (nourriture, vêtements, logement...) représentant le fond nécessaire à la reproduction de la force de travail, il était théoriquement possible à l'engagé d'épargner en totalité l'autre pour se constituer progressivement un capital. Si dans la pratique, la plupart des engagés dépensaient intégralement leur salaire en monnaie, dans quelques cas un capital pouvait naître du salaire. Dans certaines plantations, en effet, un système d'épargne forcée avait été mis en place, avec une paye des salaires qui était prévue ainsi dans les contrats de travail :

> "Le salaire de l'engagé est de 10 francs par mois de 26 jours de travail... moitié de cette somme lui sera payée fin de chaque mois, l'autre moitié le sera fin de chaque année"[387].

Dans ce système, une économie forcée est donc réalisée qui s'élève à 5 francs par mois soit 60 francs par an, soit encore, à condition que l'engagé ne dissipe pas cette somme, 300 francs pour les 5 ans que dure le contrat. Or selon M. Marimoutou, un emplacement commercial valait 300 F. en 1866[388]. Et en s'associant, les engagés avaient aussi la possibilité d'acheter un lopin de terre.

Mais le salaire n'était pas la seule source d'épargne possible pour les engagés. Ils pouvaient aussi, dans certains cas, produire des marchandises destinées au marché.

b - Seconde voie d'accumulation initiale du capital-argent : production commerciale et épargne

Les engagés devenus colons partiaires disposaient d'une terre. D'autres avaient l'usage gratuit de lopins que leurs propriétaires leur abandonnaient. En mettant le sol en valeur et en épargnant une partie des recettes tirées de la vente des cultures maraîchères et des animaux d'élevage, un petit capital de départ a pu être amassé. Le commandant Miot remarquait en 1878 que l'engagé

> "dépense en général (ses loisirs) à cultiver un petit jardin ou à élever des bestiaux tels que cabris et porcs qu'il vend aux particuliers. Il se fait ainsi des revenus assez lucratifs"[389].

---

387 Cf. la photocopie du contrat de travail (art. 16) reproduit dans l'ouvrage de M. Marimoutou ; *Les engagés du sucre* ; p. 64.

388 M. Marimoutou ; *Les engagés du sucre* ; p. 156.

389 Rapport personnel et confidentiel du commandant Miot ; op. cit. ; p. 57.

Miot ne précise pas ce qu'il faut entendre par "assez lucratif". Mais le rapport d'Esmenard, Protecteur des Immigrants, rédigé il est vrai 8 ans après celui de Miot, permet d'apporter un élément de réponse.

> "Chez M. Adam de Villiers à la "Rivière du Mât" et Ste-Marie, les engagés vendent bon an, mal an pour 7 à 8 000 F. de porcs ! Tous ont des jardins ou petits terrains à proximité de leurs demeures où ils font du jardinage... Sur plusieurs propriétés... il est abandonné aux engagés certaines portions de terres qu'ils cultivent en cannes. Toutes les récoltes produites leur sont abandonnées ; mais les cannes doivent être manipulées à l'usine et le produit en est réservé aux propriétaires qui paient alors à ces engagés la barrique de vesou... M. Adam a payé ainsi à ses engagés des sommes de 7 à 8 000 F., et M. Desjardins, 5 à 6 000 F."[390].

Pour savoir s'il était possible d'acheter des terres avec ces revenus, et combien, il faut connaître le prix du sol. Son évolution de 1860 à 1880 est retracée dans le tableau ci-après.

Tableau 49 : Prix moyen de la terre (chiffres arrondis)

Années	Valeur totale des terres employées aux cultures (francs) (1)	Superficie totale (hectares) (2)	Prix moyen de l'hectare de terre (francs) (1) / (2)
1860	148 817 000	74 492	1 998
1865	163 031 000	71 954	2 266
1870	110 838 000	81 867	1 354
1875	115 463 000	90 879	1 271
1880	109 768 000	78 146	1 405

Sources : Ministère des Colonies ; d'après les *Tableaux de population, de cultures...* op. cit.

Le rapprochement des chiffres montre qu'il est parfaitement possible que l'accès à la propriété foncière ait pu être financé par un capital accumulé à partir des revenus tirés de l'exploitation des terres louées en colonage, ou mises gratuitement à la disposition des engagés. Mais d'autres moyens ont pu aussi être employés pour réunir le capital de départ : jeux de hasard, loteries organisées par les engagés[391]...

Il reste encore à déterminer quelle était l'importance de cette petite propriété indienne et à décrire les modes d'exploitation.

---

[390] Rapport du Protecteur des Immigrants pour 1886 ; cité par Sully-Santa Govindin ; *Les engagés indiens* ; p. 108.

[391] M. Marimoutou ; *Les engagés du sucre* ; éd. Tramail ; 1989 ; p. 156.

C - Importance de la propriété indienne et mode de mise en valeur

Au milieu des années 1870, on recense une trentaine de propriétaires fonciers indiens. Or, l'effectif des engagés indiens était de 52 482 en 1866 et de 44 886 en 1876[392]. Le rapprochement des chiffres montre que, certes, il était possible à des engagés de sortir de leur condition de salarié pour devenir propriétaire. Mais en réalité seule une infime minorité avait effectivement réussi cette ascension sociale[393]. Ainsi, à l'échelle de la classe des engagés prise globalement, on vérifie bien que le salaire assure la reproduction de la force de travail mais ne permet pas l'acquisition de moyens de production suffisants pour vivre du travail d'autrui.

Le tableau ci-après permet de situer géographiquement et économiquement les exploitations appartenant aux Indiens.

Tableau 50 : Exploitations agricoles appartenant à des Indiens (1876)

Communes	Nombre de propriétaires indiens	Nombre d'engagés	Nombre moyen d'engagés par exploitation
St-André	8	46	5,7
Salazie	9	30	3,3
Plaine des Palmistes	10	30	3,0
Ste-Rose	2	22	11,0
St-Benoît	2	7	3,5
Total	**31**	**135**	**4,3**

Sources : F. Lacpatia ; Quelques aspects de l'insertion des Indiens à La Réunion au 19ème siècle ; in Actes du colloque *Les relations historiques et culturelles entre la France et l'Inde. 17ème-20ème siècle* ; 1987 ; p. 318.

Mis à part Ste-Rose où le nombre moyen d'engagés par exploitation s'élevait à 11, dans les autres communes, les propriétaires indiens avaient seulement quelques engagés. Les exploitations étaient donc de très petite taille et leur mise en valeur reposait essentiellement sur l'utilisation de la main-d'œuvre familiale. Les engagés n'étaient utilisés que comme travailleurs d'appoint. D'où venaient-ils ?

Les "déserteurs" étant légion, il n'était pas difficile pour les propriétaires de se procurer des engagés véritables ou fictifs. Dans ce

[392] D. Vaxelaire ; *L'histoire de La Réunion* ; op. cit. ; tome 2 ; p. 391.

[393] La proportion des engagés indiens devenus propriétaires serait encore bien plus petite si on avait rapporté leur effectif au total des Indiens arrivés à La Réunion entre 1849 et 1876.

dernier cas, ils ne payaient rien pour le travail car l'usage était que les engagés fictifs travaillent gratuitement en échange de la remise d'un document leur permettant d'être en règle avec la loi[394].

Les terres étaient consacrées aux cultures maraîchères, à l'élevage d'animaux domestiques pour les travaux agricoles (bovins), la viande et le lait, ou encore les jeux (coqs pour les combats)[395]. On a donc affaire à une agriculture de subsistance avec écoulement marchand des surplus.

2.2 - L'immigration libre et les débuts du commerce de détail

À la charnière des années 1850-1860, La Réunion commença à accueillir un nouveau flux d'immigrants venant d'Inde et de Chine. Contrairement aux engagés, ils arrivaient sans contrat de travail. Quels furent les facteurs de cette immigration et comment les arrivants s'insérèrent-ils dans l'économie locale ?

2.2.1 - L'émigration chinoise et indienne

A - La dégradation de l'économie indienne

Les causes générales de la dégradation de la situation économique et sociale des masses paysannes indiennes ayant déjà été exposées[396], il suffira d'ajouter qu'au cours de la seconde moitié du 19ème siècle elles continuèrent de jouer, mais en produisant des conséquences aggravées. En effet, des usines textiles modernes, à capitaux locaux et anglais, commencèrent à se multiplier en Inde même[397]. Incapable de faire face à la concurrence des importations anglaises de tissus et de rivaliser avec l'industrie naissante locale, l'artisanat indien s'effondra. Pour échapper à la misère, beaucoup d'artisans purs et d'agriculteurs-artisans partirent comme engagés et un certain nombre comme émigrés libres, sans contrat de travail.

[394] Rapport personnel et confidentiel du commandant Miot ; op. cit. ; p. 60.

[395] F. Lacpatia ; *Quelques aspects de l'insertion des Indiens à La Réunion* ; op. cit. ; p. 319.

[396] Cf. Chapitre 2 ; paragraphe 1.3.1.

[397] Cf. C. Markovits ; *Histoire de l'Inde Moderne 1480-1950* : Fayard ; p. 524 et suivantes.

SOURCE DE L'ÉMIGRATION LIBRE INDIENNE

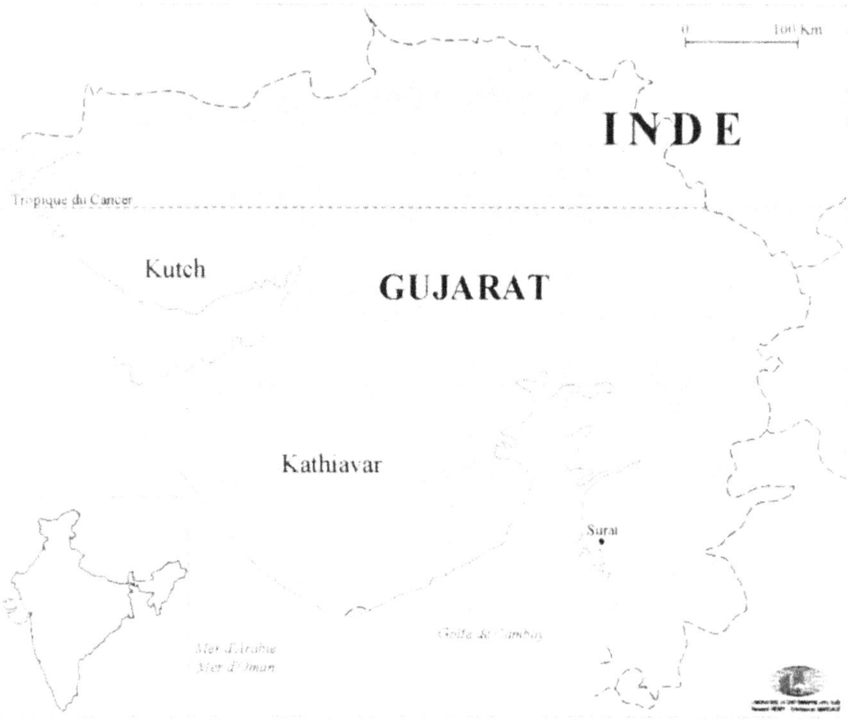

Toutefois, parmi les émigrants, il n'y avait pas que des miséreux. On trouvait aussi des employés de grandes maisons de commerce indiennes envoyés en éclaireurs pour prospecter de nouveaux marchés[398]. Les principaux foyers de cette émigration libre étaient le Gujarat, (Kathiavar et Kutch) peuplé essentiellement de musulmans.

B - La poussée impérialiste en Chine

Au milieu du 19ème siècle, le sort des masses paysannes des provinces de Fujian et du Guangdong (d'où partirent la plupart des émigrés de la diaspora chinoise) était misérable. Troubles sociaux à répétition et dégradation continue de la situation économique rendaient les conditions de vie très précaires. Les grands propriétaires accaparaient l'essentiel des terres pendant qu'une forte poussée démographique multipliait le nombre de bouches à nourrir[399]. Cependant, en dépit de ce contexte général très dégradé, l'émigration demeurait un moyen exceptionnel d'échapper à la misère car elle était officiellement interdite depuis un décret de 1718. Le déclenchement de la "guerre de l'opium" allait brutalement aggraver la situation économique et politique.

Dès le 18ème siècle, la Compagnie anglaise des Indes avait encouragé la culture du pavot au Bengale et, détenant le monopole d'achat de la récolte, diffusait le stupéfiant en Chine par l'intermédiaire de sa filiale de Canton. L'opium fit de tels ravages dans toutes les couches de la population que les autorités chinoises décidèrent de punir consommateurs et trafiquants, et d'en interdire l'importation. En 1839, elles firent détruire 20 000 caisses de drogue. Saisissant ce prétexte, l'Angleterre déclencha la "première guerre de l'opium" afin, non seulement de rétablir le commerce de la drogue, mais aussi et surtout de conquérir de nouveaux marchés pour son industrie.

---

[398] Selon J. Nemo : "...les premiers immigrés gujarati sont venus prospecter les possibilités commerciales de l'île avec l'Inde. Ils agissaient en fait comme commissionnaires de familles riches du Gujarat et de Bombay" Cf. Jacques Nemo ; *Les Musulmans de La Réunion* ; 1983 ; 229 pages ; p. 20 et p. 24.

[399] Entre 1651 et 1860 la population chinoise est passée de 60 à 450 millions d'habitants. Dans le Guangdong, la propriété moyenne par cultivateur est tombée de 0,26 ha en 1793 à 0,12 ha en 1833. Cf. E. Wong-Hee-Kam ; *La diaspora chinoise...* ; op. cit. ; p. 39.

FOYERS DE L'ÉMIGRATION CHINOISE À LA RÉUNION

Vaincu, le gouvernement de Pékin dut céder Hong-Kong aux Anglais qui obtinrent également l'ouverture au commerce de cinq ports (traité de Nankin de 1842)[400]. Le mouvement était lancé et au cours des décennies suivantes, les puissances impérialistes (Grande-Bretagne, France, Russie, Japon) enlevèrent à la Chine de nouvelles portions de son territoire, la contraignirent à autoriser l'émigration de ses nationaux (Convention de Pékin de 1860) et à ouvrir son économie au commerce avec l'occident.

L'aggravation brutale de la situation socio-économique intérieure liée aux opérations militaires, l'instauration de la liberté d'émigrer, enfin la création de liaisons maritimes régulières entre la Chine et les Mascareignes, allaient conjuguer leurs effets pour impulser un puissant courant d'émigration.

Contrairement à une opinion très répandue, celui-ci n'était pas, loin de là, constitué seulement de paysans. Dans la Chine du milieu du 19ème siècle, les commerçants furent également frappés de plein fouet par les bouleversements économiques et sociaux consécutifs aux guerres de l'opium. Fuyant leur pays, ils formèrent une proportion grossissante des émigrés[401].

En définitive, la poussée impérialiste européenne en Asie joua un rôle sinon déterminant, du moins majeur, dans l'émigration indo-musulmane et chinoise de la seconde moitié du 19ème siècle. Quelles circonstances conduisirent les émigrants à s'établir à La Réunion ?

2.2.2 - L'implantation à La Réunion et les débuts du commerce de détail

Bon nombre d'immigrants libres n'arrivèrent pas à La Réunion directement mais transitèrent par Maurice qui fonctionna comme relais sur leur trajet.

---

400 Il s'agit des ports de Canton, Amoy, Fuzhou, Ningbo et Shanghai. De son côté, la France obtint par le traité de Whampoa (1844) l'ouverture de ports, ce qui permit aux sucriers de La Réunion de recruter les premiers engagés Foukinois pour leurs exploitations.

401 Selon H. Ly-Tio-Fane, le système fiscal "écrasait les petits commerçants qui subissaient en outre les pressions exercées par les membres des Triades... gérants de petites boutiques et colporteurs (qui) étaient exposés au pillage de leurs établissements, aux sévices des brigands de grand chemin et aux "taxes de protection". La contrebande pratiquée sur une grande échelle par les Triades acheva la ruine des petits commerçants déshérités... Ainsi l'arrivée à Maurice des immigrants de la classe marchande augmenta rapidement à partir de 1845 jusqu'à former presque la *totalité* des immigrants à la fin du 19ème siècle". Cf. *La diaspora chinoise...* ; op. cit. ; p. 69-70. Cf. également E. Wong-Hee-Kam ; *La diaspora chinoise...* ; op. cit. ; p. 205.

A - Le rôle de relais de Maurice

a - Les débuts de l'immigration indo-musulmane à Maurice

C'est vers 1834-1835 que les premiers Indo-musulmans, en provenance du Kathiavar et du Kutch, s'établirent à Maurice. Très riches et travaillant en liaison avec l'Inde, ils créèrent des entreprises prospères qui prirent rapidement une place dominante dans le secteur commercial[402]. Puis, vers 1860, arrivèrent de Surat de nouveaux immigrants spécialisés dans le commerce de tissus.

Ce noyau primitif de population servit de centre d'accueil pour les nouveaux immigrants provenant du Gujarat, et constitua en même temps une base d'émission d'émigrants à destination de La Réunion[403].

De façon tout à fait similaire, Maurice joua le rôle de plaque tournante des migrations chinoises vers le sud-ouest de l'océan Indien.

b - Les débuts de l'immigration chinoise à Maurice

Dès le 18ème siècle un petit groupe de Chinois vint s'établir à Maurice. Les premiers arrivants venaient de Batavia et débarquèrent à Port-Louis en 1760. La plupart furent rapatriés en 1762 mais quelques-uns restèrent dans l'île[404].

L'immigration chinoise reprit peu après. L'abolition du privilège de la Compagnie des Indes en 1769 avait en effet permis à Port-Louis de devenir un important port d'éclatement où arrivaient les marchandises venant d'Asie et d'Europe avant de repartir vers d'autres destinations. Selon Ly-Tio-Fane, des navires

> "transportèrent vraisemblablement des marchands et même des artisans chinois engagés par les armateurs de l'Ile de France... Le noyau de la communauté chinoise était donc déjà formé dans l'île sous l'administration française"[405].

---

402 R. Delval ; *La communauté musulmane de l'île Maurice*" ; in A. P. O. I. ; 1979 ; p. 51.

403 Retraçant la route suivie par les Indo-musulmans, J. Nemo note en effet "Quittant leurs villages par Bombay, ils (les Indiens gujarati) atteignent d'abord l'île de France (île Maurice) où ils installèrent les succursales marchandes du trafic Inde-Ouest de l'océan Indien, puis ils vinrent prospecter le marché possible de l'île Bourbon (île de La Réunion) pour au début du (20ème) siècle, s'installer définitivement". Cf. Jacques Nemo ; *Les Musulmans de La Réunion* ; op. cit. ; p. 34.

404 Cf. Dominique Durand ; *Les Chinois de La Réunion* ; 1981 ; 255 pages ; p. 14.

405 H. Ly-Tio-Fane ; *La Diaspora chinoise...* ; op. cit. ; p. 64 et 66.

Ce noyau se développa peu à peu par la suite et devint suffisamment important pour que A. Billiard, de passage à Port-Louis en 1817, signale l'existence d'

> "...un quartier peu étendu que l'on appelle le Camp des Chinois"[406].

Après le Congrès de Vienne (1815), l'interdiction de la traite d'esclaves ayant privé Maurice d'apports de main-d'œuvre servile, le Gouverneur anglais Robert Farquhar, chercha à encourager l'immigration de Chinois. Sans succès : en 1830, leur nombre ne dépassait pas 26. Ce n'est qu'après l'abolition effective de l'esclavage (1839)[407] que la communauté chinoise amorça véritablement son développement. L'extension du marché intérieur par la création d'une nouvelle clientèle, constituée d'affranchis et d'engagés qui arrivaient en masse, permit à certains Chinois d'investir le secteur commercial. Leur ascension fut fulgurante puisque, selon Ly-Tio-Fane,

> "il leur fallut seulement 20 ans pour conquérir tout le marché de Port Louis"[408].

Par la suite, cette communauté chinoise de Maurice représenta une base d'accueil pour beaucoup d'émigrants du Fujian et du Guangdong qui se rendaient dans les pays du sud-ouest de l'océan Indien, ainsi que pour nombre d'engagés chinois qui avaient terminé leur contrat à La Réunion. Au début des années 1840, Maurice recevait une cinquantaine d'immigrants par an. Le nombre dépasse 100 en 1857, puis 200 l'année suivante[409]. À partir de 1860, se produisit une accélération du mouvement. L'immigration libre se développa, favorisée par l'ouverture de la Chine, la prospérité de l'économie sucrière et l'intensification du trafic maritime[410]. Globalement, entre 1850 et 1881, la communauté sino-mauricienne passa de 600 à plus de 3 500[411].

---

406 A. Billiard ; *Voyage aux colonies orientales* ; 1990 ; 254 pages. p. 34.

407 L'abolition effective de l'esclavage eut lieu le 1er février 1835, mais les affranchis durent rester auprès de leurs maîtres comme "apprentis" jusqu'au 1er avril 1839, date à laquelle ils furent effectivement émancipés.

408 H. Ly-Tio-Fane ; *La Diaspora chinoise...* ; op. cit. ; p. 72.

409 H. Ly-Tio-Fane ; *La Diaspora chinoise...* ; op. cit. ; p. 69. E. Wong-Hee-Kam ; *La diaspora chinoise...* op. cit. ; p. 72.

410 Les Chinois se rendant à Maurice "se rassemblaient principalement aux ports de Calcutta ou de Singapour d'où ils prenaient passage sur un navire à destination de Maurice. Cette immigration fut accentuée vers la fin du 19ème siècle avec la mise en service de navires à vapeur sur la ligne Maurice-Orient par la British India Steam Navigation Company... dont la première unité fit escale à Port-Louis en 1887". Cf. H. Ly-Tio-Fane ; *La Diaspora chinoise...* ; op. cit. ; p. 24.

411 H. Ly-Tio-Fane ; *La Diaspora chinoise...* ; op. cit. ; p. 114.

Dans la seconde moitié des années 1850 certains Indo-musulmans et Chinois commencèrent à quitter Maurice pour La Réunion. Quels furent les facteurs et l'importance de cette nouvelle migration ?

B - De Maurice à La Réunion

Il n'existe actuellement aucune vraie étude sur le flux migratoire indo-musulman à La Réunion en provenance de Maurice. Sur cette question, nous sommes dans une ignorance presque totale[412]. Une grande incertitude plane tout d'abord sur la date d'arrivée des premiers immigrants. Pour J. Nemo, "le premier Indien musulman à La Réunion" serait arrivé "entre 1850 et 1869". Mais si on en croit les auteurs du *Mémorial de La Réunion*, les Indo-musulmans n'auraient commencé à s'installer que dans les années 1870-80. Selon M. Issop Ravate, les Indo-musulmans arrivèrent à La Réunion en 1860 et venaient de Maurice[413].

Combien étaient-ils ? Les premières statistiques les concernant datent de 1887 et mentionnent l'existence dans l'île de 200 "Arabes". Mais ce chiffre est inexploitable car le terme d'"Arabe" englobe indistinctement tous les musulmans de l'île, Comoriens, Yéménites et Indo-musulmans. Si on en croit le *Mémorial de La Réunion*, le nombre de ces derniers n'aurait pas dépassé "quelques dizaines tout au plus dans la décennie 1880-90"[414].

Si de larges zones d'obscurité existent sur l'immigration des premiers Indo-musulmans, pour les Chinois on dispose de travaux très fouillés qui ont établi qu'au début, le courant d'immigration libre vers La Réunion était formé presque uniquement de Cantonnais venant de Maurice[415]. Les premiers Chinois Hakkas, en provenance de Meixian,

---

[412] Defos du Rau ne mentionne pas ce mouvement de population (Cf. *L'Ile de La Réunion* ... op. cit. p. 172). Les indications que Jacques Nemo donne dans son livre sont inutilisables (Cf. J. Nemo ; *Les musulmans de La Réunion* ; p. 24-25). R. Delval ne donne que des informations éparses (Cf. *Musulmans français d'origine indienne* ; C. H. E. A. M. ; 1988 ; 171 pages ; p. 19 à 27). Salima Cosadia ignore tout de cette question (Cf. *Du Gujarat à l'île de La Réunion : l'insertion économique et sociale des Indiens musulmans au sein de la société réunionnaise (1887-1946)* ; mémoire de maîtrise ; Montpellier III ; 1996 ; 164 pages ; p. 70). Prosper Eve n'aborde pas le sujet (Cf. *Les péripéties d'une insertion : les Indo-musulmans à La Réunion de la fin du 19ème siècle à 1939* ; op. cit.).

[413] R. Delval ; *Musulmans français d'origine indienne* ; op. cit. ; p. 19.

[414] *Le Mémorial de La Réunion* ; tome 4 ; p. 122.

[415] D'après H. Ly-Tio-Fane :"... l'émigration des Chinois de Maurice vers La Réunion débuta vers 1850, et ces émigrants étaient originaires de Canton, quoique quelques-uns avaient déclaré être originaire de Pékin". Cf. *La Diaspora chinoise...* ; op. cit. ; p. 141.

arrivèrent plus tard, à partir de 1885, pour se fixer directement dans le sud de l'île[416]. L'importance du flux d'immigrants est impossible à saisir avec précision. Cependant, sachant qu'entre 1856 et la fin du 19ème siècle les recrutements d'engagés chinois furent insignifiants[417] on peut avancer que les variations de population enregistrées au cours des années 1860-1870 furent liées essentiellement à l'immigration *libre*. Les statistiques sont les suivantes.

Tableau 51 : Population chinoise de 1853 à 1881

Années	Nombre	Années	Nombre
1853	475	**1865**	**977**
1856	455	**1871**	**1183**
1858	445	**1872**	**1170**
1859	436	**1877**	654
1960	420	**1880**	608
1862	413	**1881**	518
1863	413		

Sources : Delabarre de Nanteuil ; tome 5 ; Ministère de la Marine et des Colonies ; *Tableaux de population* ...op. cit. ; J. Defos Du Rau ; *L'île de La Réunion* ; op. cit. p. 159 et E. Wong-Hee-Kam ; *La diaspora chinoise...* op. cit. ; p. 80-81.

Le tableau ci-dessus permet de périodiser l'immigration libre chinoise en distinguant trois phases :

- la première (1850 - 1863) est d'importance insignifiante ;
- la seconde phase (1865 - 1972) conduit à un triplement du nombre de Chinois établis dans l'île ;
- à partir du début des années 1870, s'amorce un très net recul.

C'est par le biais du secteur commercial que ces nouveaux venus se sont insérés dans l'économie locale.

416 Cf. E. Wong-Hee-Kam ; *La diaspora* ...; p. 77. L'auteur note aussi que "La mise en place d'une ligne régulière Hong-Kong-Mascareignes permit à une proportion grandissante de Chinois de ne plus transiter par Maurice, mais de rejoindre directement leurs familles installées à La Réunion".

417 En 1856, 30 nouveaux engagés chinois sont introduits à La Réunion. Mais l'année suivante, le nombre tombe à 3, puis à 2 en 1858 et 1859. Il n'y a aucun nouvel engagé chinois en 1860. À partir de la signature de la Convention Franco-britannique (1861), les planteurs s'adresseront presque exclusivement à l'Inde.

C - Les débuts du petit commerce de détail à La Réunion

a - Les rôles respectifs des Indo-musulmans et des Chinois

Dans l'état actuel des connaissances, il semble possible d'affirmer que le rôle des Indo-musulmans dans la création du petit commerce de détail à La Réunion a été insignifiant. Décrivant les activités économiques des premiers Indo-musulmans de l'île, J. Nemo remarque en effet que le commerce n'occupe qu'une partie de leur temps :

> "... les Musulmans de La Réunion au début restèrent en partie paysans, combinant la gérance des terres avec celle des commerces, maisons d'export-import" [418].

De plus, ils n'étaient guère stabilisés dans l'île et ne formaient qu'une toute petite poignée. Leur nombre ne dépassait pas quelques dizaines en 1880.

Il en va différemment des immigrants libres chinois. En prenant le nombre de boutiques comme indicateur de l'accumulation du capital commercial, on constate que celle-ci fut à la fois précoce et rapide. La tradition veut en effet que ce soit en 1858 que fut créée à La Possession la première boutique chinoise. En 1861 on en compte déjà 11, puis 26 en 1865.

Dans quelles conditions l'implantation des commerces chinois s'est-elle faite ?

b - Phases et facteurs généraux de l'accumulation du capital commercial chinois

La première phase d'accumulation. Elle débute dans les années 1850 pour s'achever au début des années 1860. L'implantation des commerçants chinois fut favorisée par le climat de prospérité générale dans lequel la région baigna durant la décennie 1854-1864.

À l'intérieur de ce contexte conjoncturel euphorique se développa une nouvelle demande intérieure émanant des affranchis et des engagés. Or, aucun appareil commercial n'existait pour répondre à cette demande particulière : jusqu'en 1848, le secteur du commerce de détail était pratiquement absent parce que l'économie de l'île reposait sur un système esclavagiste. Les esclaves, qui formaient l'immense majorité de la population, ne recevaient pas de salaire en monnaie. Leur demande solvable étant nulle, il ne pouvait exister de commerce intérieur important. L'île ne comptait que quelques détaillants qui s'adressaient à une étroite clientèle blanche.

---

[418] Jacques Nemo ; *Les Musulmans de La Réunion* ; op. cit. ; p. 25.

Après l'Abolition, la dimension du marché était changée. Les affranchis se trouvèrent dans l'obligation de se procurer des revenus pour acheter des moyens de subsistance. Il en résulta un élargissement considérable de la sphère de l'économie marchande. Par ailleurs, le recours systématique au salariat contraint entraîna à La Réunion une prodigieuse explosion démographique. De 106 000 au moment de l'Abolition, la population de l'île grimpa jusqu'à 178 000 en 1860. Les engagés étant en partie payés en monnaie, leur salaire généra une nouvelle demande.

À partir des années 1850, une nouvelle clientèle se développa donc dans l'île, mais très pauvre, elle ne pouvait intéresser la bourgeoisie blanche, d'autant plus que le *boom* sucrier captait toute son attention, ses capitaux et son énergie. C'est l'opportunité que saisirent immigrants libres chinois et engagés en fin de contrat pour jeter les premières bases du commerce de détail.

La seconde phase. Au cours des années 1865-1871 l'immigration libre chinoise s'amplifia quelque peu et les nouveaux venus n'eurent pas de mal pour s'installer. En effet, malgré la crise sucrière, le nombre d'engagés travaillant à La Réunion ne cesse d'augmenter dans un premier temps. En 1856 il y avait 50 227 immigrés. Ils sont 64 500 en 1860 et 69 393 en 1871. Il s'ensuit que la demande solvable potentielle qui s'adressait aux commerçants chinois était plus forte pendant les premières années de crise que pendant la période d'euphorie de la fin des années 1850. Il est normal que La Réunion ait continué à exercer un effet d'attraction sur les émigrants chinois.

La troisième phase. À partir de 1872 on assiste à une diminution brutale du nombre de Chinois. Elle est provoquée par l'approfondissement de la crise. Dans le secteur sucrier, les faillites sont nombreuses et le climat général n'est guère propice aux affaires. Par effet de ricochet, le nombre d'engagés diminue parce que les rapatriements se multiplient et que les employeurs ne remplacent pas les partants. Les effectifs des immigrés qui s'élevaient à 66 874 en 1872 s'effondrent pour se fixer à 48 880 en 1881. Il en résulte un rétrécissement brutal du marché intérieur qui décourage l'immigration libre et chasse une partie des commerçants chinois de La Réunion.

Tableau 52 : Nombre d'immigrants chinois

Années	Nombre	Années	Nombre
1860	64 403	**1873**	61 287
1863	74 270	**1874**	67 894
1864	78 012	**1875**	65 294
1865	77 472	**1876**	59 110
1866	77 471	**1877**	58 914
1869	72 246	**1878**	57 311
1871	69 393	**1879**	54 938
1872	66 874	**1880**	56 007
		1881	48 880

Sources : Ministère de la Marine et des Colonies ; *Tableaux de population* ...op. cit.

D - Les processus de l'accumulation

Le mouvement général du capital commercial se présente sous la forme d'un cycle. Au cours d'une première phase, le commerçant avance du capital-argent pour acheter des marchandises. Dans la seconde, il les revend et le capital initial reflue vers lui augmenté d'un profit. En transformant une partie de ce profit en capital additionnel (accumulation), et en engageant un nouveau cycle d'achat et de vente, le commerçant pourra progressivement développer son affaire.

Étudier le processus de l'accumulation du capital commercial chinois à La Réunion c'est donc tenter de comprendre l'origine du capital initial et les méthodes particulières utilisées pour assurer sa rotation.

a - Origine du capital initial et modèle d'organisation commerciale

Il existe sur la question de l'origine du capital initial des commerçants chinois de La Réunion plusieurs thèses contradictoires[419]. Selon Defos du Rau, les premiers commerçants chinois de La Réunion auraient été des immigrants *libres* venant de Canton. Débarquant dans l'île avec un lot de pacotilles comme capital de départ, ils auraient petit à petit accumulé leurs profits pour amasser les fonds nécessaires à l'ouverture d'une boutique[420]. Mais pour D.

[419] Même pour la création de la première boutique chinoise de La Réunion il existe une controverse sur la date (1855 ou 1858) et l'origine de Chen Zhangman, son fondateur. Il semble que Wong-Hee-Kam ait établi de manière définitive qu'il s'agissait d'un Cantonnais. Cf. E. Wong-Hee-Kam ; *La diaspora* ... ; p. 151.

[420] Defos du Rau écrit :"Humbles, modestes, vivant de rien, patients, ils arrivent avec une petite pacotille qu'ils écoulent et dont ils reconstituent les stocks par des

Durand, ce sont les *engagés* ayant terminé leur contrat qui auraient fondé les premiers commerces, et "c'est en économisant leur argent d'engagés qu'ils ont pu acheter la première boutique[421]".

Mais tel n'est pas l'avis d'Huguette Ly-Tio-Fane qui croit que les premières boutiques chinoises de La Réunion seraient nées d'une association entre des foukiénois ayant terminé leur contrat d'engagement dans l'île, et des commerçants de Maurice qui auraient fourni capitaux et expérience[422].

Pour E. Wong-Hee-Kam, cette hypothèse n'est pas acceptable car reposant sur des preuves matérielles très fragiles. Aussi se range-t-elle plutôt du côté des auteurs du *Chinese Overseas Committee* pour qui

> "Les premiers immigrés à se livrer au commerce à La Réunion venaient du district de Suntak... Ne disposant que de très peu de capitaux mais d'une capacité innée à s'adapter à toute situation et d'un grand esprit d'aventure, ils décidèrent de faire du colportage dans les zones montagneuses de La Réunion. Menant une vie migrante, ils échangèrent des produits locaux contre des produits de manufacture de consommation courante. Des menus profits qu'ils purent accumuler furent constituées les sommes qui leur permirent d'ouvrir boutique et de cesser leur mode de vie itinérant"[423].

Toutefois pour Wong-Hee-Kam, le terrain d'action des colporteurs chinois ne se serait pas limité aux Hauts de l'île, mais également étendu aux campagnes et camps d'engagés. De plus, à ce premier circuit d'accumulation du capital se serait aussi greffé un second ayant pour initiateurs des engagés qui, après avoir épargné sou par sou une partie de leurs salaires pour former un capital de départ, l'auraient ensuite engagé dans le commerce de produits alimentaires une fois devenus libres[424].

---

envois de Chine. À force d'économies sou par sou, d'astuce, d'habileté... ils parviennent souvent à une petite fortune"; p. 170 -172.

421 D. Durand ; *Les Chinois...* ; op. cit. ; p. 124.

422 Huguette Ly-Tio-Fane déclare : "Les cinq premiers commerçants chinois de La Réunion débarquèrent à Maurice en 1852. Ils déclarèrent qu'ils étaient originaires de "Hokien", c'est-à-dire Fujian en dialecte foukinois... ils étaient venus à Maurice inviter leurs compatriotes à investir à La Réunion ou à mettre au service des Chinois réunionnais l'expérience qu'ils avaient déjà acquise dans l'organisation d'un réseau commercial à travers l'île". Cf. *La Diaspora chinoise dans l'océan Indien Occidental* ; Aix en Provence ; 1981 ; 408 pages ; p. 141.

423 Cité par E. Wong-Hee-Kam ; *La diaspora ...* ; p. 156

424 "Certains de ceux (des engagés chinois) qui restèrent à l'expiration de leur contrat s'intéressèrent à la vente d'aliments et de boissons à proximité des usines... Indiens et Chinois s'installèrent dès le milieu du 19ème siècle à proximité des

Entre les différentes thèses qui viennent d'être résumées, il est impossible de dire laquelle est la bonne[425]. En fait, il est bien possible que toutes soient vraies car il n'y a aucune raison pour que l'accumulation initiale du capital se soit réalisée selon un processus unique. Cependant, à lire l'arrêté du 12 juin 1862 réglementant l'immigration libre à La Réunion, on est tenté de proposer l'idée que les premières boutiques chinoises ont été fondées par d'anciens engagés, qui après avoir séjourné à Maurice seraient ensuite revenus à La Réunion, avec quelques petites économies et de l'expérience, pour y *reproduire le modèle* qu'ils avaient vu fonctionner dans l'île sœur où prévalait le même contexte économique et social. C'est bien ce qui semble ressortir en filigrane des considérants de l'arrêté précité qui déclarent :

> "Considérant que depuis quelques temps de nombreux immigrants, la plupart asiatiques et *anciens engagés de la colonie, reviennent à La Réunion* comme passagers et porteurs de passeports réguliers ; que ces immigrants ne justifient *le plus souvent* d'aucun moyen sérieux d'existence..."[426].

La création d'une boutique ne nécessite pas seulement un capital de départ, mais exige aussi l'établissement de tout un réseau de fournisseurs et de clients liés les uns aux autres par un système de crédit adapté (ici le fameux "carnet").

Par ailleurs, il n'est pas inintéressant de relever que l'éventualité d'une accumulation initiale de capital par le biais de la tontine, n'a été que trop rarement envisagée. Or, il s'agit là d'un procédé aussi ancien que courant en Chine, pour réunir les capitaux de départ nécessaires au démarrage d'une affaire[427].

Le capital commercial reposant sur la vente des marchandises, il faut qu'une demande solvable existe. Qu'en était-il ici ?

---

distilleries et des usines en nombre suffisant pour inquiéter les propriétaires". Cf. E. Wong-Hee-Kam ; *La diaspora ...* ; p. 64-65.

[425] Il est frappant de constater l'absence de preuves matérielles avancées pour valider les diverses thèses. Seule, E. Wong-Hee-Kam présente un procès-verbal datant de 1858. Cf. *La diaspora ...* ; op. cit. ; p. 64-65.

[426] Arrêté du 12 juin 1862.

[427] La tontine fonctionne ainsi. Un groupe de personnes décide de constituer un capital de départ. Chacune verse la même somme et le total est remis à celle qui propose le taux d'intérêt le plus élevé. L'intérêt est payable d'avance. Le capital est remboursé à tour de rôle aux différents prêteurs, le tour de chacun étant déterminé par tirage au sort. On ne peut bénéficier du système de la tontine qu'une seule fois.

b - La demande solvable

La demande solvable qui s'adressait aux boutiquiers chinois émanait des engagés, du sous-prolétariat urbain, et des populations des écarts. S'il est impossible d'évaluer son montant total, il est cependant possible d'en avoir une idée approchée en calculant les revenus monétaires perçus par les salariés occupant un emploi dans l'île : engagés, ouvriers, domestiques, et gardiens. Globalement, la somme des salaires de cette population s'élevait au minimum à 840 000 francs *par mois* en 1860 et dépassait le million de francs en 1866[428]. Certes, une partie était épargnée et une autre dépensée à la boutique des plantations. Mais en installant des petits commerces de détail, il était possible de capter le reste.

c - Stratégies commerciales et modalités de l'accumulation

La réussite des immigrants chinois dans le secteur commercial de Maurice comme de La Réunion tient d'abord au fait qu'une bonne partie d'entre eux était commerçants d'origine. À leur arrivée dans les Mascareignes, ils possédaient déjà la pratique du métier et maîtrisaient le maniement de l'argent. Toutefois, pour parvenir à s'implanter, il leur fallut s'adapter aux contraintes de l'économie locale et mettre en œuvre une stratégie commerciale particulière qui peut être ramenée aux cinq éléments suivants.

- Tout d'abord, il est évident que sans un travail acharné et des vertus d'économie poussées jusqu'à l'extrême aucune accumulation n'aurait été possible. Mais il est non moins évident que cela n'aurait pas suffi à assurer aux Chinois la réussite s'ils n'avaient pas en même temps fait preuve d'une rare adaptabilité au marché, c'est-à-dire à la clientèle à laquelle ils s'adressaient.
- Cette clientèle étant particulièrement misérable, ils ont proposé des articles à très bas prix et ont accepté de vendre, si nécessaire, à l'unité (cigarette, allumette ...).
- Face au manque de monnaie et aux retards fréquents dans le paiement des salaires des engagés, les commerçants chinois ont consenti à leurs clients des crédits à la consommation en mettant en place le système du "carnet". Les clients étaient autorisés à emporter les marchandises et à régler seulement plus tard, la dette

[428] La population salariée, évaluée à 83 925 en 1860, s'est progressivement élevée jusqu'à 102 344 en 1866 pour redescendre aux alentours de 80 000 au début des années 1880. Or, dans les années 1860 le salaire monétaire des engagés était en moyenne de 10 à 12 francs par mois. Il est facile d'en déduire la masse salariale mensuellement distribuée.

étant inscrite sur un carnet. Les commerçants ont également accepté les paiements en "bons de sucre" ou même en nature.

- Leur clientèle potentielle étant disséminée dans les coins les plus reculés de l'île, les commerçants chinois n'ont pas hésité à aller à sa rencontre et à lui porter les marchandises jusque dans les Hauts et les cirques. Pour y parvenir, les boutiques se sont donc appuyées sur un réseau de colporteurs pour diffuser leurs articles.
- Un tel réseau ne peut bien fonctionner que s'il repose sur la confiance. Les colporteurs prenaient en effet les marchandises à la boutique sans les payer et, après les avoir vendues, devaient rapporter leurs recettes. Pour constituer un tel appareil de diffusion, le plus sûr moyen était de s'appuyer sur les liens familiaux et les affinités villageoises. Les premiers boutiquiers chinois de La Réunion ont donc fait venir parents, amis et connaissances, à qui ils ont payé le voyage depuis la Chine. Le contrôle sur les nouveaux venus était ensuite facile à maintenir grâce à certains liens de solidarité, mais aussi parce qu'au début, les arrivants ne parlaient pas la langue du pays et étaient endettés à cause des frais du voyage[429].

De manière synthétique, on peut dire que le développement de l'impérialisme en Asie constitua la cause déterminante qui chassa bon nombre de Chinois et d'Indo-musulmans de leur pays. Beaucoup de ceux qui se rendirent dans le sud-ouest de l'océan Indien passèrent par Maurice qui joua un rôle de plaque tournante de l'immigration. Ceux qui choisirent de s'établir à La Réunion y furent attirés par l'extension rapide de l'économie marchande liée à l'abolition de l'esclavage et au développement du salariat contraint. L'accumulation du capital repose sur des méthodes commerciales adaptées au profil de la demande.

---

[429] Cf. témoignage recueilli par D. Durand in *Les Chinois* ; op. cit. ; p. 124-126.

CONCLUSION D'ÉTAPE 2

1 - Concurrence, prix et crise. La crise des années 1865-1881 s'analyse fondamentalement comme une crise résultant d'une lutte économique mettant en présence de *modestes unités de production*, qui toutes voulaient occuper la plus grande place possible sur le marché. Dans ce contexte, chaque sucrier (de betterave ou de canne) chercha à développer ses techniques de production afin de réduire ses coûts et ses prix : la baisse des prix constitua l'arme essentielle de la compétition. Au niveau global, la conséquence fut un marché inondé par une offre de plus en plus importante. Le cours du sucre, qui tendait déjà à baisser du fait de l'augmentation de la productivité du travail, se trouva d'autant plus déprimé par cette surproduction. Il s'ensuivit une baisse des profits sucriers et du taux sectoriel de profit. Les unités de production les plus fragiles furent éliminées.

Cette crise n'est pas, à proprement parler, une crise classique du capitalisme concurrentiel dans la mesure où la lutte économique n'opposait pas des entreprises de petite taille et de compétitivité similaire, mais bien des Habitations sucrières coloniales excentrées et lourdement handicapées (par l'éloignement, le manque de terres et de capitaux...) à des entreprises métropolitaines bénéficiant d'avantages décisifs en matière d'implantation géographique, de compétences et de moyens techniques et financiers... Pot de terre contre pot de fer !

2 - Les facteurs aggravants. À La Réunion, la crise fut aggravée par trois circonstances dont la première était le fait que l'économie y fonctionnait sur la base du salariat contraint. Ce régime de travail présente beaucoup d'avantages pour l'employeur tant que l'économie est en bonne santé. Dotant l'engagiste d'un grand pouvoir sur le salarié, il permet en effet de pousser l'exploitation économique très loin. Cependant, quand une crise profonde et durable survient, le salariat contraint met l'entreprise en danger car l'employeur ne peut *en principe* ni réduire les salaires ni se débarrasser du salarié. Il se trouve alors pris en tenaille entre des recettes qui diminuent et des coûts salariaux que la loi et les contrats lui interdisent de comprimer. Les profits sont écrasés puis les pertes s'accumulent. C'est la forme particulière prise par les rapports de production à La Réunion qui, en partie, explique l'impossibilité pour les planteurs d'adapter leurs exploitations à la situation créée par la dépression, d'où les dégâts considérables causés par celle-ci.

Le second facteur d'aggravation de la crise fut l'endettement des sucriers et planteurs qui avaient beaucoup emprunté afin, justement, de moderniser leurs entreprises pour lutter contre les betteraviers. La baisse des prix du sucre les mit dans l'impossibilité de faire face aux annuités de remboursement qui, elles aussi, constituaient des coûts rigides.

Dans les années 1870, des difficultés monétaires et cambiaires vinrent s'ajouter à la crise sucrière. Leurs retombées ne furent pas purement négatives. Si la masse du peuple eut effectivement à souffrir de l'inflation importée, commerçants et surtout exportateurs purent réaliser des gains grâce aux primes de change. En supprimant celles-ci, la "normalisation" monétaire de 1879 porta un coup à la bourgeoisie locale et c'est précisément ce qui explique le combat acharné qu'elle mena contre le pouvoir central, ne pouvant admettre que

> "l'Administration supérieure, en usant avec un arbitraire sans précédent, portât la main sur les affaires de change et foulât aux pieds le principe de la liberté commerciale" [430].

De manière synthétique, on peut donc énoncer que la crise de 1865-1881 à La Réunion fut fondamentalement une crise qui a frappé une économie en transition vers le capitalisme, aggravée par une crise d'endettement et une crise monétaire. La quasi-impossibilité d'adapter les exploitations aux circonstances provient du fait qu'elles fonctionnaient sur la base du salariat contraint.

3 - Crise et transformations économiques. Par ses conséquences, la crise entraîna une quadruple transformation de la structure économique de l'île. Elle provoqua en premier lieu, et de manière classique, une accélération brutale de la concentration des terres et des usines au profit d'un nombre limité de propriétaires. Elle fit ensuite passer une grande partie de l'économie sucrière sous la coupe du C. F. C., c'est-à-dire du capital financier *métropolitain*, alors que ce secteur se trouvait jusque-là entre les mains des planteurs et sucriers locaux.

---

[430] *Revue Commerciale de l'Ile de La Réunion* ; 18 août 1879.

Il s'ensuivit une restructuration de l'organisation technico-économique qui transforma les anciennes Habitations en *Établissements* gérés selon des méthodes typiquement capitalistes importés de métropole.

Enfin, la crise condamnait à mort l'industrialisation autocentrée sur laquelle la croissance reposait jusque-là. La particularité de ce régime d'accumulation résidait dans le fait que les profits destinés au réinvestissent étaient consacrés à développer une industrie sucrière utilisant pour l'essentiel des moyens de production fabriqués *localement* et visant à maintenir en activité des petites et moyennes exploitations. Le recours aux importations de machines était limité.

Pour surmonter la crise, il fallait passer à un autre mode d'industrialisation en remplaçant les appareils Wetzell par des machines beaucoup plus puissantes venant de métropole. De ce fait, La Réunion devenait dépendante de l'extérieur pour une partie majeure de ses investissements fixes.

4 - La crise des rapports sociaux de production. Au plan social, la crise provoqua une élévation brutale du degré d'exploitation des ouvriers agricoles par augmentation de la quantité de travail et baisse des salaires réels. La loi qui interdisait au planteur de diminuer les rations alimentaires et l'obligeait à verser l'intégralité des salaires en monnaie ne fut pas respectée dans beaucoup de cas. L'avilissement des conditions de vie et de travail fut à l'origine d'une crise sociale dont les aspects ressortent à la lecture du rapport Goldsmith-Miot. C'est cette crise qui amena l'Angleterre à dénoncer en 1882 l'accord sur le recrutement de la main-d'œuvre indienne de 1861.

5 - Salariat et extension limitée de l'économie marchande. De manière générale, le salariat favorise l'extension de l'économie marchande parce que l'ouvrier perçoit un salaire en monnaie qu'il dépense en logement, nourriture, vêtements... pour subvenir à ses besoins et à ceux de sa famille. Le salaire se trouve ainsi à l'origine d'une demande de marchandises que les entreprises sont amenées à satisfaire. Pour y parvenir, elles devront acheter des matières premières, machines, outils .... C'est de cette manière que le marché intérieur se développe et que l'économie marchande gagne de proche en proche en faisant reculer l'économie de subsistance orientée vers la satisfaction des besoins du producteur et des siens.

À La Réunion, le salariat en vigueur n'était pas un salariat libre, mais un salariat contraint avec rotation de main-d'œuvre. De ce fait, ses effets furent quelque peu différents. En effet, l'engagé recevait une fraction de son salaire directement en nature (riz, poisson salé, vêtements...), et comme la plupart de ces articles n'étaient pas achetés aux producteurs locaux mais importés, il ne pouvait pas y avoir d'extension du marché intérieur par le biais de cette demande.

Quant à la fraction du salaire payée en monnaie, elle était en partie épargnée en vue de constituer un pécule, et en partie dépensée à la boutique du domaine. Or, la plupart des articles qui y étaient offerts étaient des produits d'importation. Finalement, la demande de marchandises locales générée par le salaire en monnaie ne pouvait être que résiduelle.

Au total, le salariat contraint favorisait peu l'extension de l'économie marchande. C'est ce qui explique à la fois le caractère rachitique du secteur commercial créé par les petits colporteurs et boutiquiers chinois, et son développement à pas de tortue. C'est aussi ce qui explique que les profits sucriers ne s'investissaient pas ailleurs que dans le secteur sucrier. Le salariat contraint, tel qu'il fut organisé à La Réunion, rendait impossible toute diversification de la production locale car il ne créait pas sur le marché local une demande solvable suffisamment volumineuse et variée.

CONCLUSION GÉNÉRALE

1 - Un contexte général nouveau. À partir du milieu du 19ème siècle, le cadre économique général dans lequel La Réunion se mouvait jusque-là est transformé dans trois domaines essentiels :

- celui des rapports sociaux de production : l'esclavage est aboli et une nouvelle organisation sociale du travail est créée pour le remplacer ;
- celui du marché : le sucre de canne doit affronter la concurrence grandissante du sucre de betterave ;
- celui des échanges extérieurs : le Pacte Colonial étant supprimé et la métropole ne garantissant plus l'écoulement de la production locale sur le marché national, les sucriers réunionnais sont conduits à rechercher de nouveaux débouchés.

Par ailleurs, en Europe, le passage du capitalisme du stade concurrentiel au stade monopoliste, en suscitant l'extension de la domination impérialiste notamment en Asie, allait contribuer à détériorer la situation déjà misérable des paysanneries indienne et chinoise. Beaucoup choisiront d'émigrer.

La Réunion allait subir les conséquences de tous ces événements extérieurs et devoir s'adapter aux nouvelles données.

2 - Une époque à part entière. Les années 1849 à 1881 forment une époque distincte dans l'histoire économique de La Réunion. Ce qui fait sa spécificité c'est que l'économie de l'île présente trois caractères particuliers. Pour ce qui concerne les rapports de production, c'est la période où l'engagisme régit toute l'organisation sociale des exploitations tournées vers la production des denrées d'exportation. L'industrialisation est, elle aussi, tout à fait particulière : autocentrée et utilisant des techniques purement locales, elle permet le maintien d'une structure productive "atomistique". Enfin, jusqu'en 1879, le régime monétaire de La Réunion est unique dans tout l'empire français : la masse monétaire en circulation dans l'île est une imbrication de plus de trente monnaies légales provenant de tous les coins du monde. La crise sucrière, la dénonciation de l'accord sur l'immigration indienne et la normalisation monétaire changeront toutes ces données.

Si les années 1849 - 1881 forment bien une époque économique à part entière, en combinant forme des rapports sociaux de production et rythme de l'activité économique, il est possible de découper ce temps historique en deux grands moments que le tableau ci-après présente de manière synthétique.

Périodes	Rapports sociaux de production	Conjoncture
1849-1859	- Salariat obligatoire des affranchis jusqu'en 1851. - Difficultés de recrutement et développement heurté du salariat contraint. - Codification juridique du salariat contraint. - Résurgences esclavagistes.	Dépression liée à l'Abolition (1849-1851). - Forte croissance à partir du milieu des années 1850, liée aux hauts cours du sucre. - Mais croissance excluante au profit d'une infime minorité
1860-1881	Reproduction assurée du salariat contraint.	- Fin du Pacte Colonial - Accidents de croissance à partir de 1863 ; et crise structurelle à partir de 1865.

3 - Le rôle de l'État. L'État joua un rôle décisif dans la transition de l'économie esclavagiste vers l'économie capitaliste. C'est lui qui organisa le salariat obligatoire des affranchis et l'introduction à La Réunion des immigrants contractuels, créa le cadre juridique des nouveaux rapports sociaux de production ainsi que la Banque Centrale chargée d'alimenter en monnaie le nouveau circuit économique. En revanche, la tentative d'organiser des conditions générales du développement de l'île par l'application d'un plan de mise en valeur des Hauts aboutit à un échec qui s'explique par les conditions naturelles des régions à coloniser ainsi que par le manque de capitaux des concessionnaires de terres.

L'État joua également un rôle capital dans l'introduction à La Réunion du capital financier métropolitain : c'est par son intermédiaire et avec son appui que le C. F. C. s'implanta dans l'île. Le rôle initial de cette banque était d'y importer des capitaux métropolitains en mal de profit et d'assurer leur mise en valeur. Mais, suite à la crise sucrière, ces capitaux débordèrent de la sphère bancaire pour investir celle de la production agricole et industrielle. Cette évolution, même si elle ne résulta pas d'une stratégie réfléchie à l'avance, reste cependant typique de l'impérialisme économique de la fin du 19ème siècle. Elle eut pour conséquence de faire passer un pan entier de l'économie sucrière de l'île sous le contrôle du capital financier métropolitain.

4 - La production du sucre à La Réunion et ses conséquences sociales. La création et le développement de la filière canne-sucre a déclenché à La Réunion une réaction en chaîne qui a été maintes fois mise en évidence.

a - La richesse de la canne (pourcentage de sucre par rapport au poids de canne) diminue très rapidement après la coupe de la tige. Par conséquent, une fois récoltée, la canne doit être traitée aussi vite que possible. La production du sucre implique donc obligatoirement l'installation de sucreries dans l'île même, c'est-à-dire l'*industrialisation*. Au début, celle-ci s'effectue à partir de techniques mises au point localement.

b - D'un autre côté, la production du sucre réclame beaucoup de bras mais La Réunion ne possède pas de réservoir local de main d'œuvre. Les sucriers ont donc recours à une importation massive d'esclaves puis, après l'Abolition, d'engagés venant surtout d'Inde et d'Afrique. Cette importation de travailleurs étrangers, alors même qu'une masse de Blancs paupérisés était inoccupée et que l'Abolition venait de libérer plus de 60 000 esclaves, se trouve à l'origine du brusque gonflement des effectifs de l'excédent relatif de population. Elle est aussi à l'origine d'un considérable bouleversement de la composition ethnique de l'île. Jusqu'à l'Abolition, la population locale comprenait en effet une minorité d'Européens, face à un grand nombre d'Africains et de Malgaches amenés en esclavage. À partir de 1848, le recours privilégié puis systématique à l'Inde comme source de main-d'œuvre eut pour effet de faire du groupe des Tamouls, le groupe le plus important d'engagés. À La Réunion, comme dans les autres îles à sucre, la poly-ethnie est la règle.

c - La concurrence pousse les sucriers à réduire leurs coûts de production et pour cela à s'équiper d'installations de plus en plus modernes. Pour amortir les capitaux investis et réduire les coûts fixes, il leur faut broyer toujours davantage de canne. Deux conséquences s'ensuivent.

D'une part, toutes les autres cultures sont progressivement abandonnées et l'économie s'achemine vers la monoculture de la canne et la monoproduction du sucre destiné à l'exportation, surtout vers la métropole. En 1846, la canne n'occupe encore que 25 300 ha tandis que les cultures vivrières s'étendent sur 37 800 ha. Après l'Abolition, la situation est totalement inversée : d'après les statistiques du ministère des colonies, les terres consacrées aux cultures vivrières et à la canne représentent respectivement 20 600 et 47 000 ha. La préférence donnée à la canne, le recul considérable des productions vivrières et l'importation massive de main-d'œuvre étrangère créent alors une situation entièrement nouvelle. La Réunion, jadis "grenier des Mascareignes" et exportatrice de vivres se retrouve dépendante de l'extérieur pour sa nourriture. Cette dépendance est encore accrue par la transformation des rapports sociaux de production et le recours à la main-d'œuvre indienne. En effet, alors que les maîtres pouvaient alimenter leurs esclaves avec les produits qu'ils voulaient (principalement du maïs), les engagés indiens, en tant que salariés dotés d'un certain pouvoir de négociation, ont exigé et obtenu d'avoir le riz comme aliment de base. De ce fait, La Réunion s'est trouvée placée en situation de dépendance à l'égard des grands producteurs de riz (Inde, Madagascar et Vietnam)[431]. En définitive, La Réunion ne produit pratiquement plus rien d'autre que du sucre et doit importer presque tout ce qu'elle consomme. Elle devient donc doublement dépendante de l'extérieur, ce qui constitue l'une des caractéristiques majeures du sous-développement.

D'autre part, les propriétaires de sucreries cherchent à contrôler l'approvisionnement en cannes. Le moyen le plus sûr est d'acheter des terres. Or, après l'affranchissement des esclaves, la plupart des petits propriétaires ont dû mettre en vente leurs exploitations car ils n'ont plus de main-d'œuvre pour cultiver le sol. On a donc assisté simultanément à une accélération de la concentration de la propriété foncière entre les mains d'une minorité, et à un accroissement brutal du nombre de Blancs paupérisés et dépossédés. Dans les autres îles à sucre, où les mêmes évolutions ont pu être constatées, la plupart de ceux-ci émigrent. À La Réunion, île montagneuse et au relief très tourmenté, cette émigration a été freinée parce qu'il restait encore beaucoup de terres inexploitées et inhabitées dans les Hauts. Les Blancs paupérisés ont donc pu monter à l'assaut des cirques et des écarts où ils ont peu à peu développé une économie de subsistance en marge de la zone sucrière. Ils y ont été rejoints par une partie des affranchis surtout à partir de 1851, après la période du travail obligatoire.

---

[431] La colonisation du Vietnam méridional (Cochinchine), commencée en 1858 s'achève en 1867. Elle ouvrait à La Réunion un nouveau grenier à riz ce dont la Chambre de Commerce se réjouissait vivement (cf. *Revue Commerciale de La Réunion* ; 19 août 1867). En 1863, les capacités d'exportation de riz étaient nulles. En 1867, elles étaient de 200 000 tonnes et en 1877 de 300 000 tonnes. Cf. Thomazi ; *La conquête de l'Indochine* ; 1934 ; 288 pages ; p. 102.

5 - Le sort des engagés. L'observation des faits montre que les engagés ne connurent pas un meilleur sort matériel que les esclaves. Cela tient tout d'abord au fait que ce sont les données naturelles (climat, nature des sols...), les techniques et le degré de perfectionnement des instruments de production qui conditionnent, (sans les déterminer mécaniquement), les caractères généraux et les modalités du travail humain. Or, après l'Abolition et jusqu'en 1881, la culture de la canne continua à se faire exactement comme avant 1848, c'est-à-dire avec des instruments aratoires rudimentaires et en utilisant essentiellement l'énergie humaine. Et dans les sucreries, si la diffusion des techniques élaborées par Wetzell permit d'économiser de la main-d'œuvre, d'augmenter la qualité du sucre et les rendements industriels, elle n'eut pas pour effet de réduire la pénibilité du travail. En d'autres termes, au cours de la période étudiée il n'y eut pas, ou seulement très peu, de développement des forces productives, et c'est la première raison pour laquelle le sort des engagés ne pouvait pas être meilleur que celui des esclaves.

Une seconde circonstance, d'ordre historique, joua dans le même sens. Avant l'abolition, les esclaves étaient groupés en *bandes* pour travailler sous l'autorité de "commandeurs" et c'était là une forme d'organisation du travail rodée depuis le début du 18ème siècle. Il s'agit là d'un véritable *modèle technico-social* (au même titre que l'organisation fordiste du travail par exemple) qui avait fait la preuve de son efficacité, et c'est la raison pour laquelle les engagistes continuèrent à l'utiliser après 1848, en se contentant simplement de remplacer les esclaves par des engagés. C'est ce qui explique la similitude de leurs conditions de travail.

La logique du profit et les contraintes de la concurrence capitaliste constituent la troisième cause du sort misérable des engagés. Pour tenir sa place sur le marché et maximiser ses gains, l'employeur est conduit à pousser l'exploitation économique aussi loin que possible. D'où sa tendance à exiger de l'ouvrier l'effort productif maximum pour le salaire le plus faible possible.

En quatrième lieu, le rapport de force entre les classes était totalement déséquilibré. Le contenu du contrat d'engagement et la législation du travail, plaçant l'engagé sous la domination totale de l'employeur, privent le premier de tout véritable moyen de défense en même temps qu'ils donnent au second les moyens de réprimer les contestataires. À cela s'ajoutent la diversité des origines des engagés, des cultures, des langues, des religions ainsi que le système de rotation de main-d'œuvre. Le tout rend extrêmement difficile l'organisation des luttes revendicatives.

Certes, au-desus de cette organisation de base, se trouvait un appareil institutionnel dont le rôle essentiel était d'en garantir le bon fonctionnement, ce qui impliquait notamment de protéger les engagés contre les abus des engagistes. Mais la neutralité de l'État est un leurre et il suffit pour s'en convaincre de connaître le mode de désignation des membres du Conseil Colonial et l'influence que la Chambre d'Agriculture et la Chambre de Commerce pouvaient exercer sur les décisions économiques.

Ainsi, bien au-delà des causes psycho-sociologiques ("mentalité" des anciens maîtres) c'est la conjonction d'un ensemble de facteurs objectifs (d'ordre politique, économique et historique), qui ont créé une situation économique et sociale dans laquelle le sort de l'engagé ne pouvait guère être meilleur que celui de l'esclave. Le problème de la nature économique de l'engagisme mérite donc d'être posé une nouvelle fois : ce rapport social de production est-il un "esclavage déguisé" ou bien un salariat ?

6 - Nature économique de l'engagisme et du mode de production.
Il a été démontré, nous semble-t-il, que l'engagisme n'est pas un esclavage[432]. Pour autant, est-ce simplement une variante d'un rapport salarial classique ?

La réponse est incontestablement oui si l'on se réfère uniquement à sa structure *juridico-politique*, telle qu'elle fut organisée par la législation officielle et les textes des contrats de travail.

Mais l'analyse des relations entre engagistes et engagés, telles qu'elles furent effectivement appliquées et vécues sur le terrain par les travailleurs, montre que les conditions matérielles de vie et de travail étaient similaires pour les esclaves et les engagés, même si ces derniers étaient mieux nourris (vêtements, logements identiques, répression systématique en cas de velléité revendicative, utilisation de commandeurs et de prisons dans les plantations pour maintenir l'ordre, pas de vraie protection de la part de l'agent consulaire britannique...). Il est donc parfaitement vrai qu'on a affaire à des rapports *esclavagistes* quand on examine la structure *économique* de l'organisation sociale de la production. Mais faut-il, comme on l'a toujours fait jusqu'ici, prendre en compte ce seul élément ? Dans ce cas, on n'aurait qu'une vision unilatérale de la réalité. L'impartialité commande au contraire d'examiner celle-ci sous *tous* ses aspects, économiques, sociaux, et juridico-politiques.

Énoncée de manière abstraite, la conclusion pourrait finalement être la suivante. Dans les plantations de La Réunion, il existait un déphasage entre la sphère économique (où les rapports de production sont de nature esclavagiste) et la sphère juridico-politique (où ces mêmes rapports sont codifiés comme une forme de salariat). C'est

---

[432] Cf. tableau 1 ; p. 42.

pour tenir compte de ce déphasage que le concept de *salariat contraint* a été proposé pour caractériser les rapports de production structurant l'engagisme. Il signifie qu'envisagé sous l'angle *juridique*, l'engagisme est un *salariat* ; en le caractérisant en même temps comme *contraint* on veut dire que le travailleur ne peut, à volonté, mettre un terme à son contrat et qu'il subit une oppression générale et directe quand il est impliqué dans la sphère *économique*.

L'existence de cette non-correspondance entre les structures économique et juridico-politique signifie en dernière analyse que l'engagisme n'est *pas une variété de salariat* au sens où ce concept est ordinairement compris. Il s'agit en réalité d'un rapport social de production qui a été créé pour assurer le passage du mode de production esclavagiste (dont la superstructure juridico-politique - Code Noir - a été abattue en 1848, mais non les formes d'organisation matérielle de la production), vers le mode de production capitaliste, pour lequel de nouvelles structures juridico-politiques ont été instituées, mais qui, pour fonctionner au quotidien, continue d'emprunter au mode de production esclavagiste son organisation technico-économique.

Si cette interprétation générale est valide, il s'ensuit alors que le système économique mis en place à La Réunion au cours de la période 1848-1881 est un système en *transition* vers le mode de production capitalisme. Il en est ainsi parce qu'il repose fondamentalement sur l'engagisme qui s'analyse comme un rapport social de production *de transition* entre l'esclavage et le salariat.

7 - Nature de la concurrence sur le marché sucrier. Avant 1848, l'économie de La Réunion était une économie de plantation à mode de production esclavagiste articulée à la métropole où prédominait le mode de production capitaliste. Du point de vue pratique, cela se traduisait par le fait que le sucre de canne, produit dans des conditions sociales esclavagistes, bénéficiait d'un avantage de coût sur le sucre de betterave métropolitain. Après l'Abolition, pour tenter de garder un avantage dans la compétition contre les betteraviers, les sucriers de La Réunion recoururent massivement au salariat contraint afin de contenir la hausse des salaires. C'est l'aiguisement de la concurrence capitaliste sur le marché du sucre qui, à côté d'autres facteurs, explique la *forme* particulière prise par les rapports sociaux de production dominants à La Réunion. À partir de 1849, la concurrence qui opposa les sucriers de l'île à leurs homologues de métropole devint une confrontation entre un capitalisme en voie de constitution à La Réunion, et un capitalisme industriel et bancaire déjà en marche vers le monopolisme en France.

8 - Une transition bloquée. Le sucre peut être fabriqué à partir de la canne ou de la betterave, donc aussi bien dans les pays tropicaux que dans les pays tempérés (France, Allemagne, Russie etc.). Jusqu'au milieu du 19ème siècle, la production du sucre à partir de la betterave n'est pas rentable. Cependant les progrès techniques réalisés grâce à la Révolution Industrielle vont permettre dans la seconde moitié du 19ème siècle de rendre cette production compétitive. À partir de ce moment, la concurrence va mettre en présence des producteurs totalement inégaux et le sucre de betterave supplante progressivement le sucre de canne. La surproduction provoque l'effondrement des cours.

La crise qui s'ensuit à La Réunion finit par bloquer la transition de son économie vers le capitalisme. Cette transition avait débuté en 1828 avec la formation, à l'intérieur du mode de production esclavagiste, d'un nouveau système économique reposant d'une part sur un socle social, avec l'engagisme comme rapport social de production, et d'autre part un socle technologique avec l'industrialisation autocentrée mise au point par Wetzell et Gimart.

En provoquant la crise de l'engagisme et l'abandon progressif des machines Wetzell, la dépression amorcée à partir du milieu des années 1860 détruisait les deux socles du capitalisme en voie de formation à La Réunion. À partir du début des années 1880, une nouvelle mutation économique s'amorce alors qui va intéresser à la fois l'industrie sucrière et la culture de la canne. La première se concentre et fait appel à des techniques de plus en plus capitalistiques. La seconde doit aussi se réorganiser après la dénonciation par l'Angleterre de la convention sur l'immigration indienne. Les propriétaires fonciers vont essayer par tous les moyens de retenir leurs engagés en leur proposant des terres en location. En favorisant l'établissement définitif dans l'île d'une population qui auparavant retournait dans son pays à la fin de la période d'engagement, cette politique de main-d'œuvre jetait les bases d'une nouvelle dynamique démographique tout en développant de nouveaux rapports de production dans l'agriculture.

ANNEXE 1

Les conditions économiques de conclusion d'un contrat d'engagement

1 - Le calcul de l'engagiste

Si on appelle :

- n : la durée du contrat ;
- K_0 : le capital à avancer pour disposer de la force de travail (non compris les frais de rapatriement) ;
- P : le profit annuel ;
- V : la recette annuelle résultant de la vente du sucre ;
- W : le salaire (en nature et en monnaie) annuel de l'engagé ;
- t : le taux d'actualisation.

En supposant, pour simplifier, que l'amortissement du capital fixe de l'exploitation sucrière soit nul et que le planteur n'ait rien à débourser pour les consommations intermédiaires, la somme (S) des profits ($P_i = V_i - W_i$) réalisés au cours de la période d'engagement est donnée par l'expression :

$$S = \frac{V_1 - W_1}{(1 + t)} + \frac{V_2 - W_2}{(1 + t)^2} + \ldots\ldots + \frac{V_n - W_n}{(1 + t)^n}$$

$$S = \frac{P_1}{(1 + t)} + \frac{P_2}{(1 + t)^2} + \ldots\ldots + \frac{P_n}{(1 + t)^n}$$

La valeur de S dépend, entre autres choses, du nombre d'années. Toutes choses égales par ailleurs, l'opération n'est rentable pour le planteur que si le nombre d'années (n) est tel que

$$S \geq K_0.$$

2 - Le calcul de l'engagé

Si on appelle :

- m : le nombre d'années que l'engagé accepterait de travailler à La Réunion ;
- T : le coût d'acquisition d'une terre dans le pays d'origine. On suppose pour simplifier qu'il ne varie pas pendant le durée du contrat d'engagement ;
- E : la somme économisée chaque année ;
- t' : le taux d'actualisation.

En faisant le même raisonnement que précédemment, le candidat à l'émigration n'acceptera de s'engager que si

$$T \leq \frac{E_1}{(1 + t')} + \frac{E_2}{(1 + t')^2} + \ldots\ldots + \frac{E_m}{(1 + t')^m}$$

En se donnant toutes les valeurs autres que (n) et (m), il est possible de calculer celles-ci. Finalement, le contrat d'engagement ne pourra être conclu que si

$$m \geq n$$

ANNEXE 2

Convention franco-britannique du 1er juillet 1861 sur l'émigration indienne vers les colonies françaises

Art. 1er. Le Gouvernement français pourra recruter et engager pour les colonies françaises des travailleurs sur les territoires indiens appartenant à la Grande Bretagne et embarquer les émigrants sujets de S.M. Britannique, soit dans les ports britanniques, soit dans les ports français de l'Inde, aux conditions ci-après stipulées.

Art. 2 - Le Gouvernement français confiera, dans chaque centre de recrutement, la direction des opérations à un agent de son choix. Ces agents devront être agréés par le Gouvernement britannique. Cet agrément est assimilé, quant au droit de l'accorder et de le retirer, à l'exequatur donné aux agents consulaires.

Art. 3 - Ce recrutement sera effectué conformément aux règlements existants, ou qui pourraient être établis, pour le recrutement des travailleurs à destination des colonies britanniques.

Art. 4 - L'agent français jouira, relativement aux opérations de recrutement qui lui seront confiées, pour lui comme pour les personnes qu'il emploiera, de toutes les facilités et avantages accordés aux gens de recrutement pour les colonies britanniques.

Art. 5 - Le Gouvernement de S.M Britannique désignera, dans les ports britanniques où aura lieu l'embarquement des émigrants, un agent qui sera spécialement chargé de leurs intérêts. Le même soin sera confié dans les ports français à l'agent consulaire britannique à l'égard des Indiens sujets de S.M. Britannique. Sous le terme "agents consulaires" seront compris les consuls, vice-consuls, et tous autres officiers consulaires commissionnés.

Art. 6 - Aucun émigrant ne pourra être embarqué sans que les agents désignés dans l'article précédent aient été mis à même de s'assurer : ou que l'émigrant n'est pas sujet britannique ; ou, s'il est sujet britannique, qu'il s'est librement engagé, qu'il a eu connaissance parfaite du contrat qu'il a passé, du lieu de sa destination, de la durée probable de son voyage et des divers avantages attachés à son engagement.

Art. 7 - Les contrats de service devront, sauf l'exception prévue au paragraphe 4 de l'article 9 et au paragraphe 2 de l'article 10, être passés dans l'Inde, et contenir pour l'émigrant l'obligation de servir, soit une personne nommément désignée, soit toute personne à laquelle il sera confié par l'autorité, à son arrivée à la colonie.

Art. 8 - Les contrats devront en outre stipuler :
1° la durée de l'engagement, à l'expiration duquel le rapatriement reste à la charge de l'administration française, et les conditions auxquelles l'émigrant pourra renoncer à son droit de rapatriement gratuit ;
2° Le nombre des jours et des heures de travail ;
3° Les gages et les rations, ainsi que les salaires pour tout travail extraordinaire et tous les avantages promis à l'émigrant ;
4° L'assistance médicale gratuite pour l'émigrant excepté pour le cas où, dans l'opinion de l'agent de l'administration, sa maladie serait le résultat de son inconduite.

Tout contrat d'engagement portera copie textuelle des articles 9, 10, et 21 de la présente convention.

Art. 9 - 1° La durée de l'engagement d'un immigrant ne pourra être de plus de cinq années. Toutefois, en cas d'interruption volontaire de travail, régulièrement constatée, l'immigrant devra un nombre de jours égal à celui de l'interruption.
2° A l'expiration de ce terme, tout Indien qui aura atteint l'âge de dix ans au moment de son départ de l'Inde, aura droit à son rapatriement aux frais de l'administration française.
3° S'il justifie d'une conduite régulière et de moyens d'existence, il pourra être admis à résider dans la colonie sans engagement ; mais il perdra, dès ce moment, tout droit de rapatriement gratuit.
4° S'il consent à contracter un nouvel engagement, il aura droit à une prime et conservera le droit au rapatriement à l'expiration de ce second engagement.

Le droit de l'immigrant au rapatriement s'étend à sa femme et à ses enfants ayant quitté l'Inde âgés de moins de dix ans et à ceux qui sont nés dans la colonie.

Art. 10 - L'immigrant ne pourra être tenu de travailler plus de six jours sur sept, ni plus de neuf heures et demie par jour. Les conditions de travail à la tâche et tout autre mode de règlement de travail devront être librement débattus avec l'engagé. N'est pas considéré comme travail l'obligation de pourvoir les jours fériés aux soins que nécessitent les animaux et aux besoins de la vie habituelle.

Art. 11 - Dans les ports britanniques, les dispositions qui précèdent le départ des émigrants seront conformes à celles prescrites par le règlement pour les colonies anglaises. Dans les ports français, l'agent d'émigration ou ses délégués remettront aux agents consulaires anglais, au départ de tout navire d'émigrants, la liste nominative des émigrants sujets de S.M. Britannique, avec les indications signalétiques, et leur communiqueront les contrats dont ils pourront demander copie ; dans ce cas, il ne leur sera donné qu'une seule copie pour tous les contrats identiques.

Art. 12 - Dans les ports d'embarquement, les émigrants sujets de S.M. Britannique seront libres de sortir en se conformant aux règlements de police relatifs à ces établissements, des dépôts ou de tout endroit où ils seraient logés, pour communiquer avec les agents britanniques, lesquels pourront, de leur côté, visiter, à toute heure convenable, les lieux où se trouveraient réunis ou logés les émigrants sujets de S.M Britannique.

Art. 13 - Le départ des émigrants de l'Inde pour les colonies à l'est du Cap de Bonne Espérance pourra avoir lieu à toutes les époques de l'année.

Pour les autres, colonies, les départs ne pourront s'effectuer que du 1er août au 15 mars. Cette disposition n'est valable qu'aux bâtiments à voile ; les départs pourront avoir lieu toute l'année par des bâtiments munis d'un moteur à vapeur.

Tout émigrant partant de l'Inde pour les Antilles entre le 1er mars et le 15 septembre recevra au moins une couverture de laine double (en sus de vêtements qui lui sont ordinairement attribués) et pourra s'en servir aussi longtemps que le navire sera en dehors des tropiques.

Art. 14 - Tout navire transportant des émigrants devra avoir à son bord un chirurgien européen et un interprète.

Les capitaines des navires portant des émigrants seront tenus de se charger de toute dépêche qui leur serait remise par l'agent britannique au port d'embarquement pour l'agent consulaire britannique au port de débarquement, et de la remettre immédiatement après leur arrivée à l'administration coloniale.

Art, 15 - Dans tout navire affecté au transport des émigrants sujets de S.M Britannique, les émigrants occuperont, soit dans les entreponts, soit dans des cabines construites sur le pont supérieur, solidement établies et parfaitement couvertes, un espace qui sera attribué à leur usage exclusif. Ces cabines et entreponts devront avoir partout une hauteur qui ne sera pas moindre, en mesure française, de un mètre soixante cinq centimètres (1 m 65 cm), en mesures anglaises, de cinq pieds et demi (5 pieds 1/2).

Chacun des logements ne pourra recevoir plus d'un émigrant adulte par espace cubique de deux mètres (2 m), soit en mesures anglaises soixante douze pieds (72 pieds), dans la présidence du Bengale et à Chandernagor, et de un mètre sept cents millimètres, soit, en mesure anglaise soixante pieds, dans les autres ports français et dans les présidences de Bombay et de Madras.

Un émigrant de plus de dix ans comptera pour un émigrant adulte, et deux enfants de un à dix ans compteront pour un émigrant adulte.

Un local devant servir d'hôpital sera installé sur tout navire destiné à transporter des émigrants.

Les femmes et les enfants devront occuper des postes distincts et séparés de ceux des hommes.

Art. 16 - Chaque contingent devra comprendre un nombre de femmes égal au moins au quart de celui des hommes. À l'expiration de 3 ans, la proportion numérique des femmes sera portée à un tiers ; deux ans plus tard, à la moitié, et, deux ans après, la proportion sera fixée telle qu'elle existera pour les colonies britanniques.

Art. 17 - Les agents britanniques à l'embarquement auront, à tout moment convenable, le droit d'accès dans toutes les parties du navire attribuées aux émigrants.

Art. 18 - Les Gouverneurs des établissements français dans l'Inde rendront les règlements d'administration nécessaires pour assurer l'entière exécution des clauses ci-dessus stipulées.

Art. 19 - A l'arrivée dans la colonie d'un navire d'émigrants, l'administration fera remettre à l'agent consulaire britannique, avec les dépêches qu'elle aurait reçues pour lui :
1° l'état nominatif des travailleurs débarqués sujets de S.M. Britannique ;
2° l'état des décès ou des naissances qui auraient eu lieu pendant le voyage.

L'Administration coloniale prendra les mesures nécessaires pour que l'agent consulaire britannique puisse communiquer avec les émigrants avant leur distribution dans la colonie. Une copie de l'état de distribution sera remise à l'agent consulaire.

Il lui sera donné avis des décès et naissances qui pourraient survenir durant l'engagement, ainsi que des changements de maîtres et rapatriements.

Tout réengagement ou acte de renonciation au droit de rapatriement gratuit sera communiqué à l'agent consulaire.

Art. 20 - Les immigrants sujets de S.M. Britannique jouiront dans la colonie de la faculté d'invoquer l'assistance de l'agent consulaire britannique au même titre que tous les autres sujets relevant de la Couronne britannique et conformément aux règles ordinaires du droit international, et il ne sera apporté aucun obstacle à ce que l'engagé puisse se rendre chez l'agent consulaire et entrer en rapport avec lui ; le tout sans préjudice, bien entendu, des obligations résultant de l'engagement.

Art. 21 - Dans la répartition des travailleurs, aucun mari ne sera séparé de son épouse, aucun père ni aucune mère de ses enfants âgés de moins de quinze ans. Aucun travailleur, sans son consentement, ne sera tenu de changer de maître, à moins d'être remis à l'administration ou à l'acquéreur de l'établissement dans lequel il est occupé.

Les immigrants qui deviendraient d'une manière permanente incapables de travail, soit par maladie, soit par d'autres causes involontaires, seront rapatriés aux frais du Gouvernement français, quel que soit le temps de service qu'ils devraient encore pour avoir droit au rapatriement gratuit.

Art. 22 - Les opérations d'immigration pourront être effectuées dans la Colonie par des navires français ou anglais indistinctement. Les navires britanniques qui se livreront à ces opérations devront se conformer à toutes les mesures de police, d'hygiène et d'installation qui seraient imposées aux bâtiments français.

Art. 23 - Le règlement de travail de la Martinique servira de base à tous les règlements des colonies françaises dans lesquelles les émigrants indiens sujets de S.M. Britannique pourront être introduits.

Le Gouvernement français s'engage à n'apporter à ce règlement aucune modification qui aurait pour conséquence, ou de placer les dits sujets indiens dans une position exceptionnelle, ou de leur imposer des conditions de travail plus dures que celles stipulées par ledit règlement.

Art. 24 - La présente convention s'applique à l'émigration aux colonies de La Réunion, de la Martinique, de la Guadeloupe et dépendances et de la Guyane. Elle pourra ultérieurement être appliquées à l'émigration pour d'autres colonies dans lesquelles les agents consulaires britanniques seraient institués.

Art. 25 - Les dispositions de la présente convention relatives aux Indiens sujets de S.M. Britannique sont applicables aux natifs de tout État indien placé sous la protection et le contrôle politique de sa dite Majesté, ou dont le Gouvernement aura reconnu la suprématie de la Couronne britannique.

Art. 26 - La présente convention commencera à courir à partir du 1er juillet 1862 ; sa durée est fixée à trois ans et demi. Elle restera de plein droit en vigueur si elle n'est pas dénoncée dans le courant du mois de juillet de la troisième année, et ne pourra plus être dénoncée que dans le courant du mois de juillet de chacune des années suivantes.

Dans le cas de dénonciation, elle cessera dix-huit mois après.

Néanmoins, le Gouverneur Général de l'Inde britannique, en son conseil, aura, conformément à l'acte du 19 septembre 1856, relatif à l'immigration aux colonies britanniques, la faculté de suspendre, en tout temps, l'émigration pour une ou plusieurs des colonies françaises, dans le cas où il aurait lieu de croire que, dans cette ou ces colonies, les mesures convenables n'ont pas été prises soit pour la protection des émigrants immédiatement à leur arrivée ou pendant le temps qu'ils y ont passé, soit pour leur retour en sûreté dans l'Inde ; soit pour les pourvoir du passage de retour à l'époque à laquelle ils y auront droit.

Dans le cas, cependant, où il serait fait usage, à quelque moment que ce soit, de la faculté ainsi réservée au Gouverneur Général de l'Inde britannique, le gouvernement français aura le droit de mettre fin immédiatement à la convention tout entière s'il juge convenable d'agir ainsi.

Mais, en cas de cessation de la présente convention, par quelque cause que ce soit, les stipulations qui sont relatives aux sujets indiens de Sa Majesté Britannique introduits dans les colonies françaises resteront en vigueur pour lesdits sujets indiens, jusqu'à ce qu'ils aient été rapatriés, ou qu'ils aient renoncé à leur droit à un passage de retour dans l'Inde.

Art. 27 - La présente convention sera ratifiée et les ratifications en seront échangées à Paris dans le délai de quatre semaines, ou plutôt si faire se peut.

En foi de quoi les plénipotentiaires respectifs l'ont signée et y ont apposé le cachet de leurs armes.

Fait à Paris, le 1" juillet de l'an de grâce 1861.

Article additionnel

Sa Majesté l'Empereur des Français ayant fait connaître que, par suite de l'ordre qu'il a donné depuis longtemps de ne plus introduire d'émigrants africains dans l'île de la Réunion, cette colonie a dû, dès l'année dernière, chercher des travailleurs dans les Indes et en Chine, et Sa Majesté Britannique, par une convention signée le 25 juillet 1860, entre Sa Majesté Britannique et Sa Majesté l'Empereur des Français, ayant autorisé la colonie de la Réunion à recruter six mille travailleurs dans ses possessions indiennes, il est convenu que la convention de ce jour sera applicable immédiatement à ladite colonie de la Réunion.

Le présent article additionnel aura la même force et valeur que s'il était inséré, mot pour mot dans la convention signée aujourd'hui. Il sera ratifié, et les ratifications seront échangées en même temps que celles de la convention.

En foi de quoi les plénipotentiaires respectifs l'ont signée et y ont apposé le cachet de leurs armes.

Fait à Paris, le 1er juillet de l'an de grâce 1861.
Thouvenel
Cowley

ANNEXE 3

Le Crédit Foncier Colonial
Convention du 8 septembre 1863

... il a été convenu ce qui suit :

Article 1. - La Société de C. F. C, s'engage à effectuer des prêts dans la Colonie de la Réunion jusqu'à concurrence de dix millions de francs. Les prêts seront faits, soit à la Colonie elle-même, soit aux communes, pour l'immigration des travailleurs étrangers, travaux d'utilité publique ou autres besoins, soit aux particuliers sur hypothèques, dans les conditions spécifiées par les statuts de la Société. La Société s'oblige en outre à réaliser ses prêts en numéraire dans la Colonie et à en stipuler le remboursement par annuités comprenant : 1) l'intérêt qui ne pourra dépasser 8% ; 2) la somme nécessaire pour amortir la dette dans le délai de trente ans au plus ; et 3) l'allocation pour frais d'administration, qui ne pourra excéder 1 franc 20.

Article 2 - La Colonie de la Réunion s'oblige envers la Société de C. F. C. à lui assurer : 1) la jouissance gratuite dans la Colonie, pendant toute la durée de son privilège, d'une maison dans laquelle seront établis les bureaux de son administration ; 2) le passage gratuit, pendant le même temps, des côtes de France dans la Colonie et de la Colonie en France, des agents que la Société jugera nécessaire d'employer dans la Colonie, soit pour y gérer ses intérêts, soit pour y faire des tournées d'inspection. La dépense résultant de ce double engagement ne pourra toutefois s'élever annuellement à une somme excédent 8.000 francs. Il est en outre convenu que les stipulations qui précèdent cesseront d'avoir effet lorsque le fonds de réserve de la Société de C. F. C. aura atteint le cinquième du capital social. Elles reprendront leur cours si la réserve vient à être entamée.

Art. 3. - La Colonie de la Réunion s'oblige en outre à garantir éventuellement, chaque année, à la société de C. F. C., une somme égale à 2,5% du montant des obligations émises par la Société en représentation des prêts réalisés par elle dans la Colonie. Cette somme ne pourra, en aucun cas, excéder 250.000 francs. Elle sera affectée par préférence aux ressources de la Société et à titre de subvention éventuelle, à couvrir, dans la double limite ci-dessus spécifiée, les pertes que le C. F. C. pourraient avoir éprouvées dans le cours d'un exercice, soit sur le paiement des annuités dues par chacun des emprunteurs, soit sur les remboursements du capital de chacun des prêts, après la liquidation du gage.

Art, 4. - Lorsqu'il résultera du compte de l'exercice que la garantie devra fonctionner, la Société remettra au directeur de l'Intérieur de la Colonie un état des sommes qui lui resteront dues, soit sur les annuités, soit sur le capital, après réalisation des gages hypothécaires liquidés dans l'année. Sur le vu de cet état, le gouvernement colonial pourvoira au paiement de la dette en inscrivant au plus prochain budget de la colonie un crédit d'égale somme, jusqu'à concurrence du chiffre maximum ci-dessus fixé. Les effets de la garantie seront épuisés dans le cours de deux semestres ; l'imputation de la dette d'un exercice ne pourra jamais être reportée sur l'autre.

Art. 5. - Les sommes dues en exécution de la garantie sur les annuités ou sur le capital seront toujours calculées déduction faite des frais d'administration.

Article 6 - La Colonie aura toujours le droit de s'affranchir du service des annuités en provoquant de la part de la Société l'exécution immédiate du gage. Cette exécution ne pourra être différée que du consentement de la Colonie et dans l'intérêt commun.

Article 7 - Dans le cas où, l'expropriation ayant été poursuivie, la Société se rendrait adjudicataire de l'immeuble constituant le gage moyennant un prix inférieur à la somme restant due sur le prêt, elle devra faire profiter la Colonie, jusqu'à concurrence du capital que celle-ci aura fourni en exécution de la garantie, de la plus-value qui pourra résulter de la revente. L'époque et les conditions de cette revente seront déterminées d'un commun accord entre la Société et la Colonie.

Art. 8. - Il sera également tenu compte à la Colonie, par la Société, de tout excédent qui pourrait rester libre entre ses mains à la suite de recouvrements opérés ultérieurement sur ses débiteurs, après application des dits recouvrements à l'extinction de sa créance en capital et accessoires.

Art. 9. - Dans le cas prévu par l'article 77 des statuts, c'est-à-dire lorsque la retenue, exercée sur les bénéfices et destinée à la création du fonds de réserve aura atteint le cinquième du capital social, ce prélèvement continuera à être opéré et servira à former un fonds de garantie dont le montant sera spécialement et successivement affecté au remboursement des sommes que la Colonie aurait été obligée de verser à la Société par suite de la garantie. Ce fonds fera retour à la Société, en tout ou en partie, dans le cas où les prévisions qui en ont déterminé la création ne se seraient pas réalisées, ou s'il n'est pas épuisé par les remboursements effectués.

Article 10, - Le garantie de la Colonie ne peut être invoquée par la Société pour couvrir les pertes qu'elle pourrait éprouver par suite de l'irrégularité de ses titres ou de toute autre faute lourde de sa part.

Article 11 - Les prêts consentis par la Société Crédit Colonial antérieurement à la transformation de la dite société en société de Crédit foncier colonial ne sont point garantis par la Colonie.

Article 12 - Il est expressément convenu que, dans le cas où la Société s'établirait dans une Colonie autre que la Martinique, la Guadeloupe et la Réunion, soit sans exiger de garantie, soit moyennant une garantie moindre que celle qui est stipulée dans la présente convention, la Colonie de la Réunion sera admise de plein droit à réclamer le bénéfice de l'égalité de traitement.

Fait double à Paris, le 8 septembre 1863

LISTE DES TABLEAUX

Tableau 1	Situation juridique de l'esclave et de l'engagé	42
Tableau 2	La population servile à la veille de l'Abolition	66
Tableau 3	Énergie employée dans l'industrie sucrière	67
Tableau 4	Production de sucre de betterave	68
Tableau 5	Émigration contractuelle indienne	82
Tableau 6	Engagés indiens décédés, renvoyés et rapatriés	82
Tableau 7	Les engagés chinois : flux démographiques	87
Tableau 8	Les engagés indiens : flux démographiques	88
Tableau 9	Les engagés africains : flux démographiques	89
Tableau 10	Structure de la population laborieuse en 1848	90
Tableau 11	Main-d'œuvre chez les grands propriétaires	94
Tableau 12	Consommation de sucre en France (1849 -1859)	106
Tableau 13	Production de sucre calculée	114
Tableau 14	L'évolution de l'économie sucrière (1850-1859)	115
Tableau 15	L'industrie sucrière en 1856	118
Tableau 16	Valeur de l'hectare de terre	125
Tableau 17	Inscriptions hypothécaires	126
Tableau 18	Excédent relatif de population visible	139
Tableau 19	Accroissement de l'excédent relatif de population	140
Tableau 20	Professions des affranchis	144
Tableau 21	Classification des prostituées (1852-1863)	146
Tableau 22	Cultures à la Plaine des Palmistes en 1860	152
Tableau 23	Population de Salazie (1852-1860)	153
Tableau 24	Denrées alimentaires sorties de Salazie en 1859	153
Tableau 25	Capital, profit, et rentabilité dans l'agriculture	190
Tableau 26	Superficies cultivées (cultures vivrières et canne)	191
Tableau 27	Productions vivrières	193
Tableau 28	Production de sucre de La Réunion	195
Tableau 29	Prêts du C. F. C. à La Réunion	198
Tableau 30	Importations de "machines et mécaniques"	199
Tableau 31	Introduction d'engagés indiens	200
Tableau 32	Variation des effectifs des engagés indiens	201
Tableau 33	Offre de sucre brut	203
Tableau 34	Demande de sucre	204
Tableau 35	Nombre de sucreries de betterave	206
Tableau 36	Production mondiale de sucre	207
Tableau 37	Innovations techniques imaginées ou appliquées	211
Tableau 38	Annuités par tranche de 100 francs empruntés	218
Tableau 39	Chiffre d'affaires, frais d'exploitation et profit	219
Tableau 40	L'économie sucrière de 1860 à 1881	220
Tableau 41	Évolution du taux de change des traites	226
Tableau 42	Importations venant de France	235

Tableau 43	La concentration foncière de 1860 à 1879	244
Tableau 44	Nombre de moulins à vapeur	245
Tableau 45	Production moyenne des sucreries	246
Tableau 46	Exportation de sucre de La Réunion	252
Tableau 47	Superficies cultivées en cultures d'exportation	253
Tableau 48	Cultures spéculatives : Production et profits	254
Tableau 49	Prix moyen de la terre	267
Tableau 50	Exploitations appartenant à des Indiens (1876)	268
Tableau 51	Population chinoise de 1853 à 1881	277
Tableau 52	Nombre d'immigrants chinois	280

LISTE DES GRAPHIQUES

Graphique 1	L'immigration contractuelle (1848 -1860)	71
Graphique 2	Répartition des engagés (1849 -1860)	72
Graphique 3	Exportations de légumes secs, grains, ...	103
Graphique 4	Exportations de café, girofle et sucre	104
Graphique 5	L'évolution de l'économie sucrière	113
Graphique 6	Cours moyen du sucre brut	123
Graphique 7	Cultures vivrières	131
Graphique 8	Évolution des profits du secteur sucrier	196
Graphique 9	Prix moyen annuel du sucre à Paris	215

LISTE DES SCHÉMAS

Schéma 1	Croissance sucrière et transformations	135
Schéma 2	L'excédent relatif de population d'origine servile	151
Schéma 3	La transformation des systèmes économiques	160
Schéma 4	Répartition des engagés	173
Schéma 5	Drainage de la main-d'œuvre indienne	182
Schéma 6	Le mouvement des cours du sucre	216

LISTE DES CARTES

La Réunion 22
La Réunion dans l'espace indo-océanique 35
Les sources de l'immigration non européenne à La Réunion 73
Les zones de recrutement des engagés indiens 179
Source de l'émigration libre indienne 270
Foyers de l'émigration chinoise à La Réunion 272

BIBLIOGRAPHIE

I - DOCUMENTS D'ARCHIVES

Archives départementales de La Réunion
Archives privées de la Banque de La Réunion (P. V. du Conseil d'Administration).

II - PUBLICATIONS OFFICIELLES

Bulletin de l'Ile de La Réunion
Bulletin des actes administratifs de l'île Bourbon
Bulletin Officiel de La Réunion
Nouveau Code Noir *ou répertoire des lois, ordonnances, décrets et arrêtés concernant le régime des esclaves*; Saint Denis ; 1846 ; 48 pages.
Exposition universelle de 1878 ; *Catalogue des produits des colonies françaises* ; 1878.

III - PÉRIODIQUES

Annuaire de La Réunion
Bulletin de la Chambre d'Agriculture
Bulletin de la Société des Sciences et des Arts de La Réunion
Recueil trimestriel de documents et travaux inédits pour servir à l'histoire des Mascareignes françaises
Revue commerciale de l'Ile de La Réunion
Revue Historique de Mascareignes
Revue Maritime et coloniale
Tableaux de population, de culture, de commerce et de navigation (Ministère de la Marine et des Colonies)

IV - OUVRAGES ET ARTICLES GÉNÉRAUX

Bairoch P. ; *Mythes et paradoxes de l'histoire économique* ; 1994 ; 287 pages.
Beckford G. L. ; *Persistent poverty* ; 1972 ; 303 pages.
Brasseul J. ; *Histoire des faits économiques ; de la révolution industrielle à la Première Guerre mondiale* ; 1998 ; 333 pages.
Burrawoy M. ; The functions and reproduction of migrant labour : Compararive material from Southern Africa and the United States ; *American Journal of Sociology* ; vol. 81 ; Number 5 ; Marche 1976 ; p. 1050 - 1087.
Chalmin P. ; *Tate and Lyle : géant du sucre* ; 1983 ; 704 pages.
Comité Européen des Fabricants de Sucre ; *Sucre de betterave et sucre de canne* ; 1965.
Dureau B. ; *L'industrie du sucre depuis 1860 ; (1860 - 1890)* ; 1894 ; 263 pages.
Ewenczyck S. et Weibel P. ; *L'Inde et le non-développement* ; 1982 ; 80 pages.
Frédéric L. ; *Histoire de l'Inde et des Indiens* ; 1996 ; 816 pages.
Léon P. ; *Histoire économique et sociale du monde* ; tome 3 ; 1978 ; 620 pages.
Lewis A. ; *Economic development with unlimited supply of labour* ; The Manchester school of Economic and Social Studies ; vol XXII ; n° 2 ; p. 139-191.
Markovits C. ; *Histoire de l'Inde Moderne 1480-1950* ; 1974 ; 727 pages.
Mintz S. W. ; *Sucre blanc et misère noire : le goût et le pouvoir* ; 1991 ; 249 pages.
Moulier Boutang Y. ; *De l'esclavage au salariat, économie historique du salariat bridé* ; 1998 ; 765 pages.
Multon J. M. ; *Le sucre, les sucres, les édulcorants et les glucides de charge dans les I. A. A* ; 1992 ; 816 pages.
Neurisse A. ; *Histoire du franc* ; 1963 ; 126 pages.
North-Coombes A. ; *A history of sugar production in Mauritius* ; 1993 ; 173 pages.
Schnackenbourg C. ; *Histoire de l'industrie en Guadeloupe au 19ème et 20ème siècle* ; 254 pages.
Tinker H. ; *A new system of slavery : the export of Indian labour overseas : 1830-1920* ; 1974 ; 432 pages.
Todaro M. : L'exode rural en Afrique et ses rapports avec l'emploi et les revenus ; *Revue internationale du travail* ; nov. 1971.
Vilar P. ; *Or et monnaie dans l'histoire* ; 1974 : 439 pages.

V - OUVRAGES GÉNÉRAUX SUR LES COLONIES FRANÇAISES

Buffon A. ; *Monnaie et crédit en économie coloniale* ; thèse 1979 ; 446 pages.
Dislère P. ; *Traité de législation coloniale* ; tome 1 ; 1897 ; 920 pages.
Duval J. ; *Les colonies et la politique coloniale de la France* ; Paris ; 1864 ; 526 pages.
de Lanessan ; *L'expansion coloniale de la France* ; 1886 ; 1016 pages.
Laporte A. ; *Le problème monétaire de nos vieilles colonies* ; 1908 ; 233 pages.
Weber J. ; L'émigration Indienne des Comptoirs (1828-1861) in *Migrations, minorités et échanges en Océan Indien, XIXe et XXe siècle* ; Institut d'Histoire des pays d'Outre-Mer ; Université de Provence ; Études et documents ; n° 11; 1978 ; 272 pages.

V - OUVRAGES ET ARTICLES SUR LA RÉUNION ET LES MASCAREIGNES

Azéma H.; *Histoire de la ville de St-Denis de 1815 à 1870* ; sans date ; 202 pages.
Bernot A. ; *L'affaire des Kerveguens ou un incident très imprévu de la réforme monétaire de 1879* ; Recueil trimestriel de documents et travaux inédits pour servir à l'histoire des Mascareignes françaises ; tome 6 ; janvier-mars 1944.
Billiard A. ; *Voyage aux colonies orientales* ; 1990 ; 254 pages.
Bourquin A. ; *Les Petits-Blancs de l'Ile de La Réunion (1815-1914)* ; Thèse de doctorat ; Lyon III ; 1994 ; 371 pages.
du Buisson E. ; *L'île de La Réunion en 1889, son industrie agricole* ; St-Denis 1889 ; 223 pages.
Chaillou V. ; *De l'Inde à La Réunion, Histoire d'une transition, l'épreuve du Lazaret, 1860-1882* ; Océan Éditions ; 2002 ; 226 pages.
Chateauvieux ; *Histoire de St-Leu* ; 1865 ; 122 pages.
Chaudenson R. ; *Encyclopédie de La Réunion* ; Livres Réunion ; 1980 ; 8 volumes.
Coevoet J. P., Eve P., Jauze A., Wanquet C. ; *Histoire de La Réunion* ; Hachette ; 2001 ; 127 pages.
Colson L. ; *Culture et Industrie de la canne à sucre aux îles Hawaii et à La Réunion* ; 1905 ; 430 pages.
Combeau Y., Maestri E. ; *Histoire de La Réunion* ; Nathan ; 2002 ; 160 pages.

Defos du Rau J. ; *L'île de La Réunion* ; Thèse de doctorat ; Bordeaux 1960 ; 716 pages.
Delabarre de Nanteuil ; *Législation de l'île de La Réunion, répertoire raisonné des lois, ordonnances royales, ordonnances locales, décrets impériaux, règlements et arrêtés d'un intérêt général en vigueur dans cette colonie* ; 2ème édition ; 6 volumes ; 1861-1865 ; 6 tomes.
Delval R. ; *La communauté musulmane de l'île Maurice* ; in Annuaire des Pays de l'Océan Indien ; 1979.
Dupon J. F. ; *Les immigrants indiens de La Réunion. Évolution et assimilation d'une population* ; in Les Cahiers Universitaires de La Réunion ; n°4 ; 1974.
Dupon J. F. ; Contraintes insulaires et fait colonial aux Mascareignes et aux Seychelles ; thèse ; Université d'Aix Marseille ; 4 tomes ; 1976 ; 1620 pages.
Dupont G. ; *St-Denis de La Réunion* ; 1990 ; 759 pages.
Durand D. ; *Les Chinois de La Réunion* ; 1981 ; 255 pages.
Durand E. ; *L'Ile de La Réunion et le Crédit Foncier Colonial* ; thèse ; 1914 ; 217 pages.
Eve P. ; *Le syndicalisme à La Réunion de 1900 à 1968* ; Thèse ; 1989 ; Université de Provence ; 1 547 pages.
Fauvel A. A. ; L'immigration indienne aux Mascareignes ; *Revue Française de l'Étranger et des Colonies* ; Paris ; 1892 ; 26 pages.
Fiérain J. ; *Nantes et La Réunion au temps du Second Empire* ; in *Enquêtes et documents* ; Université de Nantes ; 1971 ; 367 pages.
Foucque H. : *Pages réunionnaises* ; 1962 ; 231 pages.
Fuma S. ; *Esclaves et citoyens, le destin de 62000 réunionnais; histoire de l'insertion des affranchis de 1848 dans la société réunionnaise*; Fondation pour la Recherche et le Développement dans l'océan Indien ; 1979 ; 174 pages.
Fuma S. ; La suppression de l'immigration indienne à destination de La Réunion en 1882 ; in A. H. I. O. I. : *Les relations historiques et culturelles entre la France et l'Inde ; 17ème-20ème siècle* ; Actes de la Conférence Internationale France-Inde ; 1987.
Fuma S. ; *Une colonie île à sucre ; l'économie de La Réunion au 19ème siècle* ; 1989 ; 413 pages.
Fuma S. ; *L'esclavagisme à La Réunion 1794-1848* ; 1992 ; 191 pages ; p.160.
Fuma S. ; *Histoire d'un peuple ; La Réunion (1848 - 1900)* ; 1994 ; 273 pages.
Fuma S. ; *Les problèmes monétaires à La Réunion au milieu du 19ème siècle* ; Revue Historique de Mascareignes ; n° 1 ; juin 1998.
Fuma S. ; *De l'Inde du Sud à l'Ile de La Réunion* ; 1999 ; 222 pages.
Fuma S. ; *Un exemple d'impérialisme économique* ; 2001 ; 156 pages.

Géraud J.-F. ; *Joseph Martial Wetzell (1793-1857) une révolution sucrière oubliée à La Réunion* in Revue Historique des Mascareignes ; n°1 ; juin 1998.
Govindin S-S. ; *Les engagés indiens, Ile de La Réunion 19ème siècle* ; 1994 ; 192 pages.
Imhaus G. ; *Ile de La Réunion ; Notice sur les principales productions naturelles et fabriquées dans cette île* 1862 ; 119 pages.
Lacpatia F. ; *Les Indiens de La Réunion : origine et recrutement* ; 1982 ; 104 pages.
Lefèvre D. ; *L'organisation de l'espace à Maurice et à La Réunion* ; thèse 1985 ; 3695 pages.
Legras R. ; *Note sur l'immigration à La Réunion* ; in Recueil de documents et travaux inédits pour servir à l'histoire de La Réunion ; nouvelle série n° 1 ; 1954.
Leguen M. ; *Histoire de La Réunion* ; 1989 ; 263 pages.
Ly-Tio-Fane H. ; *La diaspora chinoise dans l'océan Indien Occidental* ; Aix en Provence ; 1981 ; 408 pages.
Maestri E. ; *Esclavage et abolitions dans l'océan Indien 1723-1860* ; 2002 ; 456 pages.
Maillard L. ; *Note sur l'île de La Réunion* ; 2 tomes ; 1862.
Marimoutou M. ; *Les engagés du sucre* ; 1989 ; 261 pages.
Marimoutou M. ; *L'engagisme à La Réunion : continuité ou rupture avec l'esclavage ?* in Ile de La Réunion : regards croisés sur l'esclavage 1794-1848 ; 1998 ; 287 pages.
Maurin H. et Lentge J. ; *Mémorial de La Réunion* ; 6 volumes.
Miot et Goldsmith ; *Rapport personnel et confidentiel du Commandant Miot.* ; Archives Départementales ; décembre 1986.
Nemo J. ; *Les Musulmans de La Réunion* ; 1983 ; 229 pages.
Ozoux L. ; *Le crédit à l'île de La Réunion* ; 1902 ; 144 pages.
Patu de Rosemont ; *Rapport au Comice agricole de Sainte Suzanne sur la question concernant le travail des affranchis* ; 1854.
Pelletier J. ; *La Chaloupe, Ile de La Réunion* ; thèse 1983 ; 2 volumes (247, 408 pages).
Personnae Réunion An 2000 ; Dictionnaire biographique des personnalités - Histoire de la monnaie à La Réunion ; 324 pages.
Pérotin Y. ; *Le prolétariat blanc à Bourbon avant l'émancipation des esclaves* ; Recueil de documents et travaux inédits pour servir à l'histoire de La Réunion ; nouvelle série n° 3 ; 1959.
Pluchon P. : *Histoire d'une dynastie insulaire les K/Veguen avant de K/Veguen* ; Mémoire de maîtrise d'histoire contemporaine ; Université de La Réunion; 1983-1984 ; 346 pages.
Ricaud N. ; *Un siècle de banque coloniale; la Banque de La Réunion 1851-1951* ; mémoire de maîtrise d'histoire 1996 ; Université de La Réunion ; 171 pages.

Ricaud N. ; *La création de la Banque de La Réunion* ; Revue Historique des Mascareignes ; n° 1 ; juin 1998.
Schérer A. ; *La Réunion* ; 1990 ; 127 pages.
Sicre de Fontbrune ; La question des sucres en France et dans les colonies in *Société des études coloniales et maritimes* ; sans date.
Tabuteau J. ; *Histoire de la justice dans les Mascareignes* ;1987 ; 317 pages.
Textor de Ravisy ; *Études sur les deux plaines des Palmistes et des Cafres de l'île de La Réunion* ; 1850 ; 106 pages.
Toussaint A. ; *Histoire des îles Mascareignes* ; 1972 ; 351 pages.
Toussaint A. ; *Histoire de l'Ile Maurice* ; 1974 ; 128 pages.
Vaxelaire D. ; *L'Histoire de La Réunion* ; 2 tomes ; 1999 ; 703 pages.
Weber J. ; *Les conventions de 1860 et 1861 sur l'émigration indienne* ; Cahiers des Anneaux de la Mémoire ; n° 2 ; Nantes ; 2000.
Wickers L. ; *L'immigration réglementée* ; 1911; 160 pages.
Wong-Hee-Kam E. ; *La diaspora chinoise aux Mascareignes : le cas de La Réunion* ; 1996 ; 496 pages.
Wong-Hee-Kam E. ; *L'engagisme chinois ; révolte contre un nouvel esclavagisme* ; 1999 ; 72 pages.

TABLE DES MATIÈRES

INTRODUCTION GÉNÉRALE

I - Le temps de l'engagisme 7
II - La conjoncture économique 8
III - L'évolution de l'organisation sociale de la production 9
IV - Périodisation et difficultés statistiques 16

PREMIÈRE PARTIE

TRANSITION AU SALARIAT CONTRAINT, RÉSURGENCE DE L'ESCLAVAGE ET CROISSANCE ÉCONOMIQUE (1849 - 1859)

CHAPITRE 1 : LA RÉORGANISATION DES INSTITUTIONS POLITIQUES JURIDIQUES ET ÉCONOMIQUES 23

SECTION 1 : LA RÉORGANISATION DU CADRE POLITICO-JURIDIQUE 23

1.1. - La situation à la veille de l'Abolition 23
1.2 - Les transformations politiques et administratives sous la Seconde République (1848 - 1852) 24
1.3 - Les transformations politiques et administratives sous le Second Empire 25
  1.3.1 - La place des colonies au sein de l'empire 25
  1.3.2 - L'organisation interne des colonies 25

SECTION 2 : POLITIQUES DE MAIN-D'ŒUVRE ET RÉGIMES DE TRAVAIL 28

2. 1 - Le salariat obligatoire des affranchis 29
  2.1.1 - L'instauration du système 29
  2.1.2 - Le renouvellement du salariat obligatoire 30

2.1 3 - Du salariat obligatoire au travail obligatoire 30
2.1.4 - La répression du vagabondage 32
2.1.5 - La répression des engagements fictifs 34
2.1.6 - L'application de la législation du travail 34
2.2 - L'immigration contractuelle et le salariat contraint 36
2.2.1 - Un marché segmenté 36
2.2.2 - Le recrutement 37
2.2.3 - Transport et débarquement des immigrants 38
2.2.4 - Répartition des immigrants entre les engagistes 38
2.3 - La codification juridique de l'engagisme 40
2.3.1 - L'engagisme n'est pas un esclavage 40
2.3.2 - Particularités du salariat contraint 44

SECTION 3 : LA CIRCULATION DES MARCHANDISES ET DES CAPITAUX 51

3.1 - Le commerce extérieur et le pacte colonial 51
3.1.1 - Le principe 51
3.1.2 - Les adaptations 52
3.2 - Monnaie et crédit 52
3.2.1- La nécessité des réformes dans le domaine de la monnaie et du crédit 52
3.2.2 - Le Comptoir d'Escompte et de Prêts 55
3.2.3 - L'indemnité coloniale et la création de la Banque de La Réunion (B. R.) 55
3.2.4 - La B. R., banque commerciale 56
3.2.5 - La B. R., banque d'émission 57

SECTION 4 : LA COLONISATION DES HAUTES PLAINES 61

4.1 - Les raisons 61
4.2 - Le plan de colonisation 61

CHAPITRE 2 : LES PLANTEURS : LES POLITIQUES DE MAIN-D'ŒUVRE ET LEURS CONSÉQUENCES 63

SECTION 1 : L'IMMIGRATION CONTRACTUELLE ET LA REPRODUCTION DU SALARIAT CONTRAINT 63

1.1 - Les raisons du recours à l'immigration contractuelle 64
1.1.1 - L'exemple de l'île Maurice 64

1.1.2 - La diminution du potentiel de travail 64
1.1.3 - La concurrence sur le marché sucrier 66
1.2 - La politique d'attraction de la main-d'œuvre extérieure : salaire et coût de la migration 69
1.3 - Les phases de l'immigration contractuelle 71
1.3.1 - Profil général de l'immigration 71
1.3.2 - La période 1849 - 1853 76
1.3.3 - Les recrutements de 1854 à 1859 80
1.3.4 - L'interdiction du recrutement par "rachat préalable d'esclaves" (1859) 84
1.4 - Auto-reproduction de l'engagisme et rotation de la main-d'œuvre 86
1.4.1 - Les engagés chinois 87
1.4.2 - Les engagés indiens 88
1.4.3 - Les engagés africains 89

SECTION 2 : TRANSFORMATION DU POTENTIEL DE MAIN-D'ŒUVRE ET EXCÉDENT RELATIF DE POPULATION D'ORIGINE SERVILE 90

2.1 - La transformation du potentiel de main-d'œuvre 90
2.2 - Apparition de l'excédent relatif de population d'origine servile 91

SECTION 3 : LA DIVERSITÉ DES STRATÉGIES DE MAIN-D'ŒUVRE 93

3.1 - Difficultés statistiques 94
3.2 - La stratégie de la démobilisation pure 95
3.3 - Les engagements fictifs et l'immigration contractuelle 96
3.4 - La politique d'attraction-recrutement 97
3.5 - La politique de démobilisation-recrutement 97
3.6 - La compensation limitée 98
3.7 - Les petits propriétaires 99

CHAPITRE 3 : LA CROISSANCE DE L'ÉCONOMIE DE PLANTATION 101

SECTION 1 : LE SECTEUR D'EXPORTATION 102

1.1 - Évolution générale 102
1.1.1 - Les produits vivriers d'exportation 102
1.1.2 - Les denrées coloniales classiques 103

1.2 - La croissance de la branche sucrière 105
1.2.1 - La tendance générale : le rôle de la demande 105
1.2.2 - La première phase (1852-1854) 106
1.2.3 - La seconde phase (1855-1859) 111
1.3 - Les modes de croissance 112
1.3.1 - L'hypothèse de la croissance extensive 113
1.3.2 - Les statistiques officielles et les deux modes de croissance 115
1.4 - L'industrialisation autocentrée et le maintien de la petite industrie sucrière 118
1.4.1 - Constat statistique 118
1.4.2 - Modalités de l'industrialisation 119
1.4.3 - Conséquences de l'industrialisation autocentrée 121
1.5 - Croissance et répartition des profits 121
1.5.1 - Le mécanisme théorique 121
1.5.2 - La répartition effective des profits 122
1.6 - Une croissance excluante 124
1.6.1 - Affranchis et engagés 124
1.6.2 - Concentration foncière et déclin des petites propriétés 125
1.7 - Une croissance bridée et instable 126
1.7.1 - Une croissance bridée 126
1.7.2 - Les crises monétaires 127

SECTION 2 : LE SECTEUR VIVRIER DE SUBSISTANCE 131

2.1 - Évolution des principales cultures vivrières 131
2.2 - Croissance démographique, pénurie alimentaire et dépendance externe 134

CHAPITRE 4 : LE DÉVELOPPEMENT DE L'EXCÉDENT RELATIF DE POPULATION ET DE L'ÉCONOMIE DE SURVIE 137

SECTION 1 : L'EXCÉDENT RELATIF DE POPULATION 137

1.1 - Définition 137
1.2 - Composantes 138

SECTION 2 : LA CROISSANCE DE L' EXCÉDENT RELATIF DE POPULATION 138

2.1 - L'excédent relatif de population d'origine servile 139
2.1.1 - De l'Abolition à fin 1851 139
2.1.2 - La fin du salariat obligatoire et l'augmentation de l'excédent relatif de population d'origine servile 140
2.2 - La paupérisation des petits et moyens propriétaires 141

SECTION 3 : L'ÉCONOMIE DE SURVIE 143

3.1 - L'économie de survie des affranchis 143
3.1.1 - L'économie de survie des affranchis à la veille de l'Abolition 143
3.1.2 - Le reclassement économique des affranchis après l'Abolition 145
3.2 - L'agriculture de survie des Blancs paupérisés 152
3.2.1 - L'échec du plan de développement des Hauts 152
3.2.2 - Le cirque de Salazie 153

CONCLUSION D'ÉTAPE 1 155

DEUXIÈME PARTIE

RÉGULATION DU SALARIAT PREMIÈRE CRISE ET DÉBUTS DE L'IMMIGRATION LIBRE (1860-1881)

CHAPITRE 5 : LA TRANSFORMATION DU CADRE ÉCONOMIQUE GÉNÉRAL 165

SECTION 1: LE NOUVEAU CADRE DES RELATIONS COMMERCIALES ET FINANCIÈRES AVEC LA MÉTROPOLE 165

1.1 - La fin du pacte colonial 165
1.2 - La décentralisation douanière et budgétaire 167

SECTION 2 : LES CONVENTIONS FRANCO-BRITANNIQUES SUR LA MAIN-D'ŒUVRE INDIENNE 168

2.1 - Les raisons de l'ouverture de l'Inde britannique au recrutement 168
2.2 - Les conventions franco-britanniques et la régulation du salariat contraint 170
2.3 - Le contenu de la convention de 1861 171
2.3.1 - Le contrôle britannique 171
2.3.2 - La composition des convois d'émigrants 171
2.3.3 - Contenu du rapport de production 172
2.3.4 - Les religions et l'engagisme 176
2.4 - Application de la Convention 177
2.4.1 - Le dispositif du recrutement en Inde 177
2.4.2 - Le dispositif du recrutement à La Réunion 178

SECTION 3 : LE FINANCEMENT DE L'ACCUMULATION DU CAPITAL CONSTANT ET LE CRÉDIT FONCIER COLONIAL 183

3.1 - La création du Crédit Colonial 183
3.2 - Le Crédit Foncier Colonial 184
3.2.1 - Les opérations prévues par les statuts de 1863 185
3.2.2 - La convention du 8 septembre 1863 186

CHAPITRE 6 : LA CRISE ET SES CAUSES 189

SECTION 1 : PROFIL ÉCONOMIQUE GÉNÉRAL 189

1.1 - Capital, profit et rentabilité 189
1.2 - Évolution des surfaces cultivées 191

SECTION 2 : L'ENTRÉE DANS LA CRISE SUCRIÈRE : 1865 194

2.1 - Le désaccord sur le début de la crise et sa signification 194
2.2 - L'évolution des profits et la crise 195
2.3 - L'accumulation du capital 197
2.3.1 - Généralités sur l'accumulation du capital 197
2.3.2 - Application à la crise sucrière : le blocage de l'accumulation 198
2.4 - Les trois caractéristiques de la crise 201

SECTION 3 : LES CAUSES DE LA CRISE SUCRIÈRE 202

3.1 - La baisse des cours du sucre 203
3.1.1 - L'offre et la demande en métropole 203
3.1.2 - Les innovations techniques et la baisse des prix de revient 208
3.1.3 - La médiocre qualité des sucres de La Réunion et l'impasse de l'industrialisation autocentrée 213
3.1.4 - Ampleur et forme du mouvement 214
3.2 - Les coûts de production 216
3.2.1 - Engagisme et rigidité des salaires 217
3.2.2 - Endettement et annuités de remboursement 217
3.3 - La baisse de la production de sucre de La Réunion 219
3.3.1 - Image statistique 219
3.3.2 - Les facteurs économiques 220
3.3.3 - Les facteurs accidentels 221

SECTION 4 : LA CRISE MONÉTAIRE ET LA DÉMONÉTISATION DES PIÈCES ÉTRANGÈRES 222

4.1 - Les monnaies à La Réunion et leurs utilisations 222
4.1.1 - Les monnaies utilisées dans les transactions courantes 222
4.1.2 - Les autres monnaies métalliques 223
4.1.3 - Le paiement des importations et des exportations et le change sur traites 224
4.2 - La conjoncture monétaire internationale et la hausse du taux de change à La Réunion 226
4.2.1 - La hausse du taux de change des traites 226
4.2.2 - La production des métaux précieux dans la seconde moitié du 19ème siècle 227
4.2.3 - La France : du bimétallisme au monométallisme or 227
4.2.4 - La demande indienne de traites et l'augmentation du taux de change à La Réunion 229
4.3 - Les conséquences des perturbations monétaires à La Réunion 231
4.3.1 - Les conséquences liées à la dépréciation de l'argent 231
4.3.2 - Les conséquences liées à la hausse du taux de change sur traites 232
4.4 - Du cours forcé à la démonétisation des pièces étrangères 235

4.4.1 - Le cours forcé de fait 235
4.4.2 - La démonétisation des pièces étrangères 236

CHAPITRE 7 : LES TRANSFORMATIONS ÉCONOMIQUES ET SOCIALES 243

SECTION 1 : LES CONSÉQUENCES DE LA CRISE 243

1.1 - Les conséquences économiques 243
1.1.1 - Le développement de la concentration foncière 244
1.1.2 - L'industrie sucrière dans la crise 245
1.1.3 - La séparation agriculture / industrie 246
1.1.4 - La détérioration de la situation des planteurs purs 247
1.1.5 - Le développement des cultures vivrières 248
1.1.6 - Le C. F. C. et la restructuration de l'économie sucrière 248
1.1.7 - Les nouveaux marchés 252
1.1.8 - Les nouvelles cultures spéculatives 252
1.2 - Les conséquences financières 255
1.3 - Les conséquences sociales 255
1.3.1 - l'intensification de l'exploitation 255
1.3.2 - Les réengagements forcés 257
1.3.3 - Les planteurs, l'État et la relative atonie des luttes 258

SECTION 2 : LES AUTRES TRANSFORMATIONS ÉCONOMIQUES ET SOCIALES 263

2.1 - L'insertion économique des engagés indiens 264
2.1.1 - La transformation de l'engagé en colon partiaire 264
2.1.2 - L'apparition de la petite propriété foncière indienne 265
2.2 - L'immigration libre et les débuts du commerce de détail 269
2.2.1 - L'émigration chinoise et indienne 269
2.2.2 - L'implantation à La Réunion et les débuts du commerce de détail 273

CONCLUSION D'ÉTAPE 2 285

CONCLUSION GÉNÉRALE 289

Annexes 297

Liste des tableaux 309
Liste des graphiques 310
Liste des schémas 310
Liste des cartes 311

Bibliographie 313

www.ingramcontent.com/pod-product-compliance
Lightning Source LLC
LaVergne TN
LVHW050630051026
849532LV00002B/342
* 9 7 8 2 7 4 7 5 6 6 6 6 7 *